U0882750

哈尔滨工程大学
人文社科文库
HARBIN ENGINEERING UNIVERSITY LIBRARY OF
HUMANITIES AND SOCIAL SCIENCES

哈爾濱工程大學出版社
Harbin Engineering University Press

国家社会科学基金项目“东欧新马克思主义伦理思想及其现实启示研究”[项目编号:21BZX109]

哈尔滨工程大学高水平科研引导专项“马克思主义演进中的社会哲学维度研究”[项目编号:3072022WK1301]

哈尔滨工程大学
人文社科文库
HARBIN ENGINEERING UNIVERSITY LIBRARY OF HUMANITIES AND SOCIAL SCIENCES

特邀总策划　衣俊卿
主　　　编　郑　莉　张笑夷

东欧新马克思主义伦理思想研究丛书

阿格妮丝·赫勒

历史旋涡中的道德主义者

Agnes Heller: A Moralist in the Vortex of History

[澳]约翰·格里姆雷　著
John Grumley
马建青　译

哈尔滨工程大学出版社
Harbin Engineering University Press

黑版贸登字 08-2022-051 号

图书在版编目(CIP)数据

阿格妮丝·赫勒：历史旋涡中的道德主义者 / (澳)约翰·格里姆雷著；马建青译. — 哈尔滨：哈尔滨工程大学出版社，2022. 12
(东欧新马克思主义伦理思想研究丛书)
ISBN 978-7-5661-2842-3

Ⅰ. ①阿… Ⅱ. ①约… ②马… Ⅲ. ①阿格妮丝·赫勒(Agnes Heller 1929-2019)-哲学思想-思想评论
Ⅳ. ①B515

中国版本图书馆 CIP 数据核字(2020)第 223345 号

选题策划 邹德萍
责任编辑 章　蕾
封面设计 李海波

出版发行 哈尔滨工程大学出版社
社　　址 哈尔滨市南岗区南通大街 145 号
邮政编码 150001
发行电话 0451-82519328
传　　真 0451-82519699
经　　销 新华书店
印　　刷 哈尔滨市石桥印务有限公司
开　　本 787 mm×960 mm　1/16
印　　张 22. 75
字　　数 410 千字
版　　次 2022 年 12 月第 1 版
印　　次 2022 年 12 月第 1 次印刷
定　　价 108. 00 元
http://www. hrbeupress. com
E-mail:heupress@ hrbeu. edu. cn

总　序

作为马克思学说重要维度的伦理思想

衣俊卿

马克思主义与伦理学的关系问题，也即马克思主义伦理学的合法性问题或者马克思主义伦理学是否可能的问题，在 20 世纪的马克思主义演进中成为始终没有中断的重大理论课题和争议话题。这一问题如此重要，以至于有的学者把它视作建构马克思主义伦理学的“初始问题”①。第二国际理论家、苏联马克思主义理论家、西方马克思主义理论家、各种新马克思主义理论家，以及政治哲学领域和伦理学领域的许多理论家，都对马克思主义与伦理学的关系问题产生了浓厚的兴趣，他们不仅着眼于伦理学的发展，而且从更加全面、更加深刻地理解马克思学说和马克思主义理论的视角展开关于这一问题的探讨与争论。

不同时期的马克思主义理论家关于马克思主义与伦理学关系的争论，与各个时期的革命实践或社会实践对理论的需求毫无疑问地有着密切的关联。与此同时，这一争论也有着深刻的理论渊源和理论背景，并且与人们对马克思主义，特别是历史唯物主义的理解有着密切的关系。众所周知，亚里士多德曾经对理论知识、实践知识和创制知识进行了划分。对于这一基本的划分本身，人们并没有太多的质疑。但是，这一划分带来了后人对于伦理学的学科定位问题的不同理解。按照亚里士多德的知识分类或理性分类，第一哲学或形而上学属于理论知识系列，而伦

---

① 参见李义天：《道德之争与语境主义——马克思主义伦理学的初始问题与凯·尼尔森的回答》，载《马克思主义与现实》2014 年第 2 期；李义天：《再论马克思主义伦理学的初始问题》，载《道德与文明》2022 年第 5 期。

理学属于实践知识系列，二者不是同一个系列。从这样的区分入手，后来的不同研究者对伦理学的学科定位就有很大的分歧，其中一种观点就认为，伦理学属于经验学科，因而与第一哲学或形而上学没有关系，在这种意义上伦理学甚至不属于哲学；而另一种观点则认为，哲学本身就包含着理论知识和实践知识的维度，其中形而上学代表着理论哲学，而伦理学或道德哲学属于实践哲学。例如，文德尔班（Windelband）在其著名的《哲学史教程》中就认为，"哲学"一词的理论意义主要指向理性逻辑、真理和知识体系，主要表现为形而上学和认识论，但是他强调，这并不是"哲学"一词唯一的理论意义。实际上，从古希腊起，哲学还有另外一种含义，即实践意义，后者主要指向关于人的天职和使命问题，关于正当的生活行为的教导等问题，主要表现为伦理学或道德哲学、社会哲学、美学、宗教哲学等。① 不仅如此，除了上述两种不同的见解外，还有更为极端的解释，例如，伊曼努尔·列维纳斯（Emmanuel Levinas）不仅肯定伦理学属于哲学，而且强调"伦理学是第一哲学"。

从这样的理论传统和理论背景来审视，我们可以发现，马克思主义演进过程中关于马克思主义和伦理学关系的争论实际上都与对哲学的本性和伦理学的学科定位的理解密切相关。特别是20世纪上半叶关于马克思主义和伦理学关系的争论在深层次上都与人们对马克思主义哲学，特别是历史唯物主义的基本理解密切相关。关于这一问题的最早争论是20世纪初以爱德华·伯恩施坦（Eduard Bernstein）和卡尔·考茨基（Karl Kautsky）为代表的第二国际理论家关于"马克思主义是否缺少伦理学"问题的争论。在某种意义上，大多数第二国际理论家把马克思、恩格斯的唯物史观理解为以一整套科学原则表达的经济决定论。在这种理解的基础上，伯恩施坦主张"回到康德"，用伊曼努尔·康德（Immanuel Kant）的道德哲学补充马克思主义本身所缺少的伦理学内涵，因为在他看来，人类行为是由道德理想和道德力量促进的，社会主义不是一种科学，而是人类的理想价值追求，所以他主张"伦理社会主义"。考茨基则强调社会发展规律的必然性，坚持科学社会主义，主张社会主

① 参见文德尔班：《哲学史教程》上卷，罗达仁译，商务印书馆1987年版，第31–32页。

义的实现是社会客观规律作用的结果。考茨基虽然对伦理道德的作用也进行了阐述，但是他坚持唯物史观的科学性质与伦理观念对于经济发展规律及阶级关系的依赖和从属地位。20 世纪二三十年代，以格奥尔格·卢卡奇（Georg Lukács）、卡尔·科尔施（Karl Korsch）和安东尼奥·葛兰西（Antonio Gramsci）等为代表的西方马克思主义兴起，他们批判苏联正统马克思主义的实证主义和科学化倾向。他们认为，马克思主义不是科学，而是哲学，马克思的社会历史理论，即唯物主义历史观并不是一种经济决定论，马克思强调的不是经济必然性，而是把社会历史理解为以人的实践为基础的主客体相互作用的生成过程。正是在这种意义上，他们强调道德文化价值具有展现人的能动性、主体性和批判性的重要作用。

第二次世界大战之后，马克思主义内部关于马克思主义与伦理学的争论仍延续着。20 世纪四五十年代人道主义的马克思主义与科学主义的马克思主义之间的争论，在某种意义上是西方马克思主义和正统马克思主义之间争论的继续。这个时期关于马克思主义与伦理学关系的争论主要集中于关于马克思是否是一种人道主义的争论。科学主义的马克思主义依旧坚持马克思主义的科学性，以作为科学的“理论实践的理论”来摆脱一切意识形态特征。而人道主义的马克思主义则强调，马克思学说的核心是关于对人本身及人的实践活动的理解，是对人的自由和解放的不懈追求。因此，人道主义的马克思主义以马克思的异化理论和人道主义精神为基础，极大地彰显了马克思主义的伦理批判和文化批判思想。此外，关于马克思主义伦理学的争论还在不同的地区和国度中展开。例如，20 世纪 50 年代民主德国的理论界，围绕着“道德进步与社会进步的关系”“道德评价标准”等问题，展开了一场“关于马克思主义伦理学的大讨论”；20 世纪 70 年代在英美马克思主义伦理学研究中，开展关于“马克思与正义”的争论，以及关于“马克思主义的道德论”和“马克思主义的非道德论”等问题的广泛争论。在中国学术界，马克思主义伦理学学科已经得到承认和确立，并且出版了一些奠基性的成果，如罗国杰的《马克思主义伦理学》（1982）、宋惠昌的《马克思恩格斯的伦理学》（1986）、章海山的《马克思主义伦理思想发展的历程》（1991）等。但是，即便在这种背景下，关于马克思主义与伦理学的关系问题、关于马克思主义伦理学的知识合法性问题依旧是学术界讨论的热点话题，学者们广泛探讨马克思主义伦理学的初始问题和前置问题；马克思主义的伦理学或者道德哲学“何以可能”的问题；马克思主义与伦理学之间各种可能的关系，如“相互排斥”“相互补充”或“相互包含”的关系；本体论和伦理学的关系问题；等等。①

从上述简要概括中不难看出，尽管前后经历了一个多世纪大大小小的各种理论讨论和争论，马克思主义与伦理学的关系问题依旧是一个开放的、悬而未决的问题，也将继续成为今后马克思主义理论研究的重要课题之一。应当指出，虽然国内外学术界没有就马克思主义和伦理学的关系问题达成某种共识或一致的结论，但这并非消极的事情，这种状况恰好从一个方面折射了理论发展与思想创新的开放性、反思性和创造性的本质特征。不仅如此，这些并没有定论的理论争论极大地拓宽与加深了人们对于马克思主义和伦理学关系的理解，而且也从一个独特的视角丰富了人们对于伦理学理论和马克思主义理论的理解。因此，我们应当非常珍视，并善于挖掘与总结一个多世纪以来国内外学术界关于马克思主义和伦理学关系的理论争论所形成的丰富的理论资源。必须看到，这方面还有许多研究工作需要加强。其中特别需要指出的是，迄今为止，学术界关于东欧新马克思主义理论家的独特的伦理批判思想的研究还十分薄弱，缺少系统的和全面的研究。鉴于东欧新马克思主义是20世纪各种新马克思主义流派中非常少有的既体验着全面的现代性危机，又亲历了社会主义实践和改革探索的，富有创造性的理论家共同体，挖掘他们关于马克思主义和伦理学关系的思想理论资源，就具有十分特殊的价值。

可以肯定地说，具有鲜明的人道主义特征的伦理批判思想是东欧新

① 参见李义天：《马克思主义伦理学的前置问题》，载《中国社会科学评价》2021年第4期；王南湜：《马克思主义道德哲学何以可能?》，载《天津社会科学》2015年第1期；林进平：《历史镜像中的马克思主义伦理学建构》，载《伦理学研究》2021年第1期；等等。

马克思主义理论的重要组成部分。东欧新马克思主义理论家对于马克思学说的伦理思想内涵的高度重视，从理论上源自他们对马克思的实践哲学和异化理论的高度重视，而从实践上则源自他们对现代性的全面危机，特别是现代性与大屠杀的内在关联，以及社会主义实践的艰难曲折等重大现实问题的思考。还要特别指出的是，卢卡奇对马克思学说的独特理解对东欧新马克思主义理论家产生了最直接的影响和引领作用。卢卡奇不仅是西方马克思主义的创始人，也是东欧新马克思主义的奠基者。在东欧新马克思主义的主要理论阵营中，布达佩斯学派主要由卢卡奇的学生组成，而南斯拉夫实践派、波兰新马克思主义和捷克斯洛伐克新马克思主义理论家们也都深受卢卡奇的主客体统一的辩证法与人道主义的文化批判精神的影响。而从伦理思想的维度来看，卢卡奇也对东欧新马克思主义理论家产生了直接的影响。卢卡奇一生经历了前马克思主义的浪漫主义阶段、接受马克思主义后的革命理论阶段，以及晚年的文化批判和民主政治探索阶段。无论在哪个阶段，卢卡奇都高度重视伦理，他自己承认，正是出于对伦理的考量，他选择了马克思主义和共产主义。卢卡奇认为，无产阶级的阶级意识就是无产阶级的伦理学，它有助于无产阶级打破经济决定论和物化的统治，实现主客体的统一和理论与实践的统一。卢卡奇不仅探讨了革命伦理和阶级伦理问题，还专门探讨了作为个体伦理的“第二伦理”与作为政治伦理或社会伦理的“第一伦理”之间的张力和复杂关系。这些理论思考都对东欧新马克思主义的伦理思想产生了重要的影响。

东欧新马克思主义的理论中包含着丰富的伦理思想，几乎每一个流派都有致力于阐发马克思学说的人道主义伦理批判思想的代表人物。在这方面，最为突出的是布达佩斯学派的主要代表人物阿格妮丝·赫勒（Ágnes Heller）。作为卢卡奇的亲传弟子，赫勒非常重视伦理问题，从其早期的日常生活人道化理论，直到后期的历史理论、政治哲学研究等，都包含着丰富的伦理思想。在这方面，赫勒最为集中的研究成果是被称为“道德理论三部曲”的《一般伦理学》《道德哲学》《个性伦理学》。与青年卢卡奇主要关注政治伦理（或者阶级伦理）的定位有所不同，赫勒伦理思想的聚焦点是个体的道德选择，是身处现代性深重危机之中的现代个体如何通过自觉的道德选择成为好人，她由此提出了著名的个体伦理学思想。同时，她还研究了哲学领域、政治活动领域的道德准则和公民伦理等问题。在实践派哲学家中，米哈伊洛·马尔科维奇（Mihailo Marković）、米兰·坎格尔加（Milan Kangrga）、斯维多扎尔·斯托扬诺维奇（Svetozar Stojanović）对于马克思主义的人道主义伦理批判思想做了比较多的阐发。他们专门挖掘马克思学说的伦理思想资源，依据马克思的实践哲学和异化理论来思考马克思主义伦理学的可能性问题；他们主张人道主义的伦理批判思想，特别是关于现代性文化危机的伦理批判思想；他们还对社会主义条件下的伦理问题进行了思考，他们认为，马克思的伦理思想强调现实变革，强调对资本主义社会及其道德的人道主义的批判和变革，并且把人设想成完全有道德义务去实现社会主义的人。波兰新马克思主义重要代表人物莱泽克·科拉科夫斯基（Leszak Kołakowski）和齐格蒙特·鲍曼（Zygmunt Bauman）从不同侧面阐述了深刻的伦理批判思想。科拉科夫斯基作为哲学家，是从现代性反思的角度来提出自己的伦理学思想的。在他看来，现代性危机表现为“禁忌的消失”，进而表现为人类道德纽带的消解。尽管在现代性危机的条件下通过恢复道德力量来推动现代文明的自我防卫、自我调整和自我治愈是很难的，但他仍没有放弃寄托于作为价值源泉的道德个体身上的希望。他认为，掌握着行动权的理性的道德个体应该对自己的行为担负起全部责任。鲍曼作为社会学家也是围绕着现代性危机来建构自己的伦理学的。鲍曼发表了《现代性与大屠杀》《后现代伦理学》《生活在碎片之中——论后现代道德》等多部具有重大影响的伦理学专著，深刻揭示了现代性逻辑作为普遍化的和抽象的理性机制对个体道德能力的限制及对社会文化的破坏。在此基础上，他试图发展一种道德现象学，致力于唤醒后现代个体的道德良知，挖掘每一个体的道德潜能，推动道德的重新个人化。捷克斯洛伐克新马克思主义理论家卡莱尔·科西克（Karel Kosík）在著名的《具体的辩证法——关于人与世界问题的研究》及《现代性的危机——来自 1968 时代的评论与观察》等著作中，依据马克思学说提出了“具体总体的辩证法”，对现代社会的异化和物化做了深刻的批判。他基于“革命性的实践”，将辩证法与道德联系起来，他认为，真正的辩证法是革命的、批判的、实践的、具体总体的辩证法，因此道德问题可以被转化为物化的操控与合乎人性的实践之间的关系问题。科西克由此恢复马克思主义辩证法的革命内核，将道德问题变成了一个基于人的实践活动的辩证法问题，因而在一定程度上恢复了道德的辩证维度或革命维度。

同20世纪其他马克思主义理论家与新马克思主义理论家关于马克思主义和伦理学关系问题的理解相比较，东欧新马克思主义伦理思想研究具有自己的独特性。从基本定位来看，东欧新马克思主义理论家的关注重点并非一般地探讨伦理学作为一门知识和一个学科与马克思主义理论的关系，也不是要建构一种关于人的正当行为规范体系的实证性的伦理学体系，而是要从马克思学说的本质规定性和内在理论逻辑来生发出马克思主义的独特的伦理思想维度，并且通过这种自觉的伦理维度反过来更加全面地理解马克思的学说，特别是马克思关于人的存在和社会发展的学说。因此，我们认为，东欧新马克思主义理论家致力于揭示和发展一种“作为马克思学说重要维度的伦理思想”。我们可以从马克思学说的理论逻辑、现实关切和价值追求等基本要点来理解这一理论定位。

首先，这种人道主义伦理思想以马克思的实践哲学思想为理论基础，它作为马克思主义理论的内在组成部分，可以有效地把亚里士多德所区分的理论哲学和实践哲学有机结合起来，而在马克思主义的语境中，则是有效地把以生产力和生产关系辩证运动所代表的客观必然性与人的实践所具有的主体性及创造性有机地结合起来，从而既避免陷入经济决定论的困境，也避免出现唯意志论的偏差。显而易见，这样理解的伦理思想维度不仅对于伦理学的发展具有重要的价值，而且对于我们更加全面地理解马克思的学说，也具有重要的意义。

其次，这种人道主义伦理思想以马克思的异化理论为重要理论依据，在新的历史条件下，具体说来，在现代性全面危机的背景下，行之有效地彰显了马克思学说的批判精神。东欧新马克思主义理论家对于当代社会的全方位的批判，无论是政治经济批判，还是文化批判，无论是非道德的批判，还是道德的批判，都极大地彰显了马克思学说的当代价值和生命力。在某种意义上，这样的伦理批判思想作为马克思主义的现实批判维度，可以成为有机地连接马克思学说和当代人类境况的重要纽带。

最后，这种人道主义伦理思想坚持马克思关于人的全面发展和自由人的联合体的思想，在新的历史条件下坚持和具体化了马克思学说的基本价值追求。正如很多东欧新马克思主义理论家所分析的那样，生活在普遍异化和物化之中的现代个体，缺少人类道德纽带的维系，处于道德冷漠和道德盲视的深刻文化危机之中。针对这种现实境遇，东欧新马克思主义理论家探讨如何唤醒每一个体的道德良知，使道德个体成为文化价值的载体；进而研究，在一个道德规范多样化和文化价值冲突的时代，如何使个体通过自觉的存在选择和道德选择，自觉地承载道德责任，自觉地选择成为好人。这样的理论分析和价值追求对于现代人反抗普遍的物化与异化，对于我们防止马克思关于人的全面发展和人的自由的设想在现代性危机的背景下沦为一种理论抽象与空想，显然具有重要的理论价值。

正是基于这样的考量，我们在这套“东欧新马克思主义伦理思想研究丛书”中，拟采取翻译与研究相结合、整体研究与个案研究相结合的思路，尽可能全面地展示东欧新马克思主义的伦理批判思想。我们将该丛书粗略地分为三个板块：首先是关于东欧新马克思主义伦理批判思想的整体展示和总体研究，主要有衣俊卿、张笑夷合著的《东欧新马克思主义伦理思想研究》和衣俊卿、马建青编译的《东欧新马克思主义伦理思想文选》；其次是对东欧新马克思主义伦理批判思想最具影响力的代表性著作的翻译，其中包括阿格妮丝·赫勒的“道德理论三部曲”《一般伦理学》《道德哲学》《个性伦理学》和齐格蒙特·鲍曼的《后现代伦理学》《消费世界的伦理学是否可能?》;[1] 最后是关于东欧新马克思主义伦理思想的个案研究成果，其中包括澳大利亚学者约翰·格里姆雷（John Grumley）著的《阿格妮丝·赫勒：历史旋涡中的道德主义者》、丹麦学者迈克尔·哈维德·雅各布森（Michael Harvey Jacobsen）主编的《超越鲍曼——批判性探索与创造性阐释》、郑莉和李天朗合著的《齐格蒙特·鲍曼伦理思想研究》、关斯玥著的《阿格妮丝·赫勒伦理思想研究》和王思楠著的《卢卡奇与布达佩斯学派政治伦理思想研究》。

我们希望以这些翻译和研究成果来奠定东欧新马克思主义伦理思想研究的基本文献基础与初步研究格局。这些只是初步的、起始性的工作成果，我们期望更多有才华的学者加入这一领域的研究，期待更加丰富的高水平成果不断涌现。

2022 年 11 月 11 日于北京

① 我们原计划在丛书中收入鲍曼的代表作《现代性与大屠杀》，但由于该书的中文版权目前已经被其他出版社获得而未果。读者可参阅该书已有的中译本——鲍曼：《现代性与大屠杀》，杨渝东、史建华译，译林出版社 2002 年版。

中译者序言

阿格妮丝·赫勒思想的真面相

2019 年 7 月 19 日，著名哲学家、马克思主义理论家、布达佩斯学派的旗手阿格妮丝·赫勒在匈牙利度假胜地巴拉顿湖游泳时去世。很快，她的朋友和理论对话者尤尔根·哈贝马斯（Jürgen Habermas）在《法兰克福汇报》（*Frankfurter Allgemeine Zeitung*）上发表了一篇名为《向一位哲学家告别》（Abschied voneiner Philosophin）的讣告，称赞她说："作为一名哲学家，她与汉娜·阿伦特的共同点在于，有能力将对形而上思想的强调与日常的经验和智慧中极为简单的证据结合起来。"① 澳大利亚学者约翰·格里姆雷将赫勒与哈贝马斯相提并论，称她是为当代世界提供一种总体性视野的为数不多的思想家之一。这些评价并不为过。近 30 年来，赫勒被公认是从批判理论传统中走出的重要思想家之一，也是从东欧新马克思主义阵营中走出的具有代表性的理论家之一。

与赫勒的广泛影响不相称的是，她的思想并没有获得应有的重视。在国外，除了格里姆雷的这本《阿格妮丝·赫勒：历史旋涡中的道德主义者》（*Agnes Heller: A Moralist in the Vortex of History*）之外，西蒙·托米（Simon Tormey）于 2001 年出版的《阿格妮丝·赫勒：社会主义、自治和后现代》（*Agnes Heller: Socialism, Autonomy and the Postmodern*）大概是唯一一部从总体上研究赫勒思想的专著。大多数作品主要集中于对赫勒的某部著作、某种思想、某个时期的思想做一相对独立的研究，如卢西·简·沃德（Lucy Jane Ward）的《阿格妮丝·赫勒著作中的自由和不满》（*Freedom and Dissatisfaction in the Works of Agnes Heller*）、约翰·伯

---

① J. Habermas. Abschied von einer Philosophin, in *Frankfurter Allgemeine Zeitung*, July 22, 2019.

恩海姆（John Burnheim）的《阿格妮丝·赫勒的社会哲学》（*The Social Philosophy of Agnes Heller*）、道格拉斯·布朗（Douglas Brown）的《走向激进民主：布达佩斯学派的政治经济学》（*Towards a Radical Democracy: The Political Economy of the Budapest Schoo*）、劳拉·博拉（Laura Boella）的《阿格妮丝·赫勒的哲学生活》（Agnes Heller's Philosophical Life）、琼·科恩（Jean Cohen）的《阿格妮丝·赫勒 < 超越正义 > 刍议》（A Review of Agnes Heller，Beyond Justice）、理查德·沃林（Richard Wolin）的《阿格妮丝·赫勒论日常生活》（Agnes Heller on Everyday Life）等。在2010年前，国内学者便在东欧新马克思主义的人道主义范式下对赫勒的思想做了总体的评介，如衣俊卿的《实践派的探索与实践哲学的述评》《东欧的新马克思主义》《人道主义批判理论——东欧新马克思主义述评》，黄继锋的《东欧新马克思主义》，傅其林的《阿格妮丝·赫勒审美现代性思想研究》等都对赫勒的美学思想做了专门的研究。2010年之后，在国内中东欧学术共同体的推动下，研究赫勒的著作明显增多。黑龙江大学出版社2011—2016年出版的国家出版基金项目"东欧新马克思主义理论研究丛书"包括的20本学术著作中涉及赫勒的著作有：衣俊卿的《东欧新马克思主义精神史研究》、王秀敏的《个性道德与理性秩序——赫勒道德理论研究》、傅其林的《宏大叙事批判与多元美学建构——布达佩斯学派重构美学思想研究》、李晓晴的《激进需要与理性乌托邦——赫勒激进需要革命论研究》、颜岩的《个体自由与道德责任——布达佩斯学派社会批判理论研究》、王静的《作为文化批判的审美——赫勒美学思想研究》、范为的《历史哲学中的现代性反思——赫勒的后期思想研究》、杜红艳的《多元文化阐释与文化现代性批判——布达佩斯学派文化理论研究》。这一期间出版的还有李霞的《个性化的日常生活如何可能——赫勒日常生活理论研究》、赵司空的《后马克思主义与后现代的乌托邦——阿格妮丝·赫勒后期思想述评》等。无疑，这些基础性理论成果对推进赫勒研究的进一步深化打下了坚实的基础。但是，不得不承认，国内学界对赫勒思想的总体性研究是欠缺的。赫勒更多地以碎片化的形象出现在人们面前：美学家、现代性理论家、道德哲学家、历史理论家、后现代主义者、马克思主义者等。

导致这种情况出现的一个很重要的原因在于赫勒的著述本身。对赫勒而言，哲学就是她的全部生活。她像古典时期的哲人一样对哲学怀有敬意，相信哲学能够有所为。不过，她的哲学并没有远离现实，而是始终在现实中映现自己。因为，对于她来说，哲学从根本上就是一种持续不断地介入社会的实践的事业。她的研究主题之广、研究著述之多令人惊叹。她的主要著作有：《文艺复兴的人》（*Renaissance Man*）、《日常生活》（*Everyday Life*）、《马克思的需要理论》（*The Theory of Needs in Marx*）、《激进哲学》（*A Radical Philosophy*）、《情感理论》（*A Theory of Feelings*）、《历史理论》（*A Theory of History*）、《对需要的专政》（*Dictatorship over Needs*）、《羞愧的力量》（*The Power of Shame*）、《超越正义》（*Beyond Justice*）、《一般伦理学》（*General Ethics*）、《后现代政治状况》（*The Postmodern Political Condition*）、《道德哲学》（*A Philosophy of Morals*）、《现代性能够幸存吗？》（*Can Modernity Survive?*）、《碎片化的历史哲学》（*A Philosophy of History: In Fragments*）、《个性伦理学》（*An Ethics of Personality*）、《现代性理论》（*A Theory of Modernity*）、《脱节的时代》（*The Time is Out of Joint*）等。这些著作广泛涉猎伦理学、哲学、人类学、政治哲学、美学、现代性、文化理论、历史学、后现代主义等不同的、相互交织的问题领域。而且，赫勒的思想在其漫长的理论生涯中经常发生变化，有时甚至是比较重大的变化。例如，1995 年之前，她想解决“一般”或“普遍”的问题；但在 1995 年，她认为没有什么真理是普遍的。实际上，这种观点早在《文艺复兴的人》中便已被提出。她又回到了她最初开始的地方。

赫勒的思想反映了一段不寻常的生活、一个痛苦的生活故事。赫勒于 1929 年 5 月 12 日生于布达佩斯，其父亲是一名律师、作家。在赫勒的记忆中，她的父亲是一个“好人”。1944 年，她的父亲被送往奥斯威辛集中营。在那里，她的父亲积极帮助人们逃离纳粹势力，直至在那里去世。她和她的母亲因侥幸而与死神擦肩而过。这段经历是刻骨铭心的，是她持续不断进行思想历险的最初的和最终的刺激。2014 年，当被密歇根大学授予为纪念劳尔·瓦伦堡（Raoul Wallenberg）而设立的瓦伦堡奖章时，关于纳粹德国的大屠杀赫勒如此说道："即使你想忘记它，你也不会忘记它。你越想忘记它，你就越不能忘记它。"赫勒给自己布置的任务是，弄清20世纪"肮脏"和"罪恶"产生的秘密。赫勒在1998年的一次访谈中说：

> 这种经历对我的整个生活，特别是我的著述，产生了巨大的影响。我一直关注这样的问题：这一切怎么可能发生？我怎么能理解这样的事情？并且，这一大屠杀的经历又同我在极权主义政权下的经历相联结。这给我的灵魂思索和关于世界的探讨提出了相似的问题：这怎么可能发生？人们怎么能这样行事？因此，我不得不探寻关于道德的所有问题：什么是善和恶的本质？关于罪行我能够做什么？关于道德和邪恶的根源我能认清什么？那就是我的首要的质问。我的另一个质询是一个社会问题：什么样的世界会产生这一罪恶？什么样的世界会容许这样的事情发生？关于现代性的一切都是什么？我们能够期望救赎吗？因此，正是这样一些想法从一开始就一直强烈地引起我的兴趣。并且我感到作为一个幸存者我有一个债要偿还。①

赫勒在不同时期的不同著述非常类似于一个万花筒里彩色的玻璃、纸片和镜子，它们共同折射出一个赫勒终其一生要解开的谜一般的图案。根本而言，赫勒的全部哲学建构都指向了伦理学。伦理学不仅是一个中心主题，而且是赫勒俯视整个社会–历史的瞭望点。伦理学就是赫勒所说的"忒修斯之船"：构成的碎片可以变化，但船仍是一样的。在这个意义上，具有多面相的赫勒思想内在是统一的。换言之，赫勒思想的真面相是伦理学。

摆在我们面前的《阿格妮丝·赫勒：历史旋涡中的道德主义者》也

---

① 转引自衣俊卿：《东欧新马克思主义精神史研究》，黑龙江大学出版社2015年版，第597–598页。

许能够更好地回答赫勒思想的连续性与不连续性的关系问题。该书的作者格里姆雷为澳大利亚悉尼大学哲学院副教授。他曾跟随布达佩斯学派的重要成员乔治·马尔库什（György Márkus）学习，并且与玛丽亚·马尔库什（Maria Márkus）、赫勒和费伦茨·费赫尔（Ferenc Fehér）等人保持着密切的学术联系。而且，他本人也长期从事布达佩斯学派研究，先后出版了《文化与启蒙：马尔库什文集》（*Culture and Enlightenment: Essays for György Márkus*）、《思想之后：超越"体系"——阿格妮丝·赫勒政治和文化讲演录》（*After Thoughts: Beyond the "System": Political and Cultural Lectures by Agnes Helle*）、《批判理论、激进历史主义、科学：当代的乔治·马尔库什》（*Critical Theory, Radical Historicism, Science: The Contemporary György Márkus*）等。这种学习和研究的经历使格里姆雷能够更好地理解和把握赫勒思想的整体性及其精神实质。关于本书的写作方式及写作结构，作者本人在"序言"中都有交代，此处不再赘述。不过，概要性地介绍一下作者在本书中提出的核心观点似乎是必要的。

按照格里姆雷的理解，赫勒的思想发展主要经历了三个阶段。第一个阶段是马克思主义阶段。此时，赫勒跟随格奥尔格·卢卡奇走近马克思主义，并与围绕卢卡奇形成的"布达佩斯学派"的其他成员一起致力于复兴马克思主义的计划。此时，赫勒认为马克思主义有责任为所有的哲学基本问题提供答案。她富有创造性地将日常生活、价值、需要、本能、道德等一系列新的话题引入马克思主义的论域中。在这些充满批判意图和实践意义的讨论中，赫勒也将马克思主义的实践精神彻底释放出来。第二个阶段是过渡阶段。在与马克思主义打交道的过程中，赫勒逐步认识到马克思主义中存在的问题，于是她开始摆脱马克思主义的解释框架，寻求新的理论空间。此时，赫勒试图构建一种既超越马克思主义又不得不通过马克思主义进行研究的激进哲学，即一种后马克思主义的激进哲学。按照格里姆雷的讲法，这种激进哲学实际上仍是可识别的马克思主义。第三个阶段是理论建构阶段，即反思的后现代主义阶段。很快，赫勒就认识到了这种激进哲学的缺点，即对绝对的捍卫、对封闭的捍卫。她的历史偶然性意识的不断增强也促使她开始主张一种既能与时代精神同步又不过于激进的哲学。此时，赫勒不再试图一劳永逸地解决矛盾，而是要与矛盾和解，并在矛盾中发现新的可能。这种划分与赫勒自己的划分大体是一致的。赫勒说自己的理论生涯经历了四个阶段：1965 年之前的学徒期，1965—1980 年的对话期，1980—1995 年的建构期，1995 年后的学术漫步期。①

赫勒始终是一个坚定的道德主义者。正如此书的副标题历史旋涡中的道德主义者》所表明的，深处历史旋涡之中的赫勒始终忠实于自己的道德使命，即从哲学上阐明好人何以可能的条件。童年的纳粹德国大屠杀的经历使伦理学成为赫勒的“初恋”。她跟随卢卡奇进入马克思主义，从那里找寻帮助她进行伦理思考的灵感、方法和资源。她在马克思主义的理论框架下发现和阐发了后来一直限定着她哲学探索的批判的人道主义原则，并从“应该”的角度对现存事物进行批判，以使偶然的经验之流变得有意义。在后马克思主义阶段，她所构建的以人为根本目的的哲学激进主义不仅致力于展现一种乌托邦的理想，发展一种与当代社会历史相适应的反思性意识，而且致力于提出一种生活哲学，以回答人们如何生活的存在问题。后来她所构建的反思的后现代主义致力于激进哲学与人的偶然性的调和，旨在维持（后）现代道德个体的自主性，让他们自己选择好的生活，同时为（后）现代的男男女女们提供道德“拐杖”，帮助他们安全渡过偶然的经验之流。不管是在哪个阶段，赫勒的人道主义价值和道德愿景一直保持着稳定性，自始至终规定着她的哲学视野。正如格里姆雷所指出的：“她所有研究都来自具有深刻连续性的道德愿景和基本价值取向，以及对不断变化的‘当下需求’做出回应的迫切要求。”②

赫勒哲学具有三个特点。第一，哲学洞察与现代经验的非凡结合。赫勒认为，哲学家所过的既不是纯粹的“沉思生活”，也不是纯粹的“积极生活”，而是二者的统一。而且，“她有着强大的能力来学习和掌

① 张笑夷：《伦理学、现代性与马克思——阿格妮丝·赫勒访谈》，载《马克思主义与现实》2019 年第 4 期。

② J. Grumley, *Agnes Heller: A Moralist in the Vortex of History*, London: Pluto Press, 2004, p. 4.

握语言游戏，探索它们的界限和复杂性，并着迷于它们之间的运动。同时，当这种纯粹哲学的敏锐洞察力介入当代社会经验时，它便能很好地表现出来。她有一种无与伦比的能力，从日常经验到哲学理论，再回到日常经验；将一个转化为另一个，都是为了使偶然的历史之流有意义"①。第二，连续性与不连续性的统一。赫勒总是能够根据当下的迫切需要来调整自己的哲学方向，对新兴的政治事件和社会趋势做出及时的反应。她无惧创新。但是，这些以不同形式表达出来的理论努力从根本上统一于赫勒念念不忘的"道德使命"。第三，规范与事实的张力始终存在。她想给世界一个规范，让偶然的世界变得有意义。她认为自由等现代价值是普遍的，并致力于这些价值的普遍实现。但是，这种观点是独断的，缺乏经验支持，很容易遭到驳斥。不仅如此，赫勒把普遍价值的实现寄托于现代个体的内在性之上。实际上，指望每个个体追随存在之光来做出选择，进而实现一场总体的革命是不现实的。赫勒有时也坦承这是一个"梦想"。尽管这种张力暴露了赫勒思想的缺陷，但也正是这种张力成为赫勒思想发展的动力之一。

如上概述仅是译者的一点心得，并不能完整呈现作者的观点，也无法具体呈现作者笔下赫勒思想的全貌。

特别感谢衣俊卿先生！他不仅对此书的翻译给出了具体的指导意见，而且承担了译稿的校阅工作。哈尔滨工程大学出版社的邹德萍女士和章蕾女士付出良多，在此一并表示感谢。

此书涉及赫勒从 19 世纪 60 年代至 20 世纪初的几十部作品，所涉及的主题极为多样、内容极为广泛、概念体系极为庞杂，加上译者的知识积累、理解能力、翻译水平有限，译文难免会有错误，恳请读者批评指正。

译　者

2020 年 8 月 29 日

① J. Grumley, *Agnes Heller: A Moralist in the Vortex of History*, London: Pluto Press, 2004, p. 278.

献给波琳[①]

① 作者格里姆雷将此书献给波琳。波琳是格里姆雷的妻子波琳·约翰逊（Pauline Johnson）的昵称。——译者注

致　谢

我用了很长时间才读完阿格妮丝·赫勒（Agnes Heller）的著作，又用了更长的时间才达到自觉能做出解释的地步。

我想借此机会感谢布达佩斯学派的几位前成员，他们曾以不同的方式为这个项目施以援手。首先，我要感谢我以前的老师——乔治·马尔库什（György Márkus）。能成为一位伟大导师的学生真是荣幸之至。从那时起，我们一直是朋友和同事。从他那里我学到了比我能讲出来的更多的哲学。是他安排了我与阿格妮丝·赫勒最初的几次会面。我也要感谢他和玛丽亚·马尔库什（Maria Márkus）对我早期版本的序言所做的评论。1994 年，我第一次访问纽约时，阿格妮丝·赫勒和费伦茨·费赫尔（Ferenc Fehér）在离开公寓时，非常友好地让我使用他们在纽约的公寓。对于我就文献和其他方面提出的问题，阿格妮丝·赫勒从不吝惜时间，而且甘于充当一位勤奋的电子邮件通信员。1995 年，米哈伊·瓦伊达（Mihály Vajda）花时间带波琳和我参观了布达佩斯，并回答了一些传记和理论上的疑问。

我还要感谢《提纲十一》（*Thesis Eleven*）的编辑们，他们对阿格妮丝·赫勒的评价很高，出版了我早先为使她引起关注而做出的研究成果；感谢普卢托出版社（Pluto Press）的安东尼·温德（Anthony Winder），感谢他对本书最终稿所做的出色的文字编辑。哈里特·约翰逊（Harriet Johnson）经常逗我开心，并在手稿和索引的最后完成过程中慷慨相助。最后，我想向波琳·约翰逊表示谢意，她阅读了不同版本的所有章节，提出了许多改进建议，并迫使我做了大部分修改。当然，我对最后的著作负全部责任。

序　　言

黑暗时代，存在的选择和道德使命【1】

“我的研究就是我的全部生活”——阿格妮丝·赫勒

近30年来，阿格妮丝·赫勒被公认是由西方马克思主义批判理论传统产生的主要思想家之一。继莱泽克·科拉科夫斯基（Leszek Kolakowski）之后，她是从现已不复存在的东欧共产主义政权中走出来的最著名的哲学家。她的著作已被翻译成多种欧洲语言，她在匈牙利、德国和意大利被视为公共知识分子。她撰写或与人合著的有30多部著作，涉及哲学史上各种主题和多位思想家，并形成了自己独特的哲学观。她的著作涉及古代的、文艺复兴的和现代的哲学。她的作品有着令人印象深刻的历史范围，与之相应的是其几乎无与伦比的多样性。虽然以伦理学与社会和政治哲学为中心，但她扩展了所有知识的范围，引入了新颖的和被忽视的领域与主题，并在不断扩大的范围内就美学和文化从事着广泛的写作。尽管取得了非常可观的成就，而且自20世纪70年代末以来她的出版物使用的语言主要是英语，但她在英语世界的影响却没有其他欧洲同时代的主要学者如尤尔根·哈贝马斯（Jürgen Habermas）和米歇尔·福柯（Michel Foucault）那样大。除了约翰·伯恩海姆（John Burnheim）和道格拉斯·布朗（Douglas Brown）的两本早期著作分别讨论她的社会哲学和布达佩斯学派的工作之外，① 西蒙·托米（Simon Tormey）最近出版的《阿格妮丝·赫勒：社会主义、自治和后现代》是唯一一部对她的主要思想进行介绍的专著。② 他还评论了赫勒，鉴于“赫勒惊人的产出、工作的复杂性及其在漫长的职业生涯中，她的观点发生了深刻变化”。为了解释她的研究相对来说被忽视的原因，我们需要回顾一下她早期作品的独特境遇。

作为匈牙利伟大的马克思主义者格奥尔格·卢卡奇（Georg Lukács）的明星学生，赫勒从铁幕（the Iron Curtain）后崭露头角，与卢卡奇的
【2】追随者所组成的非正式团体（布达佩斯学派）一道，致力于“复兴马克思主义”的计划，而且最初满足于马克思的谦逊解释者的角色。这种“复兴马克思主义”的主张有讽刺的一面，因为她证明了一个事实，即马克思在她早期对哲学任务的构想中从来没有起过主导作用。然而，使她在国际上赢得大量读者的第一部作品是《马克思的需要理论》。对于她自己从未完成的需要理论来说，这部作品应该是“指法练习”（finger exercise），一旦她自己的解释完全说出了她想说的东西，这部作品也就变得多余了。即使理论上具有突破性的、奠定了她独立范式基础的《日常生活》（1970 年以匈牙利语出版），也是以令人生畏的黑格尔（G. W. F. Hegel）式的术语来表达的，这便掩盖了它真正的原创性。因此，虽然她经常在理论上开辟新的领域，将日常生活、需要、情感和本能等新话题引入马克思主义领域，但她的理论原创性却被掩盖了。后来她被划入“人道主义的马克思主义”之列。这种观点被如下情况强化：作为知识分子中的一个持不同政见者，赫勒自己在政治上越来越受到排斥。这既是福也是祸。首先，它为《马克思的需要理论》提供了来自西方左翼的现成的读者，这些读者渴望另一种马克思主义理论和生活方式，并被人道主义异议的光环所吸引。然而，这也意味着，宣布她与马克思主义分

---

① D. M. Brown, *Towards a Radical Democracy: The Political Economy of the Budapest School*, London: Unwyn Hyman, 1988; J. Burnheim eds., *The Social Philosophy of Agnes Heller*, Amsterdam: Rodopi, 1994.

② S. Tormey, *Agnes Heller: Socialism, Autonomy and the Postmodern*, Manchester: Manchester University Press, 2001.

离的几乎同时代的作品，在写成几年后才在西方出现。这种延迟对于理解赫勒后来所有作品的被接受情况至关重要。这时，西方左翼的许多人已经屈服于诱人的后现代转向，并得出了这样的判断：所有的人道主义要么在理论上已经过时，要么应该被归入极权主义阵营。因为这些读者通常热衷于知识界的下一波时尚，所以他们更喜欢赞美新理论家的“打破旧习的”观念，而不是赞美在他们自认为已经了解的作者那里新洞见的发展。① 最后，政治上受排斥也意味着，赫勒最终面临的任务是在另一个国家并通过另一种语言来重建她的生活和事业。这是一个绊倒了许多知识分子的障碍。然而，在1977年移居澳大利亚后，赫勒的理论创造力得到了大爆发。用另一种语言写作，并在新的环境中使自己的能力重新得到认可，正是她所面临的挑战。在接下来的10年里，她不仅又撰写了至少15本书，并再次移民——这次是移民到美国（纽约社会研究新学院［the New School for Social Research in New York］），而且终于找到了自己成熟的哲学思想。此后，她形成了她所谓的“反思的后现代主义”的独特立场，并写出了一些最具创新性和洞察力的作品。但是，【3】尽管有这么多令人惊叹的作品，在英语读者中最受欢迎的仍是《马克思的需要理论》。

本书是对赫勒的研究工作做一总体性的介绍，意在动摇这种令人舒适的先入之见。为什么需要这本书呢？托米正确地指出，赫勒创作了大量极具复杂性的、观点不断变化的作品。但是，这本身并不足以作为理由来证明其他学术类型的二次作品的价值，而赫勒本人也相当公开地质疑这些作品的价值。所需要的理由是，相信她是一位真正有重要意义的思想家，可以为当代读者提供一些东西。在我看来，这种评价不仅仅是基于赫勒作品的“多样性”和“复杂性”，也不仅仅是因为在她那里

① 彼得·贝尔哈兹（Peter Beilharz）对赫勒的相对边缘化做了相类似的解释。在他看来，赫勒与启蒙运动及其精神的亲近，“不仅是为了独立思考，而且是为了成为自己并作为自己来行动”，这是在当代理论的巴别塔中不易听到的强烈要求。（P. Beilharz, Budapest Central: Agnes Heller's Theory of Modernity, in *Thesis Eleven*, vol. 75, 2003, p. 112.）虽然我同意赫勒向启蒙运动的持续接近并没有提升她在20世纪80年代时尚文化圈中的接受度的观点，但我认为问题不在于她的立场要求，而在于人们的偏见，认为这些已是陈芝麻烂谷子。

“不断变化的观点和漫长的职业生涯”是交织在一起的。毕竟，许多当代学术作品符合这些标准，但不一定值得深入细致地展开批判性阐释。然而，今天只有少数思想家试图为当代世界提供一种几乎是**总体的**（total）视野。在规模和范围上，赫勒的作品可与哈贝马斯的相媲美。哈贝马斯的理论详细考察了现代政治和社会文化进程在全球的发展及其对当代个人的生活世界与伦理话语所产生的影响，并在交往理性的新概念范式中对所有这些做了有力的阐释。同样，赫勒的作品也逐渐形成了现代“**不满**”的整体视野，从偶然的个体**存在的跳跃**，到巨大的社会-文化-经济-政治的“现代性钟摆”的脆弱平衡。她从日常生活出发，逐步构建起一种关于现代状况的观点，阐明了本能、情感、需要、合理性、正义、伦理、历史，以及现代社会、政治和文化生活的动态。她也提供了自己独特的**对象化范式**和一种引人注目的隐喻的概念语言。但与哈贝马斯不同的是，她也想陪伴着现代偶然的个体进入她的日常生活。针对将哲学伦理学归结为正义问题的现代趋势，她激发了古典主义对“好的生活”追求的当代意义，并制定了现代伦理生活行为的一般准则。她声称要在“自我关照”方面尽一份职责，这与福柯在最后一次访谈中分配给明智的朋友的职责并无二致。虽然她与哈贝马斯一般的社会民主主义观点和对现代性的希望相同，但她更具**怀疑论**和**乌托邦**色彩。她对民主文化的潜能抱有尖刻的态度，也对社群主义者的希望隐约持保留态
【4】 度，认为现代哲学家仍然可以成为乌托邦的承载者。当然，在一个乌托邦能量已被宣布耗尽的时代，赫勒坚持认为乌托邦是哲学的构成性特征，这也导致了她的一些主要作品明显具有不合时宜的气质。

如果说对赫勒的研究需要关注其极为复杂的哲学观的基础，那么这个基础也在不断发展。她的作品具有**基本的统一性**，此统一性来自基本价值取向的连续性。此外，她的研究具有视角和张力不断变化的特点。要解开这个由连续性和断裂性构成的复杂星丛，需要一把解释的钥匙。然而要找到这把钥匙并非易事。从托米具有开创性的努力中，我们可以明显地感受到这种困难。他给自己的著作起的副标题是“社会主义、自治和后现代”。当然，赫勒的思想历程既是发展的又是非连续的，既有

令人眼花缭乱的多样性又有坚定执着的单一性。托米的副标题抓住了这种鲜明对立和伦理意图的结合：他想说明一个充满张力的领域，这无疑是对的。我认为，这种对居于赫勒研究之核心处的动态张力的做法所忽视的是，对这个领域的其他一切都源于此的内在核心的认识。要找到这个内在核心，我们必须找到她极为多样的、变化不断的作品的内在脉搏。我想说的是，驱动赫勒作品的脉搏是一种深刻的双重诉求。她的所有研究都来自具有深刻连续性的道德愿景（moral vision）和基本价值取向，以及对不断变化的“当下需求”做出回应的迫切要求。彼得·贝尔哈兹（Peter Beilharz）很好地抓住了这一点，他认为她的研究既依赖于直觉和经验，也依赖于洞察力和理解力。① 但这有点儿过头了，而且没有考虑道德愿景所缺失的那些要素。正如我们将要看到的那样，这种道德愿景的根源在于赫勒关于大屠杀（纳粹德国）的经历及大屠杀（纳粹德国）所带来的伦理要求。同时，她总是愿意并能够迅速且明确地对政治事件和文化潮流的快速变化做出回应。她具有罕见的照亮日常的能力。她将哲学带入日常，同时又将日常转化为哲学；她总是善于接纳偶然的历史经验之流，并能从当代有影响的不同思想中吸收那些与她自己的独特观点有亲和力的思想。这种将独特与一般所做的综合令人印象深刻，往往不仅有助于洞察个体经验，而且有助于洞察现代状况。

正是**视野的宏大性、价值和哲学意向的连续性**及**介入当下的迫切性**的这种结合，使赫勒所创作的哲学对当代读者来说仍然意味深长。 【5】

这些要素的罕见结合源于个人经历、智识和历史命运的相当独特的相遇。赫勒于 1929 年出生在布达佩斯。那一年的股市大崩盘是欧洲即将降临的“黑暗时代”的不祥之兆。她出身于一个中产阶级的犹太家庭，但很难说这个家庭是正统的。她的父亲热爱知识，但并不安分：虽然受过法律教育，但他根本无法忍受单一的职业。据赫勒说，作为一本科幻小说的作者，在“嬉皮士”成为时尚之前他便是一个“嬉皮士”。作为一个具有广泛文化兴趣的人，他劝赫勒不应该像最初那样偏爱弗里

---

① P. Beilharz, Budapest Central: Agnes Heller's Theory of Modernity, in *Thesis Eleven*, vol. 75, 2003, p. 110.

德里希·席勒（Friedrich Schiller）而非莎士比亚（Shakespeare）。如下事实证明她听取了父亲的建议：赫勒时常会借助莎士比亚阐明自己的道德和政治思想，而莎士比亚的哲学也是她最近一本书《脱节的时代》① 的主题。在战争期间，她的父亲利用法律知识和流利的德语，帮助其他人寻找文件和旅行证件。赫勒记得他甚至到过拘留营，帮助可能被驱逐的人。他最终与其他成千上万的匈牙利犹太人一起被逮捕、驱逐出境，并在解放前几个月死在奥斯威辛集中营。他早些时候曾拒绝改信基督教，但许多犹太人选择了改信基督教，因为他们认为这样做可以挽救他们的生命。他证实了"永不言弃"的座右铭。赫勒听说，即使在奥斯威辛集中营，她的父亲也表现得很勇敢。他不抱任何幻想，继续鼓舞他人的斗志。她的父亲是她永远不会忘记的善良和道德勇气的典范。在战争行将结束时，凭借运气和少年时的机敏决断，赫勒和她的母亲在犹太人聚居区多次与驱逐、死亡擦肩而过，幸免于难。② 她个人经历了失去和令人震惊的野蛮，在这种背景下，伦理学在她的哲学著作中占据核心地位就不足为奇了。在她的自传《骑脚踏车的猴子》（*Der Affe auf dem Fahrrad*）中，赫勒谈到了决定她终生努力理解这些事件及其影响的伦理责任。③ 伦理学是她的哲学"初恋"，而她对哲学生活理解的核心是"道德使命"。

赫勒与伟大的匈牙利马克思主义哲学家卢卡奇第一次相遇的故事既令人神往，又发人深省。它告诉我们一些关于她个性的重要信息，并预示着她对作为生活和研究统一的古典哲学观的忠实践行。20 世纪 40 年
【6】代末，作为在布达佩斯大学学习物理和化学的年轻学生，赫勒在朋友的怂恿下参加了一个拥挤的普通讲座，听一位年迈的、沉默寡言的哲学教授讲课。他的讲座既让人难以理解，又让人心生向往。她立刻被这关于世界的诱人知识图景所吸引，觉得有必要接受它的挑战。当天下午，她改报哲学专业。④ 在这里，我们有一个具体的例子可以说明，进入召唤

① A. Heller, *The Time is Out of Joint*, Maryland: Rowman & Littlefield, 2002.

② A. Heller, *Der Affe auf dem Fahrrad*, Berlin: Philo, 1999, pp. 50-61.

③ Ibid., p. 476.

④ Ibid., p. 94.

的存在的跳跃后来成为她的道德理论的核心。对她来说，哲学与生活是密不可分、深情交织的。这段插曲也显示了赫勒惊人的哲学成果中的自信、决心和无畏的忠诚。她起初觉得自己缺乏与追求知识相适应的悲观主义气质。① 然而，一时的自我怀疑立即被她特有的天然的乐观主义所取代。后者总是能够帮助她应对存在的挑战，如帮助她挺过大屠杀（纳粹德国）、离婚和“政治”移民，也支撑着她巨大的创作力。

与卢卡奇的偶然相遇是她一生中最具决定性的哲学事件。哲学的发现给她带来了马克斯·韦伯（Max Weber）意义上的召唤。几年内，她在卢卡奇的指导下研究车尔尼雪夫斯基（Chernyshevski）的伦理观问题，并取得了任职资格。也是在这期间，她嫁给了伊斯特万·赫尔曼（Istvan Hermann），此人是第二次世界大战后卢卡奇第一代学生的主要成员。赫勒婚后育有一女，这段婚姻持续了10年，但最后还是以离婚告终。被授予教授资格后，1957—1958年赫勒在布达佩斯大学教授哲学。然而，1956年匈牙利革命后，卢卡奇因参加了纳吉·伊姆雷（Imre Nagy）的改革政府而被关押在罗马尼亚，而赫勒作为他的助手也受到怀疑。1958年，由于赫勒拒绝谴责这个“危险的修正主义者”，因此被解除职务，降级为教师。直到1963年，她才得以重返研究工作岗位。在“布达佩斯学派”朋友的帮助下，在当时担任社会学研究所所长安德拉什·赫格居什（Andras Hegedus）的介入下，她被任命为社会学研究员。官方的排挤并没有阻止在卢卡奇生命的最后10年里围绕他形成的一小群年轻朋友和知识分子给她的支持。这个团体的成员有赫勒的第二任丈夫费赫尔（他们于1963年结婚）、她在布达佩斯大学的哲学同事马尔库什（文中出现的马尔库什皆指乔治·马尔库什——译者注）、马尔库什的妻子玛丽亚和她自己曾经的学生瓦伊达。这个非正式的团体热烈地讨论了他们各自的和共同的研究，即致力于卢卡奇提出的“复兴马克思主义”的计划。然而，赫勒回到研究岗位绝不意味着“复职”：她被禁止教学，也被禁止指导研究生。政党当局显然是希望她能吸取教训。 【7】

“复兴马克思主义”的口号有双重含义。首先，“回到马克思主义”

① J. Burnheim eds., *The Social Philosophy of Agnes Heller*, Amsterdam: Rodopi, 1994, p. 285.

意味着对当时政党官方所倡导的“辩唯”（diamat）的批判。它意味着从理论上恢复马克思本人的意图和基本观念，这些是马克思在对解放的批判理论做出各种努力时所持有的。其次，更为根本的是，它承诺了复兴。他们认为，现在已经过了100年，马克思的方案需要修补。经典文本和思想必须能解决当代问题，并发展出新的观点。这个复兴马克思主义批判功能的计划，不仅仅是一种理论上的努力。“现实社会主义”必须面对马克思在对共产主义社会的真实展望中所表达的解放价值。与这种信念（或事实证明的幻觉）相伴而行的是，对广泛但模糊的“改革共产主义”愿景的追随。只有在1968年之后，学派成员才认识到，他们早先对改革的希望被错置了，政权没有能力进行内部矫正。他们开始把自己早先的“改革派”立场视为一种辩护，因为他们只是假定这个政权是可以改革的。从这个时候开始，他们就进入了与这个政权直接碰撞的过程。

直到1971年卢卡奇去世之前，他们部分受到了他的国际声誉的保护。然而，在他去世后不久，匈牙利共产党当局就以作品私下传播为借口，第二次也是最后一次将赫勒从公共生活中清除出去。1973年，该校的一些领导人被解职，其他人也纷纷辞职声援。在接下来的几年中，他们在“政治上”处于失业状态，忍受着官方的监视，并不得不靠翻译过活。然而，马尔库什的孩子们在大学入学时受到的骚扰和歧视，终于使团体的骨干相信，他们除了移民，别无选择。除了已经开始在西德教书的瓦伊达外，其他人都在澳大利亚找到了工作。赫勒和费赫尔在墨尔本度过了接下来的9年，赫勒在拉筹伯大学（La Trobe University）社会学系任高级讲师。他们对墨尔本知识界的影响是立竿见影的，也是相当大的。他们在很大程度上影响了一批年轻的知识分子，这些知识分子创办了后来澳大利亚最重要的社会理论期刊《提纲十一》。然而，到了1986年，难以继续在澳大利亚谋得一个永久职位的费赫尔说服赫勒等人接受
【8】纽约社会研究新学院提供的职位。在赫勒到达纽约后不久，新学院聘任她为汉娜·阿伦特（Hannah Arendt）哲学教席教授。在1989年之后，赫勒和费赫尔经常访问布达佩斯。他们被正式平反，并入选匈牙利科学院。1994年，费赫尔的突然去世打破了这段美好的时光。比起婚姻和家

庭，费赫尔给予赫勒的是30多年来重要的思想伙伴的陪伴。费赫尔本人就是一位重要的知识分子，是多本现代小说和大量美学文章的作者，并与赫勒等人合著了多本关于法国大革命和东欧政治的书。① 在他们的政论文章中，人们很难区分他们的观点。在涉及他们共同提出和发表他们思想的地方，我偶尔会引用费赫尔的著作，以阐明赫勒的立场的各个方面。这尤其与他们的政论文章和早期的现代性理论相关。

在移民的岁月里，以及在回到布达佩斯生活后，赫勒出版了许多书，涉及的领域很广。《文艺复兴的人》的作者确实是一位重获新生的女性。年过七旬的她，依然活力四射，卓有成效。在最近的自传中，她宣布自己将从她所谓的“体系哲学”中退出，回到她青少年时期的兴趣中去。然而，这丝毫没有减少她作品的出版量。最近出版的关于历史上的耶稣和莎士比亚的著作就足以证明这一点。② 她对20世纪史无前例的历史事件的感受甚至跟随她进入了新世纪。“9·11”事件发生时，她正在纽约，正是这种突如其来的恐怖重现，促使她意外地回归政治理论。③ 这种对时事的即时反应能力是赫勒的典型特征，也表明她所自称的从这些问题研究中退出在很大程度上是有条件的，而且取决于历史命运的不可预知的发展。④ 她仍然是一个真正的世界性知识分子，她继续在世界各地讲学、教书，每年有一部分时间在纽约授课。然而，正如赫勒对于“家”的作品曾经明确指出的那样，她主要居住在她当前的智识计划中，可以说，西方哲学史上的任何地方，或其与大众文化、日常生活和政治的交界处，处处都是她的家。

可以说，赫勒不仅有极广的知识面，而且有根据当代经验和事件进

---

① F. Fehér, *The Frozen Revolution: An Essay on Jacobinism*, Cambridge: Cambridge University Press, 1987; F. Fehér ed., *The French Revolution and the Birth of Modernity*, Berkeley: University of California Press, 1990; F. Fehér, A. Arato eds., *Gorbachev: The Debate*, Cambridge: Polity, 1989; A. Arato, *Crisis and Reform in Eastern Europe*, New Brunswick: Transaction Books, 1990; A. Heller, F. Fehér, *From Yalta to Glasnost: The Dismantling of Stalin's Empire*, Oxford: Blackwell, 1990.

② A. Heller, *The Time is Out of Joint*, Maryland: Rowman & Littlefield, 2002; A. Heller, *Die Auferstehung des jüdische Jesus*, Berlin: Philo, 2002.

③ A. Heller, 9/11, or Modernity and Terror, in *Constellations*, vol. 9, 2002, pp. 53-65.

④ Ibid.

行综合、连接和创造的罕见能力。这些思维能力是在特殊的历史环境中
【9】形成的。年轻的赫勒经历了第二次世界大战、大屠杀（纳粹德国）、卡达尔·亚诺什（Kádár János）时期的匈牙利和“政治移民”。她一直将那些“黑暗时代”视为哲学发出存在呼唤的肥沃土壤，而这些“黑暗时代”给予了她很多。结果是由不同的文化和政权、不同的时代和政治、广博的学识所锤炼出来的独特视角。赫勒认为现代性是一个悖论的社会，这个社会在活力与无序之间不稳定的平衡状态中茁壮成长。鉴于赫勒本人的经历与世界近代史的演变之间有着非同寻常的平行性，她的作品成为相似的悖论的场所也就不足为奇了。她不仅在转变方面具有非凡的天赋，而且在将对立面紧紧地联系在一起，并以一种启发性的方式将其转化为哲学的论说方面具有非凡的天赋。她一直忠于自己的道德使命和核心价值，同时对迅速变化的环境和崭新的历史挑战做出紧急反应。这种双重要求解释了我这本书的副标题“历史旋涡中的道德主义者”。在她的哲学生涯早期，她认为马克思主义有责任为包括伦理学在内的所有基本哲学问题提供答案。她将一系列全新的话题引入马克思主义的论域中，是对这一承诺的最初兑现。因与马克思主义分离而有了新的理论自由，这一最初的目标被转变为一种大胆的尝试，即重新勘察整个理论领域，提出一种后马克思主义的**激进哲学**。然而，在几年之内，即使是这个方案也很快变异为她成熟的反思的后现代主义。当她意识到自己致力于多元主义的左翼激进立场具有全部内涵时，她心甘情愿地接受了后现代主义的名号。这种转变是重新调整而不是断裂。为了充分表达自己的核心价值，她毫不犹豫地走向了后现代主义。然而，这并不意味着向完全否定的批判屈服，也不意味着牺牲自由和平等的价值取向。

在她思想的曲折历程中，令人印象深刻的、具有连续性的目标依然存在。在任何时候，赫勒都将哲学合理性视为自由和平等价值的表达，即使它必须**调和这些价值之间真实存在的内部张力**。她最近反思的后现代阶段特别关注将这些张力从传统的束缚中强行解放出来，并将其与人的偶然性相协调。对她来说，这些努力体现了哲学的本质。这是一项建立在调和内在张力基础上的事业。对赫勒来说，哲学建立在神奇的手法

之上，调解了“是”与“应该”，并以某种方式将二者保持在创造性的张力之中。它是社会存在的一种重要表现形式，具有进行创造的关键功 【10】能。赫勒是一位充满激情的哲学家，因为她把自己的一生都奉献给了这个角色。哲学家应该表达现代生活的所有张力和矛盾，同时，保护她的价值蓄水池和知识工具，以便自己能够思考这些问题。如果从这一努力中产生的不是**认识论**意义上的知识，那么至少是自我理解和自我意识的提升。赫勒认为自己的作用是提供方向和道德“拐杖”，她相信大多数人都会不时地需要这些拐杖，以便在复杂且偶然的现代世界中渡过难关。

全心全意地投入这场非常严肃的“游戏”，使赫勒承认并勘察了自己的知识和价值承诺中存在的张力。年轻的乐观主义者必须知道，严肃的思考不是悲观主义者的专利。她还不得不发现，使事物对称化、系统化和获得解决的意愿——让“一切都运作协调”（everything click）——是一种虚假的曙光，通常只会掩盖更深层次的问题，以及我们这个时代最终是偶然的和矛盾的特点。同时，她对哲学作为合理性乌托邦的理解也不得不与越来越普遍的怀疑做斗争，即哲学家并不比任何人更有资格提出乌托邦的见解。这位欧洲高级文化的信徒也不得不接受现代“杂食性文化”（omnivorous culture）① 所强调的主观主义和对“趣味”的侵蚀。她既要努力坚持普遍价值，又要努力坚持后现代对深层历史性和文化多元性的认识。接下来，我们将考察这些和其他张力在赫勒的作品中是如何形成的，是如何被处理的。在赫勒这种地位的思想家身上，这种张力的存在不足为奇。我的兴趣也不仅仅限于评估她解决这些问题的尝试是否适当。当然，在对任何哲学的最终评估中，对这些问题的回答都很重要。然而，如果我们把她的“解决方案”看作促使我们自己探索渗透在现代人类状况中的诸多悖论的提示，我们实际上就更接近于赫勒作品的精神。赫勒明确指出，她从不会对其他哲学家因自身之故而提出的

① “omnivorous culture”一般可译为“杂食性文化”，也可译为“多元旨趣的文化”。前者更强调文化的碎片化，后者更侧重文化的多样化。此处选择译为“杂食性文化”，是因为赫勒主要在“碎片化”的意义上来使用此概念的。在她看来，文化的杂食性倾向造成了文化解释的碎片化、主观化和相对化，这意味着共同规范的消失、文化的枯竭。——译者注

“解决方案”感兴趣。她更乐于接受他们的问题，并努力寻找自己的答案。对她来说，这才是摆在真正的哲学家面前的任务。

这些相矛盾的因素和创造性的张力在赫勒作品的重大转折中表现得十分明显。虽然她一生漂泊的故事在20世纪中叶的中欧犹太人中并不
【11】鲜见，但她与卢卡奇的密切往来、在布达佩斯学派后来的开花结果几乎是一个独特的插曲。然而，赫勒自己的哲学故事在很大程度上既是西方马克思主义故事的结局，也是一项其结局仍相当模糊的全新事业的开始。赫勒和布达佩斯学派的其他成员很快就对卢卡奇最后一部关于社会本体论的著作的基本理论方向产生了很大的疑虑。尽管如此，他们仍然致力于复兴马克思主义的计划，发展一种对资产阶级社会进行最全面批判的理论，并以此来考察东欧内部的改革。从当代的角度看，她对这一计划的笃信可以看作力量和弱点的来源。

卢卡奇在其马克思主义生涯中花了大部分时间与马克思主义正统学说做斗争，但他最终还是受到了马克思主义正统学说的影响，而他的年轻同事们却从他为西方马克思主义奠基的早期著作《历史与阶级意识》（*History and Class Consciousness*）中得到了启发。他们人道主义的马克思主义在理论上对科学主义和历史决定论做了精致的批判，对意识、意识形态和实践在人类历史与政治中的作用进行了辩护。正如我们所看到的那样，生活在20世纪60年代略微温和的卡达尔政权下，该团体的改革幻想得以维持的时间比本来的时间要长。即使在“布拉格之春”的运动被镇压、这些幻想消失之后，由于被解雇、文化边缘化和出版禁令等实际困难，赫勒关于自己对马克思主义的拥护所做的全面再评价被耽搁了。对于她早期作品的当代读者来说，很难充分理解这种真正令人印象深刻的尝试，即为正统学说注入新的生命，并放弃所有理论上站不住脚的教条，同时又保持在一种包罗万象的马克思的历史哲学之内。我在前两章中花了一些篇幅来重现这种背景和她的创新性尝试。但她对主流文化风向的敏锐感受力从来没有支配她的理论立场。赫勒忠于她父亲的道德箴言，从不追随知识分子的时尚，也不抛弃朋友；她在人道主义的马克思主义框架内进行研究，直到完全弄清楚它在理论上再也无法复活并

与解放政治相协调。在这里，我们看到她对可贵价值的坚守，对因循守旧的抵抗，而这些在她早先拒绝谴责卢卡奇时便已表现出来。

我曾提到，赫勒最初对自己是否拥有从事理论研究的最适合的气质表示怀疑。幸运的是，她很快就认识到，悲观主义并不能使人变得更有
魅力。然而，她早期的自我怀疑也并非完全错误。回想起来，她承认，【12】
作为一个年轻的哲学家，她无法避开制度的魔咒。她迫切地想要看到“一切都运作协调”，想要梳理好所有的细枝末节，使她的哲学观归于统一、连贯。[①] 这种对不定性、矛盾和碎片化的不适，在她的作品中作为一种强烈的冲动残存下来，直到紧接着的后马克思主义阶段。赫勒在《激进哲学》和《历史理论》等作品中，甚至在她以前的布达佩斯的同事瓦伊达看来，她似乎仍在参与一栋“不朽建筑”的建设。[②] 以德国古典唯心主义的模式为典范，每一本新书似乎都是构建一个哲学体系的另一块石头。只有当她完全接受了与马克思主义的分离，她才能最终开始充分地使自己与偶然和悖论相协调。虽然赫勒哲学的特点具有某种系统化的意图和含有古典主义的要素，但这些特点现在已经被可错的、开放的、矛盾的、持怀疑态度的后现代要素极大地缓和了。

由于移民，加上有机会重新思考自己的承诺和“对需要的专政”的体验，她终于完成了这个体系，将马克思的历史哲学与政治替代主义[③]联系起来，因而她认为马克思的历史哲学是在为否定自由做辩护。从另一个角度看，对于不再将马克思主义与激进主义联系在一起的受众来说，这种忠诚似乎是少了点儿原创和哲学上的突破。理论上对卢卡奇计划的忠诚，以及在自己国家被边缘化的持不同政见者所面对的实际困难，也是她迟迟没有找到自己独特的哲学声音的原因。赫勒的文笔流

---

① A. Heller, *Der Affe auf dem Fahrrad*, Berlin: Philo, 1999, p. 283.

② M. Vajda, *Agnes Heller: A Lover of Philosophy, A Lover of Europe*, in J. Burnheim eds., *The Social Philosophy of Agnes Heller*, Amsterdam: Rodopi, 1994, p. 19.

③ 替代主义是马克思主义理论中的一个术语，指革命政党的活动取代工人的活动。它被看作经典马克思主义的颠倒。在经典马克思主义看来，工人阶级的解放必须是工人阶级自己的事情。——译者注

畅，能写出优美的散文。① 她具有现成的惊人的阐释力和现实的感召力。然而，在马克思主义时期和紧接着的后马克思主义时期，她的散文和独创性常常被理论的、术语的包袱弄得僵化并受到限制。只是在移民过程中，她才逐渐找到了自己真实的声音和风格，以及她独特的后现代视角。

如果把赫勒与马克思主义的关系仅仅看作她最终能够从中解脱出来的某种形式的障碍，那将是一个错误。虽然它助长了她的系统化倾向和封闭化意愿，但她也从中受益匪浅。马克思主义为她的道德意图提供了
【13】形式，也提供了一种方法，并将这种冲动和对历史性的理解联系起来。她从马克思的实践介入的角度来理解哲学。那些希望改变世界的人面对的是使偶然的历史经验之流有意义的任务。对于那种试图激发马克思主义的自负并认为它能启蒙日常意识并指导政治的鲁莽的理论野心，赫勒最后做了谴责。尽管如此，她还是一直努力从"应该"的角度批判现存的事物，从而使当代经验变得清晰并获得理解。当马克思主义不再能做到这一点的时候，她就自己动手去打造一个概念库，以恰当处理批判的野心和现代性的复杂辩证法。在始终牢记自己人生经历的核心价值的同时，她无惧创新，能对不同的传统做出综合，并对新兴的政治事件和文化趋势做出快速反应。这种从日常事务中抽出哲学，同时又用她的哲学**工具**来分析日常生活②的出色才能，是赫勒整个作品的突出特点之一。

在这方面，她在女性主义问题上的相对沉默可能显得很特别，甚至让一些当代读者难以理解。③ 尽管如此，这也并不像看起来那么矛盾。赫勒承认女性主义是最伟大的现代解放运动之一。她一直认为自己是一

---

① 彼得·墨菲（Peter Murphy）指出，她所有关于自主道德人格的论述的核心是诗意的引喻。P. Murphy, Agnes Heller's Great Society, in *Thesis Eleven*, vol. 75, 2003, p. 101.

② 英文原文为英语中并不存在的 quodian。此处应为作者或编辑疏忽所致。根据文中语境，"quodian" 应改为 "quotidian"。——译者注

③ 需要指出的是，在赫勒庞杂的作品中有个别文章涉及这些问题。See her early essays "Communism and the Family"(with Vajda) and "The Future of Relations Between the Sexes", both in A. Hegedus, A. Heller, M. Márkus, M. Vajda, *The Humanisation of Socialism: Writings of the Budapest School*, London: Allison & Busby, 1976; The Emotional Division of Labour Between the Sexes: Perspectives on Feminism and Socialism, in *Thesis Eleven*, vol. 5–6, 1982.

个女性主义者，即使她对当代美国运动中的一些趋势和策略持批评态度。在20世纪40年代末，在第二波女性主义出现之前，她自信地进入了几乎是男性的专有领域，这足以证明她相信两性平等。然而，赫勒的年龄也在很大程度上解释了她对现代女性主义的态度。她曾经说过，尽管她没有选择成为匈牙利的或犹太女性，但她已经自觉地重新考虑过所有这些决定，否则就是非本真的。① 无论在她的生命过程中这些多重身份可能导致什么样的张力，她都保持了自己的选择。她从未觉得有必要从哲学上探讨她的女性身份。在当代女性主义出现之前，她就选择了哲学。虽然这种排他性的选择可能会被视为一种限制，但它使赫勒能够自由地探索整个哲学领域及其历史，而不受有时会减小当代女哲学家野心的某个焦点的限制。赫勒在整个社会和政治哲学领域都做出了贡献，同时论述了西方传统历史上的几乎每一位重要人物。她对当代学院派女性主义（academic feminism）最大的抱怨之一是发展了“性别研究”。她认为这是另一种形式的“厨房”，在这里，女性只能研究文化作品，除了 【14】
一些例外，这些作品只具有次要意义。② 虽然赫勒没有直接对当代女性主义的讨论有所贡献，但她对性别的感受力使她可以自由地塑造自己的兴趣和观点。我已经提到，在马克思主义传统中，第一次出现了新奇而边缘的话题，如日常生活、需要和情感。在读完赫勒的几页作品后，读者很清楚，这里是一个女人在说话。她对当代道德理论中古典伦理议题被截断的状况的批判，至少在一定程度上受到了传统女性对总体的人的关注和伦理学不能放弃对爱及幸福的讨论这一信念的启发。

以下各章并不打算对赫勒的思想做全面的梳理。这需要仔细研究许多只以匈牙利语出版而我无法获取的文章和著作。虽然这样的工作是需要的，而且无疑会丰富我们对赫勒思想发展的理解，特别是20世纪50年代和60年代赫勒思想的发展，但我怀疑它是否会从根本上改变我们对她的哲学发展或她最深刻的哲学意图的理解。赫勒早期最重要的著作现在都有英文或德文版，而且她的好友马尔库什在其《道德的政治》一

① A. Heller, *Der Affe auf dem Fahrrad*, Berlin: Philo, 1999, pp. 309–310.

② Ibid., p. 310.

文中很好地——即使是简明扼要地——介绍了这一早期阶段的情况。①虽然我是系统地而不是以传记的方式来论述早期的马克思主义阶段，但在必要时我还是会引用他这个作品来填补空白。该书主要是想介绍赫勒晚期的作品，当时她自己开始用德语和英语出版作品。然而，必须将这些作品置于她的整体发展背景中，为此，分析将分为三个部分。第一部分阐述她与卢卡奇的“复兴马克思主义”的计划的关系。在这些作品（首先在匈牙利出版）中，她确立了自己的主要哲学兴趣，并形成了自己的西方马克思主义版本。第二部分探讨了她与马克思主义分离的过渡时期的一些作品及另一种版本的激进哲学的雏形。第三部分探讨了她的后现代主义转向，以及她自己对启蒙和后现代元素的独特综合，即所谓的“反思的后现代主义”。不足为奇，后两部分的内容更为广泛，因为它们涵盖了她作品的大部分。在第三部分所论及的时期，赫勒终于将她成熟的、最独特的哲学形象呈现出来，并充分吸取了经过自我批判获取
【15】的教训。在这一阶段，她完成了三卷本的伦理学巨著和现代性理论，彻底完成了她对当代社会和文化进行批判的愿望。在这一部分中，我们看到了渗透在赫勒观点中并使其富有活力的张力和悖论。

---

① G. Márkus, *The Politics of Morals*, in J. Burnheim eds., *The Social Philosophy of Agnes Heller*, Amsterdam: Rodopi, 1994, pp. 257-280.

目　　录

第一部分　复兴马克思主义

第二部分　走向后马克思主义的激进主义

第三部分 反思的后现代主义

第一部分 复兴马克思主义

第一章　卢卡奇、伦理学和日常生活 【19】

为了理解赫勒早期研究的方向和环境，我们需要将其置于卢卡奇“复兴马克思主义”的宏伟计划中。在序言中，我曾提到，20 世纪 60 年代在卢卡奇周围聚集了一批年轻的哲学家和社会学家，这些有识之士组成了一个圈子，即所谓的“布达佩斯学派”。毋庸置疑，他所提出的复兴马克思主义的观点是与当时苏联和东欧集团国家的共产主义政权官方所倡导的正统马克思主义相对立的。这种正统的框架是马克思主义哲学——辩证唯物主义，认为马克思主义哲学是关于现实、自然、社会和思想的一般规律的科学。由此可以发展出专门的科学学科，它们主要研究自然现象和系统的真实规律。辩证唯物主义是哲学而不是科学；各专门科学的成果被综合为统一的世界观和意识形态。然而，这种世界观不仅仅是一种综合，它还提供了一套方法论指令，例如，这使得斯大林可以在科学领域内做出判断。① 据说这种哲学在意识形态上的普遍性据说确立了无产阶级的文化领导权。事实上，它允许作为工人具体代表的共产党或其领导层夺取这一地位。按照这种理解，历史唯物主义是一门关于社会和历史的一般规律的科学。这些规律独立于个人的意图和活动而运作，并决定了未来的历史进程；然而，可以利用对这些规律的认识来改变或促进与这些规律相协调的活动。

这种对马克思历史理论的科学理解，主要是从第二国际继承下来的。德国社会民主党的主要理论家们曾把马克思主义看作一种价值无涉的实证科学，认为它不仅能够描述和解释资本主义的演变和衰落，而且能够描述和解释每一种社会结构的演变和衰落。在这方面，卢卡奇早期 【20】

---

① G. Márkus, *Debates and Trends in Marxist Philosophy*, in *Communism and Eastern Europe: A collection of Essays*, New York: Karz Publishers, 1979, p. 109.

对马克思主义所做的开创性重释——《历史与阶级意识》① ——对于理解赫勒最初对正统的辩唯的态度至关重要。她和布达佩斯学派的其他成员从卢卡奇对马克思的另一种西方式解读出发。法西斯主义、第二次世界大战及卢卡奇自己在政治上的边缘化解释了，在他的第一部马克思主义经典作品与最终回归哲学并提出“复兴马克思主义”的计划之间存在着几乎长达 40 年的中断。在 20 世纪 20 年代末，党把卢卡奇的理论努力作为危险的“左”倾加以否定。然而，由于预见到反法西斯主义斗争的迫在眉睫，他选择了接受这种理论审查。他把这一决定合理化为策略上的后退，以便在他认为即将到来的资本主义和社会主义的世界斗争中站在历史进步的一边。卢卡奇从直接的政治书写中退了出来，在接下来的 20 年里，他把自己限制在文学理论、哲学史和美学领域内。正是在这一时期，卢卡奇确立了自己作为最伟大的马克思主义文学批评家和美学家之一的地位。

从另一个角度来看，卢卡奇的自我批评是相当真诚的。20 世纪 20 年代末，他移居莫斯科，帮助马克思主义-列宁主义研究院（Marxism-Leninism Institute）着手出版马克思的早期作品。首先，他完成了巨著《审美特性》② ——一部两卷本的系统美学著作——最后，他试图重新阐释马克思主义的哲学基础。这部在他晚年要完成的最后著作《社会存在本体论》胎死腹中。它受到年轻的布达佩斯学派同事的严厉批评，以至于卢卡奇最终决定不出版它。③ 卢卡奇于 1971 年去世，享年 86 岁。

一、卢卡奇的哲学人类学

虽然《历史与阶级意识》存在严重缺陷，但它确实为关于马克思的另一种有影响的解读奠定了基调，而这种解读后来成为西方马克思主义

① G. Lukács, *History and Class Consciousness*, London: Merlin, 1971.

② G. Lukács, *Die Eigenart des Äesthetischen Werke Banden*, vol. 11–12, Neuwied: Luchterland, 1963.

③ 这部手稿的三个部分（1. 黑格尔; 2. 马克思; 3. 劳动）先后用英语出版。G. Lukács, *The Ontology of Social Being*, London: Merlin Press, 1980.

的基础。[①] 与兴起的认为马克思主义哲学是关于现实的一般规律的科学的辩唯观点相反，卢卡奇主要把马克思主义看作一种实践哲学。这需要从以下两方面来理解。首先，人类依靠并通过自己的活动来生产自身及其历史。人的历史发展不能从所谓的历史“规律”中 推导出来。卢卡 【21】奇强调，与其说人性是由这些抽象但据称是必然的历史规律所创造的，不如说历史的转变取决于社会冲突和革命的阶级斗争。显然，社会冲突是由客观的社会条件产生的。然而，按照这种观点，这些社会条件总是人的活动的产物。其次，马克思主义不是价值无涉的科学，而是在无产阶级实现共产主义的斗争中发挥积极作用的启蒙的理论意识。它致力于无产阶级的经验意识，作为对当前社会斗争的客观条件、机会和目标的理论升华。[②] 将马克思主义理解为实践哲学的理论意义和实践意义是相当明显的。以这种方式理解，马克思主义不可能是党内精英的专利，不再是他们事先向群众颁布的由历史规律决定的路线图。现在，历史被看作人的自我创造的过程，在这个过程中，主体层面上的意识形态、意识和斗争对历史形势的微妙平衡具有关键的作用。在这种观念中，个人行动和政治实践起着决定性的作用。

得益于马克思的手稿，卢卡奇很容易就找出了自己解释的主要错误。他曾认为无产阶级是历史的主体与客体的同一，现在他把这种著名的观点看作在黑格尔主义影响下向唯心主义的偏离。在《历史与阶级意识》中，他用表现为无产阶级的“阶级”取代了马克思的“类存在”范畴。马克思早期手稿的框架是一种人道主义的人类学。对于年轻的马克思来说，历史是人的类通过异化劳动进行自我创造的过程。摆在人类面前的历史任务从根本上来说是要实现人的全部类潜能。然而，在以往的一切时代，这一过程都是在异化的社会条件下进行的。革命地扬弃资本主义意味着对异化时代的自觉超越，意味着全部历史地形成的矛盾的终结。卢卡奇将这种人类学框架和关于丰富个性的信念融入他后来的文

① G. Márkus, *Debates and Trends in Marxist Philosophy*, in *Communism and Eastern Europe: A collection of Essays* , New York: Karz Publishers, 1979, p. 107.

② Ibid.

学批评中。① 后来“人的类”和“个体性”等范畴在他晚期的文学和美学作品中占据突出地位，直接源于这种尖锐的自我批评。他晚期的系统美学显然是建立在明确的历史哲学之上的。艺术的本质是在伟大作品本身的个体性中实现的。它们可能是特定历史时期和环境的创造物，但它
【22】 们也获得了永久的合法性：它们是人的记忆。这是卢卡奇对马克思认为作为人类“正常儿童”的希腊人所起的文化作用具有典范性的那个著名段落的注释。艺术史体现了个体性与类的统一，因为每件伟大的作品——作为一个自足的个体——也体现了某个历史时刻的类成就。这些伟大的作品不能根据等级排列，因为它们都是永恒的：每件作品都标志着人的类潜能在进化中展开的一个阶段。

卢卡奇的美学所蕴含的历史哲学是以希望的精神来构想的。在20世纪30年代的“黑暗时代”——具体的革命前景的消失、法西斯主义的胜利和世界冲突的威胁——他坚持哲学人类学。将个体和类统一起来的伟大艺术的宣泄体验，是一种去拜物教的意识。它要求接受者改变自己的生活，并预设了克服日常生活中拜物教的可能性。然而这种人类学的“保证”仍然只是一种“应该”：它没有直接的政治回报和历史前景。历史现在正在强化《历史与阶级意识》的教训。任何试图在无产阶级这样的具体个体与整个历史进程之间建立直接同一的尝试，都涉及无法解决的理论障碍。②

1953年之后，卢卡奇有机会考虑回归他原来的哲学兴趣。政治条件的改变也暂时使他更容易在理论上做更多的事情。然而，这些计划很快就因纳吉改革政府在苏联干涉下的垮台而中断了。他后来象征性地进入纳吉改革政府担任教育部长，使他得到了几年流亡罗马尼亚的时间，并推迟了他回归“伟大哲学”的时间。当他终于回来的时候，他明确开始复兴青年马克思的哲学。对卢卡奇来说，这个基础几乎成了无可置疑的绝对。他看到，马克思通过解决资产阶级本体论的基本矛盾——主体与

---

① A. Heller, The Philosophy of the Late Lukács, in *Philosophy and Social Criticism*, vol. 6, no. 2, 1980, pp. 147-163.

② Ibid.

客体、因果性与目的性、自由与必然的二律背反——在哲学领域制造了一场革命。马克思的人类学将成为对人及其与周围环境关系的新认识的基础。同时，真正的实践哲学将有助于克服“个人崇拜”时期所引起的“扭曲”。在卢卡奇的《社会存在本体论》中，他已经勾勒出了“复兴马克思主义”计划的第一方面的大致轮廓。然而，在这个计划中，仍留有许多空隙和缺口。扩展和丰富马克思的洞见、在马克思几乎没有时间考虑的领域开辟新的天地、在理论和实践中把他的基本原则应用于新出 【23】
现的问题上，都还有很大的空间。

如果按传记作品的顺序来考察赫勒早期的马克思主义作品，会占用太多篇幅。我对这些早期匈牙利作品的处理，将只限于说明她的主要兴趣，以及这些兴趣与卢卡奇“复兴马克思主义”的计划的契合方式。虽然她在《马克思的需要理论》之前从未在书名中提到过马克思，但她的所有作品都以不同的方式为这个计划的一般目标做出了贡献。即使是她对价值和本能等明显是纯理论问题的处理，也与她对伦理、革命和日常生活等更为具体的、具有政治争议的话题的考虑一样，充满了批判的意图和实践的意义。在整个马克思主义阶段，赫勒在“现实社会主义”的承诺与现实之间的张力所支配的氛围中，走向了自己哲学身份的建构。她逐渐从对“本真的”马克思的辩护中跳脱出来，最终认识到在马克思本人那里存在的张力。

二、合理性地[①]审视世界

赫勒为卢卡奇80岁生日纪念文集写了一篇文章——《哲学家的道德使命》。这是开始论述赫勒的马克思主义阶段的一个好地方，因为它

---

① 赫勒更愿意用“rational”表达她的思想。“rational”一般译为合理性的或理性的。此处选择译为“合理性的”以区别于“理性的”。在西方近代哲学那里，“理性”“合理性”“真理性”是绝对同一的。合理性或理性就是追求真理。这种传统观念并不适合于赫勒。在她那里，“合理性”不单纯是在认识论意义上给出一个好的论证，而总是关乎行动和生活。一种信念可以不为真，但它可以是合理性的。在一个融贯的信念体系中，这种事情并非不常见。不过，合理性要求人们要尽可能地获得好的理由。——译者注

用尽可能清晰的语言阐述了她对哲学的最初理解。这篇短文既向卢卡奇表达敬意，也明确断言在哲学与一种预设的马克思的历史目的（telos）之间存在着根本的联系。赫勒旨在界定哲学态度。这需要的不仅仅是那种会产生社会学类型的抽象。为了超越哲学家的经验类型的多元化，有必要引入再现（representation）概念。[①] 这个范畴无关于理念而关于本质（essence），表达了人类进步的实质（substance）。当今时代的要求呼唤着一种根本的、基本的激情，这种激情引导着个体行为的全部。就哲学家而言，这种基本的、有机的激情就是思维和个人行为的统一。[②] 这种激情的可能性自古希腊以来就已存在，当时社会分化的过程将理论和实践分开。这些过程也见证了自主个性的同时出现。在这个新的星丛中，哲学为日常生活中可能的最终调和提供了希望。以苏格拉底
【24】（Socrates）的方式，赫勒将哲学家视为实质的守护者；他（原文如此）[③] 代表着濒临丧失但永远不会完全丧失的东西。然而，赫勒对这种本质做了卢卡奇的历史主义的转折；尽管发展过程是各种力量的相互作用和相互矛盾，但它仍然存在。尼采（Nietzsche）将哲学家视为生活在高峰上的和跨越不同时代、普通人的荒原的孤独巨人，与这种形象形成鲜明对照，赫勒将这些同样的高峰转化为人的发展中的一条连续的理想之路。哲学家再现了这种实质，虽然这种实质在当下可能只有非凡的个性才能捕捉到，但却具有内在的普遍性，至少其潜在地是如此。[④] 她认为，哲学家不是贵族阶级，而只是无限丰富的人的实质的一个方面。为了强调这一点，赫勒认为，无论哲学与日常生活之间的差距有多大，两者之间的联系都是牢不可破的。实际上，真正伟大的哲学家的标准在于，他努

---

① A. Heller, The Moral Mission of the Philosopher, in *New Hungarian Quarterly*, vol. 13, no. 47, 1972, p. 156.

② Ibid., p. 157.

③ 在这一时期，赫勒通常使用男性代词形式。在这些情况下，我将简单地沿用“她”的用法，不做进一步修改。

④ A. Heller, The Moral Mission of the Philosopher, in *New Hungarian Quarterly*, vol. 13, no. 47, 1972, p. 157.

力缩小这种差距并恢复统一。[1] 无论赫勒后来如何修正她对社会分化的看法，这种对哲学与日常生活之间牢不可破的联系的信念，将是她以后所有思想的基石。

这种个人行为与世界观的统一所谓何意？它是指哲学家的行为是从他的思维、原则和价值中产生的。在这种思维中，没有任何超越性的暗示。对赫勒来说，人性之谜的关键是人性自身；她坚持认为哲学思维必须是内在的、世俗的。正如实质自身受制于历史发展的无常一样，她认为这种统一性的特征也会发生变化。虽然苏格拉底的形象可以通过他在广场上对朋友们的日常追问中这种统一性的直接实现表现出来，但哲学在文本中的对象化使得这一点不再可能。因此，直接统一性的要求被牺牲了。一方面，理论必须反映现实。显然，赫勒在这里想到的不是“符合”。哲学家所向往的现实更多的是黑格尔的生成理性意义上的“现实”。另一方面，她仍然坚持认为，个人献身的时刻对哲学真理来说是必要的。在这里，我们已经可以看到一种观点的萌芽，这种观点将使她对主观化（subjectivisation）的过程十分同情，以至于她以后将把它写进现代哲学史中。哲学家必须为他的观点负责。[2] 哲学家必须准备好拥有他个人的和理论的过去，而艺术家或科学家从来没有被要求这样做。在将这种统一拆分为个人责任和真理内容时，她认为它有外在和内在两个方面。前者要求努力在世界中实现观念。哲学家必须是一位教师。从内 【25】
在方面来看，哲学家必须成为他的思想的活生生的化身，按照思想的规定来安排他的个人存在。

在这里，我们看到了赫勒抵制现代分化过程的迹象。现代世界公共生活的收缩迫使哲学家回到私人生活的领域，这几乎是一种普遍的命运。[3] 新的资产阶级条件不仅使哲学家仅仅成为另一个私人化的个人，而且还把思想变成了和其他商品一样的、必须在市场上找到买家的商

① A. Heller, The Moral Mission of the Philosopher, in *New Hungarian Quarterly*, vol. 13, no. 47, 1972, p. 157.

② Ibid., p. 158.

③ Ibid., p. 160.

品。然而赫勒拒绝接受这些私人化（privatisation）的影响。她认为，这种分化只会加强对行为和世界观之间联系的迫切需求。这就产生了思想与行为之间对抗的可能性。[①] 当然，在这二者直接同一的历史条件下，单是指责两者之间的差异就是一种公认的使哲学家名誉扫地的方式。然而，日益分化的社会为思想挑战行为及行为挑战思想开出了一片空间。赫勒对新的历史条件的回应是一种道德的和保守的回应。她从古代的伊壁鸠鲁主义和斯多葛主义那里得到启示，呼吁至少恢复原始统一的精神。这成为她在“黑暗时代”的哲学模式。[②] 私人化只会强化将行为具体化为工作的需要及找回哲学行为理想的需要。真正的哲学态度不仅在于敢于直面全人类最重要的问题；它也坚持要求，那些不能通过他的哲学过上真正的人的生活的哲学家是不配这个称谓的。[③]

赫勒在基于自己的立场推动古典重建来迎击资产阶级分化的大潮的同时，也觉得有必要针对理论与实践的革命性统一的马克思主义强大传统，进一步阐明自己的行为与世界观相统一的观念。她认为，哲学家既不能是理论上的达官，也不能是建造城邦的哲人王。相反，所需要的是沉思与行动的综合，何者具有最终优先性最后只能由哲学的品格和时代的客观限制来决定。[④] 然而，更具决定性的是，需要将行动注入哲学真理的意义之中。单纯的理论洞见是没有意义的，除非在“做什么”这一实践问题的支配下。如果世界要成为“为我们的存在”，那么每一个哲学真理都必须回溯性地与人联系起来。这就意味着，一种学说的真理价
【26】值既与哲学家所做的实践选择密不可分，也与随之开辟的视野密不可分。[⑤] 这些选择本身就是充满激情的行动的表现。在这里，我们再次在激进主义的论述中看到了整个赫勒作品中最持久的主题之一。这就是将

---

① A. Heller, The Moral Mission of the Philosopher, in *New Hungarian Quarterly*, vol. 13, no. 47, 1972, p. 160.

② 关于赫勒对伊壁鸠鲁和斯多葛观点借用的精彩论述，参见 M. Constantinou, Agnes Heller's Ecce Homo: A Neomodern Vision of Moral Anthropology, in *Thesis Eleven*, vol. 59, 1999。

③ A. Heller, The Moral Mission of the Philosopher, in *New Hungarian Quarterly*, vol. 13, no. 47, 1972.

④ Ibid., p. 161.

⑤ Ibid.

哲学嵌入对她来说最终将成为完全偶然的历史经验之流中的充分参与意识，也是将它与个体行动者的现实历史选项和抉择联系起来。

这种对实践承诺的强调并不妨碍赫勒拒斥哲人王的作用及其幻想，哲人王的作用是如此怪诞地体现出来的。这与非凡的哲学个性的相对缺失无关。此时，她仍愿意相信，马克思天生就有未来哲人王的多方面的能力。确切来说，关键是再现态度的根本不同。在哲学家那里，个人责任是由世界观传达的。这与政治家的情况有明显的不同，政治家的责任不在于思想，而在于眼前的目标。政治家必须对为实现这些目标而采取的行动的后果负责。① 当然，这两种态度只有在极少的情况下才会呈现出这样一种极端片面的形式。在日常生活中，它们既相互平行，又相互联系。但赫勒强调，它们不能被等级化：两者都是人性的实质性发展的表现。② 在这里，马克思的历史哲学克服了分化，并为它们的最终调和提供了保障。据此，她自信地认可了这样一种双重的幻觉：伟大的政治家的思维最终在胚胎中包含了哲学家的思维和行为，而伟大的哲学家则本能地知道代表人民利益和历史进步的事业。③ 这两种态度及其“必然的相互联系”都隐含着对历史发展方向的直观理解。这是赫勒愿意接受能使“一切都运作协调”的解决方案的早期迹象。但她仍告诫人们不要让哲学家积极参与到大的政治中。哲学的才能在于识别出伟大的政治事业，并在理论上阐明它的任务和威胁，但它并不包括为实践选择提供建议和进行实践选择的能力。④ 哲学活动的基本范围限于对理论能力和实践能力做出结构性的区分。

哲学智慧至少部分地源于哲学家把每一个具体要素视为一个过程的一部分的能力。因此，哲学具有历史性的倾向，但历史的侵蚀性潜能在马克思历史哲学那里得到了预先的防范。历史过程是连续性向某个与永 【27】

① A. Heller, The Moral Mission of the Philosopher, in *New Hungarian Quarterly*, vol. 13, no. 47, 1972, p. 162.

② Ibid. , p. 163.

③ Ibid.

④ Ibid. , p. 164.

恒具有相同意义的焦点的聚集过程。① 对本质的专注使哲学家免于绝望。年轻的赫勒关于哲学态度的严格的规范性定义，使她能够谴责海德格尔（Heidegger）对哲学家道德使命的放弃。最能表达这位伟大哲学家对历史实质的洞察力的情感是愤怒：这种态度保留的取向是，普遍发展是可能的。②

在这种马克思的人类学及其所支撑的历史哲学的框架内，赫勒将哲学态度描述为对一种三重“常态”（normalcy）的表现。她摒弃了通常认为的哲学天才与疯狂的密切关系，将其与精神健全及其对进步的不可或缺的信念连接起来。③ 更根本的是，哲学描绘了历史发展的主线。它通过这样做来表达每个时代的道德规范。哲学家的生活可能以赫勒的研究为中心，但她的目标不是研究，而是希望解开现实之谜。如果把哲学思维看作为了智慧而智慧，那么这是对它的贬损。正如赫勒所看到的那样，哲学家的道德使命在本质上是以一种为其合理性辩护的方式来把握这种现实和人类的事业的。④ 至此，对于马克思简单地将“正常的”人类演进之路与西欧的文化道路相提并论，她似乎毫不在意。而正如我们将要看到的，即使在她明确放弃这种历史哲学之后，她仍然会坚持这种西方遗产的普遍意义，认为它既是现代性主导价值理念的承载者，也是意义和卓越的永恒蓄水池。

三、马克思主义中有伦理学的位置吗？

赫勒在回顾自己的思想历程时告诉我们，1956 年是决定性的一年。在裴多菲俱乐部（Petöfi circle）——一个聚集了大量听众的政治辩论俱乐部，持存到组建了纳吉改革政府——中，赫勒坚定地认为马克思主义

① A. Heller, The Moral Mission of the Philosopher, in *New Hungarian Quarterly*, vol. 13, no. 47, 1972, p. 165.

② Ibid.

③ Ibid., p. 166.

④ Ibid., p. 167.

者应该解决基本的哲学问题：① 对她来说，这意味着做伦理学。② 只要看一下她的书目清单，就会发现她确实履行了承诺。她在1958年被解职前曾广泛地讲授伦理学，她早期的著作主要以伦理学为主，而这是她终生的兴趣所在，表现为最后出版了三卷本的伦理学三部曲。

赫勒早期对马克思主义中这种明显存在的空场的思考，在论文《伦理学在马克思主义中的位置》中得到了总结。在那里，她的出发点是这 【28】
样一个问题，即为什么马克思主义的最重要代表人物没有对伦理问题做出真正的阐释？她承认工人运动有一套道德准则，并会按照道德准则行事，但她将其与伦理区分开来。后者与选择、有意识的个体性、个人的风险、矛盾和新奇有关。另一方面，道德准则是固定的，使选择对靠其生活的个人来说相对没问题。③ 只有当某些条件得到满足时，伦理学才会成为一场运动关注的中心点。首先，运动必须不再把自己看成绝对的，而是与其他运动、社会和历史处于联系之中的。其次，运动必须不再被自发的意识所支配。这时，历史的行进不再一帆风顺，而是由革命或不同时代的危机和新矛盾来驱动。再次，在个人决定和实践作用增加的社会中，伦理学成为可能的和必要的。最后，要使伦理学在社会运动中发挥作用，就必须对运动形成自觉、获得自我认识并展开自我批判。个人必须自觉地面对运动中以道德矛盾的形式出现在自身上的矛盾。这种分析与赫勒本人从1956年以来的经历之间的联系是很明显的。

她对马克思的社会主义历史的简要回顾表明，这些条件很少能得到满足。然而，她认为，随着20世纪60年代出现的历史格局，这一切现在可能正在发生变化。将道德动机从政治和经济中驱逐出去，抹除个人决定的现实，否定个人责任，导致了近代以来可怕的、悲惨的后果。在更广阔的历史舞台上，现在的西方国家创造了相对可接受的、不断提高

---

① 关于他们自己对这个时代的描述，参见 A. Heller, F. Fehér, *Hungary 1956 Revisited*, London: George Allen & Unwin, 1983。

② A. Heller, *A Reply To My Critics*, in J. Burnheim eds., *The Social Philosophy of Agnes Heller*, Amsterdam: Rodopi, 1994, p. 283.

③ A. Heller, Die Stellung der Ethik im Marxismus, in *Praxis: Revue Philosophique Edition Internationale*, vol. 2, 1967, pp. 244-252.

的物质福利水平，这就要求重新制定“怎么办?”的议程。从经济贫困中解放出来意味着，不再需要创造全部人类生活的前提条件。现在需要的是立即创造这样的生活：一种新的阶级意识的觉醒，而伦理学将在其中发挥关键作用。赫勒重新阐述了马克思的格言，即在改变世界的过程中，人也改变自身。她提出，如果我们因此也重塑自己，我们就能够改变世界。对主观道德的新的有力的强调是相当明显的。

根据卢卡奇的“复兴马克思主义”的计划，我们不难发现，这种新
【29】伦理学的基本框架已经潜在于马克思那里。他把社会解释为实践。人性的历史就是自由的产生和展开。赫勒接受了这种始终如一的**内在性**(immanence)。人的动机，无论是否是完全有意识的，都总是内在的。随着内在能力的水平和意识的提高，自由也在增长。这种思路包含了马克思主义伦理学的一般轮廓。人的这种逐渐“打破自然界限”的能力，意味着行动空间越来越大。人的活动范围可宽可窄，取决于个人的历史时代、社会阶层和所涉及的特定品质。然而，总是会有当人们在其中做出有效选择时才会表现出来的其他选项和结果的情况。人的活动的这种相对自主性是马克思主义伦理学的第二个重要出发点。它意味着两点：第一，既要有个人和社会群体积极塑造自身命运的可能性，又要有这样的假设；第二，为了避免空洞的梦想和说教，必须考虑“事实”的本来面目。在马克思看来，道德是特定个人与其具体环境和可能性的关系。它涉及类意义上的自觉选择。马克思的英雄们刻意选择为提升总体的人的价值的事务和行动承担责任。在这方面，**纯粹的伦理行为标志着个人对于类的对象性关系**。

为什么这样的伦理学没有得到阐述?赫勒的回答是，和哲学一样，伦理学不仅仅是一个正确理解马克思主义文本的问题：它是一个经验和实践的问题。马克思主义伦理学只有在这种伦理态度已经广泛存在的运动中才能得到传播。虽然运动可能会取得“成功”，并增加了它们的影响和力量，但如果产生一种真正伦理学的条件没有出现，那么就无法指望这些运动会完全改变社会。这显然是一个充满实践意义和政治意味的呼吁。

四、日常生活和革命

社会的激进变革及其对日常生活的影响问题，对于20世纪60年代和70年代“现实社会主义”的公民来说，不仅仅是一个理论问题。这是一个触及社会主义革命的意义、它的当下面相和它的未来方向的问题。在1970年发表的《马克思的革命理论和日常生活中的革命》一文中，赫勒勇敢地、自觉地探讨了这个问题。[①] 在对正统马克思主义的可以说是隐晦的批评中，她对“现实社会主义”进行了批判，并提出了一套模糊的实践方案，以便恢复马克思主义的真正的革命的意义。几年之内，这就成为当时她在文化上被放逐的借口。这实际上是对早先在《日 【30】
常生活》一书中已经形成的思想的总结和应用。[②] 她在该书中制定了成为她后来大部分作品的基础的理论框架。我将从在政治上受到谴责的革命问题开始，并将其与她对日常生活的更系统的阐述联系起来。这后来将成为她的合理性理论的基础。

革命问题是马克思主义的一个经典话题，但它与日常生活连接在一起却是相当新颖的。对赫勒来说，两者的连接证明，历史在不断地发掘出新的问题。如果马克思主义要继续成为与当代社会生活相关的批判工具，马克思主义者就需要处理这些问题。匈牙利政权似乎是正统的马克思主义方案的实现：通过革命夺取政权后，废除资产阶级的财产关系。然而这个政权似乎并不打算实现马克思的共产主义梦想。赫勒认为，甚至那些对被歪曲的马克思主义或多或少是成功的摧毁，本身也不足以完全确保马克思所设想的社会的那种人道化。对马克思来说，夺取政治和经济控制权只是激进地重建日常生活的先决条件，而这种重建最终将意味着异化的废除。然而，日常生活问题化背后的真正动力不仅来自所谓

---

① A. Heller, *Marx's Theory of Revolution and the Revolution in Everyday Life*, in A. Hegedus, A. Heller, M. Markus, M. Vajda, *The Humanisation of Socialism: Writings of the Budapest School*, London: Allison & Busby, 1976.

② 此书并没有在1970年以匈牙利语出版，而是直到1984年才以英语出版。A. Heller, *Everyday Life*, London: Routledge & Kegan Paul, 1984.

的社会主义世界革命性变革的**不彻底**，而且它被西方资本主义的发展所强化了。第二次世界大战后的繁荣带来了较高的物质生活水平，这似乎使西方工人阶级融入了资产阶级社会。这种对西方工人的“相对的和短暂的”成功操纵，为社会主义国家变形的革命经历增加了正当理由。它证明重点应该转向对日常生活进行更全面的批判。需要顺便指出的是，在这里，赫勒似乎接受了法兰克福学派关于消费者被操纵的论述，甚至认为对工人阶级的迁就只是一种“暂时的成功”。① 正如我们将要看到的，她对消费社会的态度随着时间的推移而明显弱化，尽管她始终持保留意见。此保留意见很可能与20世纪80年代她对绿色运动和生态运动兴趣的唤醒相一致。

赫勒观点中至关重要的一点是，马克思主义者需要找到关于革命的另一种理解，它超越了单纯的政治和经济权力的攫取。她称另一种革命为“总体革命”（total revolution），尽管这个词带有不幸的极权主义内涵。她所设想的不仅仅是征服权力的策略中心，也不仅仅是政治上接管
【31】生活的所有其他方面，而是由行动者本身变革生活方式。总体革命意味着工人民主：大众的参与不断扩展到更多的人口。这个模式是青年马克思关于人道化的社会革命的想法，它与单纯的政治革命相对立，后者只会使资产阶级生活的异化永恒化。总体革命要求将革命的重点从劳动过程和控制劳动过程的制度结构转向政治与伦理。在许多方面，赫勒先于哈贝马斯对此做了思考，而哈贝马斯只是在他后来的《福利国家的危机和乌托邦能量的枯竭》一文中才做了这样的思考。② 她承认，只有社会革命才有变革生活的力量，以改变制度化。然而，如果说现存的所谓社会主义社会证明了什么，那就是夺取政权并不能自动导致整个生活方式的重建。在实现这一目标的过程中，伦理成为一个至关重要的因素。真正的变革只能扎根于个人的态度和行动中。

这种作为改变整个生活方式的革命方案，成为她将注意力转向东欧

---

① A. Heller, *Everyday Life*, London: Routledge & Kegan Paul, 1984, p. 43.

② J. Habermas, The New Obscurity: *The Crisis of the Welfare State and the Exhaustion of Utopian Energies*, in J. Habermas, *The New Conservatism: Cultural Criticism and the Historians' Debate*, Massachusetts: MIT Press, 1989.

和西方的日常生活问题的根据。在《日常生活》的英文版序言中，在反思她早期的动机时，赫勒明确指出，该书的实践意图是将日常生活向人道主义、民主方向转变的可能性理论化，并对之有所贡献。另外，她还想打破历史唯物主义的主流传统，在综合亚里士多德（Aristotle）和现象学的基础上构建一个新的哲学框架。通过揭示实践生活的内在标准并把其关注点集中到好的生活的证明之上，亚里士多德第一次从理论上揭示了实践生活的特殊性。在这里，我们看到了另一个主题，这将是赫勒伦理思想中一个永恒的主题。虽然总体革命观将从她后来的思想中完全消失，但对好的生活的追求仍然是她更为古典的伦理观的核心内容。她挪用现象学方法的动机也与之相似。它重新引导现代哲学远离科学抽象的狭隘限制，并重新引导它走向了日常的整体性。新的框架开启了主体间性的哲学人类学。它使人的有限性观念与个体行动者是历史的最终主体这种主张相调和。① 她的综合名为对象化（objectivation）范式。这种新范式从**作为一个总体**（as a whole）的人的立场来建构社会存在。这个理论框架将一直是她所有进一步研究的不变基础。②但是，在最初的版本中，它预设的马克思历史哲学继承了卢卡奇的人道主义人类学。正如我 【32】
们将看到的那样，当赫勒转向阿伦特的人的境况概念时，这一点最终在20世纪80年代初被抛弃了。

赫勒丢弃了先前对日常生活理论化的哲学尝试。哲学对单纯的“意见”一贯持怀疑态度，这使得关于日常生活和日常思维的主题一直在传统哲学的视野之外。然而，这个主题在20世纪初随着“合理化”（rationalisation）和“物化”（reification）意识的增强而凸显出来。忽然间，日常因为量化的资产阶级关系和科学理性的侵入而变得问题重重。对日常的物化所做的一种回应是这样一种哲学传统：它厌恶日常生活的无形、空洞和重复的特征，试图对其进行批判的分析。海德格尔将日常性与不真实性联系起来：它代表着对有限存在的负担的逃避。真正本真

---

① G. Márkus, *The Politics of Morals*, in J. Burnheim eds., *The Social Philosophy of Agnes Heller*, Amsterdam: Rodopi, 1994, p. 272.

② A. Heller, *Everyday Life*, London: Routledge & Kegan Paul, 1984, p. ix.

的生活是，为了在可能性的高度生活而打破日常并直面危机和死亡。①

另一种回应是埃德蒙德·胡塞尔（Edmund Husserl）的现象学。在“回归事物本身”的口号下，它试图在生命世界的基本结构的原始直接性中捕捉它。然而，由于“自然态度”有意回避评价，因此对于它来说存在的风险是最后变成仅仅是对现存事物的复制。它把生命世界中明显是历史的结构提升为永恒的常量。这种现象学极大地影响了阿尔弗雷德·舒茨（Alfred Schütz）在社会学中创立的另一种范式。同样，赫勒也决定说明日常性的基本结构及其具体特性。然而，她主张以双重的视角来发展这种社会学范式。社会学不仅要在宏观结构中解释日常生活的基础，而且必须能够为这些结构提供批判性的视角。它必须能够理解现代动力机制带来的压制。她在自己的论述中注入了对日常生活向社会主义的进步历史方向转变的渴望。她需要展示日常生活如何从自身产生历史地超越自身的可能性。在这里，卢卡奇的历史哲学凸显出来。人类积累起来的文化成就是持续的社会活力的内在源泉。社会化的个人不是永恒的日常的囚
【33】徒，而是驱动力，是选择并为继承的世界结构增添一些东西的积极分子。在探讨这种动力机制之前，我们必须重建赫勒的日常生活观点的基本要素。

尽管日常的结构、内容和活动在历史上甚至在一个社会中都会发生变化，但日常对于人来说是普遍的。所有的社会都必须再生产自身，而所有这些异质活动的总和就构成了日常。如果没有这些活动，社会和社会再生产将根本无法存在。② 日常之所以是“异质的”，是因为它涉及各种活动的协调；它既不是一个系统，也不是一种制度，而是系统和制度在习以为常的生活世界中交汇的舞台。日常唯一的自然机构是家庭，它一直是最初社会化的媒介。日常的核心是赫勒所称之为**自在的对象化**（objectivation in itself）领域。这个穿越历史而稳定不变的领域的基本构成要素是**语言、工具和习惯**。个体的社会再生产是在更广泛的社会再生产过程中进行的。个人必须具备履行必要的社会职能和承担成人责任的

① R. Wolin, *Heller's Theory of Everyday Life*, in J. Burnheim eds., *The Social Philosophy of Agnes Heller*, Amsterdam: Rodopi, 1994, pp. 138–139.

② A. Heller, *Everyday Life*, London: Routedge & Kegan Paul, 1984, p. 118.

能力。交往、控制和理解生活世界的基本能力必须被掌握。这是文化适应的最基本的水平线，它使得人们在生活世界中找到方向；根据社会发展的程度，它可以或多或少地被延长。语言使思维和工具的使用成为可能并加以指导，而习惯则协调和指导个人的态度与社会实践。在日常中，我们学会在社会预设的、无差别的、不可分割的统一体中理解、思考和感受。然而，**自在的对象化领域**并不是一个必然的领域，而是通往自由的大门。初级社会化有利于获得一切更高的成就。在这个领域，个人不仅仅是如其所是地再生产社会世界的"中继站"。他们将自己对这个世界的个人经验和贡献传递给他人。① 在《羞愧的力量》一书中，赫勒将谈到"剩余的自然增长"（accrual of surpluses）。② 日常生活比**自在的对象化领域**更广泛：它的各种活动并不局限于初级社会化。然而，两者是相互联系的。日常是完成文化适应任务的领域，而日常生活中的有效定向本身就需要文化适应的完成。出于这个原因，赫勒认为，**自在的对象化领域在历史上是原初的**：是后来所有制度上分化的和专门化的实践与成就的基础。③ 在这里，她既展示了她的含蓄的批判，又展示了她对马克思主义正统的持续忠诚。她对作为全部历史发展源泉的日常生活这种异质性领域的强调，使人们对经济的首要性产生了怀疑，并使人们 【34】
对制约性环境的理解更广泛、更深刻。同时，她仍将这一领域视为社会化的"基本"组成部分，相对而言，其他领域的发展只是附属的。

从某个方面看，日常如空气，没有它，个人将无法呼吸。正如我们很难意识到呼吸一样，我们是如此深陷于日常，以至于我们认为它是理所当然的；它的存在具有一种普遍的重复性和连续性。日常思维是保守的，其内容是不变的。这是一种拜物教的思维，倾向于广泛接受现存世界的制度和形式。与科学思维不同，它不会从我们的直接感知中抽象出

---

① A. Heller, *Everyday Life*, London: Routedge & Kegan Paul, 1984, p. 7.

② A. Heller, *The Power of Shame*, London: Routledge & Kegan Paul, 1985. 这是对《日常生活》基本概念框架的重新设计。虽然几乎所有的成年人都达到了基本的能力水平，但作为主观经验，这种成就还有一个只有在文化创造中才能表现出来的个人维度。这种文化剩余相当于潜在创新的重要蓄水池。

③ G. Márkus, *The Politics of Morals*, in J. Burnheim eds. , *The Social Philosophy of Agnes Heller* , Amsterdam: Rodopi, 1994, p. 275.

来，因为在这里，它似乎没有必要。技术可能会越来越多地被引入日常中，但只是自然地服务于纯粹的人类学目的。① 我们总是依赖一种成功的实用主义，这种实用主义扎根于先前经验的重复和类比。

然而，从主观的角度来看，日常生活仍然必须被视为**对象化**。社会化不仅仅是一个被动占有的过程，而是主体的外化过程。个人的才能和能力呈现出客观形态。我们的产物开启了它们自己的生活，并暴露于它们自己的命运中。每一代人都会发现，现成地存在着一个由这些**对象化**构成的蓄水池，在把这些**对象化**传给子孙后代之前，他们必须把它们转化为自己的要求。赫勒把历史看作这种对象化的波浪式过程。看到这个过程的双向特征是重要的。② 在第一种意义上，对象化是主体的持续外化；在第二种意义上，它重塑了主体。对象化产生了新的需要、能力、技能和才能。

通过对象化来提升主体性的观点，使人们看到了这一范式更多的面相。**自在的对象化领域**本身既是必然性的领域，也是通往自由的大门。这意味着，在它之外还有另一个领域。赫勒将此称为**自为的对象化**（objectivations for itself）领域。在《日常生活》中，赫勒坚持认为，这个领域在本体论上是处于从属地位的，因为它不是社会性的必要组成部分；某些社会在没有它的某些方面的情况下也能成功地运转。③ 后来，当她对马克思持更为批判的态度时，她取消了这种观点，并最终放弃了生产的首要地位。自为的对象化这个称谓意味着积累的文化成就，这些成就供给了有意义的世界观和解释。当然，**自在的对象化**领域的规范和规则也为人提供了意义。然而，这些异质性活动的统一最终是由特定的
【35】有意义的世界观来保证的，这些世界观通常与**自在的对象化领域**交织在一起。这主要是指宗教、艺术和哲学，以及作为历史上最新补充进来的科学。这些都以普遍的形式表达了人对自我和世界解释的各个方面。一方面，所有的对象化都是从日常生活中生长出来的，并最终寓于日常生

① A. Heller, *Everyday Life*, London: Routledge & Kegan Paul, 1984, p. 51.

② Ibid., p. 47.

③ Ibid., p. 118.

活之中；另一方面，当社会达到历史发展的一定程度，当社会整体分化达到一定程度，这个领域的构成部分也获得了相对的自主性，并有能力遵循自己内在的发展逻辑。然而，**自为的对象化领域**始终扎根于日常生活，对日常生活所提出的问题做出回应。① 从**类的普遍立场**出发，通过**知识化、重新调整**和**距离化**，文化对象化重构了日常生活的矛盾。这意味着有意识地将问题转化为一致的愿景，这些愿景通过它们的问题和答案再现了人的自我意识的类本质形式。②

这一由各种领域构成的星丛由另一个领域完成：即**自在自为的对象化**（objectivations in-and-for-itself）领域。出乎意料的是，作为一个马克思主义者，赫勒对经济关系和政治制度几乎没有说什么。只是在它们的影响渗透到日常生活时，它们才被提及。这第三个领域包含了既具有直接性又具有意识性的对象化。她谈到了整体或社会集群、政治和经济制度及法律。每一个领域在多大程度上趋向于“自在自为”的直接性的一极或意识性的一极，在很大程度上取决于历史条件和异化的程度。③ 然而，综合来看，这一领域的制度确立起某个特定社会结构的同一性，而不是其他领域的普遍性。④

赫勒的理论化主要集中在“自在的”和“自为的”两个领域之间的相互关系上。然而这些都是理想型的抽象。在实践中，它们是在不断互换和重叠中共存的。正如所暗示的那样，她认为，在理论上将日常看作**在本体论上是基本的**，看作“自为的”领域的进入点，仍然是有效的。前者是后者的基础，因为**自为的对象化**领域是在日常生活内部开启的分化和同质化过程的产物。在日常生活中，或多或少地存在着程度、类型和强度不同的同质性活动。例如，专注于某种单一的任务往往会使活动

---

① 当托米把赫勒的文化对象化归结为某种柏拉图式的解释时，他是错误的。她不认为这一领域是“独立于——如果不是固定在‘上面’——那个‘可见的’世界”。虽然她确实认为，文化的获得为更多的自我反思提供了知识和可能性，但她仍将这一领域看作历史进程和个人创造的产物，它恰恰根植于日常生活，并对其做出反应。S. Tormey, *Agnes Heller: Socialism, Autonomy and the Postmodern*, Manchester: Manchester University Press, 2001, p. 41.

② A. Heller, *Everyday Life*, London: Routledge & Kegan Paul, 1984.

③ Ibid., p. 120.

④ A. Heller, *The Power of Shame*, London: Routledge & Kegan Paul, 1985, p. 104.

同质化，因为它悬置了那种特别的观点。所有自在的对象化活动都有一个一般的方面。所有的活动都通过传授一种共同的最低限度的社会规范
【36】来提升特定的禀赋、愿望和冲动。但是，她特别提到了工作和道德，在这里，日常和非日常共存。在另一极，活动最终波及宗教、政治、法律和**自为的对象化**本身——艺术、哲学和科学。

如前所述，日常的主要特征是它的“给定性”（givenness）：它被习惯和实用主义所支配。这是一个由意见和自发性构成的理所当然的世界，被实用主义的成功所支配，不愿意接受仔细的审视。然而，这并不意味着日常的思想就一定是异化的。赫勒提出了这样的观点：异化不仅是一个理所当然的世界的产物，而且是对这个世界的态度的产物。根本的问题是，原则上我们是否有可能将批判性的审视引向日常世界的任何方面。在赫勒对日常的研究中贯穿始终的是，反驳将日常视为不可救药的异化场所的哲学传统。她的批判基于一种主要关注改造日常的伦理和实践态度。这一点体现在她对两种在经验上流变的理想的-典型的生活取向的区分上。① 第一种是排他主义的（particularist）取向。这并不只是因为所有的影响都与特定的观点有关：毕竟，我们并不是天生就有排他主义的动机。与生俱来的品质和习性总是被社会影响的。这就是赫勒马上要发展的马克思主义哲学人类学的重点。社会环境与生物潜能共同作用，成为动机的第二个中介来源。自我通过构成各种形式的“我们意识”的认同过程占有社会环境。② **排他主义**取向是由自我维持和需要满足的要求所支配的，而不是由意识所支配的。③ 这种生活表现为，人们在习惯所施加的限制内舒适地生活，并自发地认同它们。另一种理想的-典型的生活取向是，**个体**将自己的生活作为意识反思的对象。她不仅认同临时地构建起她的日常世界的规范和价值，而且按照从更高的文

---

① A. Heller, *Marx's Theory of Revolution and the Revolution in Everyday Life*, in A. Hegedus, A. Heller, M. Márkus, M. Vajda, *The Humanisation of Socialism: Writings of the Budapest School*, London: Allison& Busby, 1976, p. 50.

② A. Heller, *The Power of Shame*, London: Routledge & Kegan Paul, 1985, p. 112.

③ 在她对她的立场进行一种后马克思主义完善的过程中，她将引入“需要”（needs）和“需求”（wants）的区分，根据这一区分，只有后者与外在决定有关。

化对象化领域，如艺术和哲学中抽象出来的标准进行评价。当然，这在多大程度上是可能的，取决于特定社会的结构及它对类本质发展的贡献。① 虽然连高级文化领域也无法摆脱异化的命运，但它的存在却为超越**特性**（particularity）、走向**个性**（individuality）提供了机会。同时，**个人**不能完全压抑自己的特性，他也在自然禀赋的范围内行事。

在这里，我们又遇到了赫勒伦理学的另一个主要论题：她对革命禁 【37】
欲主义的批判。**个体**选择发展其能力中最具有人性价值的方面。这意味着，**个性**总是**再现性**的，因为个体是社会价值实质的衡量标准，是类的某些雄心和成就借以被纳入和融入**个性**的综合。② 与类相符合的意识就是自我意识。自我意识的个性自觉地生活，因而使它自己与排他主义动机和世界的仅仅是“给定的”方面保持距离。正如赫勒所言，个性的一个重要部分是与它的自我保持距离。③ 这种距离是超越日常的基础。它提供了一个视角，个体可以从这个视角辨别出阻碍其（向类）发展的因素。从这一世界图景出发，个体能够规划出一种**生活行为**（conduct of life），它打破了对居于支配地位的规范和价值的单纯服从。④ 这种世界观是一种个体的意识形态，它能解决价值冲突，并导向现实的重组或保护。对赫勒来说，个性不仅是对自我和世界不满的表达，而且是试图革新二者的动力。⑤ 这种个性也不必与共同体对立。对赫勒来说，**个性**中所涉及的自觉选择的因素，使得共同体不是自然赋予个体之间的关系，而是个体从选择的人的关系中**创造出来的产物**。这个小小的范畴包含了

① A. Heller, Individual and Community, in *Social Praxis*, vol. 1, no. 1, 1973, p. 20.

② A. Heller, Individual and Community, in *Social Praxis*, vol. 1, no. 1, 1973. 除了反对赫勒所谓的柏拉图式的文化理论外，托米还担心她对特性和个性的区分所带来的精英主义内涵。S. Tormey, *Agnes Heller: Socialism, Autonomy and the Postmodern*, Manchester: Manchester University Press, 2001, pp. 41-43. 这反映了一个更普遍的担忧，即担忧她“没有分析个人与群众运动之间的相互关系”。S. Tormey, *Agnes Heller: Socialism, Autonomy and the Postmodern*, Manchester: Manchester University Press, 2001, p. 45. 然而，在这一点上，我认为他没有理解赫勒这么表达的具体语境。此时的东欧还没有群众民主运动，甚至这种公开的政治活动的可能性。在这种语境下，这种典范性的个性和文化活动具有自由民主社会中通常没有的那种类型的政治意义，也就不足为奇了。

③ A. Heller, Individual and Community, in *Social Praxis*, vol. 1, no. 1, 1973, p. 20.

④ A. Heller, *Everyday Life*, London: Routledge & Kegan Paul, 1984, p. 49.

⑤ Ibid., p. 20.

赫勒的一些最核心、最恒久的观点。

这些反思的主要政治信息是，她认为东欧不能等待着从抽象地废除政治和经济异化中创造出一个共同体。和年轻的马克思一样，赫勒没有把共产主义设想为一个可以达到的历史阶段，而是设想为革命主体的不断运动。由于忙着组建传统政党，马克思主义政治忽视了这一点。在实践上，她看好西方的反文化和学生运动，并受到两者的影响。反文化提供了一种另类的范式，它关注的是通过改造日常生活来改造世界。① 在对未来发展的预期中，有趣的是，赫勒特别强调保持革命理想多元化的必要性。针对西方一些主张回归自然的反文化观点，她坚定地认为，现代的功能分化已经永远地摧毁了直接的人与人之间的关系，并提出了创造新型的、自我选择的人类共同体这一历史性的新任务。然而，在后一
【38】个方面，她并没有提供什么具体的方案。不过她确实强调了群众参与和民主的必要性。此时，她对实践改革的思考弥漫着一种未确定的模糊性。一方面，这里存在着一种模糊的、弥赛亚式的、寄托在西方学生运动和其他文化发展上的希望；另一方面，这里主要强调了以自觉的个性形态表现出来的伦理学的革新。这是东欧知识分子中持不同政见者所处境况的直接产物，因为东欧没有任何重要的具体的社会运动。鉴于改造日常生活的全部社会主义实践的失败，赫勒深刻地意识到政治对于实现制度变革的重要性。然而，她自己强调的是个体美德，它表现为小团体的道德-文化抵抗，既是对异化的抵抗，也是对社会主义生活世界中日益增长的私人利己主义的抵抗。② 恰恰是斯多葛派的**生活行为**理想招致了公共生活猛烈缩减后的黑暗历史时代，当时，政治视野消失了，个体只能在个人行为中寻找自己的意义。

---

① A. Heller, *Everyday Life*, London: Routledge & Kegan Paul, 1984, p. 50.

② G. Márkus, *The Politics of Morals*, in J. Burnheim eds., *The Social Philosophy of Agnes Heller*, Amsterdam: Rodopi, 1994, p. 275.

第二章　走向哲学人类学

在东欧，面对官方政党的谴责，知识分子从事的理论探索所面临的实际困难不应被低估。在这种情况下，任何推动马克思主义思想成为实践理论的尝试，都必须严肃地对待个体选择、伦理和个体行动的文化条件所扮演的角色。赫勒不可能把马克思主义仅仅看作一门独立于个人活动而运行的历史规律的科学。而如果她关注的是以伦理为指导的社会实践本身，那么她不可能不借助于一种确保可以对行动方向做出更深刻理解的理论框架来做到这一点。卢卡奇的《审美特性》曾假设，这样的基础已经隐含在马克思的作品中。在否定了马克思的社会理论是一种价值无涉的社会科学的观点后，赫勒决心进一步阐释这个更全面的框架的哲学基础。她早期在《文艺复兴的人》一书中对人道主义的发掘，揭示了这一形成时期对文化现代性的可能性在人类学上所做的历史贡献。① 在那里，她指出，一种不可还原的和相互冲突的价值多元化出现了。这不能被归结为经济利益的对立，而是表现了个人对其时代和地位形成的张力的积极反应，通过对成为具有制约性的先例的传统进行有选择的挑选，这种反应成为可能。② 在 1970 年的研究成果《走向一种马克思主义的价值理论》（*Towards a Marxist Theory of Values*）中，她关注的范围更窄，但重点更突出。她明确阐释了马克思主义的价值理论问题。然而，在对马克思的价值观和历史观进行考察的过程中，她不断地触碰到正统的理论界限，她不稳定的马克思主义信仰受到了考验。

---

① A. Heller, *Renaissance Man*, London: Routledge & Kegan Paul, 1978, pp. 5–6.

② G. Márkus, *The Politics of Morals*, in J. Burnheim eds., *The Social Philosophy of Agnes Heller*, Amsterdam: Rodopi, 1994, pp. 269–270.

一、价值和历史

赫勒认为，马克思选择富裕（Reichtum）作为他的主要价值。她想
【40】说明，这种价值如何在包括社会斗争和日常生活在内的人的存在的全部层面上的其他价值中被具体化，以及它如何成为当代状况中价值选择的根本标准。[①] 应该指出的是，即使在这里，在赫勒看来，马克思对富裕的选择也与自由价值有着非常密切的关系。类潜能的全面发展，最终取决于个人**占有**这种财富的能力，因而也取决于**获得**这些财富的自由。富裕与自由之间的这种有机联系将在她以后的发展中产生共鸣。在后来走向后马克思主义激进主义的过程中，她最终会将自己的最高价值选择从**富裕**改为**自由**，并将后者视为现代性的主导价值理念。不过，她此时提出价值问题，并不是要把马克思主义变成单纯的唯意志论（主观随意的价值选择）。在那个时期，她仍然致力于马克思的历史哲学，她打算把价值发展放在人的自我创造和类的对象化的社会总过程中来定位。这个计划假定，一些在历史上被创造的价值具有普遍有效性，而这些价值曾出现在卢卡奇关于人的类力量的人类学中。那些为未来的共产主义社会而奋斗的人，除非确信这些价值是普遍的，是符合历史的客观发展的，否则他们就不可能有把握地做出价值选择。由此可见，赫勒拒绝历史主义，而肯定了黑格尔的绝对精神概念。这是她在其日常生活理论中已经详细阐述的**自为的对象化**领域的产物。绝对精神意味着历史上积累下来的、具有普遍有效性的类本质价值（艺术和哲学）。[②] 在这个意义上，文化是关于人的最高的、永恒的价值的记录：是历史发展和自由所获得成就的登记簿。

赫勒考察了是否存在“客观价值”这种东西的问题。有些价值是否具有普遍有效性，如果有，谈论价值发展是否合理？作为马克思主义者的赫勒致力于回答这些问题。她要从理论上为自己的价值选择、为共产

---

① A. Arato, Introduction: Towards a Marxist Theory of Values, in *Kinesis*, vol. 5, no. 1, 1972, p. 5.

② Ibid., p. 6.

主义奋斗的决心辩护，也要反驳那种认为马克思主义是价值无涉的科学的观点。把它设想为一种实践理论，就需要强调它在社会发展动力、自觉的价值选择和个体决定中的基础地位。同时，她要确保这种实践的历史意义和有效性。为此，马克思主义框架必须符合历史发展的客观方向。它所确认的价值既不能是任意的，也不能是相对的：它们必须是普遍的。

从她的对象化理论来看，历史无非是实现人的类潜能的、协同的社 【41】
会过程。然而，与第一章所概述的卢卡奇的立场进行比较，可以看出，赫勒在理论上越来越具有独创性，在思想上的怀疑也越来越大。尤其明显的是她的思想的激进开放性。首先，她承认，她提供的不是**那种**马克思主义价值理论，而是**一种可能**的理论。在当时听到一位马克思主义者讨论价值不仅是相当不寻常的，更令人惊讶的是，她承认，这样的有效理论可能不止一种。她看到了重建马克思理论的多种可能方式。很难忽视这种解读中包含的爆炸性的政治信息。这种对多元主义的大胆颂扬也渗透在她的实质的历史观中。她重复了青年马克思强调过的论断："历史没有目标"；它是无数互不协调的个人的和社会的目标相互作用的结果。个人的活动在一个被限定的客观可能性的领域内发挥着自己的作用，这些客观可能性为一系列的选择提供了条件。这些环境既是对可能的**限制**，也是人的目标和愿望的**源泉**。个人从来不会在真空中行动，而是从各种材料和可能性构成的复合体所提供的选项中进行选择。

然而，即使在为价值多元主义打开大门的同时，赫勒也坚持认为，存在着某种适用于作为整体的人性的、价值无涉的发展概念。这种价值无涉的发展概念有三个指标：①生产力——指向的是积累的技术和能力，这些技术和能力被世代相传，是历史连续性之轴。②生产关系的社会化——此社会化的程度越来越高，以至于社会关系被认为是人为的、可改变的，由此克服了以往单纯的自然解释。③社会整合的日益普遍化——个人越来越认同更抽象的团体。这最终促成了人性理念，在这里，人性是最普遍的团体。人性在自然界中出现是由于社会性的效力，因为后者展开了人的内在潜能。然而，赫勒并没有将此构想为一个必然的过程。潜能本身并不是可以事先确立的，而只能是事后（postfestum）确立。第一件石器确实拥有原子弹的内在潜能，但这种可能性的实现**既不是必然的**，也不可能**被事先预测**，而只能在发展到一定程度后才能实现。①

除了这种价值无涉的发展概念外，赫勒还辨别出一种价值概念。发
【42】展即是进步这种观念意味着发展是有一定**方向**的，即从**低**到**高**的演变。不同的哲学对这种发展的价值内容有不同的构想。然而，赫勒认为，在马克思那里，这两个发展概念是融合在一起的。这可以部分地通过19世纪中叶进步价值占据主导地位来获得解释。这也是由于马克思给予了“富裕”价值以优先性。因为富裕是最高价值，所以生产力的展开、社会性和整合范畴不仅是价值无涉意义上的发展，而且是价值意义上的发展。② 马克思有时谈到的共产主义似乎是一种必然，但这掩盖了他的发展概念在多大程度上来自他自己的价值选择。赫勒对驳斥所有针对马克思的“必然主义”（inevitiblism）发出的指控并不感兴趣。相反，她认为，即使马克思不怎么使用必然性概念，而且在使用时也做了严格限定，这也与他自己的实践本体论相矛盾，后者暗含着所有人的活动都具有不得不做出选择的特征。事后我们知道，资本主义找到了进一步发展生产力的途径。有鉴于此，在马克思主义的理论讨论中，实践本体论的观念和共产主义作为一种明确的价值选择的观念已经取代了历史必然性的信念。赫勒甚至预料到了在共产主义之外另外一种选择的可能性。如果是这样，她的结论是，不能根据马克思的价值内容将历史断定为一种发展。③

赫勒认为，马克思选择富裕价值是由人道社会的标准决定的。马克思最初是在这个基础上否定资本主义的。只是到后来他才**明确地**选择无产阶级的立场作为人道社会的具体历史代表。赫勒追随马克思。然而，她同时把这视为一种客观的选择，因为它把同样的人的标准运用于所有

---

① A. Arato, Introduction: Towards a Marxist Theory of Values, in *Kinesis*, vol. 5, no. 1, 1972, pp. 63-64.

② Ibid., p. 66.

③ Ibid.

的历史时期。然而，这种客观性仍然是**有条件的**：它假定了共产主义的实现也是人的类观念的完成。① 在这一点上，赫勒澄清了马克思历史观的基础，并强调了它对价值选择的依赖。然而，实践的基础是相当新的。决定这种实践的价值已经被定位在一个更大的历史进程中，并且依赖于某场有力的社会斗争的不可捉摸的变化和对某个特定的计划所下的政治赌注。历史的必然性在偶然的社会行动、个体的选择和责任面前崩溃了。当然，这种新基础的另一面是一种新的偶然性和不可克服的脆弱性。这些观念在她以后的思想中会更加突出。富裕概念蕴含的不可摧毁的价值理念，即基本的类力量，以不断增加的态势积累起来，不过是一【43】
种**信仰**。然而赫勒从未动摇过。从这个时候起，她对马克思主义的忠诚就像这个信仰一样脆弱。她承认，如果这个信仰被证明是毫无根据的，那么马克思主义就会丧失它的有效性。② 我们将看到，最终这个信仰是要彻底崩溃的。

二、人的可塑性

20 世纪 30 年代初，卢卡奇从受黑格尔启发的无产阶级作为历史的主客体同一的观念转向马克思的“类存在”（gattungswesen）的人类学观点。这种观点预设了人性是可塑的：所有基本的人的类力量的充分实现是整个历史进程的劳动。在这一构想中，完全的人的社会将因消除一切阻碍人的本质力量发展的障碍而产生。赫勒自己的哲学人类学就是试图在这一观点的框架中加入一些真正的内容，直到被迫移居国外，她仍在一系列不同的方向上处理这一任务。最初的构想包括一种需要理论，《马克思的需要理论》是一项为此需要理论而做的初步的研究成果。③ 赫勒在匈牙利为这一计划而写的两本书，直到 20 世纪 70 年代末才出版：

① A. Arato, Introduction: Towards a Marxist Theory of Values, in *Kinesis*, vol. 5, no. 1, 1972, p. 70.

② Ibid. , p. 76.

③ A. Heller, *A Reply to My Critics*, in J. Burnheim eds. , *The Social Philosophy of Agnes Heller*, Amsterdam: Rodopi, 1994, p. 284.

这两本书是《情感理论》和《论本能》（*On Instincts*）。① 整体的构想得到了初步的修正，它变成了四部曲，其中包括《历史理论》和《个性理论》（*Theory of Personality*）。然而，在西方较为自由的知识氛围中，赫勒哲学的不断发展还是破坏了卢卡奇最初的出发点。最终，赫勒放弃了哲学人类学，转而支持阿伦特关于“人的境况”的思想。当考察赫勒与马克思历史哲学的最终分离时，我们将探讨这一重要转变的理由。然而，在这一点上，考察一下她关于本能和情感的原初思想就够了。

赫勒对价值所做的研究，特别是给予富裕价值以优先性，已经预设了，将人在历史中展开自己的潜能并自觉地重新占有这些能力把握为一种主要的价值概念。她现在着手用一种哲学人类学来强化她的价值理论，此种哲学人类学实际上阐明了那种更加广泛的、作为基础的关于人的观点。② 赫勒研究本能的基本前提是决定否定本能对人而言的存在。③ 对这种明显反常的现象的解释很简单。对当代读者来说，她决定将本能
【44】 这一主题纳入她的人类学中似乎没什么问题。然而，本能并不总是哲学人类学的明显出发点。当代流行的观念会认为，本能代表的是最基本的、不变的动物和人的冲动。然而，这种共识的普遍存在是 20 世纪心理学和社会人类学论著泛滥的结果。这些论著都渴望用现代临床研究和田野调查的合理科学成果来取代哲学反思所创造的脆弱之物。在这些纷繁的行为科学和社会科学的观点中，赫勒不得不为自己的少数人观点——受马克思启发的、认为**人的本质**（human essence）**是历史地创生的**社会人类学——清出一片空间。她深知，对人的本能的反思总是抽

① 托米将这两部后来的作品排除在“复兴马克思主义”的计划之外，认为赫勒此时开始了她自己的思考。S. Tormey, *Agnes Heller: Socialism, Autonomy and the Postmodern*, Manchester: Manchester University Press, 2001, p. 15. 虽然我认为这些作品表明赫勒对许多问题有了一种更为独立的处理方式，但它们仍然是赫勒的哲学人类学计划不可分割的一部分，因而它居于“复兴马克思主义”方案的核心处。这一点在托米后来的评论中得到了印证。即使是赫勒 1968 年后的作品也表明，“在她布达佩斯学派生涯的后半段，她对复兴马克思主义的精神和理想的忠诚反而得到了增强”。S. Tormey, *Agnes Heller: Socialism, Autonomy and the Postmodern*, Manchester: Manchester University Press, 2001, p. 51.

② S. Benhabib, Review of On Instincts and A Theory of Feelings, in *Telos*, vol. 44, 1980, p. 213.

③ A. Heller, *On Instincts*, Assen: Van Gorcum, 1979.

象的产物，并会深陷于当下的意识形态争论中。① 在此基础上，她明确表达了自己的评价立场和主导价值。因而她断言，在此基础上构建的理论必须最适合于当代的经验事实，或者必须是能够根据当代的经验事实进行修正的。② 她的本能理论是对这一概念本身的批判性解构，尤其是对心理学和社会心理学的某些领域赋予它的意义的批判性解构。她批判性地评价了一系列本能理论，从生物驱动理论到社会心理学的人格理论。③ 她的目标是反驳她最激烈的理论对手的科学主张（关于诸如自我保护、攻击性和性等基本本能的理论），同时证明她的理论与其他理论的最有前途的成果相当一致。她致力于建立这样一种本能理论，它要摧毁那种把本能作为解释工具，并以此确立起关于历史中的人的潜能和局限的观点。

赫勒的出发点是，人根本没有本能，而只有本能的剩余。④ 她将本能界定为：

> 既是物种所特有的同时也是行动所特有的强制性的行为机制或运动协调（movement co-ordinates）：它通过遗传密码继承下来；它由内部和外部刺激引起；它在一定的历史发展阶段内对物种保存起着主导作用；从这种可积极地进行选择的价值角度来看，它超过了特定物种的智力。⑤

这个定义的优点是，它既排除了“基本”本能的理论，也排除了驱动的理论。就所谓的“基本本能”，如侵略性、自我保护和性而言，显而易见的是，所谓的“基本”行为是一连串的各种彼此不同的、相互独 【45】

① A. Heller, *On Instincts*, Assen: Van Gorcum, 1979, p. 6.

② Ibid. , p. 17.

③ 本哈比（Benhabib）正确地指出，弗洛伊德和新弗洛伊德主义者得到的只是敷衍了事的态度。

④ A. Heller, *On Instincts*, Assen: Van Gorcum, 1979, p. 25.

⑤ Ibid. , p. 8.

立的、因物种不同而不同的运动协调。① 从这个角度看，据称源于“基本本能”的行为蒸发成了大量的运动协调，其中只有一些可能被归结为本能的冲动。驱动理论也因类似的原因被排除在外。上述定义预设了一种内在的刺激，它引起了本能的活动。然而，这种内在刺激并不是一种本能，而仅仅是物种特有的本能活动的条件。② 这些最初的运动并不是被定型的，而是个体的。只有在某些情况下，运动协调才是物种所特有的。其中最死板的运动，如咀嚼、吞咽、吸吮和摩擦运动，都是本能的剩余。③ 然而，内在刺激的产物似乎太变化多端了，以至于不能用本能来描述。

赫勒既对霍布斯（Hobbes）的侵略性理论提出了挑战，也对那些粗糙的卢梭（Rousseau）主义者提出了挑战，这些卢梭主义者声称全部的历史增添物都是异化的和在道德上成问题的。对她来说，人既不是一张白纸，也不是不可剥夺的本能的仓库。④ 如前所述，她有所不同地强调了人的本质的**历史基础**。人所特有的一切都是社会发展和社会作用的结果。⑤ 这就是为什么赫勒更喜爱**社会**人类学观念的原因。人是一种社会建构：生物刺激总是作为社会刺激发挥作用，而人的需要总是以受社会制约的、有目的的活动为导向。⑥ 人面对的不是一个简单刺激的环境，而是一个由社会期望、对象、习惯和规范组成的“世界”。未来的前景取决于第二自然的转变。人的自我形成的历史是一部破坏本能或至少是破坏本能指导的历史。人类的物种差异（differentia specifica）表现为，既没有适用自然环境的特化器官，也没有固定的运动协调和行为类型。人的社会世界既是刺激的中介，也是反应的中介。换句话说，极大的**可塑性**是人的世界的显著特征。在人身上，本能所提供的“行动保障”在很早的时候就被交给了社会习惯和制度。通过强调这种命运的独特性，

① A. Heller, *On Instincts*, Assen: Van Gorcum, 1979. p. 4.
② Ibid., pp. 14-15.
③ Ibid., p. 15.
④ Ibid., p. 96.
⑤ Ibid., p. 1.
⑥ Ibid., p. 11.

赫勒纠正了罗马人的说法，把人定义为社会存在而不是社会动物。①

赫勒的选择介于如下二者之间：一方是那些拥护基本本能和驱动的人所暗示的人性的**封闭性**，另一方是完全废除了本能概念并转向无限的行为修正和再学习观念的当代行为主义者的**激进开放性**。虽然她的立场也暗示了人的历史的开放性，但关键不在于根据遗传而得的行为模型从 【46】
内部展开了什么，而在于人具有无限的可塑性潜能。② “从内部展开”的观念和“无限建构”的观念并不是相互排斥的；它们是相互关联的过程，尽管历史上存在着异化形式，而这种异化形式以前排除了它们在大多数个体身上的平行性。③

在这里，赫勒的思想中表现出一种真正的张力，这对她后来的发展意义重大。她关于人具有无限“开放性”的观念充斥着一种深刻的暧昧。一方面，它表达了她对某种乌托邦主义的自觉拥抱。无限可塑性的观念不仅仅是一个理论命题，更是一种激进的实践期待的产物。这从如下事实可窥见一斑：她坚持认为我们没有义务从现在的人中推断出未来的人。④ 在这里，社会主义仍然代表着异化的克服、史前史的终结和对共产主义新人的未来期待。另一方面，由于存有保留意见，这种光辉的愿景已经受到了牢牢的限定。对于人的无限“建构”的前景，赫勒持谨慎态度。虽然没有提到阿伦特，但她对“一切皆有可能”的哲学的不满似乎已经显现。它们证实了赫勒自己对大屠杀（纳粹德国）及其后果的认识。历史告诉我们，“善”并不是人的全部。⑤ 考虑到这一点，行为主义被解释为一种荒诞的、最大限度操纵的科学意识形态。它将人性还原为“再学习”，而且目标理性的范畴取代了对作为人道社会目标的自由和尊严的追求。⑥ 为了避免还原和异化的梦想成为真正的噩梦，人对历史丰富性激进开放的意识必须被调和，必须认识到除了遗传生物学的

① A. Heller, *On Instincts*, Assen: Van Gorcum, 1979, p. 16.

② Ibid., p. 17.

③ Ibid., p. 2.

④ Ibid., p. 1.

⑤ Ibid., p. 95.

⑥ Ibid., p. 69.

约束之外的其他局限性。赫勒赞同自然主义者对行为主义的批判，声称不是所有的东西都可以在人性中建构起来。自我实现的需要是人不能被还原的需要。从长远来看，对这个层面的压抑只会导致功能失调。然而，她也反对美好的但教条的自然主义。这一愿景中首要的是，她对人的类潜能的历史性实现的实践理念的价值坚守。

赫勒认为，马克思的人的本质概念与人的历史开放性的观念有着特别的亲和力。她追随马尔库什，详细阐述了人的本质概念的构成要素：社会性、意识、对象化、普遍性和自由。① 这些都是唯一的**人的世界**所
【47】特有的，也是在历史中逐渐实现的人的潜能所特有的。在这种解读中，普遍性和自由代表了历史进程的方向，而社会性、意识和对象化则意味着它的载体。这将是对人具有局限性的观念与激进的历史可塑性的观念进行更公平的、尽管不稳定的调和的基础。

马克思认为对象化是人的基本的构成性活动，这标志着与费尔巴哈（Feuerbach）自然主义的决裂。我们已经看到，对象化概念是赫勒日常生活理论的核心。她在这里再次求助于它，以区别于人类学中的“第三条道路”的立场。与自然界的新陈代谢交换仍然是对象化的根基。虽然人的对象化从来没有完全放弃这个本体论基础，但同样，它也从来不能被完全还原为这个基础。这一观点可以在如下观察中获得理解，即人的智力已经使本能作为适应特定环境的机制变得多余。② 这里的关键不仅在于人的适应能力增强的普遍性，而且在于这种灵活性表现为什么。马克思关于对象化的理解基于的事实是，这种可塑性不是简单地从内部展开的。社会分工使类发展的潜能发挥出来，但却**没有被置于个人之内**。由此可见，人的本质并**不是**像本能或遗传那样**是人的内部的某种东西**，而是外在于他们的，由制度、社会关系和活动构成的星丛中的某种东西。对人来说，嵌入由社会制度、习惯和价值所构成的世界的对象化活动已经取代了自然，成为人的自我建构的主要载体。

对于拒斥一切主张基本本能的观点来说，这种关于对象化的理解是

---

① G. Márkus, *Marxism and Anthropology*, Assen: Van Gorcum, 1978.

② A. Heller, *On Instincts*, Assen: Van Gorcum, 1979. p. 19.

至关重要的。赫勒否定了性本能的概念，因为人的性行为只存在于对对象的欲望中。人的性行为并不从属于本能的调节，而是从属于乱伦禁忌等社会制度。再一次，对象化使本能变得无效。① 她在阐述人的普遍性的更深含义时，也提出了同样的观点。只有从本能环境的狭隘束缚中解放出来，人才可以创造与生产，甚至按照理想的法则和规则去创造与生产。人的普遍性表现为完全没有先天的专门化能力。取而代之的是，对象化领域通过自己独立的逻辑进行演化、构造和调节。人的普遍性只有通过这些制度结构的存在才得以展现和维持，这些制度结构再生产极为多样的人的类力量，并对之形成不断的刺激。② 这表现为，在人那里，
知识已经变成了一种需要。知识也许是最深刻的一个例子，它表明，人 【48】
的这些需要已经摆脱了生物刺激，并以自己的内在动力为基础，主要受历史和文化因素的制约。

在赫勒对马克思本质概念的解读中，赋予对象化概念以优先性突出了**历史地自我形成**的首要性。然而，只有从这一现实的过程中抽象出来，它才能与它的其他方面——意识和社会性—— 区分开来。马克思特别强调对象化，这一点可以通过传统的关于人的独特性的理解对劳动的否定来解释。虽然赫勒强调了马克思的革新，但她的意图是不缩减社会性在人的自我塑造过程中的意义。对她来说，人既是**社会建构物**，也是**历史建构物**：这只是一枚硬币的两面。同样，她也用了相当大的篇幅来阐述，意识在独特的人的构形中的作用。这对于她在理解人的行为时尽量减少本能所起作用的策略尤为重要。关于三位一体——本能、受制约的活动、智力——她解释说，正是后者在人那里起着主导作用。语言使人超越了单纯的感知，使人能表达和传递信息。社会存在显然是目的论的：如果不设定目标，不为实现目标而选择适当的手段，那么社会存在是无法解释的。③ 这种目的论的行动主义表明了本能作为人的适应机制的剩余程度。人的自我平衡具有极大的弹性极限，此极限源自这种巨大

① A. Heller, *On Instincts*, Assen: Van Gorcum, 1979, p. 20.
② Ibid., p. 21.
③ Ibid., p. 19.

的超越能力。① 这种弹性和目的能量是语言思维所产生的自我反思的产物。人是有意识的存在，能与世界拉开距离，并将其视为对象。这种产生自我意识的意识中的距离化也有社会成分：自我异化的模糊性要求自我能够站在别人的立场上看待自己。

这些对马克思的人的本质概念的反思结束于对自由观念的恰当阐释。对赫勒来说，自由既不意味着公共空间，也不意味着私人空间，而是意味着对未来的开放，以及对有意识地、有目的地实现激进新奇性的可能性的开放。② 这种自由与最终要实现人类学意义上人的类的丰富性的全面发展这样一种历史哲学密切相关。自由是一种重要的从属的价值，促进了自我创造的过程。只要赫勒继续把这种历史哲学看作适宜于
【49】人的，自由与人的类财富的主要价值之间的张力就仍然是模糊不清的。然而，她后来发展的最终基础已经在一系列结论性的想法中显现出来。与人的本质的其他要素不同，自由价值的独特之处在于它不能在异化中实现。普遍性、社会性和知识都可能以大量的个体为代价来实现。但是，她断言，自由“在没有个体自由的情况下是不可能的，是绝不可能的”③。虽然个体自由与类财富之间潜在的价值冲突被她对非异化的社会主义社会的信念所悬置，但在这种对自由的不妥协的独特性的认识中，将自由提升为现代性最高价值的价值选择的要素已经被确立下来了。

三、情感和资产阶级的贫乏

在本能问题上恢复自然与社会之间的平衡还需要做一些补充性的工作。赫勒在《情感理论》中从另一个方面论述了人的所谓非理性方面。在这里，她再次涉足了马克思主义思想家以前没有涉足的理论领域。④

---

① 本哈比已经注意到自我平衡范畴的自然主义。他假定了将达至于保存和扩张状态的自然进化，这与一个通过以语言为媒介的社会互动来形成身份的存在是不相适应的。S. Benhabib, Review of On Instincts and A Theory of Feelings, in *Telos*, vol. 44, 1980, p. 216.

② A. Heller, *On Instincts*, Assen: Van Gorcum, 1979, p. 19.

③ Ibid., p. 22.

④ A. Heller, *A Theory of Feelings*, Assen: Van Gorcum, 1978.

一个女人和母亲成为第一个认真对待这一主题的马克思主义者，也许并不奇怪。然而，她的努力在卢卡奇对“总体的人”的关切中已有预兆，并表达了与新左翼一样的、对在资产阶级文化支配下出现的碎片化的反文化忧虑。

《情感理论》的理论说明有两个部分。书的前半部分论证了人的有机统一。针对哲学传统把理性和情感（激情）割裂开来的主要倾向，赫勒对情感、思维和道德的统一做了不懈的辩护。在序言中，她坚持认为，这种统一是一种“经验事实”。一个很好的例子是，她声称女人通常因超人的洞察力（clairvoyance）而更善于交往。她认为，这不是一种天生的能力，而是一种后天的认知能力，其特点是情感的重新整合。①当然，我们已经知道，这是她的日常生活概念的基石之一。资产阶级社会产生了**排他主义**的情感，使个性分裂。这种经验产生了马克思所讲的异化。与这种普遍的社会倾向相对立，赫勒选定了个性价值。也就是说，先前概述意义上的个体根据自我选择的价值等级，**有意识地塑造**自己的生活。她承认，这种意义上的“个性”在今天只是作为一种例外和一种倾向而存在。② 书的后半部分专门对资产阶级社会中的“个性分裂”进行了社会学调查，并对其最近的前景做了预判。在下文中，我们 【50】
将简要地考察情感主题对赫勒的哲学人类学的贡献。然后，重点转向她在20世纪70年代对当代状况的历史重建和诊断。

赫勒已经断言，人面临着一个基本的二律背反。类本质是经过基因编码的，而个体则是一个独立的、特异的系统。一切使个体在出生时成为人的东西都外在于个体有机体。③ 这个有机体就像一台经过基因编程的机器，从环境和它的在世（being-in-the-world）那里接受它的任务。正如我们所看到的，主要的任务是语言的习得、习惯的实践和工具的使用。唯信仰论的（antinomian）双重倾向反映在人的自我平衡中社会所起的作用中。由所谓的口渴、饥饿和痛苦的驱动所表现出来的生物失

① A. Heller, The Emotional Division of Labour Between the Sexes: Perspectives on Feminism and Socialism, in *Thesis Eleven*, vol. 5, no. 6, 1982, p. 65.

② A. Heller, *A Theory of Feelings*, Assen: Van Gorcum, 1978, p. 4.

③ Ibid., p. 18.

衡，通常是由社会学因素来调节的。这些很少是纯粹生存的情况，而通常是在一定的社会和文化层面上实现的。人的自我平衡的两个基本类型是**保存**和**扩张**。两者始终在发挥作用，但在静态社会和动态社会中的重要性不同。①

在维持人的自我平衡中，情感起着至关重要的作用。它们规定了新与旧、保存与扩张、“更多”与“充足”之间的比例，也使心理紧张得到一般缓解。赫勒将情感定义为简单地专注于某事。② 当人们认识到人是有意图的、本质上是渴望着的存在时，这种专注的重要性就很明显了。它们也是有意识的，由目的导向未来的。她强调了这一点，即情感在种系发生学上（philogenetically）是首要的，因为我们甚至在行动或思考之前就有了情感。③ 情感在确保自我的维系和延续方面发挥着至关重要的作用。自我从空白点处寻求和阐明问题。但是，填补空白点从来没有完全消弭缺口：这种填补只能带来更多的缺口，从而修改整体结构。④然而，在社会化的过程中，占有和填补缺口产生了自我的自己的世界。这种关系表现为内化、对象化和自我表现。这三者同时是行动、思维和情感。⑤ 在形成自己的世界时，自我必须有选择地扩大和保存自己。当然，与世界的关系并不是单一的；与世界的关系有多种可能，并且情感也有多种类型。

赫勒将情感插入她的一般人类学中，使她能够详细地阐述一种具体的分类类型学，这种分类类型学在此无须赘述。不过，她的情感社会学
【51】特别有意思。它提供了她对社会的当代诊断，以及她对超越当下二律背反之路的预判。

她从不同历史时代有不同情感动力在运行的观察出发。在她看来，人们现在正在快速地从资产阶级世界时代及其功利主义的情感管理中退出，并根据有用/ 有害这一对价值来判断一切事物。在当代社会，调整

① A. Heller, *A Theory of Feelings*, Assen: Van Gorcum, 1978, p. 35.
② Ibid., p. 7.
③ Ibid., p. 110.
④ Ibid., p. 41.
⑤ Ibid., p. 110.

是首先需要考虑的。现在，主要的定位范畴是正确/不正确。[1] 从历史上看，资产阶级社会是第一个使个体管理情感得以可能的社会。在早期社会，情感的价值等级是被给定的，而个体的任务是在出生时自然获得的固定社会地位的情感经济中活动。只有社会给定状态的颠覆有了可能，并且按照特定的意向进行价值和任务选择有了可能，个体的情感管理才有了真正的可能。然而，虽然这种可能性是由资产阶级社会开辟的，但受资产阶级经济的伪-自然规律制约的广大个体却很少能实现这种可能性。[2]

赫勒把呈典型异化状态的资产阶级个体看作个性分裂的，因为这种个性被公民意识和资产阶级意识的严重不一致所扭曲。这种分裂的双方都忍受着情感世界的抽象化之苦。公民的行为是从原则中推导出来的，而资产阶级只根据延伸开来的个体利益来行动，或者只根据表现为群体或阶级的、延伸开来的个体利益的一般化来行动。[3] 资产阶级的取向是一种计算。在这个情感世界里，激情起着决定性的作用，特别是占有的欲望。这种激情从理论上看是无限的，而且，这也说明了资产阶级需要的**可量化**特征。夹在这些量化激情中的自我是**抽象的**和**同质化的**。这样的个体越来越多地被同类的态度、价值和愿望所同化与改造。赫勒认为，资产阶级的现实越来越抵触质的价值。这在艺术世界中有所体现，也在公民身上有所体现。莎士比亚可以让原则从具体人物（布鲁特斯［Brutus］或李尔［Lear］）的生活情境中产生，与之不同，席勒则满足于英雄，他们只是理想的代言人，因为这些理想并不是来自具体的资产阶级生活。[4] 这种抽象在公民生活中同样明显。公民的热情同样是一种使自我同质化的激情：它使所有的情感都服从于某种单一的、居于支配地位的情感。这种禁欲主义可能会在历史危机和紧急情况下开出花来，但却被资产阶级的日常所抵制。[5] 我们在这里需要牢记的是赫勒对禁欲

① A. Heller, *A Theory of Feelings*, Assen: Van Gorcum, 1978, p. 150.

② Ibid., pp. 199-200.

③ Ibid., p. 215.

④ Ibid., p. 226.

⑤ Ibid., pp. 221-223.

【52】主义的批判。它有助于形成自己对超越资产阶级社会二律背反之路的愿景。

精神分裂的、抽象的资产阶级情感世界正在走向衰落。资产阶级社会的分工使小部分精英有闲情逸致去培育情感世界和丰富的情感差异。这种感性（sensibility）文化是通过对传统文化和语言的背弃而实现的。然而，这样的精英文化有其自身的辩证法，最终导致情感的贫乏。在创造了一个独特的、对抗的、有文化和品位的情感世界后，情感敏锐之人面临着交往的问题。由于拒绝占主导地位的社会政治规范，感性的承载者与他们所处的社会隔绝。他们没有看到感性文化建立在特权基础上的程度。它掩盖了另一种形式的匮乏，这种匮乏在他们与同辈人的疏离中显现出来。

赫勒认为，在第二次世界大战后的环境中，随着社会的调整，出现了一个新的、更具体的情感世界。这不仅仅是对整个社会的调整，而是对社会分工中的每一项具体任务、每一个地方的**总体调整**。① 激情并没有消失，但现在它们在调整中发挥作用，并与调整相关。与它的前身相比，这种新的情感结构既不是“高级”的，也不是“低级”的：它包含着矛盾的潜能。资产阶级激情和热情的抽象特性正在减弱。②

仔细观察这种与全面调整相关的新情感结构，就会发现神经官能症在增多。新的现代情感世界是围绕着赫勒所说的准定向的（quasi-orientational）情感而组织的：这些情感是关于生活的任何方面的“是”或“否”的情感，包括行动、思考和判断。这些情感在生活的所有方面都起着作用，因此是普遍的。它们导致的结果是，要么达到预期，要么偏离预期。通常来说，这些情感没有价值参照（它们是正确的/不正确的），因此，它们不是个性的构成要素。这种情感结构所特有的是弱化的自我，自我可以**变化**但不能**成长**。它从外部环境中接受现成的选择，并简单地进行调整；它自己的世界没有被结构化，而且不能扩张。③ 受

① A. Heller, *A Theory of Feelings*, Assen: Van Gorcum, 1978, p. 228.

② Ibid., p. 227.

③ Ibid., p. 233.

其角色摆布的个体所特有的是永久的焦虑状态。赫勒认为，神经官能症并不是每一种异化的特点。它源于这样一种状况，在其中，同一个人被异化的工作和闲暇所分割。在资产阶级时代，这些活动被分配到不同的社会阶级。然而，在当代社会，这种阶级分配已经被引入一般的个体生活中。只有在少数人的生活中，人们的需要才是达成目标的基本愉悦，【53】这种目标与工作和闲暇以外的、作为构成性原则的需要相联系。[①] 对大多数人来说，关于需要的目标取向仍固定在工作和闲暇上。

赫勒把20世纪60年代末的反文化解释为对社会调整出现的危机做出反应的表现。一些人放弃了自己的角色，创造了自己的情感等级。他们将爱和友谊的情感倾向置于顶点。他们的目标是高峰体验：在高潮时刻克服主体和客体之间的二元对立。她称这种策略为“情绪的激进主义”（radicalism of mood）。其明显的局限性在于，任何持久的世界或社会都不可能建立在直接的关系之上。[②] 正如马克思主义者赫勒当时所看到的，这就是20世纪70年代初走向的死胡同。一边是经过调整的社会，伴随着情感的具体化和个性的丧失；另一边是从分工中退出和“情绪的激进主义”。对大众来说，后者并不是真正的解决之道。超越社会分工的情感管理不可能被一般化。个体是多方面的，具有丰富的需要，从这点来看，这也是不适当的。如果没有社会价值的工作目标，个体也就失去了她的一个主要排序原则。[③]

赫勒自己的探索超越了这种二律背反，对“情绪的激进主义”与热情做了综合。然而这并不是公民的抽象的、禁欲的热情，而是她所说的具体的热情。由理念构成的情感必须以一种感性能力为补充，这种感性能力会把情感投入具体的人的可行的和特定的任务的实现中去（原文如此）。[④] 奇怪的是，为了唤起具体热情的精神，赫勒返回到了那些受到谴责的反法西斯主义者的幸存信件中。这种具体热情的观念否定了英雄主义和殉道；它的动机是对他人的责任，以对人类的爱和对生活而非理念

---

① A. Heller, *A Theory of Feelings*, Assen: Van Gorcum, 1978, p. 206.

② Ibid., p. 236.

③ Ibid., p. 237.

④ Ibid.

的单纯热爱为导向。这些个体不认为自己是特殊的，因此认为他们的行为是可以一般化的。① 对赫勒来说，具体热情的理想的存在，不仅仅是因为有这样的“好人”。“好人”的心理结构并不是贵族式的，即使这种人在当下构成精英。不管他们的实际数量如何，她都认可这种精英主义形式：它标志着唯一有希望、有未来的精英。理念和需要的综合是开始创造新世界的工作的条件。② 但是，她承认，“好人”是否可以被模仿是值得商榷的。

从表面上看，赫勒在这里面对的问题类似于在她看来与“情绪的激进主义”相联系的问题。这种策略的缺陷之一是缺乏一般性。赫勒所选择的模式试图通过去除禁欲主义和强调对生活的单纯热爱，将理想人道
【54】化。然而，奇怪的是，她的原型来自对反纳粹殉道者的极端体验。这不就是高峰体验吗？尽管是另一种形式。就像在反文化中遇到的直接体验一样，远离日常的无聊！诚然，边缘体验远离了经过调整的社会的神经官能症。然而，从调解的角度看，这也是它的局限性。反纳粹英雄的“善”被简单地等同于资产阶级日常的“善”。当它的紧迫性似乎是这种特别条件下的产物时，它与经过调整的社会能有什么可能的关系呢？

规范理想与经验条件之间的张力，并不是赫勒努力建立哲学人类学中最令人不安的理论问题。更令人关注的是，她对继承下来的卢卡奇框架的绝对自信。她完全接受了卢卡奇对《历史与阶级意识》的抽象化以及被马克思的类存在观念完全支配所做的自我批判。然而，这一举动最终仍遭受着同样的理论抽象，而这种理论抽象污染了把无产阶级视为历史的主体/客体的观念。在它的基本范畴中，人的哲学阐明一个人的自我创造的计划，将西方的进程在思想上普遍化了。人、劳动、历史这几个范畴在这里站在了超越性的位置上，支撑着资产阶级叙事的普遍意义。它的思想地位在于，将他者性和差异性共同纳入一个故事中，使身份同质化，消除了他异性。今天，这个故事的认知可信度已经被现代学术研究所削弱，多元主体和相互认同形成的模式取代了集体历史主体的

① A. Heller, *A Theory of Feelings*, Assen: Van Gorcum, 1978, pp. 238–239.

② Ibid., p. 241.

观念。[1] 尽管如此，虽然赫勒仍然致力于马克思的历史哲学，但在哲学人类学中为其提供基础的想法是有意义的。她对历史哲学的背叛，将促使她思考人的本质概念中的封闭性问题，并最终使她完全放弃了哲学人类学的计划。赫勒距离达到这种程度的清晰还有一段距离，但她的疑虑已经越来越明显了。

四、需要和资本主义动力

让赫勒受到国际关注，并将她的哲学人类学提升为左翼思想先锋的著作是《马克思的需要理论》。在她的所有著作中，这本著作是最有名的，也是最能明确地将她与奄奄一息的西方人道主义马克思主义联系起 【55】
来的著作。如前所述，她最初认为这是为了提出她自己的需要理论而做的一次“指法练习”。虽然她的阐释从总体上来说被定位于“复兴马克思主义”的计划中，但它已经表现出日益批判地与之保持距离的迹象。该著作未能在卡达尔时期的匈牙利出版，但在 1976 年最终被翻译出版时却获得了广泛的好评，这一事实在某种程度上说明了该著作的理论激进性。[2] 对当时的读者来说，其政治意义显而易见，但在今天却很容易被忽视。尽管她表面上以马克思本人没有考察过这个问题为由，策略性地回避了对“向社会主义过渡”这一具体问题的讨论，[3] 但她对马克思的需要问题的一般理论化已经超越了官方接受的限度。[4] 正如我们从她对日常生活的思考中已经看到的那样，她的需要理论所经受的严峻考验是**总体革命**这个概念，这个概念不仅意味着推翻政治制度或生产关系，

---

① S. Benhabib, Review of On Instincts and A Theory of Feelings, in *Telos*, vol. 44, 1980, pp. 218-220.

② A. Heller, *The Theory of Needs in Marx*, London: Allison & Busby, 1976. 该书写于 20 世纪 70 年代早期，因为赫勒受到政治驱逐，所以它的出版被延迟了。1974 年，它首先以意大利语出版。

③ A. Heller, *The Theory of Needs in Marx*, London: Allison & Busby, 1976, p. 100.

④ 乔治·马尔库什回忆说，正是总结了该书主要观点的《从需要的角度看理论与实践》(Theory and Practice From the Standpoint of Needs) 一文，成为她 1973 年被官方从匈牙利文化生活中排除出去的借口。See G. Márkus, *The Politics of Morals*, in J. Burnheim eds., *The Social Philosophy of Agnes Heller*, Amsterdam: Rodopi, 1994, p. 278.

而且意味着日常生活的变革。赫勒开始将她的理论反思扩展到马克思本人。虽然她仍然很恭敬，但她着手的工作是要指出存在于马克思理论中的张力；她认为他的伟大主要在于他的“令人印象深刻的不连贯性”。① 这种“不连贯性”的关键在于，在马克思对革命地克服资本主义社会的解释中存在着很大的模糊性：一方面，他把革命看作准自然的经济规律的必然结果；另一方面，他把革命看作日益激进化的集体主体力量的自觉行为。他在二者之间摇摆不定。

最重要的是，赫勒描述了作为人道主义者的马克思，认为马克思的整个理论是从对异化的哲学批判中汲取批判力量的。她断言，在马克思的批判中，需要概念即便不是起到全部主要作用，也是主要作用之一。古典政治经济学曾将一切超-经济的需要排除在外，在其想象中，工人的需要仅限于财富，而马克思则明确地将这种立场作为资本主义的意识形态支柱加以否定：它是从资本主义中人的需要的异化的角度来论述的。② 对马克思来说，社会主义的前提是整个需要结构的转变。生产力的提高不再意味着商品和交换价值在数量上的扩张，而是意味着使用价值在数量和质量上的提高。③ “联合起来的生产者”的社会预示着一种非异化的需要体系。④ 需要主要是一个价值范畴。对马克思来说，需要范畴作为一个**人类学的价值范畴**，使他能够**评价**资本主义社会的异化需要。⑤ 正如赫勒关于价值的著作已经表明的那样，对马克思来说，最重
【56】要的价值范畴是丰富的需要意义上的**财富**；它是“人”的需要展开的条件，也是个性全面自由发展的基础。在马克思对资本主义的批判中，每一个判断都是在积极价值的基础上阐述的。这是超越了资本主义界限的批判，因为它的尺度是需要丰富的人。⑥ 虽然是青年马克思阐述了这一需要范畴，但赫勒明确指出，在后来的所有著作中，他都预设了这种

---

① A. Heller, *The Theory of Needs in Marx*, London: Allison & Busby, 1976, p. 88.
② Ibid., p. 26.
③ Ibid.
④ Ibid., p. 27.
⑤ Ibid.
⑥ Ibid., p. 39.

需要。①

“需要丰富的”人性不仅是马克思的基本价值理想，也是他对历史变迁的内在解释的基础。正如我们所看到的，这种关于人的需要财富的观念根源于对象化范式。所有试图区分“自然的”和“社会生产的”、“物质的”和“精神的”、“必要的”和“奢侈的”需要的企图，都被马克思所理解的人的需要的根本历史性所挫败。受劳动的推动，人的需要在历史发展过程中不断扩大。对象化促进了**需要的丰富**。对马克思来说，需要不仅是激情，而且**是能力**。与生物学上给定的动物需要不同，人的需要越来越多地参与到活动之中，这些活动生成了能力，也不断生成了呈螺旋式增长的新需要。② 满足所具有的人的维度赋予人的需要以一种内在的、质的维度。这种需要的创造和增加的历史维度强调的是人类的**社会建构**：人的需要是在文化环境中形成并受这种文化环境制约的。然而，这种形成过程不是产生于被动的铭记③（imprinting），而是产生于以能力生成活动的形式做出**积极反应**。对马克思来说，历史性不是超个体的过程和力量的领域，而是具体的个人所从事的、受普遍历史条件制约而绝非决定的实践活动的领域。这提出了一种关于人的**有限性**的新范式，此范式有助于理解个人的创造性，并认识到在历史和自然规定所强加的界限内人的需要的社会构成。

通过对马克思需要概念背后的理论动机展开重建，赫勒对正统解读中两种在思想上受到谴责的观念提出了挑战。马克思对需要异化理解的核心是，他认为资本主义在财富积累过程中把人降格为**手段**。资产阶级社会主要关注交换价值，要求需要同质化以满足商品化的必要条件。货币是衡量需要的量的标准，使需要沦为财产的占有。不能被转化为交换价值的使用价值就不再是生产对象。虽然马克思承认了资本主义的解放维度，但赫勒坚持认为，他始终拒绝利益观念所必然包含的同质化。古 【57】
代和中世纪的哲学并不知道利益范畴。只是随着资产阶级社会关系的胜

① A. Heller, *The Theory of Needs in Marx*, London: Allison & Busby, 1976, p. 38.

② Ibid., p. 41.

③ 此处的铭记指在动物生命早期即起作用的一种学习机制。——译者注

利，它才变得更加普遍。作为个人活动的动机，利益无非是将质还原为量。在哲学上把利益范畴一般化为阶级是这样一个社会的产物，在这个社会中，需要从根本上来说是质的和具体的维度被同质化过程所压制。① 资产阶级社会是第一个“纯粹的”社会，在这个社会中，抽象的、非个人的社会关系被叠加在自然强力之上，并表现出一种准自然的独立性和必然性。只有被转化为一定量的异化货币时，个人需要的质的维度才能被认识到。

从赫勒的背景来看，不足为奇的是，她认为把“社会需要”与一般利益范畴等同起来，比把资产阶级范畴偷渡到马克思话语中更危险。如果把社会需要等同于一般利益，它们就会在某种程度上“悬浮于”现实的个人之上，被视为“更高的”或“更一般的”。它们被视为更加“现实的”和更加真实的，而具体个人的需要则被贬低为片面的和自私的。在冲突的情况下，这种等同使个人需要从属于一般利益的做法合法化。在这一点上，赫勒还没有质疑马克思对阶级意识和经验意识所做的关键区分。然而，她已经十分清楚，在实践中，个人需要和社会需要的理论区分使一种具有压迫性的、享有特权的观点合法化，这种观点总是为一个占统治地位的阶级或集团的需要服务。

赫勒对马克思关于革命和利益的真实思想的不懈追求，暴露了在他对资本主义动力的理解中存在的张力。这些都随着她标志性的“激进需要”概念而浮出水面。她对利益观念的批判使她相信，工人阶级抱负的兴趣点不是通过革命的方式实现超越，而是为工资和其他渐进改善而进行斗争。换句话说，它只是抓住了工人阶级的资本主义异化形象。革命所需要的前提条件是，阶级斗争水平得到了进一步发展，超越了经济分配问题，直接成为整个资产阶级的整个社会制度的政治挑战。在赫勒看来，马克思认为这种超越性的政治自觉的关键在于，由工人的生活状况产生的**激进需要**。没有工人，资产阶级制度就无法运行：工人是资本主义社会的基本要素。② 马克思在这里强调的是社会总体。资本主义的需

① A. Heller, *The Theory of Needs in Marx*, London: Allison & Busby, 1976, p. 57.

② Ibid., p. 76.

要结构不是某种独立的变量，而是生产、分配和交换构成的有机统一体 【58】
的一个构成要素。在这一总体中，需要不是按出身来分配的，而是按政治和经济的制度与功能所赋予的地位来分配的。需要的归属与政治和经济的功能之间的这种联系，引入了社会动力和个人奋斗的要素。这种联系使资产阶级需要的特征也随之发生了转变，从质占据支配地位转变为量占据支配地位。激进需要是内在于资本主义社会中的；它们的激进性不在于它们的纯粹表达（如对自由时间的渴望），而在于它们的满足，如果不能超越资本主义，这种满足是不可能实现的。① 这些需要的超越性在于它们的目标。资本主义允许个人更积极地塑造自己的需要结构。市场放松了社会管制，产生了广泛增多的个性化的需要满足，具体表现为自由时间、艺术活动和个人发展的不同结合。同时，资本主义根本无法容纳这些需要的满足。这将破坏作为制度基础的不平等和剥削的结构性机理。但是，赫勒并不满足于仅仅对激进需要做否定的界定。社会主义涉及一种全新的需要结构，不仅意味着更多量上的满足，而且意味着质上的根本改变。马克思对财富的价值选择意味着一种使质得到提升的需要结构：自由时间、作为脑力工作和艺术活动的劳动、个人发展、自由选择的和丰富的共同体形式。②

激进需要的第三规定性方面是质。尽管物质财富已经达到了更高的水平，但社会主义仍需要生活消费品发挥有限的作用。③ 社会财富将不再仅仅以生产力来衡量，自由的自我活动和个人发展等非物质价值将使需要结构变得更加异质化、个性化。在这样的一个社会里，物质财富只是自由的条件，但不是自由本身。在社会主义中，强加于个人需要之上的唯一限制将是其他在质的方面不同的需要所施加的限制。④ 无论是对

① A. Heller, *The Theory of Needs in Marx*, London: Allison & Busby, 1976, p. 76.

② 托米发现，在激进需要理论中，赫勒重新回到了经典马克思主义关于社会转型的描述，而《日常生活》聚焦于去拜物教过程的模式。A. Heller, *The Theory of Needs in Marx*, London: Allison & Busby, 1976, p. 69. 然而，他试图在这两者之间做出的区分对赫勒来说并不存在。对她来说，正是这些需要的激进性具有质的一面，它意味着拜物教表象被突破，也意味着文化需要变得更加突出。

③ A. Heller, *The Theory of Needs in Marx*, London: Allison & Busby, 1976, p. 102.

④ Ibid., p. 105.

于赫勒重构在马克思那里存在的模糊性，还是对于她自己有力地、含蓄地对“现实社会主义”进行批判，这种激进需要的概念现在都是至关重要的。她认为，哲学家马克思面临的问题是，如何将他主观上肯定的“应该”实现出来。[①] 鉴于他自己对整个哲学传统的无能的强烈批判，对马克思来说，至少在理论上克服这一缺陷是至关重要的。他采用了两种方法来实现他的哲学的“应该”。尽管他的两种“解决方案”最终是
【59】矛盾的，意味着相反的实践策略，但在马克思的头脑中，它们被不自觉地融合在一起，而他在余生中一直在这两种方案之间摇摆。[②]

赫勒将这些解决方案中的第一种描述为费希特（J. G. Fichte）式的，因为它强调的是**能动的主体性**。渗透在异化的哲学形象中的主观“应该”被转化为无产阶级这一**集体的社会行动者**的物质要求。异化激发了劳动大众共同努力实现其愿望的激进需要。第二种解决方案从根本上来说是黑格尔式的。在这里，重点从能动的主体性转向**客观的运动**和经济的内在规律。资本主义社会的二律背反只是历史发展的一般规律的一个特殊实例。换句话说，“应该”现在表现为**因果必然性**的形式。赫勒承认，如果始终如一地坚持这种理解，就会使激进需要概念变得多余。[③] 经济按照准自然规律运行的观念，只是拜物教的商品关系的另一种表象。与此相反，激进需要概念在观念上的作用表现为激发需要，打破拜物教表象。

关于激进需要的革命设想不是基于历史规律，而是基于对资本主义商品形式的运动过程的具体分析。资产阶级社会不仅生产了**异化**，而且越来越多地生产了**关于异化的意识**：形式上自由但实际上被剥削的雇用劳动者不仅发展出改善物质条件的激进需要，而且发展出**提高类能力**的激进需要。以前在资产阶级社会中没有特定目标的阶级，终于发现了自己主体的普遍潜能。这种逐渐成熟的普遍性既是马克思理论的解放观的源泉，也是总体革命的具体动因。尽管他的晚期作品具有经济学特征，

---

① A. Heller, *The Theory of Needs in Marx*, London: Allison & Busby, 1976, p. 74.

② Ibid.

③ Ibid.

但这种设想的基本结构依然存在。但是，随着机器取代熟练劳动，重点转向了无产阶级以集体活动、意识提高和工人整体发展表现出来的普遍能力的发展。① 在这两种设想中，对资本主义的哲学批判都呈现出一种内在的历史形式：一个日益具有统一性的、在政治上具有凝聚力的阶级主体，持续不断地与物化的资本主义关系做斗争，并与之展开较量。

在马克思那里，**激进需要**是一种理论上的建构，是异化的意识：也 【60】
许不只是他主观的梦想，但绝不是工人阶级的经验意识。② 这种意识在马克思自己的时代并没有被实现。即使在100年之后，赫勒仍无法令人信服地确定，是否资本主义能产生出这种需要。③ 然而，她坚持认为这种假定的集体“应该”仍然是一种“实践上的必然”。由于仍然被新左翼的一些梦想所迷惑，因此她继续培育自己的一些错觉。虽然马克思是被迫“发明”了激进需要，但她断言，我们现在能“亲眼”看到它们。④ 在新左翼乐观主义的影响下，她认为西方学生的抗议和反文化是新出现的激进需要的另一种表现。和马尔库塞（Marcuse）一样，她认为，工人阶级已经不再是激进需要的主要承担者了。⑤

赫勒论述马克思的著作极为成功地将自己思想的当代批判核心释放了出来。在此过程中，她设法阐述了自己的激进需要理论。她也不再执着于历史哲学，而且断然否定了历史必然性的观点。一方面，她坚持认为，历史还没有确定资本主义是否内在地产生了激进需要；另一方面，在一个几乎明显的矛盾中，她认为激进需要现在既表现在正统工人阶级运动的中心，也表现在正统工人阶级运动的边缘。她关于马克思的需要理论的著作，清楚地揭示了一场内部的理论斗争，这场斗争将延续到她

① A. Heller, *The Theory of Needs in Marx*, London: Allison & Busby, 1976, pp. 92-93.

② Ibid., p. 95.

③ Ibid.

④ Ibid., p. 86. 我不同意托米的解读，在他看来，“赫勒几乎陶醉于马克思设想的不可能性”，因为“这并不会使它作为一种对行动有影响的‘应该’失效”。S. Tormey, *Agnes Heller: Socialism, Autonomy and the Postmodern*, Manchester: Manchester University Press, 2001, p. 73. 这使赫勒成为一个传统的、仅仅乐于肯定“应该”的乌托邦思想家。在这一点上，她赞同马克思对哲学无能的批判。她的乌托邦主义是历史地内在的，暗含着一种有效的、将变成现实的愿景和价值。

⑤ A. Heller, *The Theory of Needs in Marx*, London: Allison & Busby, 1976, p. 86.

后马克思主义时期的早期作品中。当她最终放弃了马克思的历史哲学时，她很快就在后一个方向上迈出了决定性的一步。然而，她在马克思那里发现的存在于内在分析和革命希望之间的张力与斗争，即使当她不再坚持马克思主义之时，也将持续存在于她自己的观点中。

第三章 对现实社会主义实践的思考①

回过头来看，在赫勒关于马克思主义的作品中，很容易看到卢卡奇的“复兴马克思主义”的方案正处于自我消解的过程中。她不仅发现正统马克思主义的传统与她自己在哲学上所关注的问题有关，而且越来越注意到在马克思本人那里存在的张力。由于政治异见，布达佩斯学派的领袖人物面临着不断升级的政治压力。随着 1971 年卢卡奇的去世，他们失去了卢卡奇的国际声誉所提供的保护。一些人在 1973 年被解除研究职务，而另一些人则辞职声援。在那几年，赫勒、费赫尔和马尔库什以翻译为生。赫勒被禁止出版著作，也被排除在公共生活之外。即便如此，她著作的非官方传播还是引起了更多的政治报复和骚扰。最终，在 1977 年，两个家庭决定移民到澳大利亚。赫勒和费赫尔在墨尔本郊区的一个新环境中重新找到了自我。由于有了充足的时间写作，赫勒得以继续反思她昔日未曾受阻的哲学意识。② 其结果是一个成果丰富的 10 年。

很快，赫勒对马克思进行重新思考，并小心谨慎地向后马克思主义哲学迈出了最初的试探性步伐。然而，支撑这些哲学努力的是这样一种渴望，即最终从理论上评估这一理论的现实实践。她与费赫尔和马尔库什一起，借机将他们的集体幻灭感转至一个明确的政治方向上，对东欧的政治制度进行了探讨。这本合著的著作《对需要的专政》值得充分讨

① 赫勒等人对现实社会主义实践的思考包含很多不正确或不确切的观点，读者需要批判地加以看待。——译者注

② A. Heller, *In einer fremden Welt*, in A. Heller, *Der Affe auf dem Fahrrad*, Berlin: Philo, 1999, pp. 391–415.

论。[①] 它不仅最完整、最充分地呈现了布达佩斯学派是如何对这些社会进行反思的，它还充实了赫勒与马克思主义分离的经验基础。然而，从
【62】赫勒未来发展的角度来看，更为重要的是，它启动了对现代历史动力的激进反思，而这种反思很快就会促成一种具有挑战性的新的现代性理论。

从本质上讲，《对需要的专政》仍然是一部马克思主义著作。在思考马克思理论的各个方面的同时，作者运用马克思的框架、范畴和价值证明了，现实的实践偏离了马克思的设想。同时，他们对这个社会的成熟形态的主要结构成分而非历史叙事进行了“稀薄的”抽象分析。作者更想理解，这些社会形态的本质特征是什么，而不是它们之间的无数差异是什么。正如我们将看到的那样，这种方法既有其优点，也有其弱点。[②] 他们认为，这个框架仍然提供了“比其自由主义的替代方案在理论上更深刻、实践上更激进/批判的理解”。[③] 揭示“现实社会主义”的本质，成为检验马克思主义理论工具在未来是否具有实际效力的标准。作者认为他们自己拥护的是一种非苏联意识形态意义上的社会主义理论，特别致力于民主的激进化。然而，他们放弃了以前的改良主义幻想，不再认为可以通过某种方式使这些政权符合他们的概念。相反，东欧的社会代表了一种**新的现代性配置**（new configuration of modernity）。该书的书名既共鸣于赫勒早期关于需要的作品中的主题，也共鸣于倾向于将资本主义视为一种扭曲和操纵人的需要的制度的马克思主义传统。作为政治移民，作者们并不期望本书在东欧社会引起共鸣。毕竟，在那里，这本书是被禁止的。尽管如此，探讨真正的社会主义的本质，对于西方左翼和仍然怀抱民主诉求的异见反对派来说，仍然是有意义的，甚

---

① 尽管作者们的观点并不一致，而且每个人都只写了这个文本的一个具体部分，但是他们充分讨论了总体的观念，而且在前言中表明他们作为作者对一个共同的立场负有责任。F. Fehér et al., *Dictatorship Over Needs*, Oxford: Blackwell, 1983, p. xiii.

② 关于这种“稀薄的”描述与“浓厚的”描述之间区分的论述，参见 Tim Luke's contribution to I. Szelenyi et al., Review Symposium on Soviet-Type Societies, in *Telos*, vol. 6, 1984, pp. 155-192。

③ F. Fehér et al., *Dictatorship Over Needs*, Oxford: Blackwell, 1983, p. 8.

至是迫切的。当时，欧洲的共产主义者发现，在政治上更实用的做法是对这些政权保持沉默，而不是在一定程度上接受，并为它们的消极后果 【63】担负起共同责任，并加速它们自身内部的民主化进程。① 相比之下，布达佩斯学派的作者们认为，直面现实社会主义的现实是至关重要的：探讨经典形式的马克思主义未曾预见的概念模糊性和内在张力有助于解决这种危机，而新的所谓民主承诺必须得到证实。② 本书分为三个不同的部分，每个部分都是由其中的一个作者单独撰写的。

一、经典的选项

马尔库什具体阐述了现实社会主义实践的确切的经济和社会特征。经典马克思主义传统已经提供了三种基本的解释方案。他坚持认为，所有这些从根本上来说都是不充分的，但他们认为，只有这些方案被解构，“对需要的专政”的另一种替代性模式才有立足之地。③

与托洛茨基（Trotsky）有关的最著名的解释模式，将苏联视为一个**处于过渡中的**社会。它位于从资本主义到社会主义之途中的某处，但政治上的特殊情况阻碍了它的发展，产生了一种独特的上层建筑。托洛茨基强调已经实现的社会主义生产关系的进步性，同时将政治上的变形解释为历史落后或资本主义残余影响的结果。④ 该理论批判突出的重点是，将民主的缺失与不受控制的政治统治所产生的深刻的社会和经济不平等联系在一起。⑤ 然而，这个最强烈的方面也最终显示出该理论的不足和内在的辩护潜力。一方面，它将政治统治与不平等联系起来；另一方面，它继续将中央计划视为同样的官僚主义倾向的基本的对抗手段。马尔库什论证到，这种二分法依赖于一种无法被具体化的、将自身与民主和理性联系在一起的计划观念。然而，东欧的经济和政治情况特殊。简

① F. Fehér et al., *Dictatorship Over Needs*, Oxford: Blackwell, 1983, p. 2.

② Ibid., p. 8.

③ Ibid.

④ Ibid., p. 9.

⑤ Ibid., p. 10.

单地把中央计划认定为社会主义的组成要素，并把市场等同于资本主义，是一个至关重要的错误。他没有把市场看成普遍的灵丹妙药，同时，他认为只有对指令性经济体制施加限制，才能制衡官僚机器的权力。而如果没有限制，官僚体制就会继续扩张，公民就没有有效的手段
【64】来对抗它们的完全非理性。① 如果东欧的工人要解放自身，就必须放弃在计划与市场之间做出二分的错误做法。

过渡理论的一个重大失误是，它不加批判地假定了历史进步与国家控制的扩展相伴而生。它的前提性预设是，现代性面临的唯一可行的时代性选择是在资本主义和社会主义之中做出选择。虽然这种解读背后有正统马克思主义传统的影响，但马尔库什坚持认为，即使从马克思本人的立场来看，这种解读也是片面的。马克思的理论暗含着对**国有化**（nationalisation）和**社会化**（socialisation）的区分，前者作为一种法律-政治行为，将主要资源的所有权转移到人民手中，后者作为经济关系的有效转变，将真正的权力和实际支配权赋予直接生产者。但是，马克思似乎没有设想过社会主义社会会保留市场体制。在市场虽然存在但从属于中央计划的东欧，有组织的再生产和持续的不稳定的问题的存在似乎表明社会处于过渡之中。然而马尔库什认为，这些社会实际上表现出极大的连续性、压制的稳定性。无论采取何种形式，这些社会都隐藏了其成功再生产的非凡潜能。事实证明，这一判断为时过早，因为它早于波兰团结工会（Solidarity）的诞生。然而，这个缺点被对将临之危机的预判所抵消。虽然政权被证明有能力在危机中幸存下来，但这种能力并不能保证未来的发展。所有的迹象都预示着全球系统性危机的来临。② 在这种分析中最引人注目的是，即使相信这种政权是完全非理性的，即使相信对全球性危机做出的预测，人们的共同信念也从未受到动摇，他们仍确信，这些政权代表了一种现代性的**混合性配置**，即使有严重的不稳定性也有令人印象深刻的能力幸存下来。在这些社会中，即使是危机也是一个内在的安全阀，与再生产的循环并不冲突。这一观点的可理解性

① F. Fehér et al., *Dictatorship Over Needs*, Oxford: Blackwell, 1983, p. 13.

② Ibid., p. 21.

来自对这些政权的自我再生产的分析。

在马克思主义传统中，第二种传统将这些政权描述为**国家资本主义**的实例：资本的极端集中和积聚。根据这一观点，官僚统治不是社会主义的变形，而是资本主义内在趋势的实现。① 官僚变成集体资本家，而 【65】
社会容易出现西方社会所熟悉的阶级冲突。这些政权的反资本主义特征并不妨碍这种解释。然而，它的主要缺点在于，被它用来证明这些政权的“资本主义”特征的东西。东西方在经济和社会结构上存在类似的特征，并不能掩盖这样一个事实，即在指令性经济中，私人对利润的占有是不存在的；② 这是类型上的差别，而不是程度上的差别。这些社会根本无视利润最大化的原则。统治机器主要由更广泛的社会政治考虑所支配。它的动机绝不是为了盈利。从国家资本主义理论的立场来看，这些社会的统治逻辑始终是模糊不清或不合理性的。然而，不追求盈利并不是什么缺陷或功能障碍，而是它们特有的“合理性”的关键所在。马尔库什论证说，发现这种再生产的特殊逻辑，并理解为什么这种逻辑从其自身的立场来看是完全合理的，是至关重要的。③

在指令性经济中，使用价值和交换价值之间的区分是不适用的。前者是被直接生产和占有的：它无须与消费者的实际需要有任何关系。这些经济的基本矛盾是行政的使用价值和它们的社会效用之间的矛盾。④ 此外，在这些经济中，主观和客观的生产要素之间的分工从来都是不完全的。恰恰是国家机器的权力和影响力，造成了这些政权独特的经济和社会环境。这种差异并不意味着，它是工具理性的替代逻辑。

在传统马克思主义中，最后一种解释将这些政权等同于所谓的“亚 【66】
细亚生产方式”。这种解释通常起着补充性解释的作用，而不是独立有效的。⑤ 它得以成立的基础是模糊的类比，而不是对这些政权的具体特征的解释，并且，它指出了这些政权与前资本主义的一些社会所共有的

① F. Fehér et al., *Dictatorship Over Needs*, Oxford: Blackwell, 1983, p. 22.

② Ibid., p. 24.

③ Ibid., p. 30.

④ Ibid., p. 32.

⑤ Ibid.

各种特征。马尔库什认为，这种松散的类比很难成为批判性理解这些政权的基本动力的基础。在这些政权中，国家的活动不仅仅局限于再分配，而是它直接参与了生产的组织。显然，《对需要的专政》的一个核心信息是，这是一个**完整的社会系统**，有能力在一系列不同的地方条件和地方环境中进行自我生产。无论对资本主义世界的依赖程度如何，这些社会的基本结构代表了现代性的**另一种当代**形式。不能用某种落后的历史形式的残余物来解释，也不能简单地将其视为一种“社会实验”。

在此基础上，马尔库什开始着手从经济和社会的角度阐明**另一种新的理论**，以更好地解释东欧现存制度的结构性特征及这一制度所独有的功能合理性。

【67】为了更好地解释这些社会的独特功能，马尔库什恢复了马克思在论及前资本主义世界时使用的概念，即经济的目标功能（goal function）。这表明，每一种独特的历史经济都规定了自己的成本构成和有用的结果，因而假定了一个在历史上具体的最大化原则来支配经济的再生产。① 对于指令性经济而言，这个目标功能转变为权力机器，使得在全球范围内物质资料数量的最大化。② 这暗含着一个很难与马克思自己关于财产形式的图式相兼容的企业财产概念。严格地说，权力机器**只是受托人**。然而，这丝毫不影响它的权力。在这些社会中，政治对经济的支配的意义就在于，基本的经济关系无论在起源上还是在组织原则上，都是通过权力机器并受其支配而普遍构成的。通过模仿市场，这种制度提出了自己的经济效用标准。然而，目标功能对效率和现实的社会效用都相当不敏感。这有助于解释一系列社会和经济的特殊性。最明显的是，政治对日常生活的侵入程度，以及普遍存在但似乎无法改变的经济不合理性。

【68】二、合法化真空中的政治和文化

赫勒聚焦于现实社会主义实践的政治面相。她的直接目标是讨论政

① F. Fehér et al., *Dictatorship Over Needs*, Oxford: Blackwell, 1983, p. 65.

② Ibid.

权的长久合法化问题，至少是在所有东欧国家。这相当于比不满更严重的事情，因为绝大多数民众对另一种政治秩序，即西方自由民主制形式也有了具体的印象。这意味着合法性长期以来是成问题的。① 然而，赫勒区分了这种合法化危机和政权崩溃的条件。虽然这两者显然是有联系的，但她认为，除非统治精英的信心也受到破坏，否则合法化并不会受到致命性的损害。没有这一点，从危机到崩溃的过渡就不能被视为理所当然的。② 事后看来，这种区分是有先见之明的。然而，在当时，她没有看到苏联内部政治中有任何意义重大的另一种政治愿景在起作用。③

赫勒将东欧的合法化匮乏放置在它的历史背景中来考察。布尔什维克将自己视为世界历史的执行者。他们不再提出任何狭隘的完全合法性的要求，起初甚至不认为新的统治制度是一种永恒的秩序。④ 这一切都随着转向“一国社会主义”而改变。然后，对合法化的现实需求真正紧迫起来。社会主义建设需要某种形式的同意，而且需要将权力重新解释为统治以外的某种东西。最终的结果是，向一种魅力型的合法化转变。⑤ 补充这一策略的是这样一种主张，即历史唯物主义作为真正的社会科学具有实质合理性。然而，由于理论与现实之间的不一致是如此明显，科学只能起到辅助作用。⑥ 群众对政权统治的默认和接受是衡量其成功的 【69】
标准。

赫勒认为，东欧的情况则大为不同。民族主义从未支持过它，这里没有合法化的群众基础。赫勒的分析在她开始的地方结束：东欧政权的

① F. Fehér et al., *Dictatorship Over Needs*, Oxford: Blackwell, 1983, p. 138. 有几位作者提出了苏联式社会合法性概念是否有用的问题。关于这一方面的论述，参见 A. Arato, *From Neo-Marxism to Democratic Theory: Essays in the Critical Theory of Soviet-Type Societies*, Armonk, New York: M. E. Sharpe, 1993, p. 127。

② F. Fehér et al., *Dictatorship Over Needs*, Oxford: Blackwell, 1983.

③ Ibid.

④ Ibid., p. 141.

⑤ Ibid., p. 142.

⑥ Ibid., p. 146. 如果我们把目光投向汉娜·阿伦特在《意识形态与恐怖》(*I deology and Terror*, in H. Arendt, *Origins of Totalitarianism*, second edition, London: George Allen & Unwin, 1958.)中的分析时，理论与现实之间的不一致并不是一个如此重要的问题。她认为，意识形态的本质就是掩盖这种裂缝，甚至最终用一种毫无漏洞的意识形态的世界观来取代它。

永久合法化危机。然而，这种分析看上去几乎没有考虑严重后果。尽管如此，事后之见总比它看起来要清楚。她的谨慎是可以理解的。此外，20 世纪 80 年代初，很快就要危及这些政权的终极危机还远远没有显现出来。

这种政治统治的逻辑是无情的、不可抗的。革命后，由于一切形式的传统组织受到破坏，苏联必须转变其功能。这就造成了国家的绝对辐射性逻辑和苏联的民主精神之间的内部张力。国家要求按照自己的意志
【70】将信仰体系、行为和制度同质化。国内斗争最终在 20 世纪 30 年代以有利于国家的方式得到解决，并在备受赞誉的苏联宪法的实质性主张中得到宣布。政治统治的意义本身意味着公与私，一般来说二者是同一的。在这种同一性中，多元主义处于弱势。在某些特殊时期，多元主义退回到私人生活的隐秘处。在后斯大林时代，它再次被容忍，但随后的宪法修订仍然没有界定各种权力的具体程度和内容。国家的灵活性是不确定的，最终仍由政治精英决定。

【73】

三、现代性的否定性潜能

到目前为止，我们通过分析勾勒了东欧各国政权的经济、社会、政治和意识形态轮廓。新政权既不是资本主义也不是社会主义，也不是介于两者之间的处于过渡之中的国家。可以说，它是对资本主义矛盾的回应，但它与落后有密切关系，而这又不能从资本主义中推导出来。费赫尔看重的是它的历史前景。一方面，他相当肯定地将这种“别样的东西”视为历史的死胡同和价值的退化；另一方面，他也同样强调，这是一个表达了普遍愿望的现代制度。① 然而，这些描述只是**看似**矛盾。这种新的社会形态绝不是局部的变形，而是一种可复制、可移动和可扩张的制度。然而，通过强调它的可复制性和可扩张性，他有所强调地指出，它潜在地威胁到西方自由民主国家中自满的左翼。同时，他还强调了作者们共同对这一政权的危机和这一政权自身的再生产所面临的越来

① F. Fehér et al., *Dictatorship Over Needs*, Oxford: Blackwell, 1983, p. 221.

越多的困难所做出的非常有说服力的诊断。作者们没有把危机看作一个即使是赤裸裸的权力也无法无限期地拖延的积累问题，而是宁愿把它看作这些政权自我再生产的周期的一部分，随危机而来的是崩溃和立即恢复。

这种现代性的新混合配置不是社会主义。对马克思来说，社会主义与自由、平等和个体获得人的类力量的财富有关。然而，费赫尔不愿意免除社会主义者的共同责任，因为这种政权只会加重它所要解决的问题。[①] 同时，他在它们那里没有看到任何美德，看到的只是它们忧虑地紧搓着双手。需要对社会主义学说进行艰难的反思，以分离出那些使布尔什维克革命远离的启蒙传统。他很快就否定了流行的解释，比如，认 【74】
为反社会主义阶级力量篡夺政权事实上从未发生过的解释，或者新柏克（Burk）式的解释，认为人的本质是永恒的，永远无法通过自觉的改革来合理地重建。即使存在貌似真实的实际证据证明过去通过革命的方式堕落为专制，也永远无法穷尽未来。[②]

对费赫尔来说，影响现实社会主义实践的东西可以追溯到法国大革命的遗产。一种既宣称人具有完美性又对大众报以怀疑的双重的人类学，鼓励有德行的精英诉诸特定的手段来实现道德改良的崇高追求。[③] 此外，与马克思的废除国家的建议相背离，道德改良的任务分配给了一个异常强大的国家。[④] 尽管马克思对公民和资产阶级之间的异化有抱怨，但他主张实行一种单一的革命计划，这种计划把这两个领域和政治解放的具体任务统一起来。道德论证主要涉及资本主义的低效率和对技术上有能力的精英的需要，而不是反对资本主义。这种将基本问题技术化的做法，使所有其他社会主义价值都从属于生产主义对社会物质财富增长的极致推崇。[⑤] 因此，道德热忱和技术精英主义与所有社会主义理论中的家长式倾向融为一体。对社会主义任务的技术主义解读不仅低估了实现社会主义所设想的其他条件；在较不发达的国家，它还导致了社会主

① F. Fehér et al., *Dictatorship Over Needs*, Oxford: Blackwell, 1983, p. 223.
② Ibid., pp. 224-225.
③ Ibid., p. 225.
④ Ibid., p. 226.
⑤ Ibid., p. 227.

义与社会现代化的等同。所有的耽搁都助长了对西方阴谋的批判，这种在全世界范围内回响的批判引起了对自由民主制度和价值的日益蔑视。[①]

强调不发达的重要性并不是对“历史落后”论的妥协。雅各宾主义从根本来说是西方的发明，而现实社会主义实践看起来很像工业化的乌托邦。管理权集中在日益强大的国家手中，以及劳动力完全受制于资本主义的中心权力，已经是资产阶级工业化的特征。[②] 在对需要的专政下，这种逻辑只是在没有竞争压力的情况下才被扩展到了国家权力上。公有经济是每一种工业化形式的另一个要素。无限增长的内在限制和困境很快就危及对全球规划、地球和谐、无限增长的承诺。作为工业组织的更高原则而被提倡以反对市场不合理的那个东西，结果证明它本身就是经济增长的主要障碍之一。[③]

社会主义思想的其他特点特别适合于引入现代性的其他潜力。与只
【75】吸引了独特选民的某些思潮不同，社会主义则被宣称为一个普遍的方案。[④]它聚焦于世俗的、此岸的世界，这也是促进工业发展的巨大优势。在一个巨大的社会危机时代，这种学说的激进主义显然在大众中是具有吸引力的。改变生活基本条件的想法本身企图通过消除所谓的永恒限制来破坏人的根基。最后，费赫尔认为，由于加快了不发达国家精英阶层的必要变革，社会主义迅速促进了现代化，并使后者在世界范围内获得成功。[⑤] 但也不能完全指望社会主义理论本身改变世界。只有通过推进工业化的运行趋势，并在中途满足内含于全世界走向现代化的失败尝试中的真正社会需要，社会主义学说才产生了那个非社会主义的、非资本主义的混合政权，此政权在当时似乎已经永远改变了现代性的形态和前景。[⑥]

前面已经提到了指令性经济膨胀的理性主义渴望。费赫尔返回到这个主题，向西方左翼、自己昔日的理性主义提出挑战，并将其残留物回

---

① F. Fehér et al., *Dictatorship Over Needs*, Oxford: Blackwell, 1983, p. 229.

② Ibid., pp. 230–231.

③ Ibid., p. 232.

④ Ibid., p. 233.

⑤ Ibid., p. 235.

⑥ Ibid., p. 236.

收利用，为当代的社会主义事业服务。马尔库什认为，指令性经济的明显不合理性完全不是这样的。对费赫尔来说，社会合理性的观念是资产阶级社会的产物。启蒙运动的一个遗产是一套意在衡量社会合理性要素的标准。费赫尔认为，这些标准适用于所有后启蒙的社会。它们包括从有机社会向计划社会的转变，对自由、平等和博爱价值的肯定（尽管有不同的解释），对一切歧视的否定，某些行使批判性审查的公共论坛及对社会和谐的信念。① 第一次世界大战证明资产阶级将合理性问题简化为个体问题是愚蠢的，之后，东欧的政治实践面临的挑战是实现一种更高级的合理性。② 然而，费赫尔认为，恢复实质合理性的方案易于造成超理性，其危机不可忽视。

从超理性的变形中可以吸取重要教训。用生产目标取代市场体制，导致了马尔库什指出的结构性失衡。规划和谐未来的愿望和废除市场的愿望是互不相容的要求。市场关系是唯一可计算的系统，它使数学预测至少是可能的，尽管并不总是可靠的。③ 经济矛盾只会因政治控制的条件而加剧：它们压制了全部的社会合理性所需的实质性价值。为了强调 【76】
被忽视的民主条件对当代重建社会主义事业的重要性，费赫尔强调，民主地规划未来的意志本身并不是合理性的。④

不难发现，东欧新政权对计划的最终承诺是存在问题的。在马克思的人的模式中，人的需要是丰富的，而且能自由地表达这些需要，这种设想在现实中并没有得到实现。这种政权以未来的人的名义行动同时又否认其实现的条件，它对此做出的一切努力都只能产生一种特殊的激进主义。共同体的意识形态依然存在，但如果不愿意提供它的真正的先决条件，现实就只能是一种被强迫的团结。⑤ 尽管该政权似乎是全能的，但它不断地与自身不可逾越的界限发生碰撞。该政权转向改革意味着， 【77】
从根本上承认了对人力资源的利用是有限度的。不过该政权仍然保持着

① F. Fehér et al., *Dictatorship Over Needs*, Oxford: Blackwell, 1983, pp. 239-240.
② Ibid., p. 242.
③ Ibid., p. 243.
④ Ibid., p. 244.
⑤ Ibid., p. 259.

全面动员整个个性的权力。后来，该政权做出了让步。即便如此，费赫尔仍然预料到了进一步的合理化。他设想，生活水平会慢慢提高，但统治的方法、原则和目标也会日益完善。该政权的内部限制仍然存在。①

回过头来看，很明显，应当以比赫勒及其同事在 20 世纪 80 年代初准备接受的更为动态的方式来考察这种限制。我们已经注意到他们对迅速逼近的全球系统性危机的仔细分析；矛盾的积累不能被无限期地忽视，人们最终必须面对矛盾的积累。即使费赫尔提到了生活水平缓慢提高的前景，但这种预测似乎也受到了破坏。显然，这些矛盾的复合性特征进一步缩小了选择的范围，削弱了政权统治的能力。这并不意味着最终的结果是某种历史的必然。

同样的僵化破坏了费赫尔-赫勒的论点，即这一社会形态具有类似于资本主义的普遍要求，从而使它成为现代性的另一种版本。他们判断，这个政权基本上是现代的，而且准备把自己的工业发展体系强加给其他社会。指令性经济的生产目标要求，处于自己支配下的物质财富和权力得到扩张。这种工业化的逻辑最初对第三世界也有吸引力。帝国主义的“向前逃离”（escape forward）促进了世界的统治，挫败了西方的另一种替代方案。② 这种普遍化的愿望也使它有别于其他如纳粹这样的极权主义政权，后者的选民总是受到限制，因为选民要求是特定种族。然而，政治在这个政权中的主导地位意味着，普遍性的要求并不是由极
【78】端的意识形态逻辑驱动的，而是仍处于实际考虑和战略机遇的控制之中。

对费赫尔来说，这种社会的政治方面是其普遍性要求的最终限制。他特别关注的是总体化的政治意志、对它输出施加的限制。回过头来看，恰恰是这一方面的问题对后来的社会政治发展产生了显著的影响。对于直面危机和解决危机的其他方面——主要是经济方面——的信心，因统治自信心的丧失而被削弱。

20 世纪 80 年代初的“对需要的专政”理论在很大程度上基于这样

① F. Fehér et al., *Dictatorship Over Needs*, Oxford: Blackwell, 1983, pp. 262–263.

② Ibid., pp. 274–275.

的信念，即这些政权是稳定的、自我再生产的社会形态。在此基础上，有人认为，对于现代性来说，它们代表了一种有缺陷的但却是不同的选择，西方需要将其作为一种真正的威胁认真对待。虽然这些作者认识到，它们内含着工具理性，并且在文化和技术上的创造性是不足的，但他们未能预见它们在未来的解体。费赫尔预测的不是解体，而是它们继续通过某种相对立的功能与西方进行不稳定的竞争与合作。① 重要的不是几乎所有评论家都认可的这种失败，而是失败的原因。在一定程度上，这是由于，人们试图要抓住这种形式的现代性的基本特征和本质。几乎不可避免地，这需要高度的概括和抽象。正如在这个案例中一样，即使运用时意识到了它的局限性，但这种结构性的说明仍然对各种政权及其不断变化的经验环境不敏感。② 尽管它最终失败了，但它分析的深度及它对危机的许多其他方面所做的具有典范性的说明仍然是引人注目的。

事后看来，我们可以说，由于他们并没有充分展开对制度的分析，他们对这一政权的普遍性主张给予了更多的信任，超过了它能在客观上所支撑的。他们还低估了政治-文化的弱点可能对精英机器本身产生的影响。在预测潜在危机的类型时，费赫尔提到了那些并不完全合理性的 【79】
危机、政治和文化的异议、对自主的法律制度和公民社会的要求，以及公开的反叛，即全体人民起来要求自己的权利。③ 事实证明，最后的结局包含所有这些要素。然而，最具决定性的要素可能是领导层的反应。不是“总体化的意志”，而是它的最终削弱，意味着“对需要的专政”的终结的开始。政治方面是该政权的普遍性要求的极限，但在某种意义上却与费赫尔所设想的完全相反。它标志着领导层的文化领导权的衰竭。虽然费赫尔把这种领导权的缺失视为危机的要素，但他和他的同事们都没有充分意识到它已经在多大程度上侵蚀了精英阶层的政治意志。

① F. Fehér et al., *Dictatorship Over Needs*, Oxford: Blackwell, 1983, p. 277.

② 正因为这个原因，米哈伊·瓦伊达在他的《国家与社会主义》一书中对于这些政权的结构主义说明提出了质疑。See M. Vajda, *The State and Socialism*, London: Allison & Busby, 1981.

③ F. Fehér et al., *Dictatorship Over Needs*, Oxford: Blackwell, 1983, pp. 285-286.

当然，这种认识在当时基本上是无法获得的。

在本书的结尾，讨论从“对需要的专政”的迫在眉睫的危机转向对马克思主义理论危机的总结。卢卡奇的“复兴马克思主义”的希望在1968年夭折。当时特殊的政治现实，以及马克思主义在民众心目中所呈现的特别形象，都使得复兴马克思主义变得不可能。① 因为持不同政见的马克思主义者和他们一样，虽然批判性越来越强，但仍没有能力把握住复兴马克思主义的一丁点儿历史机遇。这个结局既预示着巨大的理论前景，也预示着迫在眉睫的政治压力。作者深知这种消亡可能付出的历史代价。在理论方面，布达佩斯学派内部学术圈很快完成了重组，并以马克思主义的语言风格发出他们讽刺性的、也是批判性的政治警告。但是，赫勒已经超越了马克思的范式。② 不难知道，由于这最后的分离，她已经转向重建她自己的激进哲学版本的任务。

① F. Fehér et al., *Dictatorship Over Needs*, Oxford: Blackwell, 1983, p. 291.

② 作者们使他们各自的理论差异从属于统一的观点。在1999年与乔治·马尔库什的一次谈话中，我得知了这个信息。

第二部分 走向后马克思主义的激进主义

第四章　探寻哲学激进主义 【83】

赫勒思想的一个最显著特点是，她能持续不断地介入当代社会经验。她的哲学职业的理想是成为一个有思想的个体，“使历史的和社会的偶然性经验之流变得有意义”①。正是这种面向社会意义的意志最终使她与马克思主义分道扬镳，并决定了她对激进哲学的当代意义进行重新思考的路线。在她发展的早期，她就明确了马克思主义者应该解决基本的哲学问题。② 然而，这种清晰程度只体现在她初步尝试阐明激进哲学的当代视域的大方向上。许多细节仍然是从马克思主义那里继承下来的东西。即使她很清楚，当代激进哲学必须超越马克思主义，但她似乎同样确信，到达那里的唯一道路是通过马克思主义。她竭力主张哲学的自主性，反对政权僵化和意识形态正统的僵化，此时，她对激进思想的看法总体来说仍然是可识别的马克思主义。

然而，这种发展一种激进哲学的、后马克思主义的初次尝试只是一个临时的中转站。她太受自己过去的影子的支配。在20世纪80年代，随着她创作力达到巅峰，随着她越来越相信自己有能力发展一种超越马克思主义的独立观点，这个影子才退去。因而，赫勒能够充分吸收这一时期后现代文化大转向的文化经验，而不放弃自己的基本价值。第十章将以“反思的后现代主义”为名来考察她自己对异质性所做的综合。正如此标题名所 【84】
表明的那样，在为伴随着宏大叙事的崩溃而潜在地出现的多元主义欢呼的同时，这种立场试图超越解构主义的时尚，将后现代性与现代偶然性的最深层体验联系起来，并从主观化和个体责任方面引出其激进的后果。然而，这是后话。本章将探讨她的后马克思主义哲学探险的第一阶段。

---

① A. Heller, *A Reply To My Critics*, in J. Burnheim eds., *The Social Philosophy of Agnes Heller*, Amsterdam: Rodopi, 1994, p. 282.

② Ibid., p. 283.

一、给世界一个规范

她的第一部后马克思主义著作《左翼激进主义哲学》（*Die Philosophie des linken Radicalismus*）的德文标题意味着，赫勒决定保留并重思左翼激进主义的意义。只要哲学意味着对社会的全面批判，它就是激进的。[①] 这种批判是有根据的，因为现代社会建立在统治关系之上。然而，批判仍然只是一种无力的、主观的呼喊，除非它成为人类的意志。只有当哲学阐明真正的需要时，只有当哲学成为激进运动的哲学时，它才会得到实现。[②]

支撑这一激进哲学观念的是，赫勒受马克思主义启发提出的、我们已经考察过的日常生活理论和激进需要理论。必须主要从社会生活的立场来看待哲学。它根植于这样的事实，即我们是评价性的存在。我们通过价值范畴系统来感受、思考和行动，这些系统为我们所有的社会活动提供了导向。[③] “好/坏”“真/假”等价值范畴是社会存在不可或缺的规则和法规系统的构成性要素。价值取向范畴作为最终的、不容置疑的理论和实践理念发挥作用。在日常生活中，它们通常是混杂在一起的，只出现在作为我们社会活动熔炉的认知和行动的综合中。[④] 然而，这种日常的异质性掩盖了一种逐渐显现的纯粹性，这种纯粹性是伴随着对象化领域的历史分化、脱离日常的特定文化制度和实践的发展而出现的。因此，价值范畴的应用就由其对象化的具体情境决定了。[⑤] 赫勒认为，与文化分化相关的价值范畴的纯化过程不同于这些作为“自由理念”的范畴的使用。她把价值范畴的这种更一般的解放归因于动态社会的出现。在诸如古雅典这样的社会中，城邦达到了足以打破传统的程度，价值范畴作为
【85】批判性质疑的工具发挥作用。[⑥] 在迅速变化的历史条件下，不仅有可能质

① A. Heller, *A Radical Philosophy*, Oxford: Blackwell, 1984, p. 134.

② Ibid.

③ Ibid., p. 53.

④ Ibid., p. 55.

⑤ Ibid., p. 57.

⑥ Ibid.

疑某事是否“好”或“真”，而且有可能使这些判断因时而变。在赫勒看来，这种形式的批判性质疑是哲学的文化事业的社会学前提。然而，关于“善”“真”“美”的基本哲学理念只有在价值取向范畴的一般化中才会出现。① 在此基础上，才有可能把这些价值假定为独立的、基本的东西。

这些对哲学在历史上兴起的反思使赫勒越发认为，哲学从根本上来说是一项实践的事业，即不可分割地嵌入社会的事业。它对表达我们最基本的人类特性的社会需要做出回应。哲学是**文化表达**，为社会世界中的终极取向服务。它提供了价值和一种生活形式，使接受者能够恪守自己的思想，并将其转化为行动。② 赫勒通过将哲学智慧解读为知识与善行的统一强化了这样一个事实，即这里的取向不仅仅意味着认识。③ 虽然自主性认识是哲学所有功能中唯一的决定性要素，但她还是支持康德（Kant）的做法，把实践理性置于首位。把实践定位于世界之内是哲学的主要功能。

二、哲学的构成性张力

对“尘世的”哲学的渴望并不是要求哲学从属于世界的“事实”或由其主导的实用主义。赫勒认为，随着实证主义在19世纪下半叶取得胜利，哲学陷入了“独断论的迷梦”，直到最近它才从中解脱出来。哲学只有坚持自己的自主性，才能充分履行其最重要的导向功能，满足社会世界中的价值理性需要。她自身所遭受的边缘化和政治驱逐，更突出了这种对批判自主性的强调。然而，赫勒使这一经验成为理解哲学的一般社会功能的关键。“危险的时代”和边缘性成为哲学的自然条件。但是，哲学的构成性中心不仅是条件，而且是社会嵌入性与批判自主性、社会的功能性与超越性之间的张力。

赫勒认为，这种构成性张力在哲学史上的关键时刻起了作用。它贯

---

① A. Heller, *A Radical Philosophy*, Oxford: Blackwell, 1984, p. 58.

② Ibid., p. 5.

③ Ibid., p. 8.

穿于柏拉图（Plato）的事业中。哲学是一种独立的和自主的对象化，在
【86】对意见的不断超越中寻求“真”与“善”的统一。[①] 哲学的多元性在于寻求这种统一的各种标准和不同路径。通过不断地强调实践，她认为，理论与实践的统一说明了哲学内在是双面的。从一开始，它就不仅仅是一种连贯的、系统的知识形式。它主要是一种态度，具体表现为某种生活形式。[②] 苏格拉底（Socrates）强调的不是知识的最终占有，而是知识的缺乏：这是他对思考的邀请。哲学最初也并不渴望成为单纯的知识体系。而且，我们所知道的哲学体系是“近代”的哲学发明，只是通过后来的重建才被强加到过去的哲学家身上。

作为一种批判性质疑的态度，哲学在**去神秘化**（demythologisation）中找到了它的最高任务。我们已经指出，打破传统是哲学事业的社会学前提之一。它用合理性辩论的明晰性来对抗诗性神话的模糊性。[③] 因此，哲学的主体是理性，它的代理人是保持对话性、批判性思维的“合理性存在”。然而，这种质疑的表面开放性和幼稚天真不能掩盖这样一个事实，即每一种哲学都预先设定了自己的“真”和“善”。[④] 哲学的纯真掩盖了对可能目的的秘密期盼。哲学的质疑从作为“真”与“善”的统一的应该的立场出发，对现存事物进行批判。每一种哲学都在“是”与“应该”之间的张力上创造自己的世界。这种张力是哲学的构成性要素，因为“是”是从“应该”的角度被构建起来的，而“‘应该’必须从所‘是’的东西中被推导出来”。[⑤] 只有当“应该”可以通过“是”来达到时，才有可能开始**去拜物教**的旅程。这样，每一个理性人才有可能从偏见和无知开始向哲学的“应该”攀登。虽然从“应该”推导出“是”和从“是”推导出“应该”似乎是一个令人不安的悖论，但在赫勒看来，这正是哲学乌托邦的本质特征。每一种哲学都声称自己的“应该”

---

① A. Heller, *A Radical Philosophy*, Oxford: Blackwell, 1984, p. 7.

② Ibid., p. 10. 更多内容参见 P. Hadot, *Philosophy as a Way of Life*, Oxford: Blackwell, 1995。

③ A. Heller, *A Radical Philosophy*, Oxford: Blackwell, 1984, p. 9.

④ Ibid.

⑤ Ibid., p. 13.

是最真实的存在。根据这种本质，“是”被贬为仅仅是无本质的存在。然而，哲学与其他乌托邦思想的不同之处在于，它为自己的乌托邦赋予了一种合理性的形式。它允许其他人自主地通过受过训练的、系统化的思考来支持这种推理。① 这使得哲学成为合理性乌托邦的承载者。

在赫勒看来，“所谓”哲学中心的不一致，可以追溯到哲学态度本身。这进一步证明了理论与实践具有不可分割的统一性。② 惊奇（thaumazein［wonder］）的幼稚天真是一种真正的惊奇，导致了对 【87】
“真”与“善”的热烈追求。然而，即使在这种规定中哲学的无先决条件性仍受到哲学所选择忽略的条件的限制。显然，每个哲学家都是其所在时代的孩子。哲学不能从过去的知识中抽离出来，而必须介入与它展开辩论并否定它的过程中。③ 赫勒认为这些限制都不是缺点，而是构成了哲学的游戏及其著名的反讽。历史条件并不妨碍哲学家在价值、思想和其他选项之间做出选择，也不妨碍哲学家对在他/她的时代就能想到的东西做彻底的思考。④然而，哲学注定要尴尬地横跨在深渊之上，一边是基本的惊奇，另一边是通过反思人类知识的一般发展使过去的哲学得到增强。⑤ 对稳固基础和最高善的渴望是哲学必要的虚假意识，只有通过自身内部的多元化和辩论才能逐渐得到纠正。⑥ **去神秘化**的任务不能被推进得太远，因为这将意味着哲学本身的终结。⑦ 哲学之歌是纯真和经验之歌。要达到哲学的“天真”，就需要设法从偏见、意见和虚假意识中获得抽象。然而，这种抽象是由偏见本身策划的。这种混合态度的典型特征是它的两面性：先入之见、对偏见的幼稚质疑的缺乏与对知识和理解的渴求尴尬地共存。这种“尴尬”主要是历史意识的产物。过去，哲学并不需要反思自己理念的历史条件。自从怀疑的解释学兴起后，这种天真变得可疑，哲学不得不反思自己的历史条件。同时，它还

① A. Heller, *A Radical Philosophy*, Oxford: Blackwell, 1984, p. 13.

② Ibid., p. 14.

③ Ibid., p. 16.

④ Ibid., pp. 15-16.

⑤ Ibid., p. 16.

⑥ Ibid., p. 25.

⑦ Ibid., p. 4.

必须继续坚持和证明其关于普遍性的主张。① 对赫勒来说，诀窍在于抓住哲学困境的两个关键点。哲学必须反思自身的**条件性**，但又不能把这种**非神话化**的过程逼到自我毁灭的地步。同时，在本能地追求总体性和普遍性的过程中，它必须抛弃一切不公平。我们已经注意到，这些张力和悖论的要素并不是“不一致”，而是构成了哲学的本质。这种对哲学悖论性的强调，在赫勒那里是一以贯之的。总之，当她把偶然性的经验视为现代自我理解的中心时，它就会成为她理解哲学的更核心的东西。在她从马克思主义中解放出来的那一刻，它仍然只是一个难以捉摸的、开放的、她很想探查的哲学领域。

【88】 这种部分与整体、历史与普遍、条件与无条件的尴尬统一，对在未来解决所预设的个体与类的统一是开放的。虽然赫勒致力于打造自主的激进哲学的任务，但她同样被哲学的“和解”理念所吸引。她后来承认，很容易就能为这种统一的理念构想出一个肯定的答案。这里是所有哲学理想的共同基础的保证，是哲学的历史效用和乌托邦民主形态的保证。它标志着超越特殊性的哲学理想的历史实现：② 那时，哲学理想的历史性与哲学的普遍性要求之间的矛盾将被终结。在这里，青年马克思关于历史之谜的解决方案——个体与类的统一——浮现在她的哲学想象面前，表现为康德哲学中的调节性理念。③ 然而这种特殊与类的终极统一的假设不再是一种**超越性**理念，而是一种**历史**理念。它确认了，乌托邦不再是站在历史之外的，而是我们时代的、当下的、有效的理想。

考虑到哲学核心之处的构成性矛盾，哲学总是能在年轻人中找到其自然的支持者，便是不足为奇的。年轻人之所以是哲学的“自然的”受

---

① A. Heller, *A Radical Philosophy*, Oxford: Blackwell, 1984, p. 59.

② Ibid., pp. 64-65.

③ Ibid., pp. 64-66. 托米认为，马克思的“最理想主义的方面”是主体与客体的统一，而《激进哲学》做出的主要修订是打破了主客体的统一。S. Tormey, *Agnes Heller: Socialism, Autonomy and the Postmodern*, Manchester: Manchester University Press, 2001, p. 93. 然而，这种主客体的统一不是马克思的错误，而是年轻的卢卡奇在《历史与阶级意识》中的错误，他在 20 世纪 30 年代初的自我批判中真诚地否认了二者的统一。赫勒相当清楚这一点，所以她的目标并不是黑格尔的唯心主义本身，而是它的目的论意义。因此，主要的哲学运动是从黑格尔到康德。

众者，是因为他们具有开放性、喜质疑、渴望知识，而且没有先入之见来强硬地对抗理性的说服。① 哲学辩论很少会使其他哲学家入迷。在这种对开放性、才智敏捷和膨胀欲的赞扬中，哲学不仅展现了它的永恒青春，而且展现了它的**民主**信条。它不需要先决条件，不需要特殊的知识，而且向所有人开放。然而，它的悖论之核心再次表现在对精神能力的重视上。雅典民主对忠诚于哲学持怀疑态度并没有错。然而，赫勒在这里既没有发现双重性，也没有发现不一致性，而只是发现了**构成性张力**。哲学家是鼓励与其学生建立民主关系的教师。权威与纯真的对立被归入一种建立在所有人都具备理性这一前提下的全体平等之中。②

三、职业化与哲学的危机

这些构成性张力不能掩盖的事实是，哲学的主要功能预设了一种关于平等的普遍愿望在历史上的实现。人们已经注意到赫勒的观点，即哲学对社会世界中普遍的定向需要做出回应，而这个社会世界已经不再由 【89】
毋庸置疑的传统明确地标示出来。哲学阐明**一般理性**（general reason）意味着，能够照亮道路的工具已经为所有人所拥有，只要培养就行。这一点在赫勒对哲学不应沦为一种职业的判定中得到了强化。完全职业化将意味着哲学的文化死亡。哲学主要不在于培养哲学家，甚至也不在于合理性思维和方法论思维的制度化；它的核心是照亮世界，批判地介入世界。我们已经看到，它最肥沃的土壤显然不是专业人员，而是不务正业的青年。在哲学史上，“学校”成为重要的制度上的大本营，并非偶然。学校的目的是灌输一种思维模式，而它的最好证明是毕业生具备了进入世界的能力，现在的学生已经超越了以前的老师。③ 这种超越不仅仅是获得更多的专业知识和技能，而是在对“真”与“善”的统一做出新的阐述和构造中创造了新的乌托邦及生活态度。

---

① A. Heller, *A Radical Philosophy*, Oxford: Blackwell, 1984, pp. 17-18.

② Ibid., p. 19.

③ Ibid., p. 20.

赫勒承认，今天的哲学面临的危险是它屈从于职业化的胜利进军。哲学作为一种工作的局限性，越来越多地损害到了最初它作为一种生活方式的重要理念。今天，哲学已被牢牢地控制在职业分工的范围内。哲学态度的基本特征——惊奇、自主思考和反讽的超然——与传授实际知识的职业需要发生了冲突。① 与当代的哲学占有所遇之困难相对应的是表现在接受者身上的另一番景象。在过去，哲学受众中最重要的一个阶层是行家，他们从自己对一般文化演变的论述所基于的立场出发来占有哲学体系，而现在，哲学越来越成为专家的私人事务。在以前，哲学家和接受者之间的界限比较模糊，而今天，越来越大的鸿沟将哲学的创造者和消费者明显地分开了。虽然这种分化并不局限于哲学，但它明显地反映了一个更广泛的社会现实，在这个社会现实中，文化创造不再是现代日常生活的有机组成部分。②

赫勒并没有把哲学陷入现代分工视为既成事实，而是坚持认为，真正的哲学家有责任抵制把哲学降为单纯的职业。当前形势的困难并不等
【90】于它不可能。③ 必须记住，赫勒把哲学看作艰难时代的孩子。考虑到哲学任务总是涉及对现存事实的批判，现状的维护者总是将其视为危险的便是可以理解的。在哲学自主性即将受到的威胁中，她设想，在 20 世纪 70 年代中期，哲学最紧迫的任务是回归自身。这种“回归”有好几个方面的含义。必须克服目前创造者与接受者发生分化的分工基础。然而，这只是仍带有日常生活革命痕迹的观点的一个要素。正如我们将要看到的那样，她逐渐将对称互惠的理念看作一种调节性的理念，它在基于专业化功能的社会安排中维护了现代的动态正义。虽然她对文化分工的批判在这种形式下已难以为继，但同样明显的是，她仍然认为哲学创造与接受之间的一种更为流动的关系对哲学的持久生命力至关重要。这在一定程度上解释了，她为什么最终愿意接受哲学的“咖啡馆”形象。虽然哲学的文化声誉有受损的风险，但她愿意冒着风险来维持其重要的

① A. Heller, *A Radical Philosophy*, Oxford: Blackwell, 1984, p. 21.

② Ibid. , p. 35.

③ Ibid. , p. 21.

社会功能。

在某些方面，赫勒对哲学职业化的攻击可能看起来是保守的。然而，她的意图并不是要将哲学保持为一种脱离现代社会动态的神秘实践。关键在于一种批判的社会功能，其力量依赖于与日常的深刻联系，也依赖于与受过教育的公众、自主思考和批判性质疑的深刻联系。如果这种功能要在专家的狭隘范围之外产生任何影响，那么至关重要的是，不仅要维持自主性的条件，而且哲学应继续拥有足够广泛的受众，以至少发挥一种经过中介的社会影响。

这种最初对哲学的状况和任务所做出的后马克思主义诊断渗透着悖论。尽管赫勒认为哲学健康的维持面临着职业化和受众流失越来越严重这样的巨大困难，但她对此时哲学的当代前景的描述几乎是救赎性的。这种分析与其说是对当时哲学的当代前景的准确澄清，不如说是对她的个性的表征。如前所述，她是一个“天然的乐观主义者”，即使她认为神经质是更适合哲学的个性，她也无法佯装神经质。① 她面对时代要求的决心，体现在她对当代哲学前景的肯定要素的把握上。这些构成了哲学革新的新时代的基础。然而，不久之后，她就对她所谓的、鼓舞她所思考的那个阶段的“新左翼言论”感到失望。虽然她仍然坚持新左翼关于哲学的核心思想，但很快就会与它强行宣扬的基督再临（Parousia）拉开了距离。②

四、作为合理性乌托邦的哲学 【91】

不管赫勒在《激进哲学》中所做的回溯性批判如何，考察其对哲学史的重构都是引人入胜的。赫勒运用它来勘察当代的哲学地形，并为自己未来的冒险找到最合适的模式。在她看来，这个新千年意味着从独断的沉睡中觉醒。提一下康德是合适的。很显然，她哲学殿堂中的火炬从

① A. Heller, *A Reply To My Critics*, in J. Burnheim eds., *The Social Philosophy of Agnes Heller*, Amsterdam: Rodopi, 1994, p. 285.

② Ibid., p. 284.

马克思传回到康德。这必须是自主的、批判性的自我反思中的一种；这种模式既能意识到自身的局限性，又有足够的勇气在我们眼前保持引导我们实践生活的调节性的、乌托邦的理念。康德是一种英雄的感伤哲学的典型，这种哲学致力于为我们应该如何思考、如何行动、如何生活这些错综复杂的问题提供一个统一的哲学答案。① 这种对综合的和统一的答案的关注将贯穿赫勒的激进哲学阶段。在赫勒从她的马克思哲学史中明确退出的过程中，最有意思的是，她现在从后-黑格尔革命退回到启蒙对批判的自我反思的强调。改造世界的愿望依然存在，但现在要警惕的是对界限和哲学责任的认识。

诺瓦利斯（Novalis）认为，哲学应该解释的不是自然，而是哲学本身；这种观点标志着现代哲学的焦点从对存在的天真的关注转向批判的自我反思。对赫勒来说，康德的伟大在于，批判哲学为这种对自我反思的、感伤的新主张赋予形式，而没有从满足不可根除的、对取向和意义的形而上学需要的实践任务中退缩。② 不用说，提升感伤哲学的相对成就，需要相应地对以前的英雄采取更批判的态度。对赫勒来说，19 世纪可以被划分成两个阶段：在第一阶段，实证主义在哲学上走向死胡同，似乎标志着完全拜物教意识的胜利；在第二阶段，主张对哲学进行激进的变革，以使其摆脱思辨的沉思，转向改造世界，这一种倾向在卢卡奇抨击资产阶级社会的**总体物化**的檄文中达到了顶点。只有通过能够揭示物化现象的意识，以及对物化现象的革命性克服，这种迫在眉睫的命运才能被扭转。③ 赫勒拒绝接受她老师将社会主义或野蛮进行二分的做法，
【92】认为这是一种虚构；认为市场是自我调节的这种观念是一种消极的乌托邦。④ 实证主义和革命的马克思主义在相反的意义上都以相信总体物化为前提，它们的消亡为 20 世纪真正哲学的重生提供了可能。

---

① A. Heller, *A Radical Philosophy*, Oxford: Blackwell, 1984, p. 5.

② Ibid., p. 2.

③ 如下这点并不正确，即除了认为任何改革方案都不能减轻资产阶级社会的“绝对罪恶”（费希特）之外，卢卡奇并没有在任何其他意义上坚持总体物化的论点。当然，这个社会非常矛盾的特点排除了总体物化的真正可能性，因为它的动力产生了否定自己的无产阶级革命。

④ A. Heller, *A Radical Philosophy*, Oxford: Blackwell, 1984, p. 4.

回顾一下，赫勒对革新哲学所遇到的障碍的描述是很有意思的。其中，实证主义的影响最大。自19世纪中叶以来，哲学在科学的胜利进军面前退缩了。哲学实证主义只是这种信心丧失的最恶毒的形式。哲学被要求达到的不是自己的科学性标准，而是借用来自硬科学的标准。[①] 这种极端的、防御性的反应意味着一种持续的自卑感。现代性重视即刻行动和可利用的知识，哲学感觉自己功能丧失了，变得多余，面对这种情况，哲学持续不断地与这种感觉做斗争。一般来看，赫勒对这种防御性的姿态持怀疑态度。她接受了这种自信缺乏的合理内核，同时又否定了它的神经质症状。不能否认，哲学已经失去了以前的一些功能，必须做出改变才能维系它的重要意义。她同意哈贝马斯的观点，认为哲学不能再自诩为科学的女王。尽管如此，人们对哲学的需要越来越大，认为应该确保它在未来发挥重要作用。科学可能已经从哲学中解放出来了，而且不再需要哲学方法论的确证了。然而，仅仅实用主义地在社会上使用科学是危险的，许多科学家看到了这一点，而且他们希望从哲学上对关于科学与社会关系的一系列问题做出回答。[②]

在这里，赫勒似乎预见到了哈贝马斯的观点，认为哲学是日常和高级文化之间的"翻译员"。[③] 然而，她走得更远。哲学在社会科学领域的前景要更加光明。在这里，哲学始终具有重要的澄清作用。这些科学与哲学的区别在于，它们并不关注理想，而是把注意力局限在经验及其可能性上。然而，经验的"事实"必须是被组织的：哲学在有意识地阐明价值等级方面发挥着不可或缺的作用，而这种价值等级是组织经验材料的理论框架的构成性要素。[④] 更一般的情况是，在这个分工和专业化知识已经消除了部分与整体联系的世界里，对哲学的需要越来越普遍。这种学科化和专业化是社会分裂的双重表现。部分从整体的脱离使个体

---

① A. Heller, *A Radical Philosophy*, Oxford: Blackwell, 1984, p. 2.

② Ibid., pp. 43-44.

③ See J. Habermas, *Philosophy as Stand-In and Interpreter*, in J. Habermas, *Moral Consciousness and Communicative Action*, Massachusetts: MIT Press, 1990.

④ A. Heller, *A Radical Philosophy*, Oxford: Blackwell, 1984, p. 44.

的某种功能与其他功能对立起来，导致了个性的丧失。① 部分与整体的
【93】分裂并不是不可逆的总体物化的产物，而是现代发展的一种趋势，与之相反的另一种趋势是对哲学的需要。②

哲学能否满足这种不断增长的需要，取决于它能否重新获得自主性。它必须保留自己的基本真理，而不仅仅是对硬科学的呆板模仿。即使打着哲学的幌子，工具理性也无法完成其满足价值理性需要的主要功能。从目的理性这种局部的视角来看，这里也不存在任何通向总体性的道路。与哈贝马斯满足于将哲学视为批判性反思和专业化科学的不可靠综合不同，赫勒至少想找到一种通向总体的、调节性的、乌托邦的道路，而且她想要更多的存在支点。另一方面，作为一种通过自主思考而产生的合理性乌托邦，哲学完全适合于在局部的视角和总体性之间进行调解。③ 哲学是渴望将世界作为一个总体来理解的产物。作为“真”与“善”的统一，作为理论与实践的融合，它还使我们，甚至在个人层面上，能够塑造我们自己的生活：它提供了价值和机会，使我们的思想活跃起来，同时将其转化为社会行动。④

五、雄心勃勃的任务和残留的张力

并不满足于仅仅指出对哲学日益增长的当代需要，或者仅仅重建作为一种独立的文化对象化的哲学传统功能，赫勒为哲学提出一系列相当艰巨的任务。她的激进哲学纲领不仅包括发展乌托邦理想，发展一种与当代历史意识相适应的高度的自我反思性，还要求保持古典哲学的全部实践方案，以回答如何生活的问题。如果这还不够雄心勃勃，她又补充了一系列与批判的社会理论相关的、预测性社会科学的任务。毫不奇怪，她怀疑是否有任何一种单一的激进哲学能够履行所有这些职责。⑤

---

① A. Heller, *A Radical Philosophy*, Oxford: Blackwell, 1984, pp. 48-49.

② Ibid., p. 49.

③ Ibid., p. 51.

④ Ibid.

⑤ Ibid., p. 152.

这种哲学应该：①发展作为合理性乌托邦体现的理想。②发展批判的社会理论；考察这种激进乌托邦的具体前景；提出人类学问题，如当前精英的激进需要能否被一般化；致力于历史的自我反思。③成为一种生活哲学，并回答人应该如何生活的问题。然而，即使这个方案也是有限的。激进哲学只限于为与人类积极可能性之实现相关的问题给出存在论 【94】
的答案。[①] 它处理的问题仅仅是那些可以给出合理性答案的问题。更远的一系列形而上学问题，如宇宙的界限、死亡和虚无等问题，则超出了理性的范畴，只会让我们晕头转向。和维特根斯坦（Wittgenstein）一样，赫勒建议，哲学应该在理性无法到达的领域面前保持沉默。

激进哲学所提出的合理性乌托邦的理想是什么？最初，指导激进哲学的理想是人类作为一个普遍的社会群体。[②] 被归结于合理性乌托邦之中的所有价值必须与多元的价值和生活方式相兼容，并保证多元的价值和生活方式。不久之后，赫勒认为，自由是现代性的最高价值理念，而其他价值必须毫无矛盾地与之关联。[③] 尽管这种主导价值理念具有明显的不确定性，反映了她自己从马克思的富裕优先向后现代的自由优先的转变，但这种矛盾是表面的而不是真实的。正如我们已经看到的那样，《走向马克思主义的价值理论》已经将马克思的“富裕”价值与自由价值密不可分地联系在一起。毕竟，人的富裕显然是以占有为条件的，因而也是以自由为条件的。然而，自由的本质显然不能被降低为手段，即使它与丰富的普遍的人类有着千丝万缕的联系。

赫勒越来越坚持自由价值的优先性。然而，由于现在脱离了它的马克思历史哲学概念框架的外壳，因此自由价值的普遍性的推导还远不明确。当然，如果是以最抽象的形式、在超越了关于其具体内容的讨论的层次上提出来的，那么自由价值的普遍性至少在西方自由民主社会中似乎是可信的。一旦我们跳出西方文化的轨道，思考这一方案的历史局限性，事情就变得更加棘手。当她进一步发展自己观点的社会和政治维度

---

① A. Heller, *A Radical Philosophy*, Oxford: Blackwell, 1984, p. 152.

② Ibid., p. 135.

③ Ibid., p. 155.

时，这成了他一直在思考的问题。

尽管她乐观地描绘了自主哲学的当代复兴前景，但这一后马克思主义的哲学激进主义的首次尝试既是过激的，又可以被理解为试探性的。这种关于新被解放的、自主哲学的、全面的、充满激情的纲领，更多地反映了她自己关于个人解放的意识，而不是对与后 10 年中出现的、反思的、矛盾的后现代氛围相适合的这样一种哲学的完全清晰的设想。一方面，她慎重地从黑格尔退到康德，从总体性退到调节性的合理性乌托
【95】邦；另一方面，她坚决主张，要实现古典哲学的全部实践愿望，保留社会理论的沉重责任。这两方面是格格不入的。总体性的形象可能已经消失，但她对当代哲学的纲领和任务的论述表明，这种形象背后的愿望程度几乎没有得到缓和。①

① A. Heller, *A Radical Philosophy*, Oxford: Blackwell, 1984, pp. 44-49.

第五章　超越历史哲学和需要的归因[①] 【96】

赫勒最初设想，一部论历史的著作将是她的哲学人类学的一个构成部分。正如我们所看到的，为了这个计划，她完成了关于本能和情感的著作，以及一部论述价值的著作和另一部间接地论述需要的著作。然而，她最终在这个计划完成之前就放弃了它。当她接受了阿伦特对哲学人类学的批判时，这是必然的。必须等到对她的伦理学三部曲的第一部《一般伦理学》做考察之后，才能讨论这一转变背后的具体动因。因为与卢卡奇起源越来越疏远，她作品的整个构架都发生了变化。尽管如此，这部论历史的著作还是出版了，但现在是在一个极大改变了的框架内。她对历史著作的需要最初来自社会人类学的逻辑，后者强调人的开放性、自我创造性和可塑性。历史性是人的本质，这种人展现为人类自我形成的**领域**和**过程**。《历史理论》不再主要讨论哲学人类学。相反，它表达了赫勒与作为历史哲学宏大叙事的一个独特版本的马克思主义的最终分手。在这之前，她一直在理论上假定了一个统一的历史进程，尽管她以前对此持保留意见。这使她能够把所有的理论枝节都捆扎成一个体系，并使她的哲学以传统的方式"运作协调"。[②] 只有在这个基础上，她才能在克服异化的思想中假定"是"与"应该"的最终调和，也就是说，假定一个既使个体获得全部类潜能，又表达了个体不可言说的个性的社会。《历史理论》标志着她的研究进入了后马克思主义的早期阶段。

---

① 此处，将"ascription"译为"归因"相对来说更为合适。赫勒想要回答的问题是，激进需要应该被归于何者之上？是个体、阶级，还是人类？抑或某种超历史的标准？赫勒反对将需要抽象地分割为"虚假的"和"真实的"，也就是说，反对将需要归于某种外在的东西。她主张，每个人的需要都是现实的，都应该得到承认，不过，此时她更倾向于将激进的需要归于少数人身上。——译者注

② J. Burnheim eds. , *The Social Philosophy of Agnes Heller*, Amsterdam: Rodopi, 1994, p. 284.

她试图在历史哲学之后将历史概念化。但正因为这个“之后”仍是试探性的，而且深陷于转瞬即逝的东西之中，所以书中的许多内容是她对历史哲学的批判，并试图与历史哲学划清界限。

【97】 一、经过反思的一般性之意识

本书首先对历史意识的形式进行了分类。由于人是社会的、历史的存在，因此他们的历史意识会随着社会条件的变化而呈现出不同的形态。我们没有篇幅去探讨所有这些形式，只能说，具有讽刺意味的是，这些形式符合古典历史哲学一般的发展，只不过它们不再被假设为单一主体统一的演进。然而，最后一种形式特别值得注意，因为在它里面，赫勒大胆描述了后马克思主义在当下所面临的理论任务。前面的形式符合既定的历史时期及与不同历史时期相适应的历史意识形式（神话、国家史、世界史）。然而，最后阶段是伴随着第五阶段——**世界历史意识**——及其19世纪表达的解体而产生的危机和困惑的产物。新兴的历史意识形式是**经过反思的一般性**之意识。19世纪，以资本主义市场的形式出现的世界在经验上是统一的，与由此产生的意识不同，后一种意识为这种被强加的统一性提供了**反思**的可能性。在这里，赫勒做了展望，认为应该从文化上来补充当代全球化，而大多数文化诊断家只是在很久之后才意识到这个问题。这种形式的意识将使共享一个单一世界的理念的全部伦理学后果渗透到日常意识中。但这种意识是否会出现，还有待观察。赫勒认为，她的任务是探讨这种新的意识，其标志是她所谓的**星球责任**意识。

在宏大叙事和历史哲学全盛的时期，人们简单地通过解放来看待历史，而这个时期的解体产生了新的任务。20世纪的巨大历史灾难（两次世界大战，大屠杀，广岛、长崎原子弹事件）终于动摇了历史乐观主义。当然，许多早期的知识分子认为，基于科学或基于阶级和种族的新神话的历史哲学在实践中具有破坏性，并对这些灾难负有部分责任。①

① A. Heller, *A Theory of History*, London: Routledge & Kegan Paul, 1982, p. 28.

赫勒在这方面特别提到了 R. G. 科林伍德（R. G. Collingwood）。然而，她认为，以前的争论主要是相互竞争的知识分子之间的相互指责，目的是把对自己偶像的指责转移到其他地方。历史哲学的流行做法是从某个特定的角度在理论上重建某个历史过程，并根据此历史过程来找到客观责 【98】
任，而不是要求**主观的道德责任**。在这里，我们看到了核心论点，它产生于赫勒早期为提高伦理学在马克思主义话语中的地位而做的努力。第二次世界大战后政治民主的胜利实现了西欧的稳定，但它并没有促使人们对人之所是做根本性的追问。这就是她所说的对**一般性的反思**。相反，那个时代在很大程度上是一个讲求意识形态修辞的时代，一个实用主义政治的时代，也是一个对激进的人类学沉思不抱幻想的时代。① 尽管有这样的转折，但 20 世纪并没有看到历史哲学的完全消失。在随着所有相互一致的历史哲学坍塌而出现的混乱中，出现了三种不同的替代性范式。赫勒找到了充足理由，将它们全部否定。

1. **研究机构事实性**（research institute facticity）。她将这种计划和新实证主义联系起来。这种范式拒绝激进人类学和一般化的反思。自由被理解为现存制度中的调整和机能失调的消除，而理性不再意味着对一般性的反思，不论是关于起源还是关于目的。它被还原为一种工具事实性，仅仅是为了问题的解决。

2. **深渊大饭店**（grand hotel abyss）。② 她接过卢卡奇对法兰克福学派的著名批判，认为他们的批判直接蔑视一切形式的实

① A. Heller, *A Theory of History*, London: Routledge & Kegan Paul, 1982, p. 30.

② 赫勒借用了卢卡奇在 1962 年出版的《理性的毁灭》中提出来的“深渊大饭店”的著名比喻。卢卡奇借此来批判叔本华等思想家忽视人及其生活世界的深渊神话。他说：“叔本华这样聪明的建筑形式，俯视一切的体系，高高在上，就像一座美丽的、有一切舒适设备的、产于悬崖边上的、空洞的、无意义的现代旅馆。每天在愉快地享受餐肴和艺术品之余，纵目眺望悬崖绝壁，只会使这种舒服的乐趣变得更高。”参见卢卡奇：《理性的毁灭》，王玖兴、程志民、谢地坤等译，山东人民出版社 1988 年版，第 215 页。赫勒在《碎片化的历史哲学》中也对此做了类似的说明。她指出，那些满足于理性确定性的哲学家“从一个自我满足的理论实践出发，在这个酒店里都能过着舒适的和很好的生活”。参见阿格妮丝·赫勒：《碎片化的历史哲学》，赵海峰、高来源、范为译，黑龙江大学出版社 2015 年版，第 132 页注 2。——译者注

> 用主义政治。对这种范式来说，当代社会被视为一个消极的整体：它没有解放的倾向或救赎的可能性。这被证明是一种美学的观点，在这种观点中，现实前景的缺失使我们摆脱了道德承诺，并放任我们持续不断地消费，沉溺于没有价值判断的沉思中。观点的暗淡并不产生绝望。在拒绝历史必然性的同时，仍有可能抓住最温和的社会运动，将其作为变革的标志。① 这是不幸意识的模棱两可之处。
>
> 3. **心理避难所：恶之激进化**(mental hospital: the radicalisation of eEvil)。第三种范式代表了对现代性的各种极端批判的逻辑的激进化，源自赫勒所说的“天真的后现代主义”、反精神病学和政治极端主义。这种范式假设了一种“越坏越好”的哲学，甚至将被边缘化的“他者”或异类视为救赎的关键。②

鉴于这些替代方案的不足，赫勒试图唤起当代经受磨炼的历史理论必须做出反应的心境。最近历史考古学的工作大大拓展了我们对过去的
【99】认识，并在智人的历史中使世界历史的计划相对化了。结果，历史哲学被重新整合到自然哲学中。③ 历史的相对化使我们不仅将自然视为历史戏剧的前提和源泉，而且将自然视为历史戏剧的**界限**。甚至可以说生态忧虑体现了世界历史计划的脆弱性。我们也意识到，我们正在试探自然的界限，目前世界人口的数量相当于所有曾经生活过的居民的总量。④ 人口数量日趋庞大，强化了世界历史是共同命运的观念，地球一定是所有人的家，否则就不成为家。新近出现的、反映一般性的历史意识的特点是，它拒绝抽象，而以前以抽象之名犯下了许多罪行。人类不再是一个**抽象的普遍性**；它现在必须被视为多元的、具体的共同体。正如语言不是作为一种普遍性语言，而是作为皆能充分发挥其功能的各种自然语

---

① A. Heller, *A Theory of History*, London: Routledge & Kegan Paul, 1982, p. 31.

② Ibid., p. 32.

③ Ibid., p. 33.

④ Ibid.

言而存在一样，人类共同体的嵌合体必须被视为人们同样具有的。[①] 迄今为止，人类已经存在，不过是作为“自在的”整体而存在。为了成为“自为的”存在，所有具体的民族必须承担起星球责任。赫勒将这一责任与对伦理学的承诺和实践理性的首要性联系在一起。[②] 这一承诺必定将**激进的人类学观点**（它认为，在人的本质中没有任何东西可以阻止日益增加的人类合作，而且它相信，在我们身上存在着某些表现为激进需要的动机和倾向）与**社会政治现实主义**结合起来。后者意味的不是保守的立场，而是致力于使制度保持原样，是对以史为鉴之观念的忠诚。它意味着同意这样的观点，即所有走向变革的步骤都必须得到所有人的积极同意，即民主参与的意义上的积极同意。[③] 赫勒赞成启蒙人类学的一般见解。自由和理性的人类不是一个**事实**，而是一种应该被实现的内在潜力。然而，新的**经过反思的一般性**意识（the consciousness of reflected generality）与**经过反思的普遍性**意识（the consciousness of reflected universality）不同，后者将古典历史哲学矗立在其内在的必然性之上，而前者则以其对历史必然性信念的人类沉重代价的认识为导向。它是对行动的召唤，不是出于必然性，而是出于人类不幸意识所规定的主观责任感：坚信所有的历史行动都是有意义的，而且富有成效的行动环节始终是当下的。[④] 我们在这里看到的是一种新的批判的人道主义的雏形，它将普罗米修斯（Prometheus）式的愿望换成了偶然性和伦理责任的意识。

赫勒就是在这种新的精神和新的精神所赋予的任务下构建其历史理 【100】
论的。其中首要的任务是清算古典历史哲学。这种对历史哲学的拒斥是建立在如下论点上的。

（1）不可能知晓未来。

（2）历史哲学是独特的现代历史意识的产物，不能被简单地强加于整个历史过程。它不是历史本身的产物，而是动态的现代性社会状况的

① A. Heller, *A Theory of History*, London: Routledge & Kegan Paul, 1982, p. 33.

② Ibid., p. 34.

③ Ibid., p. 323.

④ Ibid., p. 35. 可以说，随着偶然性意识运动到赫勒的反思的后现代立场的中心，这个主题会变得越来越重要。

产物。

(3) 历史哲学遮蔽了政治行动中伦理选择的要素。它把“是”和“应该”看作一种基本历史逻辑的内在产物，而不是人的行动的结果和选择。

这不仅仅是对古典历史哲学的拒斥。最重要的是，赫勒还希望使这一文化谋划具有历史的可理解性和可解释性。现代历史意识被她放置于她所谓的“逻辑”中。在第八章中，我们将详尽地回顾她的现代性理论的主要内容，包括她对“逻辑”的理解。现在，我们只要知道赫勒把“逻辑”理解为内在的发展动力就足够了。虽然古典历史哲学已经将矛盾主题化，但只是以一种非常受限的方式来实现的。它只抽象出一种单一的逻辑，并认为其具有绝对优先性。历史成了这个单一的发展动力——如市民社会或资本主义——展开的故事。赫勒的主要观点是，现代性不是一个和谐的社会形态，而是一个**矛盾**的社会形态。针对这一被简化的模式，她此时坚持认为，现代性是一个由**相互竞争**且**相互补充的结构性的替代模式**构成的星丛，最终只能由历史行动者来实现。

在首次尝试将其现代性观念表述为多种逻辑的星丛的过程中，赫勒认为，现代市民社会是两种逻辑的承载者，如下。

(1) 市场和私有财产的普遍化。

(2) 自由表现为民主化、分权化和市民社会的平等。

第三逻辑是工业化。有趣的是，此逻辑与科学或技术进步的逻辑无关，而是与国家控制对市场的限制有关。

【101】在这种相互分离、相互补充、相互竞争的逻辑构成的模式下，社会主义被设想为旨在通过促成其中一种逻辑来解决现代性矛盾的各种社会运动。革命策略不应被建立在现代性的基本矛盾是资本主义和工业主义之间的矛盾这种观点上。相反，社会主义必须致力于市民社会的第一逻辑：民主的逻辑。

二、对进步概念的批判

赫勒认为，现代性是一种不稳定的社会形态，承受着替代性的、相冲突的逻辑带来的压力，这种观点并不意味着仅仅从消极的角度来理解。这里的不稳定性不是**功能失调**，而是传统的不断翻新。这种很快就会被赫勒描述为“现代性的钟摆”的不稳定的平衡，原来是一种通过动态的非同一性来维持的同一性。现代性是一种思想在其中呈不断超越状的社会形态。历史哲学的最大错误在于，把这种超越性历史化为一种内在的“应该/是”的展开过程，具体表现为一种本质的逻辑。当下既不是单一逻辑的独占之物，也不是单一文化的独占之物。欧洲历史只是众多谋划中的一个。与这一谋划保持一致不是要屈从于历史必然性；它是一种价值选择。① 关于历史的看法也必须被构想为众多谋划中的一种文化谋划。赫勒从民主逻辑的角度确认了她对这一谋划的承诺。她自己的历史理论否定了教条主义。它仍然是哲学的，是有意对当代社会现实所做的不完整的解释：它放弃了整个过程必然有结果这种观念。首要的是，与历史哲学不同，历史理论一定是历史的自我意识。②

承认历史哲学是一种特定形式的现代意识的产物，就要求我们承认进步和退步范畴也是如此。试图将这些概念不分青红皂白地应用于其他社会，是历史哲学的错误意识。赫勒宣称，在没有进步和退步概念的社 【102】
会中，根本没有进步和退步。③ 在拒绝将这些范畴本体化为内在的历史趋势之后，用这些术语来描述我们这个时代，取决于所采取的**价值立场**。进步只能根据某种价值来标明，这种价值说明了所宣称的进步方面。然而，赫勒现在也否定了进步可计算的想法。用历史之获得来平衡历史之失去，忽略了人类的痛苦是不可通约的这一事实。计算进步这种做法将人类的痛苦降低为仅仅是实现这一目的和价值的手段。赫勒接受了科林伍德的建议，认为只有存在着**没有相应失去的获得**时，我们才能谈论真正的历史进步。否则，就是承认那种在伦理学上令人震惊的做法，即通过计算的方式把一些人类的苦难当作不重要的或次要的。然而，科林伍德的建议并没有解决进步问题，因为历史发展总是既涉及获

① A. Heller, *A Theory of History*, London: Routledge & Kegan Paul, 1982, p. 292.

② Ibid.

③ Ibid., p. 299.

得，又涉及相应的失去。因此，我们不能合法地谈论现代社会中的现实的进步和退步。① 虽然历史理论与历史哲学不同，不能承认进步，但它可以把我们社会对**进步理念**的接受解释为进步。这就是进步，在这个意义上，创造进步的意愿多少是真实的，它的存在意味着没有失去的获得。进步理念作为一种创造进步的规范发挥作用，而且，它确实是一个信奉自我批判精神的动态社会的标志。根据这一论点，将进步理念普遍化是可能的，因为它的规范可以被视为整个人类的纽带。② 尽管如此，这似乎是很有争议的。我们是否能将这种规范意义上的进步理念理解为“进步”，这个问题实际上似乎取决于我们如何定义后一种理念。然而，赫勒的意思已经很清楚了。历史理论认可的进步理念不是作为一种“事实”，而是作为一种“规范性理念”，它以其普遍性表达了现代性的存在形式及其创造进步的愿望。

进步理念表达了现代社会普遍存在的关于不满的基本构成经验。虽然局部的或特定的不满一直是社会斗争的有力动因，但现代的不满表达了一种超越所有限制的独特愿望，一种与所有限制——社会限制、政治限制、性的限制和代际限制——抗争的不安。它把每一次胜利都看作无限探索中的片刻停顿。历史哲学提出，通过达到一个历史高度或一个最
【103】终自由的王国来对不满实施救赎，这将最终使张力得到缓和。在放弃救赎方案的同时，历史理论打算通过与那些以他人为手段的条件进行斗争来激活不满；它的目的是激活对没有失去、没有人类痛苦的获得的追寻。③ 同时，这种策略也**放弃了禁欲主义**。有限的个人在为实现这一伦理结果（这是她的责任）而尽了一切努力之后，有权寻求尽可能多的个人满足。

三、历史理论

对救赎方案的明确否定表明，赫勒的历史理论是一种**不完整的**历史

---

① A. Heller, *A Theory of History*, London: Routledge & Kegan Paul, 1982, p. 301.

② Ibid., p. 302.

③ Ibid., p. 303.

哲学。这种理论保留了与旧的历史哲学的联系，但这些联系只是它们共同的历史性的结果。历史理论的规范性边界，即“应该”，并不完全是形式上的。作为我们现代意识的一种形式，这种理论确实倡导某些实质性的价值（自由、生命），而这些价值在我们自己的动态的、不稳定的社会中成为普遍的价值理念。① 这些价值主要是由与民主相关的市民社会的第二逻辑来承载的。这是一个实质性的方面。另一个方面是与这些普遍价值相一致的伦理，关于这一点，我们将在第九章中阐述。这些价值理念不仅仅是“应该”，而是我们存在的共同构成要素，因为它们同时调节着理论和实践。然而，相当关键的是，历史理论坚持认为，在坚守价值理念与推断其实现之间存在着区别。历史理论宣称人类从来不能生产出无法遵循和持续坚守的价值。② 对被理解为没有失去的获得的进步理念的承诺包含着未来的理念。但是，因为历史理论否认自己对未来有真的陈述，它的未来理念必定采取的是乌托邦的形式。这使我们返回到前面已讨论过的激进哲学从根本上具有的乌托邦维度。

这种乌托邦是对事实的普遍化和与市民社会第二逻辑相关的价值之现实化的想象。③ 隐含在这种没有失去的获得的乌托邦之中的是对多元主义的承诺。只有容纳不同的趣味、取向、才能和利益的调节性想象，才能符合没有失去的获得这个规范。进步的乌托邦必须促进与不同需要结构相对应的生活方式的多元化。这些多元的生活方式的优先性之间的矛盾是可以解决的，前提是各方都致力于现代性的最高价值理念（自由和生命），致力于类似于哈贝马斯的不失真的交往概念所倡导的理性对【104】
话过程。④ 在这种构想中，作为超越一种全新社会形态的革命理念让位于促成市民社会的第二逻辑、越来越占主导地位的政治现实主义的魔法（spell）。

---

① A. Heller, *A Theory of History*, London: Routledge & Kegan Paul, 1982, p. 311.

② Ibid.

③ Ibid., p. 312.

④ Ibid., p. 314. 关于赫勒早年对哈贝马斯的理性交往观的批判，参见 A. Heller, *Habermas and Marxism* , in B. John, E. Thompson and D. Held eds., *Habermas: Critical Debates*, Cambridge, Mass.: MIT Press, 1982。

很明显，赫勒把她的主要任务看成建构一个激进的替代方案，以取代名誉扫地的历史哲学，但如果就此认为哲学人类学已经从这个方案中完全消失，那就大错特错了。她所建构的乌托邦，作为对历史理论所否定的可实现的未来的替代，本身就是一种生活方式的想象。正如所有的历史哲学在其设定了一个目的的意义上都是人类学，她的历史理论也保留了这个早期方案的要素。然而，现在她的激进人类学是以政治现实主义为中介的，而这就要求有向历史学习的能力，避免一切关于历史未来的明显独断。①

四、虚假的需要本体论

前面已经指出，赫勒对古典历史哲学的批判是建立在伦理学及认识论的基础上的。不仅事实上无法预先知道未来，而且这种将未来设想为当代社会动态的必然趋势，确实可以削弱历史行动固有的伦理选择和责任的决定性要素。当行动被视为内在矛盾的产物时，不仅历史的必然性淹没了个体的伦理选择，而且占有这种必然性知识的一方有权要求获得特殊权威，并侵占真正的历史行动者的自主权。要想采取决定性的行动来反对这种认识论的和政治的特权，就要求赫勒对其理论的其他要素做出调整。这一点在她的需要理论中表现得最为明显。在临近《马克思的需要理论》的结尾时，很明显，她对历史哲学的承诺已经动摇了。同时，她仍然是乐观的。她相信，激进需要内在于资本主义社会之中，并且已经开始在传统工人阶级政治的边缘表现出来。决定性的问题是，这种激进需要理论能否在她放弃了其原初所属的理论结构后继续存在。

《能够假定“真实的”和“虚假的”需要吗?》一文在回答这个问题上迈出了重要的一步。② 赫勒重述了熟悉的主题和立场，但现在是以
【105】一种分析的方式进行的，而这种方式使它们脱离了以前的马克思主义

① A. Heller, *A Theory of History*, London: Routledge & Kegan Paul, 1982, p. 333.

② A. Heller, Can “True” and “False” Needs Be Posited?, in A. Heller, *The Power of Shame: A Rational Perspective*, London: Routledge & Kegan Paul, 1985.

框架。

对需要的关注是赫勒对马克思主义的解读中最具原创性和最有特色的方面。对利益和社会需要概念的明确批判，实质是对这样一些概念的拒斥，这些概念在需要方面赋予特定立场以特权，并在实践中使强大的精英和制度将处于从属地位的个体的需要等级化。现在正是这种观念充当了她阐述自己的需要理论的出发点。她反对一切根据所谓的“想象的”或“现实的”特征来区分需要的企图。对于凡人来说，知识总是拜物教的社会条件的产物。所有以自然主义的理由将需要分为“真实的”需要和“虚假的”需要的尝试都是失败的，因为需要总是受历史制约的，而且是被社会编码的；根本就没有令人信服的超历史的客观标准来区分它们。然而，与当封闭的、精英政治的制度和社会阶层僭越性地将需要等级化的任务归之于自身时实际出现的危险——这直接导致了对需要的专政——相比，这些理论问题根本不算什么。① 针对所有贬低各种需要集群之现实性的建议，赫勒坚持认为，“真实的”和“虚假的”需要之间的区别不能与“现实的”和“想象的”之间的区别相提并论。人们所感受到的所有需要都是现实的，都必须得到承认，而不是试图将它们分配到本体论上截然不同的群体中去。② 赫勒鼓励人们去承认所有的需要，尽管她并不认为所有的需要都应该得到满足。这种承认平等地认可所有的需要，但它忽略了这样一个事实，即在当前的动态社会中，更多的需要在统治的条件下是无法得到满足的。重要的是建立一个民主制机制，由此，相互冲突的需要之间的优先性可以被确定下来。在这里，为了给出经协商而确定下来的优先性，承认所有需要的规范与民主原则被融合起来。③

她决心拒斥在本体论上对需要所做的区分，将实际满足的问题留给了民主地确定优先性的政治制度，但这并不意味着赫勒拒绝以价值为根据对需要做出区分。相反，她认为，对所有需要的一般承认忽视了**伦理**

① A. Heller, Can “True” and “False” Needs Be Posited?, in A. Heller, *The Power of Shame: A Rational Perspective*, London: Routledge & Kegan Paul, 1985, p. 287.

② Ibid.

③ Ibid.

【106】**方面**。[①] 虽然她认为人们所感受到的所有需要都同样是现实的，但这并不意味着它们都同样是善的。我们不能没有善恶之分：如果没有善恶之分，所有需要的满足都具有同等价值，无论它们是否有赖于压迫和剥削。实际上，这将破坏对被压迫和被剥削者的需要的承认。这就是所有具体社会都拒绝承认"罪恶的"需要的原因。然而，在一个动态的现代社会中，所有固定的价值等级都已烟消云散，任何重新引入固定的道德等级的尝试似乎都是注定要失败的，因为它预设了一种特权的立场，而这种立场和神圣知识一同消失了。[②]

面对这种困难，赫勒很快便求助于康德，因为康德提出了一种既是**形式的**又是**实质的**伦理规范。绝对命令准则的第二著名公式"不应把他人仅仅视为工具"并不规定情况，但它足够具体，使我们能够把握实例。[③] 对赫勒来说，康德是一位道德主义者，他伫立在需要的资产阶级量化迅速增长的历史危局中泰然自若。他提到了"渴望"：这些不是具体的需要，而是欲壑难填的异化需要。康德的规范允许承认所有的需要，而无须排斥特殊情况，因为它取消了基于量化的异化需要的资格。关键的一点不是要在道德上谴责具体的需要，而是要提供一些涉及首选的需要系统和其中所反映的生活方式的选项。[④] 这些选项的重要功能是，影响和引导需要系统的发展，同时批判其他的选择。

五、需要和多元主义

现代的动态社会是竞争的、多元的。各种生活方式都声称符合人们的需要。然而，这种符合很少存在。需要常常只是被赋予的（imputed）；真正的需要被认为是不真实的，或者声称整个阶级的个体都有他们完全不知道的需要。赫勒断然拒绝了这种赋予。在她看来，只有后者才是有

① A. Heller, Can "True" and "False" Needs Be Posited?, in A. Heller, *The Power of Shame: A Rational Perspective*, London: Routledge & Kegan Paul, 1985, p. 288.

② Ibid., p. 289.

③ Ibid.

④ Ibid., p. 291.

意识的，正是基于这一点，她区分了欲望和需要。然而，为了与她所忠诚的激进需要的理念保持一致，她对关于需要的意识是否总是同质提出了质疑；难道它没有层次和形式上的差异吗？她借用了萨特（Sartre）在“作为匮乏的需要”和“作为计划的需要”之间所做的区分，以说明被感觉到的匮乏并不必然包含潜在满足的形式。可能的情况是，满足某一特定需要所需要的社会制度和对象化根本不存在。[①] 在这种情况下，需 【107】
要是作为一种匮乏感而存在的，作为一种不断积累的、以非理性的形式表现出来的挫败而存在的。她验证了萨特的区分，因为激进需要观念的最终前景取决于能否跨过在需要的彻底被赋予和对现存资产阶级需要结构的默认之间存在的非常微妙的界限。她理所当然地否定了前者，认为它是野蛮独裁地否定需要的理论先兆。她把有限的希望寄托于在整个社会阶层中都存在的一种需要之上，这种需要尚未以一种适当的社会制度和对象化的形式发出自己的声音。她意识到，即使将需要区分为“作为匮乏的需要”和“作为计划的需要”，也会涉及被赋予。这种被赋予总是需要实现的一种虚假形式。但她认为，在这种情况下，被赋予是“合理的”，因为被赋予的并不是需要本身的存在，即已经作为“匮乏”的需要的存在，而是使这种“匮乏”向适当的制度和对象化可以利用的一种“计划”的转化。指导某种需要体系被优先选择的价值“指出了当今社会中现存的需要，而这些需要的满足**可能**会使人们首选某些价值体系”。[②] 因为这意味着对未来做出我们永远无法确定的判断，所以它仍然是被赋予，而不是真正的知识。因此，即使是这种“合理的”需要被赋予的形式，也仍然是反事实的，为此，它是需要实现的一种虚假形式。赫勒重申了这样一个观点，即理念和价值只是在“伟大的历史时刻”才能暂时性地发挥指导需要体系的功能。现代革命的悲惨历史表明，即使它们的内容是民主的，除非体现在社会生活的制度和对象化中，否则这些理想的对象化仍然是精英主义的，不能履行现实地改造旧的需要结构

---

① A. Heller, Can “True” and “False” Needs Be Posited?, in A. Heller, *The Power of Shame: A Rational Perspective*, London: Routledge & Kegan Paul, 1985, p. 293.

② Ibid.

和生产新的需要结构的功能。①

由于纯粹是反事实的，理论缺乏从属于每个社会的权力结构的一般化力量。在这些权力结构中已经被具体化的固有偏好产生了它们自己的对象化体系，这些体系规定了特定的需要及其满足的形式。正是这种现存的权力表达了在资产阶级社会中广泛存在的操纵形式的特点。这不是公开地强制实施对需要的专政，但它同样有效地限制了对其他需要结构的探索。实际上，它恰恰实现了将需要区分为“真实的”需要和“虚假的”需要的那种划分，而这种划分是赫勒所反对的，因为她认为这种做法将需要错误地“本体化”了。

【108】 尽管赫勒认为它具有反事实的脆弱性，但她赞同康德对绝对命令的解读，因为这一解读不赞同将人降格为单纯的手段。这种规范是激进需要的标志，因为它只有与超越了以等级和剥削性从属为基础的社会关系的社会理念一起才是可以被想象的，因此，它预设了类似马克思的“联合起来的生产者”的社会所提出的需要结构。这个规范是否能成为一种理论建构或虔诚的梦想，取决于激进需要的经验普遍性。在她的理论脱离了马克思的历史哲学之后，资产阶级社会的动力已经不一定能提供“激进需要”。在这个结点上，赫勒下了她自己的赌注。她肯定了激进需要的实现，但她承认为激进需要而斗争的进步力量只占社会的少数。②她毫不畏惧地认为，这少数人的目标和愿望恰恰代表了全人类。这让我们想起了马克思，在马克思看来，无产阶级代表了普遍利益，因为它不废除阶级社会就不能解放全部阶级从而不能实现自身的解放。在论证少数人的激进需要具有普遍性时，赫勒并没有严肃地考虑摒弃这种程度的彻底归属。康德的激进需要规范的本质是所有需要的满足。③ 她认为，在普通的经验需要和激进需要之间其实并没有一道难以逾越的障碍。致力于非激进目标的社会运动、政党和利益集团可以产生激进需要，正如

① A. Heller, Can “True” and “False” Needs Be Posited?, in A. Heller, *The Power of Shame: A Rational Perspective*, London: Routledge & Kegan Paul, 1985, p. 294.

② Ibid., p. 296.

③ Ibid.

一些激进的目标在当今社会中可以得到满足一样，只要它们保持民主。[①]在剥削和从属关系构成的社会中，满足全部需要的主张本身就是激进的。显然，她决定尽可能牢固地立足于现实经验需要的基础之上。她对满足**一切现存**需要（不包括那些要求将他人沦为单纯手段的需要）的承认加强了这种偏爱。然而，仍然存在一个严重的问题。赫勒希望通过弥合普通需要和“激进需要”之间的鸿沟，并提及未被满足的现存需要，以避免马克思对需要的赋予。

另外，由于意识到轻易地消除普通的经验需要和“激进需要”之间的差异面临着潜在的危险，赫勒立刻提出了一个显而易见的问题：将普遍性归于具有激进需要的少数人身上是否是一种意识形态的做法。[②] 她的回答是，将“激进需要”归于人类可能是意识形态的，但不必然是意 【109】
识形态的。在她看来，使当代非意识形态的激进需要政治永久化的条件如下。激进需要观点的职能是影响社会，使之采纳民主取向的价值所要求的需要体系。对此约定的承诺需要一种说服而非强迫的政治。这意味着接受民主法治国家及其相互竞争的需要体系的多元性。激进需要本身就是多元的，因为这种观点拒绝将他人降格为单纯的手段。[③] 质的满足的再现要求各种生活方式的涌现，也要求拒斥任何单一形式的统治。激进需要的立场必须始终坚持其批评现存优先事项的权利，并倡导符合其自身价值的生活方式。它还必须明确地拒绝操纵，避免重新在“真实的”和“虚假的”需要之间做出错误的本体论区分，以此作为使非激进需要失去合法性的策略。[④] 对多元主义的承诺意味着，激进需要的政治总是致力于创造可能性和多样性。赫勒对多元主义的承诺甚至比对民主形式的肯定更进一步。赫勒认为民主制度是工具而不是目的本身。它们不能成为新的需要体系的源泉，而只能为**民主劳动**（labour of democracy）提供不可或缺的框架，而这种民主劳动是一个公共辩论和参

---

① A. Heller, Can “True” and “False” Needs Be Posited?, in A. Heller, *The Power of Shame: A Rational Perspective*, London: Routledge & Kegan Paul, 1985, p. 296.

② Ibid.

③ Ibid. , p. 297.

④ Ibid. , p. 296.

与的持续性过程，一个权力分散的持续性过程，一个导致需要结构改变的新的对象化的持续性过程。①

赫勒对需要理论的这种重构的主要特点是，试图使其远离最初的马克思主义框架，并将激进需要的概念重新置于多元民主政治之中。在这即将到来的后马克思主义阶段，赫勒关注的焦点是，将需要教条式地从本体论上划分为“真实的”与“虚假的”需要所具有的危险的政治意义。她要确保自己对激进需要作为多元民主中批判与质变的工具的肯定，不会仅仅成为服务于专制政治目的的另一种形式的具有意识形态性质的意识。然而，将人类的利益归结为少数人的需要是如此一种明显地相信存在某种替代方案的做法，显然不符合她的激进多元主义和民主诉求。产生这种意外倒退的根本困难是，“是”与“应该”之间仍然存在着鸿沟。无法掩饰的是，她所定义的“激进需要”并不是目前绝大多数
【110】人所关注的需要。“激进需要”有一个质的维度，在当前的社会安排中是无法得到 满足的。这是它们为什么具有超越性力量的缘由，也是它们为什么仅仅停留在乌托邦之地的缘由。赫勒试图在后马克思主义的激进哲学中保持一种批判性的视角，但“激进需要”所残留的问题仍然没有得到解决。

① A. Heller, Can “True” and “False” Needs Be Posited?, in A. Heller, *The Power of Shame: A Rational Perspective*, London: Routledge & Kegan Paul, 1985, p. 298.

第六章　透过日常生活棱镜的合理性

赫勒后来的后马克思主义作品大致可以分为两类：一类是那些开辟了全新领域的作品，另一类是根据她与马克思主义的分离而对她的早期著作做了修正的作品。论述历史的著作属于前者，而经过重构的需要理论则属于后者。由于面临着新的英语读者，以及当代的读者也想要对她早期未翻译的作品做一总结，因此修订显得尤为必要。然而《羞愧的力量》却不安地介于这两类之间。它主要致力于提出一种一般的合理性理论。哈贝马斯的《交往行为理论》的出版为英语世界正在进行的关于合理性的讨论注入了新的动力。① 然而，它也提供了一个机会，使赫勒在关于合理性争论的背景下，通过抛开马克思关于生产第一性的观点，来翻新《日常生活》的基本框架。哈贝马斯提出的"交往合理性"对占统治地位的实证主义的合理性观念提出了挑战，虽然赫勒肯定了这一点，但她也提出了一个更广泛的替代性概念。这涉及将合理性与合理性的日常生活背景紧密地联系起来，并重新引入卢卡奇的总体的人的图式。她希望将合理性问题与人的情感和个性重新联系起来。

一、日常生活的问题化

在第一章中，我们看到了，当日常生活在意识中失去其被认为是理所当然的地位时，日常生活在哲学上的主题化是如何发生的。尽管有哲学怀疑论的伟大传统，欧洲文化长期以来一直预设了日常世界具有不证

---

① J. Habermas, *The Theory of Communication Action*, 2 vols, i: *Reason and the Rationalization of Society*, Boston: Beacon Press, 1984; ii: *The Critique of Functionalist Reason*, Boston: Beacon Press, 1987. M. Hollis, S. Lukes, *Rationality and Relativism*, Cambridge, Mass. : MIT Press, 1982.

自明的匀称性（symmetry）。只是随着日常生活在现代发生的巨大变化，以及随之而来的对形式的抵制，艺术家和哲学家才不得不将各种类型的“真理”与日常生活对立起来。社会学很难接受这种彻底拒绝的奢侈态
【112】度。对于社会学来说，批判被缓和了，因为需要用宏观结构的转变来解释这种无形式性。① 很快，哲学采取了相同的立场。矛盾的是，恰恰是日常生活已经成为问题这个事实，最终激发了人们的洞察力，使他们认识到日常思维是理性的基础。随之而来的是，它成了现代合理性理论的逻辑起点。②

承认这个问题的历史性并不影响其一般意义。赫勒认为，合理性和日常生活的范畴应适用于所有社会。这是因为，合理性意识、日常生活与非日常生活的区分在经验上是普遍的。虽然她把西方特有的合理性概念的历史形成与苏格拉底及传统权威的崩溃联系在一起，但她还是断言，在所有文化中都存在着一种对基本价值取向范畴，如“善”与“恶”、“真”与“假”，做出辨别的原始能力。这些一对一对的价值取向范畴是按照一定的等级被组织起来的。根据这种观点，“依据理性”行事，意味着至少要遵循一种被明确辨别出来的范畴。她对合理性概念所做的最一般的定义是“依据理性行事”，其中理性就是这种最一般的辨别能力。③ 随着道德的出现，这种普遍的社会能力既被问题化，又被强化。当习惯不再拥有立法权时，审慎的要素被引入到个体决定中，此时，解释和应用的问题都被提出来了。从这个时候开始，对善的辨别就要求做进一步的决定。赫勒认为，道德是正确判断所需的外部和内部权威之间的自觉协商关系。实践理性意味着，人们有能力按照这些权威的等级来辨别价值范畴。④ 追随着康德，她假定了实践理性的优先性。合理性是在实践理性的支撑下对真理的追求。最后，合理性仍然是一个道德范畴，因为与习惯发生有意识的关系仍需要主体间的价值和证据，其

① A. Heller, *The Power of Shame*, London: Routledge & Kegan Paul, 1985, p. 80.

② Ibid., p. 81.

③ Ibid., p. 74.

④ Ibid., p. 75.

典型例证是苏格拉底的追问。① 通过将合理性定义为原始人类学的辨别能力，她绕开了历史相对主义的所有论点。在具体说明道德的历史渊源时，她还明确地希望保留面向实际生活的、广泛的古典合理性议题，而不是将其简化为科学或语用学的演算。由于日常生活被朴素地认为是理所当然的，它甚至不需要一个初步的定义。然而恰恰是这种理所当然的特质证明了，我们还没有充分认识到它的地位，它既是和谐的、实质的 【113】
合理性的基础，也是这种合理性的目的。

为了证明这些主张，赫勒重新审视了对象化范式。这就涉及两方面的修正：一方面，她先前作为马克思主义者赋予“**自在的对象化**”领域的优先性；另一方面，合理性的历史形成和合理性的文化分化与这一更具包容性的系统框架的联系。

二、自在的对象化领域

日常生活的支柱是**自在的对象化**领域。它影响着知识、交往和行动的基本主体间性：它是人类经验的社会先验。从分析的角度看，它的基本构成要素——**语言、习惯**和**人造物品**——是可以分离开来的。然而，它们被用于日常之中却使特定的主体具备了在其社会世界中充分活动的必要能力。赫勒认为，这一领域的三个基本特征是**内在性、异质性**和**理所当然性**。内在性指的是这样的事实，即这些要素不是单独地被占有，而是在整体活动中被结合起来。② 规范和规则的有效应用需要语言技能，正如工具的恰当使用不仅仅需要技术知识一样。异质性指的是占据日常的活动的多样性特征。日常的居民不是专家，而是能做各种事情的人。完全社会化的个体必须在一系列日常的活动中才能充分地表现自身。赫勒引用了卢卡奇关于人是总体的论述，并恢复了这样的事实，即日常生活主体必须至少在某种程度上、在最异质性的层面上发展人的能力。③

---

① A. Heller, *The Power of Shame*, London: Routledge & Kegan Paul, 1985, p. 77.

② Ibid., p. 90.

③ Ibid., p. 94.

日常生活是合理性的基础。获得**自在的对象化**领域是成为人的前提。它不仅是个人和社会生存的条件，也是意义的条件。语言不仅仅是一种交往工具，规范和规则也不仅仅是使用说明。它们为正向的价值取向立法，并最终被某种有意义的世界观所合法化，这种世界观规定了一种神圣的或至少是一种适当的秩序。[①] 然而，赫勒特别强调，**自在的对象化**领域并没有限定知识的范围或生活世界中的行动模式。由于他们特有的先验基因，独特的人类很自然就接受了**自在的对象化**领域。出生的偶然性决定了他将成为哪一种特殊的人。由于占用是每个人面临的任
【114】务，**主体间性**优先于**主体性**。然而，主体是社会化的动态力量，它的产物从来不是一样的。个体的特性和经验影响着占用的质量和速度。[②] 特别是在现代性中，在日常生活中充斥着来自其他地方的知识；甚至这个领域的规范和规则的内容也是历史性的，并随着现存规范和规则所要求的调节程度而发生变化。这种调节的强度，即它的松紧程度，是历史条件变化的产物，也与其他共存的对象化领域的特点和复杂性相关。这些其他领域的存在也解释了，为什么不能仅仅根据**自在的对象化**领域来解释日常。日益增加的社会复杂性和分化使这一情况变得复杂。社会分工不仅揭示了这个单一的领域，而且揭示了其他几个领域，每个领域都有自己的规范和规则，与特定的社会功能和社会分层的阶梯相对应。不断变化的历史条件影响到那些不以**自在的对象化**领域为中介的、其他来源的知识和价值的直接获取。紧接着，赫勒认为，现代性扩大了这种获取的途径，使日常主体能够直接获取以前受神圣禁忌和仪式禁令所限制的各种文化资源。

三、文化剩余和合理性态度

随着惯常的规范和规则出现危机，合理性问题产生了。只有另一个地平线的出现，才使**惯例**（nomos）能够被理解成这样。当然，就日常

---

① A. Heller, *The Power of Shame*, London: Routledge & Kegan Paul, 1985, p. 86.

② Ibid., p. 84.

而言，也可以提出同样的观点。将日常规定为“日常”，只有从某种外在的立场来看才有意义。在获得了其他文化知识来源后，这才变得有效。这种视角的不同可归结于赫勒所归纳的两种态度，即两种不同类型的合理性。**理性合理性**（rationality of reason）包括遵守规范和规则。在日常语境中，这主要与行动有关。相比之下，**理智合理性**（rationality of intellect）是一种更高的态度，它并不简单地接受现存的规范和规则，认为它们是理所当然的，而是根据至少一种价值来检验它们。她承认这两种形式的合理性之间存在着家族相似性。思维本身涉及对规范和规则的遵循，是在理性的指导下展开的过程。理性作为包罗万象的合理性形式具有优先性。它的占用使个体成为人，没有它就没有社会生活；它是一个文化常量，在经验上是普遍的。此外，这两种形式都需要对创造性的、重复性的和直觉性的思维做出不同的组合。这种联系意味着，在取【115】
向的根本不同之下存在着一种共同的合理性。①

这两种合理性态度的共同根基是**占用**过程本身。虽然社会化总是要实现的，但完成的程度却各不相同。对每个个体而言，这是一个将**遗传的**先验和**社会的**先验编织在一起的问题。这就是人类共同任务的差异性完成。人有能力占用文化世界，其程度远比原初的占用要高。这就是赫勒所说的文化和认知剩余的起源。每个人的经验都是独特的，即使这种难以形容的独特是“不可言说的”，但它仍然可以用艺术或神圣的语言来表达。在这种主体间的形式中，它作为**文化剩余**被积累起来，随后又被重新吸收到**自在的对象化**领域中。② 纯主观经验剩余的必然结果是，在日常生活和制度的凹处积累起剩余。这种四散的知识和技术革新库就是赫勒所说的**认知剩余**。在现存规范和规则处于牢固状态时，它基本上保持着休眠状态。然而，在现代条件下，随着科学的制度化，随着规范和规则的越来越灵活，大量积累的认知剩余找到了出口。③

将文化和认知的剩余引入模型中，可以更好地理解日常生活内部的

---

① A. Heller, *The Power of Shame*, London: Routledge & Kegan Paul, 1985, p. 95.

② Ibid., p. 98.

③ Ibid., p. 99.

动态潜能。赫勒早年的马克思主义日常生活理论最严重的问题在于，赋予**自在的对象化**领域以**本体论的优先性**。她甚至曾认为，**自为的对象化**领域是**历史的派生物**，而不是经验上的普遍性。这些先前对马克思主义正统的让步，现在都被抛弃了。**文化对象化**领域与**对象化本身**一样，都是社会生活的前提条件。① 我们已经指出，**自在的对象化**领域的规范和规则本身并不仅仅是使用说明，而是被世界观合法化的积极价值的承载者。这些世界观产生于为人的生活提供意义的文化对象化领域。关于世界的、总体的、权威的解释使异质性事件获得了意义，因而使经验统一起来，而具体规范和规则在这样一种解释中才是可想象的。由于没有这种社会功能的社会生活是很难想象的，所以赫勒现在自信地将经验的普遍性归于这两个领域。**自为的对象化**领域不仅行使着使生活变得有意义
【116】这一不可或缺的功能，而且它还吸收了主观经验的文化剩余，从而成为人类潜能表现的孵化器。②

赫勒将一种悠久的传统加入西方马克思主义之中，提醒人们注意文化的批判潜能和矛盾性。文化对象化完成了两种不同的社会功能，即**合法化**和**去实质化**（desubstantialisation）。后者要求从更高秩序的角度对实质进行批判。③ 这种需要不一定是明确的批判；它可能只是对另一种观点的挑战或对价值等级的质疑。这一领域的一些内在特征强化了这种批判潜能。与**自在**领域的异质性相比，所有的文化对象化都是**同质的**。这个领域内的所有行动的意义只有在与同一领域内的其他行动的关系中才可以被确定下来。所有的文化对象化都有其内在的规范和规则，与另一个领域的规范和规则没有关系，也不可互换。即使从某一特定文化对象化的规范和规则中暂时脱离出来，也足以使人们被驱逐到其他领域中了。④ 作为文化剩余的蓄水池，文化对象化具有一种非凡的能力，能在产生它们的特定历史条件中幸存下来。它们表达了凡人对不朽的渴望。文化形式的同质性也使这种渴望得以实现。人们可以只根据内在的构成

① A. Heller, *The Power of Shame*, London: Routledge & Kegan Paul, 1985, p. 103.

② Ibid.

③ Ibid., p. 106.

④ Ibid., p. 107.

规范和规则，而不参照历史条件和社会制度，通过事物自身来解释和理解事物。这就是**接受的悖论**（paradox of reception）。不朽的符号所唤起的短暂感，为当下提供了一种无形的时间深度。当下的时代总是比历史的当下更宽广，因为集体的文化记忆保存了许多过去。显然，这有助于解释**自为的文化对象化**领域的批判潜力。①

进入文化对象化领域要求悬置日常的异质性活动。这在很大程度上是一个历史问题，因为它涉及人们在实践中是如何在日常活动和文化活动之间划界的，是将它们看作断裂的还是平稳过渡的。然而，获取占用能力的任务的同时还占据着日常生活和制度生活。② 悬置日常态度的最终结果是，向有关的对象化领域的同质的规范和价值投降。赫勒将这种投降描述为一种按照特定的文化对象化的规范和规则而设计的“自然主义”。个体的所有能力都是统一的，在同质媒介中并通过同质媒介表达出来。同时，接受的净化也是对象化，是一种新的自觉主体性形式的创造。继卢卡奇之后，她将这种以不同的方式发展起来的能力在统一的接【117】受性经验中的提升和集中描述为从作为总体的人（human-as-a-whole）到人的总体性（human wholeness）的转变。③ 赫勒坚持认为，“重生”的主体不可能与先前存在的主体相同。这就是参与到人的总体性领域的好处。探访**自为的对象化**领域要求产生了思想构成要素中的革命。它在思想中的重复性、创造性和直觉性要素之间坚持一种不同的关系，其看重直觉性和创造性的要素之间的平衡。这种平衡的确切特征总是取决于对象化的类型及历史因素和个人因素的结合。然而，最主要的一点是，文化接受以被扩大了的人的总体性的要素来复活日常。在这方面，她指出，现代性使现代主体直接进入更高的对象化，并持续不断地摇摆于文化领域和日常生活之间。

① A. Heller, *The Power of Shame*, London: Routledge & Kegan Paul, 1985, p. 109.

② Ibid.

③ Ibid., p. 110; A. Heller, G. Lukács, Aesthetics, in *New Hungarian Quarterly*, vol. 24, no. 7, 1966, pp. 84-94.

四、专门化和制度领域

赫勒做出修订的主要动机并不是想要扩展她对**自为的对象化领域**的论述，以及强调其相对于**自在的对象化**领域的同等地位和经验普遍性。她的主题是合理性，而且她的关注点很快就转到了合理化（rationalization）的现代来源和动力上。与**普遍性的常量**形成鲜明对比的是，**自在自为的对象化**领域代表着**特性**领域。除了继续在日常领域中占据其自然家园的家庭制度之外，所有其他的现代制度（经济、政治和文化）都是**自在自为的对象化领域**的构成部分。事实上，这个领域完全由制度构成。这些是社会的子系统，在其相互依存中再生产了社会认同。可以说，全部制度都具有相对同质的规范和规则，但通过它们的相互支持，它们创造了一种特殊的社会认同。① 然而，这既不需要和谐，也不需要共识。合理化的过程，就像社会分工一样，需要将**自在的对象化领域分化**为一种等级化的统治结构。赫勒提出了一个历史的观点，即在早期社会中，没有公开的统治，认同是通过统一的习惯性规范、规则和传统世界观来保障的。然而，今天，**自在自为的对象化领域**所强加的特殊社会认同是一种统治结构。值得注意的是，她拒绝将这种历史关联理解
【118】为**社会分化**与**统治**之间的逻辑或因果关系。她仍然认为，具有一个复杂的制度领域的社会至少是可能的，在这个社会中，规范和规则不是由社会分工决定的。②

虽然她的模式与哈贝马斯对生活世界和子系统的区分基本相似，但有趣的是，赫勒特别批评了他对现代性的制度领域所做的说明。他将现代性的子系统划分为经济和政治，似乎将“现实社会主义”的混合状态排除在现代性的行列之外，并混淆了资本主义和工业化的区别。这种概念上的模糊性也损害了他对政治的解释，在这种解释中，仅以权力为中

① A. Heller, *The Power of Shame*, London: Routledge & Kegan Paul, 1985, p. 120.

② Ibid., p. 104.

介的子系统似乎无法区分不同类型的政治统治。① 赫勒还对子系统的自主性所隐含的其他一些假设提出了质疑。与其他批评家一样，她认为，这些子系统的规范和规则只是相对自主的，因为它们不仅被嵌入在社会结构中，而且还与其他制度相互联系。在相关的系统内，相比于仅仅服从规则和不弄虚作假，制度行为总是具有更厚重的规范性内容。这说明，社会结构本身就是一个由相互联系、相互支持的制度构成的混合物。一味地强调领域内部的规范和规则的自主性的结果是，人们无法阐明这种关键的相互依赖和相互作用关系。②

栖居于被合理化进程控制的现代制度中的个人是被专门化的人。因此，赫勒探究制度专门化的动力和裂隙是至关重要的。与文化活动一样，制度生活也必须符合特定领域的规范和规则，甚至必须接受更加专门化的训练。制度活动通常既不是**作为总体的个人**的活动，也不是**人的总体性**的活动。③ 它要求发展和突出人的某些能力。此外，制度的再生产需要的与其说是非凡的能力，不如说是通过培训和教育的反复灌输而获得的专业技能。**没有文化剩余的生产**，这一领域也可发挥作用。它有能力储存和利用认知剩余，但并不生产认知剩余。④ 事实上，被强化的功能分化过程已经从根本上改变了文化剩余的生产。生产活动的中心从日常生活领域转移到制度领域，减少了主观剩余的生产。文化反思的作用越来越大，使这种趋势更加复杂。今天，文化剩余不再是主观经验的直接产物，而更多地依赖于文化对象化领域的反思。⑤ 这并不是说制度 【119】
可以没有意识形态的合法化。在重复了我们已经看到的、她对子系统自主性进行批评的论点后，她认为，即使社会复杂性和制度分化的增加，也没有减少对统一意义的需要。平稳运作的制度需要从有意义的世界观中获得合法性。⑥ 有意义的世界观使作为基础的社会秩序合法化，同时

① A. Heller, *The Power of Shame*, London: Routledge & Kegan Paul, 1985, p. 120.
② Ibid., pp. 120-121.
③ Ibid., p. 123.
④ Ibid., p. 131.
⑤ Ibid., p. 134.
⑥ Ibid., p. 124.

允许积累再生产所必需的知识和培训。

居于支配地位的世界观不仅要渗透到所有制度，而且要渗透到**自在的对象化**领域。日常生活的规范和规则一定会被注入居于支配地位的世界观的精神。正如我们所指出的那样，在分工范围扩大的复杂社会中，这种合法化功能更为必要。在这些社会中，不仅要强化社会分化的特定结构，而且要为统治者和被统治者强化这种结构。① 只有这样才能确保一个理所当然的有意义的世界。在这一点上，科学似乎没有什么希望与宗教竞争。后者尤其擅长于提供意义。相比之下，科学的世界观以怀疑主义为生，并将一切意义问题驱逐出自己的领域。令人惊讶的是，赫勒发现，科学的解放潜力恰恰在于它不愿意将规范和规则视为除使用说明之外的任何东西。② 这种对规范和规则的规范性维度的迟钝减少了个体在神圣的秩序面前所感受到的将规范内化的压力。虽然这种放松有其自身的潜在危险，但它也为高度个体化的生活方式提供了可能。

作为一个对被认为是理所当然的意义实施分配的力量，它的局限性并没有阻止现代科学对宗教的胜利。以合理化的形式，它已经渗透到日常生活中，并在很大程度上取代了宗教。然而，基于两个理由，赫勒不愿意用哈贝马斯的术语将这种成功解释为“殖民化”。首先，她认为，对于日常生活来说，殖民化并不是一种新的经验。宗教只是偶尔丧失了它的统治权。只有在现代性开始出现时，在教会与国家开始分离后的短暂时期，才有可能提出殖民化的概念。这里的危险不是激进的历史断裂，而是只变换了形式的**意识形态统治的连续性**。在其得到解放的历史时刻来临之前，日常生活只是一个纯粹由宗教世界观统治的殖民地。③
【120】赫勒不仅想要在谈论殖民化的时候引入历史现实主义的要素，她还质疑它是否从根本上破坏了日常生活的主要功能。虽然制度的作用越来越大，但没有迹象表明它的功能要取代初级社会化的功能。如果这种接管一旦发生，它就会消灭文化和认知剩余的源泉，即作为总体的人。如果

① A. Heller, *The Power of Shame*, London: Routledge & Kegan Paul, 1985, p. 128.

② Ibid., p. 129.

③ Ibid.

没有了这个日常生活和主观剩余的主体，文化就会因缺乏养分而枯萎，而依赖于使有意义的世界观合法化的社会秩序也将不可避免地面临崩溃。① 现代的合理化不但没有削弱**自在的对象化领域**所必有的特征，反而因为拒绝为这些活动提供统一的意义而强化了这个领域的异质性。②

最后的论点表明赫勒对哈贝马斯的殖民化理论持保留态度，也表明她做出了一定的让步。其中，占主导地位的科学世界观意味着日常生活中规范性要素所占的比例越来越低，而规则的内容被科学直接或间接地提供给日常生活。现在，科学有条不紊地接管了从**自在的对象化**领域生产认知剩余的功能，它在**自在的对象化**领域中只是异质活动的剩余。最后，个人的联系失去了其在社会再生产中的丰富性和功能性。③ 另一方面，科学在提供意义方面的弱点，以及它在统一异质性活动方面表现出来的无能，损害了主体形成认同的能力，结果是异化和冲突。而异化和冲突产生了大量的文化剩余，破坏了日常再生产的稳定性。由此产生的剩余要么成为文化批判的助推力，要么成为以个人和集体歇斯底里的形式表现出来的文化匮乏。④ 赫勒承认殖民化对日常生活有着深刻的、持续的影响，但她拒绝承认殖民化破坏了**自在的对象化**领域的初级社会化功能。与哈贝马斯一样，她并没有忽视科学在放弃提供统一的意义时所可能具有的解放向度。为当代统治结构提供技术上而非道德上的合法化，使得阶级歧视、性别歧视和种族歧视失去了以往占主导地位的世界观所提供的合法性。⑤

五、走向现代性理论

与对殖民化主题的探讨相关联的是，20 世纪 80 年代初，赫勒的一

① A. Heller, *The Power of Shame*, London: Routledge & Kegan Paul, 1985, p. 131. 哈贝马斯从未声称初级社会化危如累卵。即使哈贝马斯将殖民化理论视为其现代性理论的核心支柱时，对其也并不陌生的观点是，当超过一个定点时，生活世界最终会起来反抗殖民化。

② A. Heller, *The Power of Shame*, London: Routledge & Kegan Paul, 1985, p. 135.

③ Ibid.

④ Ibid. , p. 136.

⑤ Ibid. , p. 138.

些著作中开始出现的现代性理论的雏形。前面我们注意到，她在《历史理论》中对进步的批判，使她走向了对现代性及其相互冲突的“逻辑”
【121】的更为复杂的理解。她从合理性问题及其在制度领域内的具体化出发也走到了同一个问题上，现在她从科学的角度展开自己的理论。早期的科学将散落在日常异质性活动中的认知剩余从之前占主导地位的宗教世界观的束缚中解放出来。这些剩余在追求真正普遍真理的过程中得到了利用和系统化。在早期的现代性中，由于传统的具体规范和规则被侵蚀，文化剩余的积累改变了所有的文化对象化，使其面向普遍性。① 真和美的价值被普遍化，成为自主的艺术和科学的表达。

通过在资本主义与文化之间建立起联系，赫勒认为，现代科学发展出一种普遍的、以货币的普遍等价性为前提的语言。② 和货币一样，这种普遍的语言明显没有规范性的要求。规范性要求的提出涉及与价值相关的解释。但科学断然拒绝对普遍价值做出权威性的解释。这就是为什么现代性缺乏普遍规范的原因。追求真理不需要遵守普遍规范。科学通过强推严格的事实/价值二分法来证明自己的统治是自我克制的。这种二分法的价值方面则留给了宗教和其他文化对象化之间的斗争。随着传统美德的权威性解释和分配的崩溃，个体对抽象规范的解释破坏了传统美德的权威。赫勒认为，这种有害的怀疑主义的文化冲动不是来自科学本身，而是来自哲学。由于在方法上讲究批判性的质疑，哲学不仅是科学的助产士，也是民主的助产士。同样的批判精神推翻了神学宇宙论，也广泛存在于推进民主制的政治斗争中。③

事实上，她的新现代性理论的重要洞见之一是，认为在市场逻辑、科学与民主之间存在着不规则的协同效应。科学的普遍语言之所以能够实现，是因为商业的普遍等价性已经侵蚀了特殊主义的（particularistic）生活方式的障碍。④ 然而，这种普遍等价性的市场乌托邦的完全胜利，却受到了与之相抗衡的科学与民主的制度化的反制。在这三种逻辑的相

---

① A. Heller, *The Power of Shame*, London: Routledge & Kegan Paul, 1985, p. 140.
② Ibid., p. 145.
③ Ibid., p. 142.
④ Ibid., p. 145.

互冲突中，科学确立起其作为占主导地位的世界观的地位。民主制限制了市场的**绝对权**，而科学则有能力在实际上**侵入**市场本身的逻辑。赫勒认为，早期的市场扩张无法仅仅通过利己主义动机获得解释。相反，正 【122】
是科学精神和新技术发展的实现使市场获得了早期的现代推动力。①

科学在民主方面表现出同样的侵入能力。韦伯详细说明了高效组织在大众社会的政治中具有不可替代的作用。作为现代民主党派的制度支持和结构原则的官僚制的快速扩散，揭示了现代性方案固有的内在张力。现代性中自由政治的制度化也矛盾地见证了专家的兴起。在一个日益复杂和动态的社会中，在一个最重要的决策需要速度和专业化知识的社会中，专家的作用越来越大。但这种发展的后果恰恰威胁到了民主的实质。② 科学的潜能和成就显然是两面的。赫勒坚持认为，受雇于理性-官僚制的人"无法学习民主程序的实践，也无法将这些程序的实践引导到已经被科学深深渗透的其他日常活动中去"。③ 专家可能掌握了专业知识，但她的生存在很大程度上取决于对制度的规范和规则的遵守。即使从制度的规范和规则摇摆到日常生活的规范和规则，或者反过来，通常也是实用的，而不是实践的，而且通常不要求有选择的评价和有意识的选择。随着制度对日常生活和作为总体的人的影响越来越大，就会出现越来越顺从和不加批判地接受权威性规范和规则的危险。关于制度生活的反民主风气的一般主张，将在赫勒的伦理学中得到更充分的论述。

六、文化对象化和理智合理性

现代性的基本特征之一是，文化对象化领域是普遍可及的。这个领域包含着乌托邦的生活形式，当与现实生活相对立时，它们表现出批判性的潜能。对赫勒来说，这种批判性潜能的大规模释放，意味着现代性

① A. Heller, *The Power of Shame*, London: Routledge & Kegan Paul, 1985, p. 145

② Ibid. , p. 147.

③ Ibid.

社会结构的不稳定平衡。这也是在**理性合理性**与**理智合理性**之间进行转换的前提条件。然而，伴随着文化对象化领域的提升而出现的日常态度的悬置，并不等同于理智合理性的运用。① 理性合理性的悬置确实解放
【123】了在现存的规范和规则中仍然无法获得表达的冲动和主观潜能。由于这些冲动既是理智的，又是带有感情的，它们的释放既带来了满足，又带来了幸福，毕竟，活到极致总是愉悦的。正常科学活动的常规化，无法掩盖在革命科学的条件下重申快乐的现实。按照赫勒的说法，这也就解释了文化对象化领域的多元化。②

上升至文化对象化的领域或许表明了从**理性合理性**所认可的规范和规则中愉快地解脱出来，但并不意味着从所有规范和规则中解放出来。我们已经指出，每一种文化对象化都是其自身的同质媒介，有其自身的规范和规则。当接受主体在这种媒介中运动时，它的规范和规则仅仅被认为是理所当然的。然而，在这些同质媒介中的自由运动，需要的不仅是重复性思维，更需要想象和幻想。主体上升至文化领域使得**理智合理性**能够使用批判性的规范，并在更动态的社会中，从另一种文化对象化的立场出发，对一种文化对象化的规范和规则提出质疑。③ 虽然赫勒认为哲学是理智合理性的化身，但她也认为理智合理性就像儿童的好奇心一样是永恒存在的。它和理性一样具有普遍性，而理性只有在消灭了不停质疑的好奇心的情况下才能完成其最初的社会化的社会功能。对她来说，这相当于主张，所有文化**一般**都拥有实践理性。④

在重建合理性概念的过程中，赫勒的一贯策略是受马克思启发的**扬弃物化**（de-reification），也就是说，它对所谓的合理性的“活体解剖”提出质疑，以便在日常生活中重新定位这个范畴。该策略的第一个方面涉及将这一概念的起源与作为总体的人的生活世界及两个普遍的对象化领域的辩证法重新联系起来。第二个方面关注制度领域中的专家人士及与现代性的兴起相关的变革。这里的重点是历史上的合理化及这项事业

---

① A. Heller, *The Power of Shame*, London: Routledge & Kegan Paul, 1985, p. 168.

② Ibid. , p. 171.

③ Ibid. , p. 173.

④ Ibid. , p. 183.

对人的总体性和生活世界的影响。最后一个方面转向了人的总体性的问题：这个范畴的意义和前景及它对于合理性范畴所具有的内涵。

我们已经看到，赫勒甚至拒绝假设理性的最高表现形式。**理智合理性**并不是什么特殊的精神能力，而是一种经验的普遍性，就像孩子的好奇心一样。忘记它与更平凡的**理性合理性**的永久性联系是错误的。理性和理智是一种有助于在实践中做出辨别的能力：一种涉及与作为一个总【124】
体的世界相关的人的日常活动。在这一任务中，人所有的精神能力都要发挥作用。① 赫勒称赞阿伦特和卡斯托里亚迪斯（Castoriadis）近来为使判断力和想象力重新流行起来所做的努力。② 然而，在这种尝试中，她的主要灵感又是来自亚里士多德。他将合理性与某种生活方式等同起来，将个性的前合理性方面纳入包罗万象的好的生活概念中。然而，从现代将合理性还原为一种形式范畴，并将其与合理化的制度和专门化的人相提并论来看，这种观点似乎已经过时了。今天，合理性的特点被等同于计算和对成功的追求：所有其他的前合理性的和后合理性的情感都被排除在外。③ 成为占主导地位的世界观的科学的崛起，已经使魅力和光环边缘化。赫勒之前对殖民化的分析表明，她将这一觉醒的过程视为一种收获。人的信任的减少，为个人按照自觉选择的价值塑造自己的生活方式提供了可能。然而，从人的总体性的角度来看，这些收获付出的代价是昂贵的。制度和专家作用的扩大，几乎排除了日常行为者对科学的贡献，并要求突出片面的个体能力。结果，几乎没有什么被反馈到人的性格之中。④ 然而，赫勒心之所向的仍然是个体所有能力和谐发展的古典理想。她捍卫理性与情感的统一，认为这是发展一种丰富的合理性的最佳机会。这种人的总体性观念只有在专门化的现代世界中才显出破坏性和非理性。这个世界将魅力与非理性主义等同起来。她提出了另一

---

① A. Heller, *The Power of Shame*, London: Routledge & Kegan Paul, 1985, p. 203.

② Ibid., p. 205. See H. Arendt, *Lectures on Kant's Political Philosophy*, Sussex: Harvester Press, 1982; C. Castoriadis, *The Imaginary Institution of Society*, Cambridge: Cambridge University Press, 1987.

③ A. Heller, *The Power of Shame*, London: Routledge & Kegan Paul, 1985, pp. 206–207.

④ Ibid., p. 209. 这似乎又是哈贝马斯对现代性所做的诊断——日常生活的贫困——在另一极上的变形。

种苏格拉底式的魅力观，将魅力定位在普遍的理性合理性范围之内。

我们非常清楚，天真的**理智合理性**也可能是非理性主义的承载者。赫勒认为，如果每个人都为自己发展出一种合理性性格（rational character），那么它的诱惑就会得到最好的抵制。① 然而，当她承认亚里士多德的合理性生活模式得以恢复的主要障碍是理性合理性和理智合理性的现代差异时，这里论证的一般思路似乎会引出她自己所提出的问题。② 正如赫勒所看到的，现代性对人的总体性的唯一让步在于对爱的
【125】颂扬。这种颂扬使我们能充分支配自己的前合理性情感，而个体在他/她的总体性中得到了被爱之人的承认。然而，当爱被视为非理性的时候，即使是这样的赞美也只是半心半意的。虽然爱的“盲目性”是一种老掉牙的陈词滥调，但赫勒将它解释为对可能性的认识，而不是对现实性的认识。它是对一种乌托邦的、**不可见的总体性**的承认。虽然完全承认的梦想很少能实现，但它却让生活充满了意义，前提是这种梦想不被乏味的生活逐渐侵蚀掉。③ 然而，如果把赫勒对爱的实质合理性的辩护解释为认可亲密关系是好的生活的替代品，那就大错特错了。④ 她的乌托邦的观点不能被狭隘地理解。

表面上看，合理性性格这种观念本身似乎与赫勒将合理性**情境化**（contextualise）的想法是相悖的。而且，当合理性的一般定义被简化为“依据理性行事”时，将合理性归于任何制度或性格似乎都是虚假的。然而，如果从情境主义的角度来看，合理性是一个评价性的术语，不是一个占有的范畴，而是一个关系的范畴。⑤ 赫勒坚持认为，后一种观点与合理性性格的观念并不冲突。后者也完全是关系性的，因为它涵盖了主体所采取的所有行动，并且，人们可独立于相关的规范和规则的内容来构想它。在这里，合理性是人性的一种品质，完全不依赖于所遵循的

---

① A. Heller, *The Power of Shame*, London: Routledge & Kegan Paul, 1985, p. 214.

② Ibid., pp. 205-206.

③ Ibid., p. 215.

④ Ibid., p. 216.

⑤ Ibid., p. 218.

规则。[①]

七、合理性和总体的人

我们已经看到了赫勒对特性的人和个体的人在理想的范围内所做的区分。前者通常是在没有进行自我反思的情况下追逐私利。虽然这偶尔会导致对现有规范和规则的违反，但这些一般不会受到质疑。另一方面，个体则与这些规范和规则有着**反思**的关系。这将**理性合理性**和**理智合理性**结合起来。个性是合理化过程的最大受益者。这在加强了生活世界的一般合理性的同时，也使更高类型的合理性品质得到发展。这实际上意味着，从一定的价值立场出发，合理性个性在现有的规范和规则中建构了自己特有的等级。但这并不意味着，个性只是遵守自我赋予的规范和规则，她还必须运用自己的判断力来进行检验和修正。结果是，主体性和主体间性实现了真正的综合，而这种综合带上了个体的个性的标记。致力于这种独特等级，需要在自我反思能力允许的情况下，尽可能 【126】
地否定私利。[②] 虽然这种个性概念仍然是一种**调节性的理念**，但它不仅仅是反事实的。合理性性格体现了这样一种实践：它从个体综合的角度不断地将生活世界的异质活动同质化。[③] 这种个性的行动来自某种它们既表达又强化的性格。非理性的冲动被有意识地承认，并被允许自由支配，只要它们不侵犯自我选择的规范和规则的等级。合理性的人的特点，不是性格的强弱，而是自我反思性，也是使她所坚持的完整价值等级保持平衡的能力。

如果合理性性格想克服现代性摆在其面前的障碍，需要满足哪些主观条件呢？如果没有伦理共识，合理性性格只有同时具备道德个性，才能成为一种无可争议的价值。赫勒反对哈贝马斯将道德等同于仅仅为合理性话语所做的准备的观点。对赫勒来说，正是道德个人保证了合理性

---

① A. Heller, *The Power of Shame*, London: Routledge & Kegan Paul, 1985, p. 221.

② Ibid.

③ Ibid., p. 229.

的讨论。[①] 合理性话语实现的条件是，悬置激情和利益，以及对他人的开放。这意味着合理性话语本身依赖于道德的其他要素，而这些要素只有伴随着合理性性格在更大的层面上实现了总体性才会出现。[②] 这只能证明实践理性的中心地位及其辨别能力。现代性的挑战要求将这种以动态的形式表现出来的实践能力一般化，以方便个体有选择地、批判地运用。[③]

然而，由于现代性中自我合理化的能力仍然几乎是无限的，实践理性的优先性仍然是一个**空洞**的承诺。[④] 现代性产生了许多普遍的价值理念，但没有**普遍的道德规范**。自由等普遍的价值理念，对于从理智合理性的角度来观察它们的人来说，具有规范的力量。然而，只要这种观点反对、蔑视理性合理性，真正的普遍化就是不可想象的。[⑤] 这种具有破坏性的怀疑主义最终是毁灭性的，因为它甚至否定了暂时性的基础。在这里，赫勒预先提出了后来她对天真的后现代主义所进行的根本批判。相比之下，合理性性格拥有更多的道德品质，而这些道德品质促成了两种合理性立场的协商，超越了空洞的实践理性的僵局，以此促进了相互的尊重和相互的对话。此外，赫勒早期现代性理论发挥了作用。实践理
【127】性的无力暗示了一种抵制规范性要求的现代生活方式。在普遍怀疑和不满的气氛中，现代人在缺乏自主性的意义上既变得更加个人主义，又变得更加循规蹈矩。[⑥] 显然，在我们这个时代，**理性合理性**缺乏使性格稳定下来的权威。另一方面，理智合理性又过于怀疑，无法弥补这种缺失。只有在知识的指导下，合理性性格才能使两种合理性协调起来。**合理性个性**作为社会和个体的综合，既能适应我们这个时代普遍存在的理性主义，又能防止缺乏自主性、利己主义的倾向与向前现代的传统规范

① A. Heller, *The Power of Shame*, London: Routledge & Kegan Paul, 1985, p. 229.
② Ibid., p. 231.
③ Ibid., p. 232.
④ Ibid., p. 234.
⑤ Ibid., p. 235.
⑥ Ibid., p. 246.

和规则的退缩。①

显然，面对理性在现代的碎片化，赫勒的合理性个性仅仅是一种**规范性的解决**方案。它有实践内容，但缺乏改变现实的内在力量。② 由于不满足于提出自己关于合理性个性的规范性观点，她提出忠告说，（我们在其早期作品中所看到的）**生活行为**既是一种价值本身，也是在好的生活无法企及的情况下的可行选择。她认为，她的一般的合理性理论和关于合理性性格的伦理模式的相关性，是由为当代社会寻求不同于合理性私利模式的其他模式的个体提供方便这一任务所决定的。③

对所有这些的一个共同的反对意见是，"黑暗时代"的伦理学是一种逃避的和接受的伦理学。这种伦理学保持了这样一种幻觉，似乎可以通过个体的道德改善来解决社会问题。对这一指责令人信服的回答取决于，对使**生活行为**与当代现代性相关的历史条件前所未有的特点的认识。如果外部条件特别不友好，这种选择是可以成立的。她并没有承认这种伦理学的必然后果是逃避现实，而是重点关注它特别适合当代生活的积极理由。最有吸引力的是它对个人自主性的承诺，在她看来，这既有利于合理性性格的形成，也促成了合理性争论和说服的民主手段。她还强调了伦理主体的可靠性和可信赖性，因为他们的行为源于他们的性格。最后，她将这种个人自由与民主的逻辑统一起来。虽然现代性摧毁了产生社会性格类型（social character type）的条件，但它却是理性主义生长的沃土。资本主义和民主的逻辑都促成了现代唯一的社会性格类型，即实质的合理性。虽然资本主义产生了以成功、机会和外在决定为导向的合理性的利己主义，但它并没有将自主的人现实化。④ 只有民主 【128】
性格才能实现这一理想。民主主义者的长远目标、具体目标和行动不仅来自她的性格，而且是建立在被这种个性纳为己用的普遍标准之上的。反过来说，如果没有激进民主的个性模式的灌输，以满足"激进需要"

① A. Heller, *The Power of Shame*, London: Routledge & Kegan Paul, 1985, p. 247.
② Ibid.
③ Ibid., p. 237.
④ Ibid., p. 249.

理念为基础的激进民主就无法实现。① 赫勒承认，在现代，这种民主性格类型是特殊的，它的更广泛传播必然要被设想为一个漫长的过程。然而，她的结论是，只有这种调节性的理念才能满足理性归家的需要，也才能满足复活对总体的人的承诺的需要。

从这一结论可以看出，赫勒对马克思历史哲学的放弃，并没有减少她对乌托邦思想和激进社会替代方案的兴趣。上文所构想的合理性性格仍然是激进哲学的乌托邦要素，这种激进哲学在 20 世纪 80 年代初仍然希望，现代性的迫切矛盾或许还能为这种类型提供飞地，从而预示着“现实社会主义”和自由民主资本主义的替代方案。

① A. Heller, *The Power of Shame*, London: Routledge & Kegan Paul, 1985, p. 245.

第七章　现代正义的限度

赫勒在对当代正义理论的反思中首先提出，在现代性中，正义问题恰恰位于政治哲学、社会哲学和道德哲学的交汇点。① 在古代，哲学的这三个方面统一于一个单一的概念中。在柏拉图的《理想国》中，最好社会的平衡要求每个人只做最适合于他们本性的那项任务，由此产生的平衡完美地反映在个体的个性中。在这种个性中，其他心灵力量接受理性的支配。随着社会分化的加剧，现代性消解了这种统一性，将理论对象碎片化为它的组成部分，并产生了各种不同的范式和替代性的解决方案。赫勒将她的研究称为《超越正义》。它相当于对传统的历史反思，同时批判性地将自己的立场与居于支配地位的现代范式所持的立场划清界限，并强调现代对正义理解的限度。针对当代社群主义和自由权利理论的争论，她提出了自己的立场，尽管她也诉诸于古典的见解，即"好的生活"是正义的一个构成要素，以激发我们去超越这些限度。

作为哲学的政治维度、社会维度和道德维度的连接点，正义的中心地位也体现在这个问题在赫勒的社会政治思想中的地位。她自己的理论重心落在了当代就正义问题进行争论的双方身上。为了将她未完成的现代性理论同她的更明确的政论文章和她在伦理学与道德理论领域的由来已久的观念联系起来，她觉得有必要对正义的概念做出自己的解释。关于这个不同计划的主要任务，她称之为**不完备**的伦理政治的正义理论。她要强调现代状况的偶然性，同时提供一种普遍主义但非基础主义的正义理论。②

---

① A. Heller, *Beyond Justice*, Oxford: Blackwell, 1987, p. v.

② P. Harrison, *Radical Philosophy and the Theory of Modernity*, in J. Burnheim eds., *The Social Philosophy of Agnes Heller*, Amsterdam: Rodopi, 1994, p. 161.

【130】 一、正义的历史性和正义概念的分裂

在《超越正义》的第一章，赫勒与分析传统中的一些主要人物就实质性问题做了辩论，但没有明确质疑他们框架的界限。在接下来的章节中，她讨论了这些局限，并探讨了“超越正义”的可能性。她的策略是双管齐下。首先，她通过揭示正义产生的**历史条件**，将正义的形式问题**情境化**；其次，她将正义问题重新纳入**作为一个总体**的伦理政治的更大范围内，并试图恢复她的系统性伦理学著作的核心主张。这种主张是，当代把伦理学还原为正义问题的做法使哲学贫困化，使哲学对人类幸福的一些最重要的维度无话可说。

赫勒的策略是扩大讨论的范围。为了做到这一点，她对**伦理的**正义概念和**政治的**正义概念进行了区分。前者的基础是好人应该幸福，而后者则认为服从由不同种类的规范和规则组成的政治秩序只是不要求违反道德规范就足够了。[①] 虽然正直（righteousness）有可能得到政治秩序的补充，但这是绝对的乌托邦：一种例外而非常态。伦理政治秩序的设计需要对善的认识。但由于对善有各种不同的理解，所以不同的伦理政治设计是可能的。这种多样性是破坏了古典伦理政治的正义概念的历史动态的结果。

从黑格尔到麦金太尔（MacIntyre）的道德观察者们已经意识到现代性中道德共识的缺失。早期的现代政治哲学已经预设了这种解体。为了同时为个体良心和国家立法，变得至关重要的是，在人性中找到证据，以推导出这种特殊的善是可实现的目的。这种所谓永恒的人性包含了自由和理性；目标是从两者之一或两者的某种最佳组合中推导出善。但这种解决方法需要付出相当大的代价。现在要求哲学从理论上提供以前作为真实的生活世界而存在的实质性目标。这显然超出了它的温和的力量，哲学被迫居于抽象的朦胧之域。黑格尔试图打破旧习，突破这种禁

① A. Heller, *Beyond Justice*, Oxford: Blackwell, 1987, p. 48.

锢，但并没有真正成功。① 对于赫勒来说，黑格尔的综合表达了伦理政治的正义概念的绝唱。尽管他将现代社会重新概念化为其动态信任来自【131】市民社会的三位一体（家庭、市民社会和国家），但是这种方案带来的统一性变得支离破碎，即使他将国家指定为更高的、更普遍的目的，也改变不了这一结果。在黑格尔那里，三重的伦理（Sittlichkeit）概念已经承认了这种碎片化的过程。即使诉诸于一种自足的历史哲学，并将哲学重新定位为一种内在合理性的表达，也无法扭转这一过程；最终，这只是凸显了伴随着关于哲学自身历史性的现代意识的不断增强而出现的困难。黑格尔要的是一种适合于现代性而又立足于历史现实的伦理政治的观念。前者意味着自由，后者意味着伦理。② 不用说，曾困扰他的哲学领悟的政治保守主义和实证主义的指责，见证了向现实让步过多而向个体自由让步不足带来的相反的危险。

赫勒对黑格尔伦理政治的正义概念的解释虽极为微妙，但又是清晰的。黑格尔的重建“既赞成又反对现代性”。他的差异化论述要求对传统正义概念的主要要素进行重置，以揭示其在未来清晰地显示出一些断层。同时，他又返回古典传统，以此来警告现代性的一些糟糕的过激行为。然而，对于所有这些理论上的成就，他所要表达的历史本质已经在解体，并迅速地超出了他的视野。③ 黑格尔在现代性的理念中建立起来的分化和分裂，已经为英国道德哲学的早期发展所预料。与马克思一样，黑格尔也把英国现代性的发展看作历史的先导者。在这里，旧的伦理政治的正义概念的两个部分——道德和社会政治正义——分裂开来，因而发生了改变。后者失去了对道德世界的兴趣，更专注于个体权利，而忽视了善。它关心的是回报和分配，因而正义很快被还原为公平问题。④ 没有了正义之城的牵制，道德理论将精力集中于主体之上，而忽视了其主体间性的基础。幸运的是，这种集中有一定的限度：没有一般

---

① A. Heller, *Beyond Justice*, Oxford: Blackwell, 1987, p. 78.

② Ibid. , p. 88.

③ Ibid. , p. 92.

④ Ibid. , p. 93.

有效性，道德很容易坍塌成体验。在现代性中，唯一的一般性就是普遍性。但这种抽象不是一个社会群体，主体与人类必须一致的问题只能通过极端的形式化来解决，也就是说，使道德不仅形式化，而且程式化。①

在道德理论领域，赫勒认为只有两种适合的理论能很好地处理与伦
【132】理政治的正义概念的碎片化有关的所有问题：康德主义和功利主义。其中，我们知道她对康德有明显的偏爱。他的优点在于他决心不把实践理性还原为算计，并使正直与道德世界的基本条件相关联，同时，将“善”与利益的观念断然分开。② 对康德来说，要看到所实现的正直与道德的、自然的至善的统一，唯一的办法就是通过道德律来设置至善。以“绝对命令”形式出现的道德律被赋予自然。③ 赫勒承认，历史上对康德的批评是公平的。关于绝对命令没有矛盾的表述是冗余和空洞的。他对经验性的严格否定与现代道德个性的多元化是不一致的。④ 尽管如此，赫勒认为，他的解决方案在哲学的精致性上是“无懈可击”的，仍然是对其所解决的问题提供的最佳解决方案。对赫勒来说，康德命令的第二公式，即“人必须被视为自在的目的”是所有道德考虑的基本的、无法超越的准则。⑤

赫勒认为，康德并没有否定形式上的正义概念，而是把它限制在他的律令学说中。而他的道德理论则是“超越正义”的。它针对的是一切可理解的存在，因而以人类学的革命为前提。另外，他并没有沉湎于这场革命的实现，而是满足于把它假定为最好的可能世界的先决条件。后来，无论是马克思还是尼采，都未能经受住尝试具体实现这场革命的诱惑。对马克思来说，他希望从异化中解放出来将建立一个人人皆道德的自由社会，而尼采则期待着超人的到来。无论是消除人类社会苦难，还是将人类从禁欲主义的道德中解放出来，都不是正义的黎明。不足为奇的是，在赫勒的判断中，马克思主义宣告了伦理政治的正义概念的失

---

① A. Heller, *Beyond Justice*, Oxford: Blackwell, 1987, p. 94.

② Ibid.

③ Ibid., p. 100.

④ Ibid., p. 101.

⑤ Ibid.

败，也对任何复兴它的企图提出了警告。①

二、动态正义和不完备的伦理政治方案

赫勒详述伦理政治的正义概念的历史，并不只是为了说明它的最终崩溃，并劝告人们起来反对一切复活它的提议。她也不是一个黑格尔主义者，想要说明正义概念在得到越来越充分的规定时获得的内在进步。她返回到正义叙事的碎片和旁注中，对其细细筛查，寻找她自己尝试提 【133】
出的正义理论模式。这一点可以在狄德罗（Diderot）的《拉摩的侄子》（*Nameau's Nephew*）这篇常被忽视的对话中发现。在这部几乎被人遗忘的作品中，存在着另一种新的伦理政治的正义方案。它最突出的特点是它的**不完备性**。

这部最为与众不同的作品的吸引力在于它对哲学任务的革新。狄德罗并未提出"解决方案"，以探究他们所提出的问题的真正深层意蕴，而是认为，哲学应该像人类和公民一样，满足于提出问题，满足于接受阻碍行动和决定的矛盾。② 如果生活本身拒绝为其提供坚实的基础，哲学就没有能力提供解决方案。这不是面对棘手的哲学问题时给出的绝望忠告。恰恰相反，狄德罗鼓励人们勇敢地、不懈地去解决所有问题，而不是过早地放弃。虽然他的努力是没有结果的，但他严格拒绝简单的答案。他对对话形式的偏爱，表达了将问题作为开放性问题提出的愿望。然而，至关重要的是，解决方案的理念仍然是一种调节性的。我们不能接受理论态度与实践态度的分离，而必须与它们之间的张力共存。理论上的歧义不是道德主体的行为失败的借口；它也不允许放弃实现理论理性和实践理性再统一的努力。③ 这就是第一个**有意不完备的**（deliberately incomplete）哲学方案的表述。

有意不完备的哲学理念契合了已经成为现代性特征之一的社会的动

---

① A. Heller, *Beyond Justice*, Oxford: Blackwell, 1987, p. 110.

② Ibid., p. 111.

③ Ibid., p. 115.

态性。狄德罗强调要努力超越限度，并意识到生活有其自身的、哲学不能完全任意加快的节奏，这些都表明了一种不完备的伦理政治的正义概念的可能性，其核心是对正义的**动态**理解。这就预先假定了**静态**正义和**动态**正义的区别。通过对社会实践的考察及其固有的对将正义建立在本体论基础上的尝试的批判，赫勒得出了她最初形式的、**静态的**正义定义。她承认，不平等的实践预设了一定的社会条件。然而，一般意义上的形式的正义概念要求高度的抽象，她的表述如下：**应用于特定社会群体的各种规范和规则能够连续不断地、持之以恒地适用于该社会群体内的每个成员**。当然，对现存的规范和规则提出质疑总是可能的。然而，这种质疑本身就假设了一种超越静态正义界限的立场。质疑规范和规则
【134】的想法本身就意味着他考虑了一种替代性的系统，这个系统的**目的**是一个具有不同构造的社会群体。这意味着有能力用宗教或具有世俗起源的普遍价值来衡量目前的规范和规则，而这些规范和规则可能符合也可能不符合。静态正义观念在概念层面所受的限制，指向了所有这种质疑的历史制约性。尽管动态正义的历史早于现代性，但只有在现代性中，动态正义才渗透到日常态度和思维中。在过去，替代性的价值只能从其他社会的经验或宗教的价值，或其他文化对象化中获得。在现代性中，这种反思已经被一般化，以至于它几乎被视为一种无意识的所有物。①

在静态正义的情况下，围绕着对特定社会群体滥用规范和规则的问题或由于不一致的应用而引起的争议不断。然而，静态正义**从未**对正义的规范和规则本身提出质疑。使正义成为动态的是质疑，这种质疑总是有可能使在位的规范和规则失去效力。有时，这种质疑导致的结果是它被证明是有效的，但其本质是否定，因为规范和规则永远无法以使其免受质问的方式得到证实。②

可以用各种标准来定位动态正义的主张。然而，赫勒认为，所有的标准最终都可以被归结为实质性价值。在现代性中，最终的实质性价值

① A. Heller, *Beyond Justice*, Oxford: Blackwell, 1987, p. 127.

② Ibid., p. 117.

是可以作为原则或目标来诉诸的普遍价值。① 我们已经知道，赫勒认为自由和生命是现代性的最高价值理念。这些价值的普遍性是被断定的，而不是被推导出来的。由于放弃了历史哲学，更倾向于情境化，赫勒越来越认为，这些价值已经成为在经验上是普遍的（即每个人都同意并且不能不同意的价值）。然而，正如简·科恩（Jean Cohen）所言，在一个宗教基要主义和各种极权主义的世界里，很难想象这意味着什么。② 这种解释似乎有两个意思。首先，赫勒思想的聚焦点是她自己承认的欧洲中心；其次，更重要的是，自由理念的普遍性似乎被投射到历史上，成为她历史理论的残余。问题是，她独断地坚持和教条地维护着这些普遍价值。③ 当赫勒向多元主义的后现代精神靠近时，理论上的困难将变得更大。

无论如何，赫勒最终还是从这两种价值理念中推导出正义价值。看起来，现代性突出的价值理念，如平等和理性，似乎也应该作为终极价值理念占有一席之地。然而，赫勒认为，平等的主张始终是就某些其他事情而言的。虽然这个“某些事情”可以指代很多事情，但所有这些事 【135】
情都表现为自由平等和生命机会平等。④ 她的结论是，平等不是一个**独立的普遍价值理念**，而是自由和生命价值完全实现的条件。⑤ 平等是这些价值实现的**条件**，并不意味着它会与这些最高的价值发生冲突。恰恰是这种冲突破坏了把平等提升为最高价值的提议。当平等被提升为最高价值时，平等的主张是自相矛盾的，而且被解释为“事实上”的平等。如果将平等理解为有能力平等地占用文化能力工具，这种想法是完全可以接受的。但是，如果把它解释为所有人都拥有同样的认知天赋，或他们将平等地利用这些天赋，它就与自由平等的可能性相矛盾。⑥

在赫勒看来，在自由的终极价值理念和生命的终极价值理念之间存

① A. Heller, *Beyond Justice*, Oxford: Blackwell, 1987, p. 118.

② J. Cohen, A. Heller, Habermas and Justice, in *Praxis International*, vol. 8, no. 4, 1989, p. 495.

③ P. Harrison, *Radical Philosophy and the Theory of Modernity*, in J. Burnheim eds., *The Social Philosophy of Agnes Heller*, Amsterdam: Rodopi, 1994, p. 156.

④ A. Heller, *Beyond Justice*, Oxford: Blackwell, 1987, p. 121.

⑤ Ibid., p. 122.

⑥ Ibid., p. 123.

在着一种真正的平行关系，而且在其他地方也表现出在她看来对任何充分理解现代性所不可或缺的矛盾和不完备性。虽然这两种普遍的价值理念之间并不存在逻辑上的矛盾，但在具体的情境中，它们总是会发生冲突。她甚至声称，所有在现代性中仍未被解决的价值讨论，都可以被归结为这样的讨论：在其中，自由和生命的价值，或它们的某些解释，处于不可调和的斗争之中。① 面对这样的选择，行动者别无选择，只能优先考虑其中的一种或另一种。在**实践智慧**（phronesis）的指导下，这不是一劳永逸地做出优先选择，而是一个动态社会中不可避免会出现的不断争夺选择权的困境。

动态性也修正了我们正义感的意义。在静态正义的语境中，这被理解为一种道德感，指向的是在**规范和规则的正当应用**意义上的正义问题。当然，我们在第六章中所说的"理智合理性"带来了从替代性价值的角度拒绝现存规范和规则的可能性。从历史上看，这是第二次重大道德革命的结果，在这次革命中，良心作为一种内部权威出现，有时甚至比现存的规范和规则更令人信服。② 实现这种动态正义感的能力取决于判断力，但这并不是所有人平等具有的天赋。然而，现代性创造了社会条件，为这种能力的普遍化提供了平台。③ 在当代社会，对现存规范和规则的无效化过程不再是文化精英的专属工作，而是每天都在发生。

在现代性中，政治和社会世界是非正义的主要领域。政治和社会信
【136】念的碰撞产生了通过武力、妥协或争论得到缓和的冲突。这些冲突很少是直接源自正义理念的。相反，现存的人类需要结构要求满足，而这些要求诉诸于现存的或替代的正义理念。在现代性中，这些要求最终诉诸于自由和生命这两种最终的普遍的价值理念，而平等充当**有条件的价值**，合理性充当**至高的程序性价值**。④ 政治斗争趋向于以自由价值为导向，而社会斗争趋向于坚持生命或生命机会价值的优先性。以合理性手段解决这些冲突的前景取决于，是否存在允许通过协商的方式来解决冲

① A. Heller, *Beyond Justice*, Oxford: Blackwell, 1987, p. 126.

② Ibid., p. 130.

③ Ibid., p. 133.

④ Ibid., p. 141.

突的规范和规则。①

迄今为止，赫勒的成就是建构性地叙述了古典伦理政治的正义概念的消亡，概述了**静态**正义和**动态**正义的区别，并对她的另一种范式——不完备的伦理政治的正义概念——提出了一些洞见。在很大程度上，这种对“不完备性”的有意呼唤，是对动态性在当代社会中所扮演的角色的回应，也是对伦理政治的正义概念的古典范式没有将动态性意识充分吸收到自己的理解中的承认。下文将对当代正义概念的零碎化内容进行分析，并从赫勒提出的不同建议的角度来考察它。

三、正义的科学化

在赫勒的叙述中，伦理政治的正义概念受到现代性分化进程的制约。正义问题的社会政治方面从道德的视域中解放出来，并通过对社会的纯科学理解来获得表现。过去的两个世纪在特定的地域产生了社会政治的正义概念，这种概念在罗尔斯（Rawls）、诺齐克（Nozick）和德沃金（Dworkins）的著作中达到了顶点。赫勒认为，尽管这些作品不乏真知灼见，但正义不能局限于分配和/或惩罚问题。② 显然，资本主义不平等的持存和“对需要的专政”的发展提供的经验教训，既使情况复杂化，又使任何纯粹的社会政治的正义概念的前景暗淡起来。在赫勒看来，上述思想家最近拓展社会政治范式的举动证明，迫切需要按照她所建议的不完备的路线重新恢复伦理政治的正义概念。③ 具有讽刺意味的事实是，今天现代性的动态被认为是理所当然的，并被公然地以一种非 【137】
历史的方式对待，这使这种需要变得更加复杂。④ 赫勒强调，所有当代理论家都以与西方人和福利国家相关的需要结构为出发点及先决条件。

① A. Heller, *Beyond Justice*, Oxford: Blackwell, 1987, p. 143.

② Ibid., p. 153. See J. Rawls, *A Theory of Justice*, Cambridge, Mass.: Belknap Press, 1971; R. Nozick, *Anarchy, State, Utopia*, New York: Basic Books, 1975; R. Dworkin, *Taking Rights Seriously*, London: Duckworth, 1977.

③ A. Heller, *Beyond Justice*, Oxford: Blackwell, 1987.

④ Ibid., p. 155.

当然，与这种情况相关的问题已经处处变得更加明显。虽然社会政治的正义概念依赖于这些预设，但必然趋势是不将这些预设暴露在真正的审视之下。①

我们现在来看看赫勒对社会政治的正义概念的构成部分的考察。因为与自由的民主相关的需要结构主要是在分配的议题下论述的，所以我们将只对这一议题进行分析。

休谟（Hume）被誉为在现代对正义概念进行收缩的奠基人。他违背传统和早期现代的伟大前辈，把正义仅仅认定为财产分配问题。更具挑衅性的是，他宣称，任何对财产权的干涉都是为了社会效用而中止正义。② 通过这样做，他明确了至今仍支配着当代所有分配正义讨论的基本问题：这就是自由和生命机会的价值理念之间的冲突。③ 赫勒坚称，占主导地位的自由范式通过不同的说法表达了这一冲突。然而，它最大的缺点是，基本模式的假设从未受到质疑，而且，这种模式本身主要是从更广泛的伦理政治的、可能会使其他选择或变体更具吸引力的生命形式中抽象出来的。④

自由模式的基本假设是众所周知的：正义意味着平等，可以被理解为生命机会的平等分配。这使得自由主义者可以拒绝人人需要平等的假设，同时主张机会平等的必要性。虽然赫勒赞成这种关于平等的解释，但她拒绝接受这种平等可以兑现为收入平等的观点。⑤ 后一种假设是她所说的自由模式的“三位一体”结构的一个关键构成要素。这指的是她的三个关键假设：作为**竞争者**和**接受者**的原子化的个人，作为**调节者**的政府，以及以**收入**和**服务**形式存在的、受到国家家长式分配的、被贫穷的个体原子所接受的货币。⑥ 赫勒认为，这种模式完全支配了关于分配问题的讨论，使我们对生活选择阐述中的关键概念的理解变得狭隘，并

---

① A. Heller, *Beyond Justice*, Oxford: Blackwell, 1987, p. 155.

② Ibid. , p. 181.

③ Ibid. , p. 182.

④ Ibid.

⑤ Ibid. , p. 183.

⑥ Ibid.

使实际的反应变得同质化。她的策略的条件是，需要将分配置于更广泛的伦理政治的生活方式中。由于她认为，提出一种**完备**的伦理政治的替代方案或者提出只是另一种抽象的分配模式都是不可能的，因此她选择 【138】
对三位一体模式的各个方面及其各种表现提出质疑，由此指出了一种**不完备**的乌托邦的轮廓。

接受生活机会平等的目标并不决定如何解释这里所要达到的平等。无论从“满足”还是“资源”的角度来看，问题都很多。[①] 当赫勒探讨三位一体的自由模式中自由与生命的最高价值之间的张力时，情况并没有改善。自由社会中“机会平等”的意识形态掩盖了一系列非常尴尬的问题。不清楚为什么不同的社会贡献应该获得不同的货币奖励？为什么要奖励自然的天赋而不是功绩？更重要的是，她指出了一个显而易见的事实，即在当代自由社会中，才能不是决定报酬的主要因素。现实情况是，在制度的网络和制约下赚钱和周旋，才是传统“成功”的关键。在当代社会，才能的实现是由获得财富、权力和声誉的选择所制约的。要想真正实现才能，就需要另一种社会条件，在这种条件下，个人能最大可能地发展自己的各种潜能。在这方面，她批判了罗尔斯的“新功利主义”，即从经济上奖励那些改善最贫困者命运的人。这种建议只是延续了自由的三位一体模式，无法改善整体的生活机会。如果成功和失败继续通过金钱来衡量和奖励，那么只有那些为货币化所促进或可还原为货币化的才能才会受到鼓舞。[②]

赫勒还反对自己所说的才能的拜物教。尼采使我们意识到，将天赋发展为才能，对于道德来说，结果可能是好坏参半。平衡点落在哪里取决于一系列其他因素，如意志力、牺牲、勤奋和环境。通过引入一个对自己的存在伦理学至关重要的主题，赫勒提醒我们，才能的选择往往涉及道德良心的牺牲。[③] 她承认，即使是道德也有自然的要素，美德至少在一定程度上是遗传选择的产物。[④] 尽管如此，她坚守的规范是，每个

① A. Heller, *Beyond Justice*, Oxford: Blackwell, 1987, p. 186.
② Ibid.
③ Ibid., p. 194.
④ Ibid., p. 195.

人都应发展她的**道德才能**。

然后，论证转入对三位一体模式的核心假设的正面攻击。实现人人生命机会平等的普遍价值理念，既不要求满足所有的需要，也不要求平等地分配现有的资源。[①] 所要求的是，**满足将我们的天赋培育为才能的所有需要，除非它们的满足意味着将他人仅仅作为手段**。[②] 这种实现所
【139】需要的主要条件是，存在着不同的生活形式，而且人们可以自由地做出选择和改变。赫勒强调性地指出，她的乌托邦的核心是激进的多元主义。这并没有规定唯一的一种生活方式，而是预设了所有乌托邦实现的条件。[③] 甚至基于三位一体模式的生活方式也能在这个提议中找到一席之地。

赫勒的替代性模式的关键之一是，承认平等的起点并不能确保所有才能的实现。并非所有的人都具有同等的天赋，而且，有些才能所需的社会资源支出也不平等。必须从一开始就承认这些不同的天赋。尽管如此，这些不应获得更高的奖励，因为所有的才能都同样地宝贵。[④] 收入在这些讨论中占了很大的比重表明，三位一体模式所隐含的需要结构具有**理所当然的**特点。一旦我们跳出这个圈子，考虑其他的需要结构，就会发现，这些需要结构明显倾向于一种从一开始就肯定了**不平等分配**的模式。[⑤] 显然，这种替代性模式要想做到公正和公平，就必须以共同体为基础，而不是以原子化的个人为基础。这些共同体将形成特定的生活方式，并以公有制为基础。在这一点上，赫勒仍一直在自由民主的福利国家和对需要的专政之间寻找第三条道路。对她来说，当代社会在政治上使公共生活需求边缘化，并不是反对这一建议的理由。尽管与三位一体模式相关的需要结构行使着统治权，但她提醒我们，需要结构是动态的，总是在变化的。此外，**初始不平等**的另一种模式是当前民主家庭的

---

① A. Heller, *Beyond Justice*, Oxford: Blackwell, 1987, p. 195.

② Ibid.

③ Ibid., p. 199.

④ Ibid., p. 200.

⑤ Ibid.

理想形态。① 她还预料到有人会提出反对意见，认为她的模式是基于社群主义对强制性规范的强调。在她的乌托邦中，自由仍然是现代性的最高价值理念；她的目的是调和普遍价值与社群主义。对特定生活方式的选择并没有消除个人改变思想和选择的权利。② 她对**初始不平等**模式的承诺与对资源平等的关注并不抵牾。虽然她对要废除继承旧社会主义信念持怀疑态度，但她坚持认为，继承的观念与财富不断再分配的观念并非不一致。事实上，一切乌托邦的实现都以再分配的原则为前提。③

从上述内容可以看出，赫勒对三位一体模式的批判根植于增加自由和生命机会的愿望。她对这些价值的强调，证明了她对多元主义的真正肯定。她之所以继续支持再分配，与确保独特的生活方式不至于消亡的社会需要有很大关系。对于某种生活方式而言，不可能有公正分配的一般模式。只有每个共同体的成员才能为自己确定一种适合自己需要的正【140】
义形式。④ 这种实现弱化了对三位一体模式的普遍渴望，并将决定本身留在了它应在的地方：在直接相关的共同体成员的手中。

四、恢复伦理政治的正义概念

我们现在已经看到，对赫勒来说，历史的重建和理论的分析都把我们带回到了当代社会政治的正义概念之上，并指向了对一个新的**不完备的**伦理政治的正义概念的需要。这一方案的确立要求放弃单一的最佳生活方式的观念、理想模式的观念以及单一的伦理学观念。⑤ 这是赫勒与社群主义者保持距离的原因。她的不完备的方案包括一个普遍性的要素，此要素提供了一个规范性的基础，**允许不同的生活方式共同存在**。对于那些曾想强调这些差异的人，赫勒坚持认为，这种综合并不像看起来那样困难。虽然差异是真实存在的，是不可约减的，但同样有许多共

① A. Heller, *Beyond Justice*, Oxford: Blackwell, 1987, p. 201.
② Ibid. , p. 202.
③ Ibid. , p. 203.
④ Ibid. , p. 205.
⑤ Ibid. , p. 220.

同的传统、社会需要、生活经验和密切关系，为共同的规范性基础提供了准则。①

与过去的乌托邦不同，这个有意不完备的模式放弃了资源的丰富和人性的完善这样的假设：好的生活并不依赖于过去任一希望的实现。相反，赫勒转而以基督教的“黄金法则”即“你们希望人们怎样待你们，你们就要怎样待人们”作为规范性基础。② 然而，即使是这一调节性的“黄金法则”，也并不意味着一个完全正义的社会是可能的或可欲的。在当代，动态正义已经渗透到社会存在的细微处，随着正义实现的新维度被提上日程，正义的理念变成了一个相反的变色龙。③ 一个完全正义的社会是不可能的，也是不可欲的；一个没有不正义的动态社会是荒谬的。完全的正义是静态的，因为同样的规范将适用于所有的社会，或者各样的制度将不受去合法性进程的挑战。不论在哪种情况下，动态正义的存在都会受到威胁。由于不存在去合法性的可能，自由和生命的普遍价值理念丧失了它们实现的机制。但即使是人类学革命也不能消除对正
【141】义的需要。道德观念本身就预先假定了规范和规则的存在，以及不道德行为的 可能性。④

赫勒将不完备的伦理政治的正义概念的方案与肯定多元性、对等性的“黄金法则”等同起来。显然，这些指导性的规范既不是非理性的选择，也不仅仅是武断的选择。⑤ 然而，虽然它们是历史的，位于特定的传统中，但它们是偶然的，并不获得任何目的论过程的保证。在偶然性的时代，除了当代社会的伦理之外，不可能有其他的出发点。所选择的规范性基础并不是任意的，因为它们所依据的价值至少已经被当代社会中的一些人所持有。赫勒在这些信念的规范性内容上下了赌注，并将其推断到未来。⑥ 这个赌注是以价值理性的方式来下的：它是基于好的理

① A. Heller, *Beyond Justice*, Oxford: Blackwell, 1987, p. 220.
② Ibid., p. 222.
③ Ibid.
④ Ibid., p. 224.
⑤ Ibid., p. 230.
⑥ Ibid.

由。[①] 然而，赫勒拒绝将其等同于确定性。我们无法知道这些价值在未来是否仍然是合适的。[②] 那些拥护一个没有双重标准的、多元化的、对称的世界的人倡导这些价值。这被设想为适用于预期的社会人群的规范性标准。[③] 然而，赫勒坦率地承认了这一方案的偶然性，这使她在肯定超越历史目的论的普遍主义时已经遇到的张力凸显出来。很明显，她的综合位于现代与后现代之间的灰色地带，这将成为她后期工作的舞台。

在赫勒看来，不完备的伦理政治的正义概念的最大优点是，**普遍化**和**非普遍化**要素的统一。[④] 正是这种将二者联合起来的方案构成了她不完备的伦理政治的正义概念的核心，并将其与当代主要的竞争者区分开来。赫勒对罗尔斯和哈贝马斯都进行了具体的批判。在她看来，罗尔斯的《正义论》代表了当代拯救完备的伦理政治的正义概念的尝试。[⑤] 他提供了一个理想化的三位一体模式。正如我们所看到的，赫勒坚持认为，这种具体性的代价是对一种**特定生活方式**的做法在**基要主义**意义上的普遍化：三位一体模式。而哈贝马斯则放弃了完备的伦理政治的正义概念。他主张一种**社会政治**的正义概念，接受在论证条件中通过准超验的演绎建立起来的普遍化，并将其作为**唯一的道德原则**。赫勒当然倾向于哈贝马斯的话语模式，而不是罗尔斯对社会契约论的修正。然而，她仍然断言，他不能提供一个完备的规范性基础。[⑥] 为了阐明赫勒的立场相比于这两种更为有名的立场的优点，值得简单地重述一下她的主要 【142】
批评。

五、罗尔斯和哈贝马斯

赫勒认为，罗尔斯相当自觉地试图以一种可接受的现代形式重建社

① A. Heller, *Beyond Justice*, Oxford: Blackwell, 1987, p. 230.

② Ibid., p. 231.

③ Ibid.

④ Ibid., p. 232.

⑤ Rawls, *A Theory of Justice*, Cambridge, Mass.: Belknap Press, 1971, p. 233.

⑥ Ibid., p. 234. 关于这个问题，参见 A. Heller, *Habermas and Marxism*, in B. John, E. Thompson and D. Held eds., *Habermas: Critical Debates*, Cambridge, Mass.: MIT Press, 1982。

会契约论，但只是部分地获得了成功。虽然用“原初状态”取代“自然状态”，有利于避免错误的历史主张，确保正义原则选择的绝对公正性，但她断言，这也破坏了选择的可能性。不可能在“无知之幕”下去选择、立法和论证。[1] 从立场、利益和隶属关系中抽离出来是一种可行的虚构，因为它仍将作为核心的个体性特征留在了价值、承诺和善的理念之中。然而，没有这些，剩下的只是一个真空，只能由理论家自己的价值、承诺和善的理念来填补。罗尔斯犯了替代的错误，歪曲了所有传统的社会契约理论。为了取代“原初状态”这一行不通的虚构，赫勒根据动态正义的原则，讨论了对话模式的价值。[2]

许多根本性的差异使赫勒的提议立即显得与众不同。她没有把自己的具体模式强加于人，也没有掩饰自己抽象的普遍理想的狭隘来源。她邀请其他致力于将“黄金法则”普遍化的人提出自己的社会理想，从而促进一个致力于对称互惠的多元文化世界的实现。[3]“黄金法则”本身并不向选择或异议开放这一事实，不会威胁到动态正义。赫勒认为，正义程序的任何其他基础都是不可想象的，都难以确保证实过程的延续。此外，正是这种对更高价值的共识，使我们能够对其他价值展开结论性的讨论。[4] 虽然这个提议暴露了虚假的具体性，但它也不允许我们跳出历史。它承认，动态正义在历史舞台上是一个相对而言的迟到者，而它在日常实践中的一般化是现代性的成就。在这个意义上，动态正义和价值对话的普遍准则是现代历史意识的产物。[5]

不完备的正义概念的一个主要特点是，它甚至没有自诩要提供**那种**正义社会的模式。这在一定程度上是因为人们迟迟没有认识到，即使动态正义的模式也无法预知未来。它还源于这样一个事实，即可能存在各
【143】种各样的正义制度，它们都符合规范性标准，但却是以**相当不同的方式**

---

① A. Heller, *Beyond Justice*, Oxford: Blackwell, 1987, p. 249.

② Ibid., p. 250.

③ Ibid., p. 234.

④ Ibid., p. 253. 正如我们将看到的那样，赫勒通过强调以下论断将她提出的话语模式区分开来：恰恰是对话的可能性取决于价值话语和对至少一种共同价值的认同。

⑤ A. Heller, *Beyond Justice*, Oxford: Blackwell, 1987, p. 251.

符合规范性标准的。根本而言，赫勒的对话模式植根于这种洞见。它使对话参与者能够找到自己的解决方案，而不是强加一个单一的愿景。① 此外，对这一正义程序的承诺并不要求任何具体的规范，只要求达成的规范是有效的。当动态正义在程序上立足于共同体的伦理时，它就不会对稳定构成威胁。② 与困扰社会契约论的“默许同意”的问题不同，对话模式所假设的真正的价值讨论明确导致了对真正同意的承诺。③

显然，赫勒赞同哈贝马斯的基本理论框架。她接纳了对话伦理学的程序，并将其作为不完备的伦理政治的正义概念的**规范性**基础。任务是提供一种程序性的、普遍性的正义概念，这种概念既不是空洞的，也不能被还原为特定的善的概念。对话的明显优势在于，它消除了替代的谬误，允许参与者自己通过合理性的对话来确定自己的正义原则。然而，这一基本共识仍然允许与哈贝马斯就其对正义的规范性基础的表述是否充分进行争论。④

在哈贝马斯的版本中，规范共识的可能性在于**普遍化**原则指导下的对话。虽然对这一原则的忠诚使对话参与者至少在理想的情况下能够达成真正的共识，但这也迫使哈贝马斯将实际的普遍性做了限定，即在问题被置于所有人的利益之中时，达成共识才有可能。换句话说，他把道德归结为正义原则。⑤ 赫勒认为，正义原则既不是一个纯粹的道德原则，也不是一个完备的规范性基础的基础。虽然正义包含了道德的方面，但它对利益和后果的关注意味着它不是纯粹的道德。此外，她还坚持认为，道德不能以单一的道德原则为基础。在她看来，康德试图用普遍化原则来实现这一点的尝试是失败的，因为不矛盾的理念实际上并没有为我们提供行动的准则。类似的反对声音也困扰着哈贝马斯。为了避免将他自己文化的规范强加于他人之上，他的普遍化原则仍然完全是形式

---

① A. Heller, *Beyond Justice*, Oxford: Blackwell, 1987, p. 251.

② Ibid. , p. 252.

③ Ibid.

④ Ibid. , p. 234.

⑤ Ibid. , p. 235.

的。然而，如果没有规范性的内容，这一原则就无法提供任何道德指导。① 正如赫勒所认为的，普遍化原则很好地起到了检验社会和政治规范的作用。因此，它的目的仅仅是形成意志：共识而非道德上的正确性成为公正的唯一标准。我们没有任何标准来衡量共识的道德品质。②

这一后果似乎会破坏哈贝马斯自己的道德理论在认识方面的抱负。
【144】意志直接从属于利益和需要。然而，对需要的讨论永远不可能有定论，因为一种需要的正当性只有在其他需要那里才能被证明，这似乎是一种恶性倒退。③ 此外，赫勒认为，如果“我们严肃地接受生命机会的平等”这一观念，“那么所有的需要都必须被承认，并且被平等地承认。然而，人的需要不是‘自然实体’，而是受价值和规范制约的”。④ 虽然关于需要的讨论似乎仅仅在其真实性上可达至其极限，但给予需要以活力的价值是向理性对话开放的。严格说来，需要被嵌入在个体的具体结构中，而价值对话则为认知过程留下了余地，在这个认知过程中，价值的真实或公正受到合理性论证的检验。⑤ 在这一点上，赫勒也发现了一个更充分的解决方案的构成部分。关于需要和利益的对话的唯一结果是合理性的妥协，而不是共识。后者与前者的区别在于，价值讨论的参与者自由地认可了一种共同的价值为最高的价值，从而赋予了它一种不证自明的、超越于推理之上的规范性力量。当他们确定，有争议的价值要么是真的（要么是假的），因为它们与最高价值没有矛盾，要么是对那种价值的解释（要么不是），那么共识就达成了。⑥

拥护普遍化原则为唯一的道德原则似乎令人信服，因为哈贝马斯已经预设了其他现代的普遍价值理念。然而，如果我们完全脱离开这些未

---

① A. Heller, *Beyond Justice*, Oxford: Blackwell, 1987, p. 236.

② Ibid., p. 238.

③ Ibid. 简·科恩辩驳到，在哈贝马斯那里认知的诉求仅仅停留在普遍化原则上。她认为，对哈贝马斯来说，“判断的客观性可以植根于论证结构本身”；也就是说，来自外部的、论证冲突的解决过程本身已经被规范化了。See J. Cohen, A. Heller, Habermas and Justice, in *Praxis International*, vol. 8, no. 4, 1989, pp. 491-497.

④ A. Heller, *Beyond Justice*, Oxford: Blackwell, 1987, p. 238.

⑤ Ibid., p. 239.

⑥ Ibid.

被提及的预设，很快就会发现，**只有**普遍化原则才使得任何规范被证实为正确的和公正的。① 只有通过修正普遍化原则，使共识明确地扩展到这样一个命题，即这种有效的规范将同时实现自由和/或生命的普遍价值，才能消除这种扭曲带来的危险。② 此外，很明显，即使经过这种方式的修正，普遍化原则也只是社会政治立法的规范性原则。对话伦理成为公民伦理的核心道德体系。然而，这种伦理并不局限于社会政治对话。

这就回到了赫勒最初的主张，即哈贝马斯的普遍化原则为不完备的伦理政治的正义概念提供了一个基本的但不是**完备**的规范性基础。这一主张涉及普遍化观念本身的模糊性。③ 问题在于，"普遍的"既可以指一个道德准则声称对**每一个人**都有效，也可以指某个共同体或**所有受特定规范影响的那些人**都表示同意。④ 这一模糊性的问题在于，第一种含义并不要求所有人的同意，因为即使是那些可能选择违反它的人也仍然 【145】
肯定它作为道德准则的有效性。第二种含义意味着对每一个人都没有这样的要求，而是将自身局限于一个利益相关者组成的共同体。赫勒声称，哈贝马斯通常是提出了真正的道德问题，但却将其作为达成普遍共识的障碍而搁置一边。⑤

只有通过重新定义普遍化原则，使它不指向每一个人，而只指向这个问题所涉及的每一个人，才能避免这种模糊性和哈贝马斯想把整个道德领域局限于正义领域所造成的混乱。⑥ 后一种普遍化原则主要涉及指导和检验，赫勒称之为动态正义的普遍准则。这仅仅意味着，**程序**建立在对称互惠的公平基础上。在赫勒看来，普遍准则对应于正义准则，即**任何人都不应被仅仅视为手段**。这一正义准则包含着使自由和生命机会最大化的命令。因此，**动态正义的准则**从普遍的正义准则中引出**道德权**

① A. Heller, *Beyond Justice*, Oxford: Blackwell, 1987, p. 240.
② Ibid., p. 241.
③ Ibid., p. 246.
④ Ibid.
⑤ Ibid., p. 242.
⑥ Ibid., p. 246.

利。显然，任何否定这些内含价值的规范或关于这些规范的解释都必须被拒斥。[1] 对赫勒来说，按照动态正义的准则及其程序生活，就是追求最佳的可能的社会-政治世界。哈贝马斯满足于将这一**调节性**原则作为其哲学探索的限度。另一方面，赫勒仍然想要将完备的伦理政治的正义概念的残余物拯救出来。她决心将道德问题保留下来，并使其成为真正的议题，以实现对不完备的伦理政治的正义的**综合**的、现代的理解。

这种拯救的尝试要求赫勒阐释自己提出的**不完备**的伦理政治的正义概念的伦理维度。现代性的最大特点在于动态正义渗入日常生活的方式。这种动态正义的制度化缩小了道德与伦理之间的鸿沟。[2] 当动态正义以这种方式在社会中扎根时，根本性的变化是显而易见的。其中最引人注目的是，在社会政治事务和法律方面，道德习惯具有权威性，正义程序具有排他性。内部道德权威和正义程序的控制变得如此之强，以至于对它们的违反被等同于道德侵犯。[3] 然而，与一些她的后现代的同辈人不同，赫勒在这里发现的不是压制，而是基于无统治的最佳自由的伦理。

这种伦理的普遍化程度取决于正义程序在多大程度上被公民伦理所
【146】吸收，[4] 甚至正义作为一种美德的特点也将受到这种吸收程度的制约。对赫勒来说，理想的实例化是至关重要的。她称之为“第一时间”(Time One)；它的指导准则是，**承认所有的需要，除了那些要求将他人作为手段来使用的需要**。正义在这里是一种冷漠的美德。它不会偏袒任何需要，也不要求对需要进行反思或争论。[5] 所有与这些需要有关的价值都可以合法地提出真理要求。赫勒断然拒绝了这样的提议，即认为这种价值对话私下里应有利于文化精英。提出主张不需要特殊的技能、训练或专业知识。哲学的质疑与其说是一门只面向专家的精致学科，不如

① A. Heller, *Beyond Justice*, Oxford: Blackwell, 1987, p. 248.
② Ibid., p. 258.
③ Ibid., p. 259.
④ Ibid., p. 260.
⑤ Ibid., p. 261.

说是围绕幼稚的问题展开的有章法的实践，它所需要的只是普通人的理性。① 然而，虽然道德上“良好的判断力”的获得是传统社会化的一个方面，但赫勒承认，并非所有人都在同样程度上拥有它。正义程序要求将理性合理性与理智合理性融合起来。② 这就使得理性的运用成为一个可能涉及侵犯的道德问题。良好的判断力是一种需要自律的认知美德。需要的是公正、对价值的承诺、论证和应用能力。这种论证必须是可操作的，无论在价值讨论层面，还是作为**实践智慧**（phronesis）。③ 赫勒把这种良好的判断力看作公民的美德，它有助于产生价值多样性的条件，也有助于产生允许对差异性展开合理性探索的激进宽容。④ 然而，有时即使在理想的条件下也不可能达成共识，在这种情况下，我们就会达到公民美德的限度。

从赫勒对正义美德的理想化的处理中可以清楚地看到，当理想条件缺失时，需要的不仅仅是良好的判断力和公民权利。在“第一时间”前后的这些时代，好的公民需要更多的美德，使他的行动**好像**是在实现正义程序。具有统治特征的条件对美德的认知方面提出了更多的要求，并要求用团结来取代公正。⑤ 好人必须准备为被统治者代言。然而，赫勒坚持认为，团结并不意味着“好人”要用自己的价值代替她所代表的人的价值。团结是一种“温暖的美德”，因为它对激进宽容的承诺，要求至少要努力实现对被统治者的需要的承认。⑥ 这种要求的认知维度在赫勒所说的“笛卡儿时刻”（Cartesian moment）中得到了体现。这不仅是时间意义上的时刻，也不意味着退回到内在的自我。赫勒认为，这是以不妥协的自主性为基础的富有成效的反对。⑦ 在统治的背景下，好的公民必须具有挑战虚假的共识。当条件使人们无法找到愿意或能够加入到 【147】

① A. Heller, *Beyond Justice*, Oxford: Blackwell, 1987, p. 262.

② Ibid.

③ Ibid., pp. 263-264.

④ Ibid., p. 266.

⑤ Ibid., p. 267.

⑥ Ibid., p. 268.

⑦ Ibid., p. 269.

使之失效的活动中的其他人时，这个检验过程需要是孤独的。苏格拉底的自我认识将发现立足于行动和他人的镜子中，从而避开了内省的陷阱。① 当赫勒将公民勇气视为公民的主要美德时，主体间的和能动的维度变得更加明确。公共领域中反对统治和虚假共识的言行，实现了有德行的公民的自主性。② 好的公民可能很少，但在他们身上综合了理性的洞察力和激进需要。然而，好的公民的存在并不能保证一个正义的社会政治世界的实现。赫勒只是重新整理了所有传统的伦理政治的正义概念及它们在当代的碎片。它们被展现为一种正义程序的理想，这个理想是唯一的，既符合人类首先是作为社会群体而存在的观念，也符合社会是基于对称互惠的观念。③

六、超 越 正 义

让我们短暂地回想一下赫勒的初衷。她将正义视为伦理学与社会政治哲学的交汇点。她还打算将古典遗产带入到当代的讨论中去，因为当代的讨论已经放弃了作为一个整体的正义理念。赫勒希望超越这种当代共识的限度。她认为，公民有责任去质疑这种共识并探讨其基础。她提出，哲学仍然可以“从积极的一面谈论关于自我、道德、伦理、情感、创造力和理性等话题”。④ 假设现代性价值理念具有普遍性，并且正如我们将要看到的那样，把它们的实现留给偶然的现代个体的存在的选择，这仍然为道德哲学保留了肥沃的土壤。⑤ 在好的公民和正义程序之外，还有**好人**和**好的生活**。由于后者将在以后的章节中得到深入的阐述，在此我们只需说明，它是如何与赫勒的不完备的伦理政治的正义概念相契合的，以及它是如何表达了她对以一种更为全面的、哲学的方式来处理

① A. Heller, *Beyond Justice*, Oxford: Blackwell, 1987, p. 269.

② Ibid., p. 270.

③ Ibid., p. 272.

④ Ibid., p. 273.

⑤ P. Harrison, *Radical Philosophy and the Theory of Modernity*, in J. Burnheim eds., *The Social Philosophy of Agnes Heller*, Amsterdam: Rodopi, 1994, p. 161.

正义问题的渴望。

在赫勒看来，“好的生活”是道德哲学的起点，而“正直的人”则是这种生活的主体。① “好的生活”和“正直的人”都是由正义的社会政治条件所促成的，但又不能被还原为正义的社会政治条件。“好的生活”有三个构成要素，即**善、将禀赋转化为才能和对个人的深深依赖**。②

道德不是一个独特的生活领域，而是所有形式的社会整合的组成部 【148】
分：它是人与人之间被内化的纽带。这些纽带可强可弱，而这将决定道德的程度。③ 虽然赫勒赞同麦金太尔关于现代道德衰落的观点，但她认为这不是因为当代道德词汇的不连贯，而是因为社会整合的特征在不断变化。复杂的现代社会分化已经取消了涵盖全部活动的共同意义和生活方式的等级制。④ 高度差异化的、在各层面运作的道德规范、价值和美德的存在，意味着这三个规范性的构成要素之间并不存在共同的相互作用。⑤ 当代道德哲学的作用既不是要品评“好的生活”的具体特性，也不是要规定个体应该做什么。为了维护现代的自由价值理念，道德必须是足够抽象的，以避免说教，让动机仍是未被决定的。⑥

考虑到这种抽象，赫勒对“善”下了一个形式的定义：好人“宁愿遭受不公，也不愿践行不公”。⑦ 这样一个否定的定义并没有就一个人的生活方式具体说出什么，而且，它是与各种不同的社会相兼容的。然而，赫勒毫不怀疑这种“好人”的存在。这是她的道德哲学的基础。哲学的任务是概述好人存在的前提条件。这些前提条件被概括进已经熟悉的观念，即好人与他们共同体的规范及价值保持着一种**有意识的和有自我意识**的关系。

在现代多元化的条件下，成为这样的人是很难的。分化的过程提高了制度生活的地位。现代个人的教育和职业生涯的大部分时间都是在这

---

① A. Heller, *Beyond Justice*, Oxford: Blackwell, 1987, p. 277.

② 为了避开仍附着于正义概念之上的宗教内涵，赫勒更喜欢谈论正直的人或好人。

③ A. Heller, *Beyond Justice*, Oxford: Blackwell, 1987, pp. 274-275.

④ Ibid. , p. 278.

⑤ Ibid.

⑥ Ibid. , p. 279.

⑦ Ibid. 关于这个定义的充分性，我们将在第九章中加以考察。

种情况下度过的。他们被要求遵循他们实际上并不认可的制度的规范和规则；他们通常也不被鼓励用道德标准来评判这些规范和规则。① 同时，现代性在很大程度上使个人摆脱了集群的、等级的和理所当然的规范的控制。然而，赫勒并不愿意简单地将这种选择的自由等同于合理性。如果把后者理解为，始终根据一定的价值来行动从而“使自己的行动具有意义”，她认为这种结果至少是模糊不清的。② 仅仅是选择的事实并不意味着可供选择的方案在道德上是好的：选择可以由一系列其他因素决定，如趣味、愿望和利益。此外，制度生活往往会迫使个人追求目标而非价值。现代个体常常被隔离在道德的真空中。③ 为了避免行动潜在地
【149】变为日益非理性的行动，赫勒提出了她的**存在的选择**（existential choice）概念。这个概念成为赫勒伦理学的标志性概念。与好的生活的前两个组成部分相对应，这种选择潜在地具有两个相互冲突的方面。第一个涉及个体与道德的关系，第二个涉及个体的独特性。

能够真正用价值标准来检验目标和行动的人，是已经接受了这种道德观的人。这就要求事先在善与恶之间做出选择。赫勒把这种选择看作一种历史的选择，在现代条件下，它日益成为可及的，因为个体在这种条件下受社会和地位隶属关系的限制越来越少。④ 虽然赫勒的存在的选择观念仍然是抽象的，但它确实提供了一个实质的方向。好人致力于一系列的纽带及与这些纽带相关的规范。作为只与道德准则相关的第一要务，她将为实现最可能的道德和社会政治世界做出贡献，与统治为敌，并为公民权利和价值对话做出贡献。⑤ 有了善的存在的选择的第一个维度，我们就有了好的生活的一个方面，但不是好的生活本身。道德能力在很大程度上是一种抵制道德规范被侵犯的消极因素。⑥ 然而，显而易见的是，在任何对“好的生活”的理解中，积极的技艺和成就至少扮演

---

① A. Heller, *Beyond Justice*, Oxford: Blackwell, 1987, p. 290.

② Ibid., p. 289.

③ Ibid., p. 290.

④ Ibid., p. 291.

⑤ Ibid., p. 301.

⑥ Ibid., p. 308.

着同样重要的角色。所有的人都有各种各样的禀赋，而这些禀赋并非都是道德的。如果“好的生活”指的是人的发展，那么全面发展各种潜能是基本的。

这个要素体现在赫勒认为“好的生活”的第二个方面是**将禀赋发展为才能**这样的观点中。从总体上看，分化的、功能化的现代社会改善了这种自我实现的前景。现代性摧毁了种姓和财产这些命定的社会限制。这并不是说不再有严重的障碍。自我实现仍然需要复杂的分工，并迫使个体在制度中周旋和赚钱。① 然而，赫勒将这一基本选择的要素视为“差异”的选择或“将偶然性转化为命运”的选择。它涉及将特定的禀赋转化为才能。只有通过存在的选择这一极，个体的独特能力才得以被提升，原来是在偶然的和自然的领域，现在进入了独特个性和有反思性地推进发展的领域。

赫勒是现代主体性的坚定捍卫者。她反对那种认为“自我”不过是统治、压迫和权力的表现的观点。虽然不否认主体的构成中包含着压迫这样的观念，但她认为它是人类自由的重要承载者。把自我从规范的管 【150】
制中释放出来的想法，不是一场进入快乐的旅程，而是一场进入不自由的旅程。② 后结构主义的“毁灭的自我”与合理性的、利己的和审美的自我一样，都错误地相信“在你说‘不’的名义下没有任何纽带将所有（人）联系起来”。③ 赫勒将这种纽带称为道德立场，它规定了正直的人的存在的选择。探讨非道德禀赋的最大危险是，有可能忽视了这最终的道德纽带，将自我同质化。

赫勒认为，超越这种明显的困境的唯一途径是欣然接受存在的选择的两个方面。个体在选择自己成为一个好人时，要做好准备采用道德的观点。有了这种道德自信，他才可能在文化的各个子系统和领域中游刃有余，检验它们的规范，同时，充分发展个体的才能。有了这个尺度，个体在行动时就可以不把这些领域看成是统治和权力的化身。对话可以

① A. Heller, *Beyond Justice*, Oxford: Blackwell, 1987, p. 309.

② Ibid., p. 304.

③ Ibid., p. 305.

采取统治的形式，并不意味着所有的文化形式都内在地是统治的。形式可以被占用，独特的禀赋可以转化为才能，而不会不可避免地屈服于统治的控制。①

禀赋转化为才能的一个最重要的方面涉及非理性的潜能的展开。②赫勒对本质差异的强调有利于充分地探究人的丰富性。这一点与她早期的马克思主义人类学研究及其对人的丰富性的高扬有着深刻的连续性。这不仅包括认知维度，还包括直到最近还很少受到关注的人的情感和创造性维度。③ 赫勒将**深层的情感依附**的发展视为美好生活的第三个组成部分，说明了这些维度的重要性。启蒙运动对**理性能力**特别偏爱的必然结果是，**绝对自由**的目标被误解了。对**自主性**的强调倾向于消除**他律性**。现在，赫勒认为这种野心太大了，而且是危险的。强化自我反思、增强认知敏锐力、增强道德自主力的渴望，不能以超越人的境况为代价。④ 这意味着，承认这些使我们本质上成为社会存在的基本的主体间性，也意味着，赫勒的人道主义越来越走向深入。

【151】 好的公民按照对称互惠的关系，给予所有其他公民应有的尊重。好人超越了政治共同体的限制，在**普遍的团结**中拥抱所有其他人的宏观世界。⑤ 可以在比如爱这样的深层情感依附中找到微观世界的维度。这种依附以一种特殊的方式确证了，人的境况是**相对他律的**。在这里，他律是**个人的**选择，带有一种超越社会规定的强烈情感。显然，情感忠诚到了自我放弃的程度，就会有真正的风险。作为纯粹相互性的个人依附的调节性观念很少能真正实现，或者往往只在很短的时间内实现。而且，个人依附总是涉及一定程度的心理从属关系，这种关系很容易转变为对好的生活的破坏。⑥ 然而，作为好的生活的一个重要方面，这些个人的依附是值得冒险的。任何范围的公众认可都无法替代爱，无法替代个人

① A. Heller, *Beyond Justice*, Oxford: Blackwell, 1987, p. 313.

② Ibid., p. 312.

③ 近来，这种忽视已引起人们的关注。近来值得注意的研究成果是 M. Nussbaum, *Upheavals of Thought: The Intelligence of the Emotions*, Cambridge: Cambridge University Press, 2001。

④ A. Heller, *Beyond Justice*, Oxford: Blackwell, 1987, p. 320.

⑤ Ibid., p. 319.

⑥ Ibid.

对它的深刻肯定。成为这种爱的主体，并不能使我们成为更好或更自由的个体，但它确实使我们更有人性。因此，这种私人幸福必须被看作好的生活的必要组成部分。[①] 只要爱的客体不因此也被赋予社会权力或自我放弃的程度不违背道德，这种选择就是自我肯定的。[②]

不完备的正义概念与**完备的**正义概念的区别之一在于，后者试图将好的生活与正义融合成一个有意义的整体。然而，对于现代人来说，能力的实现或爱情的顺利纯粹是私人事务。这些追求的失败被视为个人责任。矛盾的是，社会道德层面的管制放松并没有消除其他社会压力，这些压力现在以一种新的强度压在个体身上。尽管赫勒将善视为好的生活的“首要的”要素，因为它强化了它的各要素的基本统一性，但其他构成要素并不由它决定。[③] 这种相对的独立性确保了无可比拟的、各有其特色的“好的生活”的多元化。最可能的社会政治世界通过增进自由，促进好的生活方式的多样化，同时排除统治，以使多样化尽可能有效。[④] 通过这样做，它就加固了好的生活向每个人开放的条件。然而，对于好的生活或其与正义的确切关系问题，不可能给出一个一般的答案。在现代性中，如果不在某些时候超越正义，就不可能成为好人。[⑤] 在一个动态的社会中，这种限制对好人实现作为目的本身的超越提出了挑战。赫勒并不认为她对好的生活的思考有任何新意。这仅仅是在当代回答了好人何以可能这个问题。[⑥] 这种“好的生活”不是通过“无限的进步”获【152】
得把握。“超越”的唯一标志是当代的好人以自己独特的方式努力实现“好的生活”。

赫勒对**不完备的**正义概念所做的反思是以对现代性动态的新理解为基础的。她描述了古典正义理想的命运，以及它最后在当代分析哲学所熟悉的局部领域中的分裂。但是，在这些碎片的边缘所表现出来的当代

---

① A. Heller, *Beyond Justice*, Oxford: Blackwell, 1987, p. 318.

② Ibid.

③ Ibid., p. 323.

④ Ibid., p. 313.

⑤ Ibid., p. 325.

⑥ Ibid., p. 327.

不满，产生了向不完备观念进行范式转换的需要。这使得她能够提出一种替代性的模式，将普遍价值与具体共同体的**伦理**和偶然个体的存在的选择联系起来。然而，综合体的各个组成部分之间存在着某种张力。如果没有历史哲学的支撑，她的普遍主义就会沦为一种依赖可疑前提或教条式断言的乌托邦渴望。同时，为了照顾日常美德的现实，她的道德理论舍弃了哲学解释的高度。哲学与偶然性的这种激进调和，为她的普遍渴望带来了难以忽视的压力。

第八章　一种新的现代性理论

当赫勒最终堵上了她与马克思主义之间的缺口时，她开始认真而系统地审视自己先前的立场。我们已经看到，这种革新是如何鼓舞她去追求一种对激进哲学的新的后马克思主义理解。赫勒在《激进哲学》和《对需要的专政》（与费赫尔、马尔库什合著）① 中做出的理论突破，在《历史理论》对历史哲学的有力批判中得到了补充。在对历史编纂学的各个方面的广泛论述中，第四部分瞄准了历史意识的基本形式和曾维系对马克思主义的教条的历史自信的假设。在这里，赫勒概述了自己替代古典历史哲学的方案。这就形成了她所谓的"历史理论"。在这里，她还对最终将证明是一种全新的、综合的现代性理论的内容做了最初的评论。如果一般的重估被认为是对她的"昔日的政治哲学意识"做出的让步，那么后者则意味着在对现代社会的结构和经验的复杂动态的新的批判性理解方面有了突破。

一、从历史唯物主义到重思现代性

纵观赫勒的研究，激进的理论创新与惊人的连续性是相适应的。这一点在她关于一种新的现代性理论的最初想法中表现得非常明显。即使在她即将提出一些最终促成了她的反思的后现代主义的新思想时，与她早期马克思主义著作的中心主题的连续性和联系也是非常明显的。如果我们看一看那些最初阐述了新的现代性理论的基本原理的文章，便知这一点是最明显的。除了她在《历史理论》结尾处对现代性的多种逻辑所做的简要评论

① 虽然《对需要的专政》最后是在 1983 年出版的，但由费赫尔和赫勒所撰写的后几部分早在几年前就已完成。整个计划被推迟了，在此期间马尔库什找到了时间来完成这本书中非常重要的理论部分，这部分全面回顾了对"现实社会主义"进行理论化的、处于竞争中的各种尝试。

外，重要的文章还有重新发表在《东方左翼、西方左翼：极权主义、自由
【154】与民主》中的《阶级、现代性、民主》（Class, Modernity, Democracy），以及《羞愧的力量》中的《不满的社会》（Dissatisfied Society）。[①]从前者可以清楚地看出，现代性作为多种逻辑的动态共生的思想，直接源于对传统历史唯物主义和经济是“最终”决定因素的信念的批判。我们从赫勒的早期著作中知道，布达佩斯学派“复兴马克思主义”的奠基性的观念之一就是极力反对那种正统的做法，因为它将经济因素归为第一因，将文化、意识形态和意识降格为副现象。然而，这种对卢卡奇在《历史与阶级意识》中重新发现的人道主义的马克思的大胆追求，起初并没有削弱赫勒对马克思的核心诊断的信奉，这种诊断认为现代性命运在很大程度上要由资本和劳动之间的斗争来决定。然而，这一经典论断无法在布达佩斯学派成员的政治经历中幸存下来。后来发生的事情终于使赫勒相信，解释现代性的轨迹需要一个更复杂的模型，而不是把它简化为狭隘地根据资本主义和工业化的逻辑而设想的生产力的展开。

赫勒和费赫尔在《阶级、现代性、民主》一文中的思考围绕着这样一个命题：无论是资本主义、工业化还是民主，没有任何一种单一的现代性逻辑能够决定其他两种逻辑。[②] 这个逻辑星丛是三者“充满冲突的共生”。[③] 更重要的是，作者还认为资本主义和民主之间的关系是一种相互依存的关系，每一个都为另一个的创造提供了协助。[④] 如果这是真的，那么历史唯物主义的单一因果解释就根本无法理解现代性真正的历史复杂性。当然，要充分阐明这一系列新的主张，还需要讲很多。例如，赫勒所说的现代性的“逻辑”是什么意思，现在还不太清楚。在继续讨论这个问题之前，我们要充分地探讨一下整个观点所依据的论证。

很明显，尽管他们明确希望改变对现代性的单一因果的、经济主义

① 赫勒此时发展的现代性理论，从根本上来说是她和费赫尔共同提出的。关于这种理论的文章，有的单独冠以赫勒之名，有的则是共同撰写的。为了后面论述的简洁优美，我通常只提及赫勒，但这绝不是无视费赫尔的重要贡献。

② A. Heller, F. Fehér, *Eastern Left, Western Left: Totalitarianism, Freedom and Democracy*, Oxford: Blackwell, 1986, p. 202.

③ Ibid., p. 210.

④ Ibid.

的解释，但他们在这个早期阶段还是渴望与他们的马克思主义遗产在关键概念上保持联系。虽然他们认为经济决定论只是将资本主义条件空洞地一般化到整个历史上，但他们并不打算采用放弃阶级概念的“时髦”做法。① 相反，他们选择了 E. P. 汤普森（E. P. Thompson）对阶级的理解，认为阶级是“正在形成中的阶级”。对他们来说，这种观点的决定性意义在于，它强调了这个概念的解放意义。谈论阶级，唤起的不是经 【155】
济决定论，而是自由的存在。奴隶面对的是一个不可改变的必须依附的世界，无法将他或她自己与自然区分开来，与此不同，工人通常表现出的态度是坚决反对物化。② 这种阶级观念主要是提请人们注意历史的冲突性特征。它的价值既不在于它是所有社会的某种普遍特征，也不在于它是解释所有社会现象的普遍基础。③ 对阶级的冲突性理解的前提是对社会动力的对立性和抵抗性特征的理解，对起初是在赫勒和费赫尔与马克思主义分离之后才存在的激进行动的承诺。④ 此外，更重要的是，在这一点上，他们认为，正是社会-经济阶级的这种二元对立的、冲突性的特征将现代性的三个要素统一起来，从而保证了现代性作为一个复合体的自我再生产。⑤ 即使在自由民主的社会中，以阶级为特征的特定的经济统治形式仍然存在，而且具有其他政治的和非政治的社会等级关系和社会不对称关系。然而，赫勒和费赫尔坚持认为，阶级隶属不是“命运”，而是机会和机遇的多寡问题。在现代性中，二元对立的社会阶级形成的复合体将“生活方式”散发到社会的外部空间。最具决定性的是特定个体在哪辆公共汽车上下车。正如他们所说的那样，“登上更好的

---

① A. Heller, F. Fehér, *Eastern Left, Western Left: Totalitarianism, Freedom and Democracy*, Oxford: Blackwell, 1986, p. 202.

② Ibid., p. 204.

③ Ibid., p. 206.

④ Ibid., p. 205. 当然，随着时间的推移，激进行动意味着什么将变得更加晦暗不明。

⑤ A. Heller, F. Fehér, *Eastern Left, Western Left: Totalitarianism, Freedom and Democracy*, Oxford: Blackwell, 1986, p. 213. 我认为哈里森是正确的，在他看来，他们太过坚持地认为只是二元对立的阶级将现代性的三个要素统一起来。这种提议意味着，现代性比独立逻辑的观念所能保证的更加具有统一性。赫勒对这一困难的解决方法是对阶级概念采取一种更为功能主义的解读。See P. Harrison, *Radical Philosophy and the Theory of Modernity*, in J. Burnheim eds., *The Social Philosophy of Agnes Heller*, Amsterdam: Rodopi, 1994, p. 151.

公共汽车的抽象机会原则上是一直存在的，而且原则上对每个人都是一样的”。①

正如正统的马克思主义者往往倾向于认为现代资产阶级社会的阶级性是一种决定个人选择的限制性束缚，类似的倾向使政治沦为经济权力和利益的副现象。显而易见，在现代性的多种逻辑模式背后的一个重要动力是一种意愿，它想要恢复政治的自主性，并给予民主方案一个以前在马克思主义传统中被拒绝的新地位。这是对单一因果论进行批判的必然结果。赫勒和费赫尔没有把强大的资本主义利益在政治决策中的胜利看作所谓经济利益最后的必然结果，而是倾向于从现代国家必须确保经济持续增长的一般职能中寻找这种影响的解释。②“自由民主政治是虚假的，只为促进资本主义阴谋的利益服务”这种观点忽视了，仅仅为资产阶级利益服务的政策很难或不可能出台。为了避免社会失调，必须在政治决策中达成各种形式的妥协。③

【156】 这种对民主政治动力的再度关注意味着，需要在对现代性的更全面的理解中提升它的形象。我们已经提到，费赫尔和赫勒特别提请注意民主和资本主义在现代性历史起源上的相互依存关系。然而，对民主地位的评价显然有一个更迫切的理由，来自对后资本主义现代性特征的反思。如前所述，“对需要的专政”是现代性的一种特异形式：如果没有资本主义市场的约束和民主中蕴含的批判潜能，工业化的逻辑早已完全被解放。由此产生的经济和政治变形有力地证明了，现代性丰富内容的充分实现需要所投入的三种逻辑的共生，从而排除了任何一种逻辑的绝对霸权。

二、现代性的“逻辑”

赫勒和费赫尔关于现代性理论的最初想法清楚地表明，他们模式的

① A. Heller, F. Fehér, *Eastern Left, Western Left: Totalitarianism, Freedom and Democracy*, Oxford: Blackwell, 1986, p. 214.

② Ibid., p. 229.

③ Ibid., p. 230.

主要原则产生于对马克思主义理论和政治的批判。由多种逻辑构成的冲突性复合体的思想，将现代性理解为一个动态的、去中心化的整体，其特点是围绕着替代性选择和未来可能性而出现的多元主义和社会竞争。为了更好地了解这个一般模式的具体内容，我们需要回到这些逻辑问题上，仔细研究一下他们的最初解释。

早在《历史理论》的第四部分，赫勒对其“现代性逻辑”思想做了最初的阐述。在那里，她指明了现代的三个基本组成部分：市民社会、资本主义和制造工业。“历史”的起源涉及这三个组成部分在复合、复杂的互动中的进一步发展。每一个组成部分都是一种基本的存在形式，都有自己的内在逻辑。这意味着每一个组成部分都“拥有其趋向于自我展开的自身的**动力机制**”。① 这种“动力机制”并不是现代所特有的，而是每一社会的存在形式所具有的。② 因而，现代性的居民对他们自己的社会存在形式有所意识，只要这种意识与这同一存在是共构关系，就 【157】
会加强它的活力。在这里，我们不是在规律的意义上谈论任何一种必然性。不足为奇的是，卢卡奇的学生们不是把历史进程看作自然规律，而是看作行动和自觉斗争的产物。社会形式内在地具有微弱之**目的**，此目的一旦运动起来，就会发展为一个在社会本体论上不断具体化的过程。在这种同一性形成的过程中，这些社会形式的新的构成要素会出现，而其他要素则会被贬黜或消失。但那些没有被删掉的要素却被保留在制度、结构和行动类型的网络中。③ 对赫勒来说，这种形式的**动力机制**的独特的现代性在于，它不再仅仅是**同质的**，而是矛盾的，不会只有一种逻辑完全占据主导地位。这意味着，现代性表现出**选择性**，这些选择是由体现同一社会制度的不同逻辑的社会行动者所承担的。④ 因此，当下的命运在很大程度上取决于这样的行动者，他们通过暂时支持其中一种

① A. Heller, *A Theory of History*, London: Routledge & Kegan Paul, 1982, p. 283.

② Ibid.

③ A. Heller, *A Theory of Modernity*, Oxford: Blackwell, 1999, p. 66.

④ A. Heller, *A Theory of History*, London: Routledge & Kegan Paul, 1982, p. 284. 在这一点上，托米对“逻辑”的解读有着很浓的目的论色彩，他说：“‘逻辑’意味着过程的目的论展开，此过程的目的可以在过程完成之前就被知晓和研究。” S. Tormey, *Agnes Heller: Socialism, Autonomy and the Postmodern*, Manchester: Manchester University Press, 2001, p. 122.

逻辑来解决这些矛盾，不料却看到张力在不同的地点和不同的子系统中反复重现。

现代的多种逻辑共生、冲突、复杂的相互依存突出了现代性的去中心化特征。如果没有一个清晰可辨的中心，现代性就显得特别不透明，社会行动者就很难找到问题的根源并分配责任。对替代性、不确定性和选择的强调使我们能够认识到新的威胁和政治选择，同时摒弃诸如“被完全管理的社会”这样的单向度神话。这些神话已经使以前试图理解现代性本质的努力发生了变形。

如果现代性是一种共生，那么把这些“逻辑”说成是可分离的和不同的，有意义吗？应该清楚的是，作为“存在形式”的“逻辑”既有制度性的要素，也有意识性的要素。每一种逻辑都起源于欧洲文明的历史遗产。财富、技术和治理术是资本主义、工业化和民主逻辑的历史要素。在赫勒最初的论述中，“市民社会”被视为民主和普遍化市场的历史起源。这些早期的表述被某种概念上的不确定性所破坏，令人困惑。由于市民社会既是资本主义关系的历史起源地，也是公共幸福话语的历史起源地，因此很容易被视为这两种逻辑的源头。这似乎也比从治理术中推导出民主遇到的问题要少很多。显然，将治理术转化为民主是相当
【158】片面的。毕竟，欧洲的治理术并非没有政治上的模糊性，它产生了现代极权主义及当代的自由民主。在这方面，市民社会与民主之间的联系，即使不是自动的，也是较少出问题的。最终，这两种来源可能是高度兼容的。如果把“治理术”理解为不仅仅是掌握权力的专门技术，把“统治”理解为具有民主的维度，那么市民社会显然是民主创新和实践的早期现代家园。然而，概念的模糊性不止于此。在另一点上，赫勒对工业化的逻辑做了定义，即“通过国家分配资源带来的集中化对市场形成的限制”。① 这个定义反映了布达佩斯学派的观点，即苏联的“对需要的专政”是工业化逻辑独占下的一种独特的现代性形式。之后，赫勒将试图纯粹从技术发展趋势来理解同一个工业化“逻辑”。这似乎是另一个不一致的地方。也许，国家统治可以让技术逻辑更加无拘无束地展开，

① A. Heller, *A Theory of History*, London: Routledge & Kegan Paul, 1982, p. 184.

不受市场或民主抵抗的限制。然而，也可以说，如果纯粹的技术发展直接违背了国家所认为的政治利益，那么国家也能阻止纯粹的技术发展。

人们在赫勒和费赫尔对资本主义“逻辑”的解读中也发现了类似的概念模糊性。在早期的表述中，这种逻辑是以市场的普遍化来定义的，而后来则是以日益普遍的功能分工来说明的。[①] 虽然商品化和功能化在历史上有密切的联系，但这两个定义并不一样。这种概念上的滑动表明，很难将这些“逻辑”完全分开，也很难区分每一种逻辑所包含和排除的内容。尽管在表述上存在困难，但不难看出为什么对可分离性（separability）问题如此重视。从布达佩斯学派的观点来看，可分离性的论述支撑着这样一种解释，即将苏联解释为一种由工业化逻辑主导的独特的现代性形式。赫勒和费赫尔坚持这些“逻辑”在历史上的相互依存和相互补充关系，以及它们之间的相互对立关系，但这并没有掩盖这样一个事实，即在这个模式中，每一种“逻辑”都代表着一种独特的“合理性”，都有其固有的社会政治**目的**。正是这种主张在当时支撑了赫勒和费赫尔的立场，认为苏联既是“变形的”又是稳定的现代性星丛，在可预见的未来，没有任何迹象表明它无法自我维持。然而，当代许多经验证明这种主张是有问题的。几乎所有将资本主义市场和西方技术作为 【159】
外国舶来品引入其中的社会，如果没有民主制度的补充发展，仍然是非常不稳定的。这表明，这些现代化逻辑并不像原论点指出的那样是截然不同的和彼此独立的。当然，这个论点的致命一击随着 20 世纪 80 年代末“现实社会主义”的崩溃而到来。原先认为“对需要的专政”有一个不同的、相对可分离的发展过程，是从欧洲历史背景中对工业化“逻辑”所做的理论抽象，而在欧洲历史中，三种“逻辑”始终是一个相互作用的星丛。

关于现代性的“逻辑”，在民主的“逻辑”地位方面，出现了一个更为紧迫的问题。当务之急，资本主义、工业化和民主是否各自表现出独立的“逻辑”？是否在同一意义上如此？我们已经看到，赫勒意义上的“逻辑”概念涉及“生活方式”的内在再生产动力。这在资本主义

---

① A. Heller, *Can Modernity Survive?* Cambridge: Polity, 1990, p. 122.

"逻辑"的情况下意味着什么，我们很容易想到。作为一种基于资本积累、阶级统治和不平等的日益自我封闭和自我展开的系统，市场有其内在的、准自动的扩张趋势。市场体制既得到了适当的社会想象形式的支持，又产生了适当的社会想象形式。这些因素共同推动市场逻辑向普遍的方向发展：将以前外在的社会领域纳入这些形式之下。① 工业化的"逻辑"以同样的方式运作。技术进步同样是以未来为导向的，并被科学革命地解决问题的实践所激发。在这两种情况下，这些"逻辑"的想象形式都表达了具有普遍化倾向的、不断强化的幻想。赫勒指出了欧洲文艺复兴时期市场和货币化的扩张动力，以及它们如何破坏了**特殊主义**的生活世界的正常运转。它们宣告了孤立的、狭隘的共同体标准的消亡，也宣告了普遍等价的现代统治。经济领域的普遍化趋势得到了与之互补的文化转变的补充。大约在同一时间，文化对象化也在类似的方向上向普遍性发展。艺术和科学都是普遍化的产物。② 对美的追求将超越财产和地方的限制。科学在所有科学家之间建立了一个共同的交往媒介，不分宗教信仰、人种或种族。所有科学家都必须将对真的知识的追
【160】求视为一种普遍的价值。资本主义和科学的"逻辑"在道德上是中立的，各自遵循的是从外在的标准中解放出来的它自己的独立价值：利润和真理。这些逻辑的动力机制也是富有侵略性的：新的领地不断被占有，并从属于新的价值权威或新的合理性权威。然而，技术是否真正独立于其他社会进程的问题也随之而来。③ 对于那些被赫勒认为是受工业化"逻辑"支配的社会来说，情况尤其如此。显然，在这些社会中，政治统治在决定整体社会目标方面所扮演的角色使得那种认为技术"逻辑"是独立的想法很有问题。但这个问题并不仅仅局限于"对需要的专政"。社会学的证据还表明，即使在资本主义社会，在做出管理决策时，

---

① 即使在资本主义的情况下，像卡尔·波兰尼（Karl Polanyi）和秩序自由主义者（ordo-liberals）这样不同的思想家也对自然主义"资本逻辑"的想法提出了质疑。关于后者，参见 T. Lemke, The Birth of Bio-Politics: Michel Foucault' Lecture at the Collège de France on Neo-Liberal Governmentality, in *Economy and Society*, vol. 30, no. 2, 2001, pp. 190-207。

② A. Heller, *The Power of Shame*, London: Routledge & Kegan Paul, 1985, p. 140.

③ P. Harrison, *Radical Philosophy and the Theory of Modernity*, in J. Burnheim eds., *The Social Philosophy of Agnes Heller*, Amsterdam: Rodopi, 1994, p. 153.

对技术效率或成本的考虑有时也会让位于对控制的考虑。

赫勒认为，民主的逻辑中也存在同样的普遍化趋势。科学与民主有着共同的祖先。正是哲学对传统和习俗的不断抨击，不仅将真理提升到普遍价值理念的地位，而且提升了自由、人类、个性等其他价值的地位。① 在这种哲学批判精神的推动下，早期现代社会政治斗争通过挑战现存恩典的权威及其与特定地位的“自然”美德的有机联系，打破了等级制的社会安排。随着自由等价值的普遍化，它们的解放诉求和应用也从社会等级的限制中摆脱出来。② 从这种解读中可以明显看出来，民主逻辑也与普遍化进程相联系。它存在于自由和平等的普遍价值理念的展开过程中，存在于人权的政治具体化和对权力垄断的抵抗中。

正是这种普遍化的趋势，使逻辑的另一个特点显现：它们潜在的和现实的对立。这些逻辑不仅是相互补充的，能为自己的全面扩张培育特别合适的条件而相互协助，而且是相互冲突和相互制衡的。每一种普遍化的动力最终都会与其他动力发生碰撞和竞争。资本主义市场在行动者的背后推进自由和平等的价值，同时也将自己的机制、形式和关系普遍化。然而，这种趋势的最充分表现——自我调节的市场的乌托邦——却遇到了与之相抗衡的民主和工业化逻辑的抵制。19 世纪的民主斗争抵制市场的逻辑，工业化的逻辑也抵制市场的逻辑，因为它致力于合理化、中央计划和调节。这种相互对立的现象有时显得很反常。官僚和专业知 【161】识在日常民主政治中的作用越来越大，这是一个普遍现象。同样，我们发现，今天，科学合理性的**最高权力**从未像现在这样受到民主力量的质疑。

无论这些所谓的普遍化的“逻辑”之间有什么相似之处，民主似乎缺乏市场或技术进步的不可抗拒性。它对日常生活的影响显然不如科学。③ 科学接过宗教的衣钵，成为现代性居于支配地位的世界观。最初，赫勒完全认同民主逻辑及其对资本主义和工业化的帝国主义的抵制。当

① A. Heller, *The Power of Shame*, London: Routledge & Kegan Paul, 1985, p. 142.

② Ibid.

③ Ibid., p. 147.

代的情况是，在这些相互竞争的动力既相互联合又相互侵蚀地前进时，民主似乎到处都在退缩，因此，她想做出调整。然而，她的主张因意识到其他“逻辑”对现代性的活力和平衡做出了重要贡献而有所缓和。民主“逻辑”甚至不是解放潜能的唯一承担者。市场以其对传统的、严格等级化共同体的侵蚀作用，以及对自由价值和形式平等价值的系统传播，在历史的早期给予社会解放以有力的推动。同样，其明确回避了规范性约束的现代科学世界观的兴起，释放了将传统规范内化的压力，为现代主体获得真正的自主性提供了心理空间。①

虽然赫勒令人信服地论证了民主意识对现代性星丛诞生的历史贡献，但民主“逻辑”的特征却还不是很清楚。现代性的其他“逻辑”具有殖民化的（colonising）潜能，这种潜能存在于系统的、半自动的发展趋势中。民主的社会想象在特定的历史关头拥有巨大的力量，但它并没有以同样的不可阻挡之势渗透到日常机构和社会关系中。当代未能将民主与资本主义和工业化一起向第三世界输出，就足以证明这一点。问题似乎在于，民主传统的解放价值凝结在宪政传统中，也凝结在体现这些价值的制度框架中。在现代性中，法律和政治已经被专业化，不再需要一种激励的精神。现存民主社会的现实只需要某些行为，如投票，但这是一个激发民主想象力的拙劣学校。② 市场或技术进程内在地具有系统性和动力机制，而民主则没有这些。在试图理解其特性的时候，赫勒强
【162】调政治实验和学习。这只能强化这样一个事实：民主的繁荣和幸存较少地依赖于结构性的动力，而更多地依赖于发明和有意识的宣传。

显然，实验既可能失败，也可能成功。如上所述，欧洲历史在民主方面的成就好坏参半。赫勒欣然承认，极权主义同样是西方文化传统的一个衍生物。但是，她仍然不愿意承认，它在现代性方案中的平等地位。虽然这种社会本质上是现代的，但它们是“失败的实验”。她没有将野蛮置于现代性的核心之处。这突出了她立场的“反思性”方面：她

---

① A. Heller, *The Power of Shame*, London: Routledge & Kegan Paul, 1985, p. 128.

② P. Harrison, *Radical Philosophy and the Theory of Modernity*, in J. Burnheim eds., *The Social Philosophy of Agnes Heller*, Amsterdam: Rodopi, 1994, p. 155.

不惜一切代价要避免对现代合理性单纯地展开全面批判。

虽然拒绝选择全面批判可以被解释为一种复杂性分析的意愿，但也有人认为，赫勒和费赫尔坚持三种逻辑模式本身就代表着向简单和任意的投降。这种批评最初所针对的与这种理论所谓的全面性有关。这个模式如何回应现代性中更为复杂的现象，如极权主义？把这个前所未有的体系仅仅看作一种源自成功实现统一的资本主义和工业化逻辑的“变形”是否适当？① 这些问题使人们开始怀疑，三种逻辑模式涉及对现代性的关键要素的任意选择。其中，J. P .安纳森（J. P. Arnason）提出了这一指责。他质疑这些要素作为解释**工具**的充分性，而且特别热衷于证明民族主义和国家形成在理解现代性方面的重要性：

> 虽然这种观点（赫勒和费赫尔的多种“逻辑”）原则上限制性较小，但至今它还没有被证明更容易接纳民族主义的问题。主要原因是显而易见的：如果将多元化的基本趋势缩减为三种逻辑，那么国家形成和国家间竞争的动力就会因此更多地被认为是派生要素……委婉地拒绝将它们视为第四个（不一定是最后一个）维度，也阻碍了对民族主义的分析；尽管后者与现代国家的关系既不简单也不稳定，但它却是……一个更复杂的结构中的一个关键因素。②

安纳森极为正确地强调到，民族主义一直是，并且将继续是现代性历史中的一个重要因素。情况确实如此，尽管近来“全球化”及随之而来的民族、国家危机已成为当代现代性的主要趋势之一。③ 民族主义和 【163】
民族在欧洲近代史上继续发挥着明显的作用。对这一反对意见最明显的

---

① A. Heller, *Modrenity's Pendulum*, in *Thesis Eleven*, vol. 31, Cambridge, Mass.: MIT Press, 1992, p. 4.

② J. P. Arnason, Nationalism, Globalisation and Modernity, in *Theory, Culture and Society*, vol. 7, no. 2-3, 1990, p. 209.

③ 一般来说，全球化隐含这样一种观点，在这种观点看来，世界在文化、经济方面，甚至在政治方面很可能都成了一个单一的空间和系统。罗宾逊（Robinson）、吉登斯（Giddens）、哈贝马斯、贝克（Beck）和鲍曼（Bauman）近来的作品讨论了它的意义与影响。

回应是强调赫勒模式的当代视角。她并没有试图捕捉现代性难以捉摸的本质。她后来把这种本质描述为“不可穷尽的”。作为一个在20世纪80年代初写作的匈牙利的持异议者，她关注的是争取自由市民社会和多党民主的斗争。她很清楚苏联和东欧的民族斗争的重要性，并批评旧的“历唯”（histomat）对民族主义的简化处理。[①] 然而，由于是在苏联解体之前创作，民族主义在她看来并不是理解当代现代性的首要问题。这就是民主而非民族主义成为现代性“逻辑”的真正原因。

三、不满的社会

多种逻辑的理论框架并不是赫勒过去的马克思主义与自己在20世纪80年代开始发展的现代性理论之间的唯一联系。她早期关于“激进需要”的研究已经认为，资本主义无休止地增加量的需要的逻辑，不仅产生了系统性的功能失调，而且产生了质的需要的张力，以及对现存资本主义结构的潜在地具有革命性的不满。推动向多种逻辑模式转变的一个关键是认识到，现代浮士德式的人，即那些贪得无厌之人，不仅仅是资本主义逻辑的产物。激进需要同样是现代性的其他逻辑的结果：“只有形式上自由的个体……才能自觉地把他们的需要系统假定为无限的和无法满足的。”[②] 在这里，我们看到了赫勒早期的激进需要理论与“不满”主题之间的有机联系，在她那里，“不满”被解释为现代性居民的具体存在经验。

“不满”这一话题在古典社会思想中有着悠久的历史。马克思将其归结为商品生产；韦伯将其源头定位在九头蛇的合理化之头上。赫勒认为，这两种观点只是部分正确。它们的片面性来自未能充分理解现代性的多维性。[③] 在她的理解中，这种“不满”并不等同于马克思的异化概念。她承认，一个主要以“欲望”（wants）的量的满足为导向的需要，

① A. Heller, F. Fehér, *Eastern Left, Western Left: Totalitarianism, Freedom and Democracy*, Oxford: Blackwell, 1986, p. 235.

② Ibid., p. 210.

③ A. Heller, *The Power of Shame*, London: Routledge & Kegan Paul, 1985, p. 301.

会表现出异化的所有特征。① 但在她看来，现代的“不满”并不是我们 【164】
可能最终希望消除或修复的某种系统性功能失调的标志，而是自称为现代性的社会安排的动力。② 这种“不满”是不可根除的，它是现代性微妙平衡的关键。正如赫勒决心将超验（transcedence）的视角与马克思的历史哲学一起牺牲掉一样，她也必须放弃马克思对矛盾和异化终结的渴望。在赫勒的词汇中，“不满”所指的不仅是需要得不到满足而来的痛苦，而且是一种积极的社会动力，在这种动力中，否定是变革的关键。③

自由和平等的现代普遍价值理念的民主传播，也是滋生越来越激烈的不满情绪的关键所在。因此，现代性扩大了**作为总体**的人的需要结构。伴随着对消费的渴求和科学的理性主义，对正义和自决的斗争也加强了这种不安定的动力机制。赫勒认为，人的需要结构总是被符号化地表达出来的，也就是说，是由起支配作用的价值体系所塑造的。在现代性中，主导的价值理念被普遍化了。这意味着，它们的内容不再是特定的、具体的和有限的。相反，这些价值理念仍然是抽象的、开放的。在这里，缺乏具体的规定意味着没有限制。相应地，在所选定方向上的每一次进步，仅仅成为另一个需要克服的制约因素。对照普遍价值的标准，任何局部的实现都是不够的，唯一的结果就是满足永远被拒绝。④ 正如赫勒在后面所说的那样，现代人的需要是无法满足的，因为起支配作用的普遍价值理念把他们定义为这样的人。⑤ 根本的一点是，“被拒绝的”满足是非个人的，它被写入了向更高、更好和更多的方向加速发展的理念之中。这种不满在意识形态上的典型表现是现代的进步观念。这

① “欲望”和“需要”的概念区分基于两类取向与它们的对象。欲望符合于贪欲的范畴，是定量衡量的价值，最终与作为现代性主导价值理念的普遍自由和生命是不相容的。而需要则是与这些现代性价值取向相一致的，因为它的关注点是个体的自我决定。See A. Heller, *Can "True" and "False" Needs Be Posited?*, in A. Heller, *The Power of Shame: A Rational Perspective*, London: Routledge & Kegan Paul, 1985.

② A. Heller, *The Power of Shame*, London: Routledge & kegan Paul, 1985, p. 32.

③ 在托米对“不满”的描述中，这后一个方面的思想是完全没有的。S. Tormey, *Agnes Heller: Socialism, Autonomy and the Postmodern*, Manchester: Manchester University Press, 2001, p. 117.

④ A. Heller, *The Power of Shame*, London: Routledge & Kegan Paul, 1985, p. 304.

⑤ Ibid. , p. 303.

是一种现代的幻想，在它那里，只有渐进的、不停的前进，虽有瞬间的停息，但没有终点。

尽管赫勒怀念个人的小朋友圈，而且愿意在现代状况中为它找到一个安身之所，但她从来没有抱怨现代性的不安的动力机制。这种动力机制不可否认的扭曲和失败从来没有削弱的事实是，自由和生命的价值理念的普遍化是在整个人类历史中唯一取得的伦理进步。① 这就是“反思地”拒绝全面批判的另一面。对于她所认为的现代性的真正解放成就，
【165】她拒绝弃之不顾。这种忠诚既表现为接受现代性独有的调节性的人道主义，也表现为承认现代个体坚持自己独特个性，不以狭隘的地方标准而只根据人类的普遍价值来判断的大胆愿望。赫勒承认，对具体的毁坏及附加在特定生活方式上的有限意义，都会带来沉重的代价。同时，对独特个性的新的肯定也会沦为单纯的对独特性的追求。据此，赫勒谨慎地、不无讽刺地指出，任何权力、财富或名声都不低于现代人的尊严。② 换言之，这种开放的追求从不受其他规范性界限或歧视感的约束，富豪、罪犯、运动员与思想家、政治家、圣人共享他们的成名时刻。追求成功和名声的动力是不满社会的突出特征之一。对成就的无限追求，推动着现代个体走向无限的未来。然而，由于现代状况中存在着悖论，不断进步只会导致更普遍的不满。在任何竞争中，不是所有的竞争者都是赢家，即使是那些少数的赢家也不能安于现状。当现代性精神将创新和奋斗作为其基本意义时，安逸和满足都不是一个令人满意的选择。

在赫勒的早期马克思主义阶段，有迹象表明她赞同法兰克福学派的论点，认为西方工人阶级是由消费主义所选配的。她越来越想要与现代的“不满”和解，但这并不意味着她现在忽略了无尽地追逐成功和名声所经常表现出来的庸俗和空虚。然而，最主要的是，她想知道，现代个体如何将现代性的动力整合到存在意义上令人满足的生活中。赫勒的哲学个性中最深层的推动力之一就是，她不仅想知道，而且还希望能够**帮助**现代个体**在实践中**找到自己解决这个问题的方法。传统的解体和基于

① A. Heller, *The Power of Shame*, London: Routledge & Kegan Paul, 1985, p. 307.

② A. Heller, *Can Modernity Survive?*, Cambridge: Polity, 1990, p. 306.

财产的生活方式的崩溃，给现代个体提出了一个历史上前所未有的任务。他们不仅要面对遗传学、时间和地点等由来已久的偶然性，而且现在还要面对向社会存在激进开放的可能性。在这种社会存在中，职业和选择是受限的，但不是命定的：把握此刻解放的可能性，成为一个真正的个体，而不屈服于不安全和空虚。① 要想知道如何才能做到这一点，我们不得不等赫勒在她的伦理学第二卷中提出的主张。

然而，与此同时，可以说，即使成功地接受了这一挑战，也不能完全消除现代普遍的不满氛围，它的作用只是使现代个体免受个人不满的【166】旋涡的影响。它是防止现代期望与经验时常出现不一致的方法，但它并不能使个体与现代世界一般状况中的缺陷相协调。后一点只是加强了赫勒对现代不满的深度和广度的洞察。即使是生活水平的不断提高和更正义的制度，也无法弥补期望与经验之间的鸿沟。世代之间，期望在变大。没有任何东西能够平息内在于现代的不满，它是现代的动力机制和开放性的核心处所固有的。

四、消费主义再评价

赫勒对进步意识形态的分析有所保留。然而，这些疑虑并不是当时环保主义者和保守主义者对“绿色”日益敏感的产物，而是指出了这样一个事实，即这种无限扩张的方案表达了现代性最深层的问题之一。② 对赫勒来说，这是资本主义和工业化的逻辑所支配的现代性景象。然而，她再次经受住了诱惑，没有任凭自己沉溺于对大众社会的全面批判。猖獗的消费主义是一个重大问题，在经济、道德和生态方面都有影响。但它既不意味着工具理性的胜利，也不意味着设法通过制造被操纵的、同质化的“虚假”需要来麻醉全部民众。她反对这种总体的和单一的描述，在她看来，大众社会已经导致了需要、实践和趣味的极大多元化。现代的大众媒介现在必须能吸引日益细分的市场，在这个市场中，

---

① A. Heller, F. Fehér, *The Postmodern Political Condition*, Cambridge: Polity, 1988, p. 19.

② A. Heller, *The Power of Shame*, London: Routledge & Kegan Paul, 1985, p. 307.

众多的消费者选择被嵌入各种生活方式和亚文化中，而这些生活方式和亚文化最大限度地增加了个体选择和自我决定的可能性。虽然这些选择的深刻性和多样性无疑可以通过社会的进一步民主化而不仅是消费主义来增加，但赫勒也拒绝了这种替代主义的策略，因为这种策略不考虑消费主义，它将消费主义视为大众欺骗，而且它自认为这种观点要更开明。

对于后马克思主义者赫勒来说，消费主义是现代欲望中最民主的欲望。对财富或权力的渴求导致的结果是，把他人仅仅作为手段来工具性地使用。赫勒认为，与此不同，消费主义没有直接的受害者。① 赫勒承认，它在一定程度上是由可以通过不道德的方式加入排他性的圈子这种
【167】幻觉和杰出成就的高度所支撑的，但她现在认为，这是一个无害的出口，所有人都可以通过它获得某种需要的满足和对成功的认同。对消费主义的态度之所以得到缓和主要源于这样一种重要的认识，即普遍的“不满”在现代性中成为一种强大的动力。赫勒抛弃了完全满足的社会的想法。② 现代人从来没有期望需要能得到完全满足。对个人幸福和成就的追求与对奋斗及寻求为什么会停止的不理解并不是无法调和的。然而，这种对现代性内在动力的肯定，并不意味着赫勒无条件地认可猖獗的消费主义背后的逻辑。她认清了现代性消费激情的道德含义，它可能是现代的欲望中最不危险的一种，但它可能是幼稚的、不负责任的。在第一世界，面对第三世界日益严重的贫困和饥饿，无节制的消费展示了道德上的冷漠和自满。③

在赫勒对消费主义的态度中所残留的模棱两可性表明，现代进步概念从根本上来说是矛盾的。这一概念包含了一系列相互矛盾的价值，不

① A. Heller, *The Power of Shame*, London: Routledge & Kegan Paul, 1985, p. 309. 从当代的立场来看，这在现在听起来是相当天真的。在 20 世纪 80 年代，随着进一步的发展，生态危机问题日益突出，而这个问题在赫勒的著作中有所反映，但这些问题从来都不是她要分析或全面解决的首要问题。

② A. Heller, *The Power of Shame*, London: Routledge & Kegan Paul, 1985, p. 312.

③ 还存在着这样的假惺惺的认识，即第一世界可以免受这些问题的影响，而不会最终遭受恶报。最近，难民、寻求庇护者和其他流离失所者在各大洲之间日益大规模的流动表明了这种冷漠态度的短视和愚蠢。

仅有自由、平等和自我决定的普遍价值理念，而且还有以增长为导向的价值，如生产效率、技术进步、增加的力量和物质财富。毋庸置疑，这个令人不安的星丛内在地包含着一种矛盾，此矛盾表达了一个冲突的、多维的现代性的竞争逻辑。同时，这个复杂的动态**既**生产了物质进步的指数，也生产了现代人对仅仅为了增长而被不断推进的增长所具有的非理性和不人道的道德敏感度。①

显然，由进步理念所产生的悖论是无法被轻易解开的。我们已经看到，赫勒的激进需要理论摈弃了将“真实的”需要和“虚假的”需要归于其他历史行动者的这种在政治上可疑的策略。她引入了“欲望”和“需要”的区别，作为辨别的非本体论基础。表达自决意志的需要比由所有其他满足增长的因素所实现的单纯“欲望”具有**价值优先性**。“需要”以诸如自由和生命（被理解为平等的生活机会）这样的现代性的普遍价值理念为导向，而并不总是符合这些主要的普遍价值理念的“欲望”，更多的是符合贪欲（lusts）的范畴。② 在我们的社会中，“欲望”支配着“需要”，绝大多数的现代个体通过“欲望”的满足间接获得大部分的满足。正如我们在赫勒对消费主义的论述中所看到的那样，她并不想贬低“欲望”的重要性。然而，表现自决的“需要”仍然具有优先 【168】
性。在紧接着的后马克思主义阶段，当赫勒仍然希望用自治的民主来取代资本主义和“对需要的专政”时，她仍然坚持认为现代社会的广大阶层都有自决的需要。然而，这些需要通常是潜在的，而不会被享有特权的思想家或官僚简单地将其赋予从属的阶级和群体。恰恰相反，这种“激进需要”只会从不受约束的民主对话中产生，而这种民主对话遵循的是哈贝马斯的规范性理想，即交往应是未被扭曲的。虽然现代性的所有逻辑都为生产自决的满足因素做出了贡献，但只有民主的逻辑才能维持和扩展那些以自决为目标的需要。③ 这种逻辑将特定的社会情境转变为真正体现行动主体的自由和自决愿望的情境。赫勒希望民主价值的胜

① A. Heller, *The Power of Shame*, London: Routledge & Kegan Paul, 1985, p. 310.

② 关于这个问题的更具体的讨论，参见前面提到的文章《能够假定“真实的”和“虚假的”需要吗?》。

③ A. Heller, F. Fehér, *The Postmodern Political Condition*, Cambridge: Polity, 1988, p. 33.

利能逐渐使消费转向需要。只有这样才能抑制与新技术和资本主义欲望的统治密切相关的无尽增长。

显然，这种乐观的设想太纯粹了。最初的激进需要理论曾预设了对资产阶级社会内在动力的马克思式的解读。对历史哲学的摒弃使这种辩证法成了问题。当这被一种假定的民主“逻辑”所取代时，这又要求对激进需要理论进行重新阐释。消费主义的“欲望”与自决的“需要”之间的区别对应的是多种逻辑模式，前者对应于资本主义和工业化的逻辑，后者对应于民主的逻辑。然而，在民主逻辑方面已经提出的质疑，表现为对激进需要在经验上的普遍性和强烈度的怀疑。赫勒最初对民主逻辑的忠诚，要求对激进需要的前景做出类似于同情心的解读。

当赫勒强调现代的需要动力机制的**全球性**特征时，她就在朝着这个方向发展。价值的普遍化过程摧毁了所有特殊的价值体系。“更多”“更好”和“成功”的量化取向取代了以前与具体共同体及其善的取向相关的质化取向。然而，由于意识到这种转变侵蚀了美德，赫勒赞成未来民主化的设想，在这种设想中，各种自治的共同体将会创造出必需的、起中介作用的规范。[①] 通过这种方式，工业的增长逻辑与民主的自治逻辑
【169】之间的一触即发的紧张关系可以得到调节和控制。以普遍价值为导向的现代需要结构潜在地具有的“无限”特征，就这样与致力于有限生活方式多元化的各种共同体相协调。正如我们在赫勒的《超越正义》一书中试图调和普遍主义与社群主义的过程中所看到的，她赞成个体有权选择最适合自己个性的共同体，必要时也有权离开共同体。同时，生活方式的多样化也是任何单一的需要结构癌变生长的解药。[②] 由于感觉到了这一解决方案的乌托邦式的对称性，她称之为“愉快的梦”。她无法预测其实现的可能性，也不想把它强加给其他人，因为针对进步的悖论他们可能有自己的替代方案。在这个意义上，她的解决方案仍然只是一个理论上的乌托邦。但它真的是一个“解决方案”吗？

稍加思考就会发现，这种梦想的“解决方案”更多是表面上的，而

① A. Heller, *The Power of Shame*, London: Routledge & Kegan Paul, 1985, p. 314.

② Ibid.

不是实际上的。现代人类学家所面临一个众所周知的困境是，虽然他们可以参与所观察主体的生活方式，但永远无法完全分享这个“封闭的”世界。存在于观察者身份中的超越性要素是无法被消除的，而且必然以与规范性环境保持距离的方式发挥作用。类似的超越性也在赫勒所梦想的共同体中发挥作用。普遍的视角总是占据上风，而且她不希望有其他的方式。然而，我们很难不相信，这种对偶然性的意识和有限视野的最终自愿性特征会影响其意义和稳定性。不足为奇的是，针对进步的悖论，这种梦想的解决方案几乎一被阐释便会逐渐消失。这可能与这些理论问题关系不大，而与“对需要的专政”消亡后真正社会主义的“第三条道路”的政治前景黯淡有关。赫勒很快就进入了她更为怀疑的后现代阶段，在这个阶段，问题取代了“解决方案”。从现在开始，问题的重点将不再是确保民主逻辑的胜利，而是保持现代性及其冲突性逻辑的“钟摆”以平衡的方式运动。

五、民主的未来

理解赫勒思想转变的关键在于，需要使她的政治观念与新的去中心化的、“不满的”现代性模式所要传达的精神保持同步。从她的历史理论来看，现代性的未来是不确定的、开放的。在现代性理论的早期阶 【170】
段，赫勒和费赫尔从这个矛盾复合体所具有的脆弱却真实的解放的可能性出发，对这个矛盾复合体做了理论探讨。他们最初把希望寄托在民主的逻辑上，尽管他们承认反对民主的力量是相当大的。此外，在这个时候，赫勒认为，这个不稳定的、具有爆炸性的复合体无限期地维持其不稳定的平衡是几乎不可能的。面对这种内在的不稳定性，真正的可能性是，一种单一的逻辑最终会推翻平衡，建立自己的统治。

> 我将现代西方社会解释为三种不同逻辑的独特组合：资本主义、工业化和民主。我还断言，由于这些逻辑变得越来越矛盾，其中一种动力——而这三种动力确实存在——将限制其他

> 两种动力，并最终确立自己的主导地位。我无法装作知道这三种逻辑中的哪一种事实上会突围。也不能否认，我们的历史可能以人类文化乃至人类的自我毁灭而告终。①

在稍早的一份与之相对应的分析中，他们对竞争性逻辑的前景做了思考。在他们看来，资本主义长期统治全球的机会最小。关于资本主义将改变整个世界的预言已被证明是有所夸张的；只有少数国家在以前殖民化的影响下采用了资本主义。然而，从预测的角度来看，更重要的是认识到，资本主义越是民主，就越不能满足它所产生的数量激增的需求。公共论坛、形式的个体权利和宪法承认的多元主义提供了政治手段，将击败无法为这种不断增加的需要提供满足的经济制度。② 当然，在资本主义的历史演进中，当时有很多证据支持这一论点。当代自由民主的福利国家代表了历史上的一次阶级妥协，资本主义在工人阶级政治的选举压力下被迫做出了让步。似乎需要制度做出这样的调整来确保其继续存在。但如果把这种历史变化理解为涉及某种形式的必然性，那就错了。过去20年里，西方世界福利国家的部分解体表明，民主和自我
【171】决定力量的胜利没有必然性。真正的全球化经济的日益紧张的局势，创造了几乎是永久性危机的条件，而这种危机会进一步危及这种模式。然而，对赫勒和费赫尔来说，这些逆转预示着，要求一个与资本主义民族国家不相容的新的制度基础。③

在这个现代性理论的早期阶段，对民主问题做出最广泛讨论的是赫勒的文章《民主的过去、现在和未来》④。对于一个社会主义的持不同政见者来说，她的出发点是现代自由民主的公民自由，这一点并不奇怪。它们是现代民主的重要形式特征：现代民主需要国家和社会的相对

---

① A. Heller, *The Power of Shame*, London: Routledge & Kegan Paul, 1985, p. 245.

② A. Heller, F. Fehér, *Eastern Left, Western Left: Totalitarianism, Freedom and Democracy*, Oxford: Blackwell, 1986, p. 236.

③ 沿着此思路所做的更进一步的分析，参见 J. Habermas, *The Postnational Constellation*, Cambridge: Polity, 2001。

④ A. Heller, Past, Present and Future of Democracy, in *Social Research*, vol. 45, no. 4, 1978.

（永远不会完全的）分离、宪法上的公民自由、多元主义和契约性的政治代表。这种安排之所以是形式上的，是因为这个框架并不决定结果，它对经济结构保持沉默，因此能够与资本主义共存。多元主义确保了争取权力的可能性，但没有确定它的轮廓，而公民自由则确保了言论、结社、信仰和财产的自由，但没有保证其使用的有效性。[①] 赫勒并未谴责这种形式框架对现实结果的不确定性，而是将其作为民主不可缺少的前提加以赞美。那些支持以社会和国家在政治上的完全统一为形式的实质民主，实际上是放弃了民主。在充分吸取了“对需要的专政”的惨痛教训之后，赫勒宁愿接受群众原则上可纠正的“错误”，也不愿接受由绝对权力的特权所强化的“唯一真正科学”的确定性。[②] 在形式民主的背景下，群众的失误发生在学习过程中，在这个过程中，唯一真正的社会目标是被多数人认可的。对她而言，只有与人民的权力和保证人民协商及义务的形式民主联系在一起，左翼激进主义才能设想对当下的超越。然而，正是民主的开放性和不确定性，才指明了民主的脆弱性和存在问题。

形式民主处处位于守势，受到反民主政权的包围和内部敌人的威胁。赫勒认为这些生存挑战来自跨国公司、军事机构和国内安全组织。[③] 虽然前两者原则上与形式民主制度并不冲突，但它们都有自己的议程甚至逻辑，可能与民主精神发生冲突。鉴于最近发生的国际事件和对国内安全的忧虑，我们应该强调一下她对秘密警察的敌意。出于原则性的原 【172】
因，恰恰是这些安全机构的存在与形式民主相抵触，因此是反民主的。这就是为什么其倡导者总是不诉诸民主原则，而是诉诸“紧急状态”的原因。赫勒承认，某些紧急状态，如战争，可以使暂时侵犯形式民主的

---

① A. Heller, Past, Present and Future of Democracy, in *Social Research*, vol. 45, no. 4. 1978, p. 867. 在这一点上，需要纠正的是托米的误解，在他看来，赫勒在后马克思主义激进阶段陷入了卢梭的共和主义。虽然在她的思想中总是有明显的社群主义要素，但这从来没有发展成卢梭的民主的普遍意志。她总是充分关注个体权利，并没有忽视形式保障在维持真正自由中的关键作用。See S. Tormey, *Agnes Heller: Socialism, Autonomy and the Postmodern*, Manchester: Manchester University Press, 2001, pp. 88, 95, 158 and 160.

② A. Heller, Past, Present and Future of Democracy, in *Social Research*, vol. 45, no. 4. 1978, p. 871.

③ Ibid., p. 873.

权利合法化。然而，她认为将紧急状态扩大为永久状态的做法是一种借口，它废除了最初创建安全机构所要捍卫的民主。① 与在法律框架内捍卫现状的警察和军队不同，安全组织有其目标和做法，而这些目标和做法必须在很大程度上是秘密的，而且很难得到民主社会的承认。②

似乎对形式民主的这些威胁还不够，赫勒发现形式民主本身从根本上来说就是一个悖论。悖论在于，形式民主对经济关系问题的沉默，使资本主义私有财产权的行使成为可能，而这种权利实际上将大多数人排除在充分运用政治权力之外。由于后者总是倾向于受经济权力的控制或影响，大多数人发现他们的政治平等实际上已沦为不平等和隶属。③ 赫勒对当代民主人士所面临的障碍不抱任何幻想，但她此时至少看到了一条在理论上前进的道路。她的任务是以一种积极的方式解决形式民主的悖论，既不取消财产权，又不把社会和国家完全统一在一种绝对的政治意志之下。她的解决方案是一种工人自治的形式，这种形式即将所有权普遍化，又没有将其集中于国家中。这个建议颂扬每个人的财产权，但又不承认资产阶级的私有财产权，因为它把大多数人排除在行使积极自由之外。一个生产单位的所有成员将因此平等地共同决定相关机构的运行方式、目标和手段。④ 在赫勒看来，这是对形式民主悖论的积极解决，因为它意味着废除了无论是在阶级还是在国家手中的中央经济权力。然而，在现代条件下，设想一个没有国家的严肃的社会方案意味着，关键是要通过保证全民的民主协商的代表契约制，确保政治统治是无效的。国家必须顺应这一意志，并为公民自主运用其私人和公共领域的可能性
【173】的权利留出空间。⑤ 这不是对完全民主社会的随意装饰，而是工人参与

① A. Heller, Past, Present and Future of Democracy, in *Social Research*, vol. 45, no. 4. 1978, p. 873.

② Ibid., p. 876.

③ Ibid., p. 878.

④ Ibid., p. 880. 赫勒从未详细地描述这种社会主义的工人自治制度是如何与资本主义的市场制度融合在一起的。但是，这个假设似乎意味着比当时自由民主欧洲的混合经济体更大程度的国家干预。

⑤ A. Heller, Past, Present and Future of Democracy, in *Social Research*, vol. 45, no. 4, 1978, p. 883.

到自己企业各个环节中去的重要补充。

鉴于民主面临的内部和外部的巨大威胁，解决形式民主的悖论至关重要。民主的命运在很大程度上取决于其扩大的能力。积极的解决方案会让那些不了解民主的外部观察者产生信心。

当然，资本主义会因无法满足自身创造的需要和要求而变得破败，这一想法看起来有点儿一厢情愿了。这无疑太像正统马克思主义危机理论的西方版本，难以令人信服。此外，由于赫勒现在是根据现代性的内在动力机制和不满精神来定义现代性，因此，不满情绪的高涨并不一定要被看作一种破坏稳定的激进力量。此外，尽管对现代性有种种合理的抱怨，但当代的现代性景观最引人注目的一面是，没有一个可行的替代资本主义的经济方案。尽管如此，根据这种最初的预测，现代性的未来取决于工业化“逻辑”或民主“逻辑”的支配。前一种可能性标志着现代性的真正黑暗面。它可以采取一系列极权的或独裁的反民主形式。她自己的经验及“对需要的专政”是帝国主义的并且能无限复制自己的这般信念都使她很清楚地意识到，这不仅仅是一种理论上的可能性。另一方面，对民主所投入的希望似乎也因其自身“逻辑”的脆弱性而受到威胁。到了20世纪80年代中期，赫勒对自治的民主共同体的未来设想，只是“愉快的梦”，还没有想到实现它的具体策略。从预测未来的事务中退出后，她越来越不愿意将现代性的范围缩减为简单的替代方案。毕竟，她现在所思考的现代性是动态的、流动的、复杂的和开放的。这意味着它的范围既不能局限于简单的选择，也不能局限于假定的结果。

这种对未来的不确定性最终因“对需要的专政”的崩溃而变得更加复杂。从这个时候开始，现代性的多种逻辑在赫勒的思想中占据了从属地位，她的注意力转移到现代性的“精神”、它的文化矛盾及对“现存”民主的意义的批判性分析上：

> 即使现代性能够幸存，对称互惠通过为每个有关的人开放政治决策、行动和规则的机会而采取民主的形式，这个世界最终依然可能成为了无生气、文化匮乏、主体缺失和意义丧失的 【174】

世界。①

赫勒在某种程度上预见到了福山（Fukuyama）在其广为传阅的《历史的终结与最后的人》（*The End of History and the Last Man*）一书中的观点，此后，她很快将注意力转向自由民主社会中激进能量的明显枯竭及对它的文化诊断。她将个体自决的方案与平等民主前景之间的张力表述为“差异的消失”。一方面，现代性培育和颂扬差异，这是以前任何一个时代都没有的。然而，正如托克维尔所预见的那样，这种生活方式的大流行及其日益普遍化导致了大规模的齐一性和重大差异的消失。② 这种一致性也不仅仅是资本主义和工业化这两种起变革作用的逻辑共同作用的产物。在赫勒和费赫尔的现代性理论中，新的批判的地平线的开启，伴随着聚焦点向民主逻辑及其当代体现的转移。现代性的语言也产生了齐一性。自由的精神在生产了其充分的政治形式之后，很容易失去它的激情。如果不具体化为生活形式和中介性的共同体美德，民主的权利语言就有可能使差异同质化，并消除共同体和创造性想象力。③ 在这里，哈贝马斯在“法制化”（juridification）的概念下所指出的法律的钝化及其对“自然的”、交往的纽带的僵化影响，开始进入赫勒的视线，被她看成是一个完全被禁令覆盖的社会世界所面临的危险。④

显然，这种批判并不是从以往对民主和自决的承诺中退缩出来。但是，在赫勒那里，自由民主社会的民主要素的激进化并没有一个可信的方案，这使她的愿望与现存社会之间的鸿沟越来越大。结果是，愈益强烈的批判将目光聚焦到真正民主的特征上。赫勒甚至没有撤销对当代民主逻辑本身的质疑。像哈贝马斯一样，她强调创新性文化能量的枯竭。但对她来说，这并不是生产主义乌托邦在历史上被废弃的结果。现在，她重新回到纽约，在那里的种族、民族和文化的张力中，她认为问题在于文化多元化和相对主义的狂欢。这种激进的创新削弱了对现存制度形

---

① A. Heller, *Can Modernity Survive?*, Cambridge: Polity, 1990, pp. 4–5.

② Ibid.

③ Ibid., pp. 152–153.

④ A. Heller, F. Fehér, *Biopolitics*, London: Avebury, 1994.

式的自信。政治学习涉及稳定与创新之间的微妙平衡。某些制度和安排必须具有不可撼动的合法性，如此，以未来为导向的憧憬开出花来才有牢固的基础。然而，这两项要求之间通常存在着张力。① 危险的是，激【175】进的多元主义和文化相对主义会削弱文化自信，使形势朝着不利于合理性决策的方向倾斜。②

这种对当下“不满”的思考不得不考虑的事实是，赫勒仍然认为自由民主是现代性所发明的唯一能够将累积性改革与激进的社会想象整合起来的制度安排。③ 文化碎片化和社会同质化的双重威胁不能忽视民主逻辑这样的本性，即它已深深嵌入日常生活中：

> 普遍的或准-普遍的想象机制能够充当所有类型争论的参照框架。男男女女们因此能够在非政治的制度内，也在日常生活中，使所有关于影响他们的潜在自由得以运用的条件的争端政治化。简言之，如果存在着一个公共的领域来确保并保护争论本身，那么在现代社会中，普遍价值和其他主要的有效政治价值的具体化就可以在多个层面上直接或者间接地展开。④

情况可能是，现代性的社会文化动力给予了民主逻辑一种新的特征。在民主的支持下，政治不再表现为革命的爆发。历史主要是社会的和文化的，这个层面上的革命不是剧烈的，而是不断发生的。当代女性主义是现代社会革命最明确的和最具典范性的例子。⑤

这里的主要观点是，现代性逻辑的脆弱性事实上被其普遍性所抵消了。民主化进程是在争论和批判中进行的，是在各个层面的无定形的斗争中进行的。从这个角度看，早先认为民主“前景极为有限”的观点，只与各种自治的民主共同体的乌托邦梦想有关。但这个梦想现在已经退

---

① A. Heller, F. Fehér, *The Postmodern Political Condition*, Cambridge: Polity, 1988, p. 153.

② Ibid. , p. 143.

③ Ibid. , p. 153.

④ A. Heller, *Can Modernity Survive?*, Cambridge: Polity, 1990, p. 123.

⑤ Ibid.

去，同时退去的还有“满意社会”的观念，因为这种观念在历史上已经过时，不再符合现代性的本质不满。在继续全面阐述赫勒的现代性理论时，她把现代性的前景放置在与当代社会政治动力机制相逆的、分散的、非正式的和正式的发展趋势中来考察。这种转变表现为在她对现代日常的哲学式描述中充斥着乐观主义，在这种乐观主义中，不满、动态正义和批判渗透到日常生活中，并成为批判哲学实践的典范。

【176】 迄今为止，只在哲学中发生的事情现在能够并且正在政治实践和生活中发生。男男女女们时常将应然，即将普遍价值与未符合或者未履行应然的实然，与他们的未符合或者未履行应然的政治和社会制度并置。男男女女们在他们的日常实践中诠释和再诠释那些价值，并且他们开始运用它们作为批判和驳斥的工具，作为实现哲学或哲学最终目的的工具。①

毫无疑问，赫勒通过哲学所强化的现代日常观会引起一些人的认同。然而，我们必须考虑这种观点能否在社会学上得到证实，能否真正反映当代现代性中大多数个体的存在经验。

我们该如何解读赫勒对民主逻辑的重新思考？首先，它可以被看作对马克思主义和她自己早期的“总体革命”理论的进一步摆脱。她超越了革命的乌托邦主义，并在现代日常这个去中心化的中心做着抗争。这是对多元主义和自决的呼唤，仍然对解放抱有希望。它仍然想要将我们的边界延伸到改革派的自由民主的狭隘界限之外。现代的动力机制可能产生同质性和作为客户消费者的公民，但它也有解放的潜能。然而，与此不谋而合的第二种解读，则抱着更为怀疑的态度来解释赫勒的转变。赫勒是一代批判理论家中的一员，她得出的结论是，即使是具有实践意图的理论也不能改变生活。② 她最终否定了革命动力是固有的这种观念。然而，对于由本体论-历史来保证的老故事来说，她对现代日常的极度

---

① A. Heller, *Can Modernity Survive?*, Cambridge: Polity, 1990, p. 120.

② A. Heller, *The Power of Shame*, London: Routledge & Kegan Paul, 1985, p. 235.

乐观的描述，可能看起来像一个未加装饰的代替物。民主逻辑真正来说是脆弱的，而且现实的历史行动者显然不愿意承担自决的历史任务，面对这些情况，这种将现代日常解读为哲学实践的解释，可以为经验上无力的诉求充当神话的保证。这种对现代性的民主资质（credentials）的温和乐观主义是诱人的，但却很难与以有节制的怀疑主义为荣的反思的后现代立场相一致。

【177】

第九章 伦理命令

从赫勒哲学旅行的一开始，伦理学就一直是她的核心关注点。我们知道，这种关注深深扎根于她的大屠杀（纳粹德国）经历。她的任职资格论文是关于车尔尼雪夫斯基的伦理观，随后，也就是1958年，她在布达佩斯大学开设了关于一般伦理学的讲座课程。更晚一些，这些讲座内容经过一定的修订最终得以出版，名为《从意图到后果》（*From Intention to Consequence*）。她大约在这个时候发表的《哲学家的道德使命》一文，仍然认为伦理学是理解哲学的核心。正如马尔库什所认识到的，伦理学在赫勒对哲学任务的理解中居于中心地位，并深深地影响了她自己的哲学形象。① 虽然她没有为美德或行动做出规定，② 但她的所有著作中都有强烈的教育意味。她的目的是在日常生活中培养对善的敏感性，并维持生活和工作在古典哲学意义上的统一。无论是在她对卢卡奇的“复兴马克思主义”事业所做的贡献中，还是在她对伦理学在马克思主义中的位置的反思中，都贯穿着这些思考，关于这一点，我们在第一章中已经做了讨论。她后来与马克思的告别，并不是对伦理学视角的放弃，而是将其从古典历史哲学的束缚和马克思主义政治所规定的伦理妥协中解放出来。

所有这些伦理反思的最终结果是，在20世纪80年代中期到90年代中期的10年间写成的一部多卷本的巨著。然而，这项工作不应该被看作一个全新的事业。当然，赫勒希望能最终以一种系统的形式来呈现她的伦理思想。然而，这项事业的基本思想来自早年在匈牙利的报告。③

---

① G. Márkus, *The Politics of Morals*, in J. Burnheim eds., *The Social Philosophy of Agnes Heller*, Amsterdam: Rodopi, 1994, pp. 25–58.

② 不足为奇的是，一些评论家把这种强烈的教育意味误认为是一种灌输式的道德主义的意味。

③ A. Heller, *Der Affe auf dem Fahrrad*, Berlin: Philo, 1999, p. 476.

这表明她的伦理思想在前两个阶段的工作中具有显著的连续性。然而，在第二卷和第三卷之间，她开始感到，她的系统性呈现形式与她捕捉贯穿于现代伦理生活中的偶然性的努力是背道而驰的。最后一卷，即我们将在第十三章讨论的《个性伦理学》，采用了更加开放、更加碎片化的演讲和对话形式。它显然是后现代的，对偶然性和悖论高度敏感。通过 【178】
对后现代的反思，赫勒接受了将伦理学与现代人对自由和真实个性的追求调和起来的挑战。

在前几卷中，赫勒的出发点是好人的存在。对“善”的认识不是一个抽象的哲学问题，而是日常生活中熟悉的存在经验。赫勒给出当代伦理学的概念装备，可以帮助好人度过个体在行动时所面临的一般道德困境。一如既往，她主要关注的是日常生活、自觉的伦理自主性和责任。然而，她对现代道德的论述中的每个概念环节，都朝着偶然性这一核心问题前进，探讨了现代状况的捉摸不定的潜能和我们对它的伦理影响的日益自觉。

一、道德的历史性和新的偶然性

这种对伦理领域的全面修订以对其基本历史性的深刻认识为前提。神话世界观使特定的事物秩序合法化，并传达了一种权威性的公共叙事，这样的时代已经过去。现代的个体不再相信仅仅作为时代智慧权威性地流传下来的规范和规则的等级制。在伦理领域的第一次伟大的**结构革命**，将个体在**良心**上与特定规范和价值的关系的独特的主观方面解救出来。这一变化的现代受益者现在正生活在**第二次革命**中，这场革命已经使外部权威和内部权威之间的天平决定性地向后者倾斜，这表现为多元化、普遍化和个体化的趋势。伦理并没有走向麦金太尔所设想的危险状况。基本的规范和规则仍然通过日常的社会化被传递给下一代。[①] 无论现代多元化的生活形式的外表是多么混乱，文明的基本规范还是得到了高度的遵守。没有它们，复杂的现代社会世界将很难运转。

① A. Heller, *General Ethics*, Oxford: Blackwell, 1988, p. 74.

赫勒承认，历史演进对道德的面相和任务都产生了巨大的影响。亚里士多德将伦理学的所有基本方面放在一起来考察，而且对它们给予了同等的关注，但是现代性则将这个整体分化成不同的、无法和谐地综合起来的问题。① 传统的道德理论领域被划分成三个领域：第一个是解释
【179】的问题：什么是道德？第二个是规范的问题：我们应该怎么做？最后一个是教育的或教化的问题：我们如何才能过上好的生活？自早期启蒙运动以来，对传统的质疑日益增多，主要的关注点已经转移到了解释方面，对规范的有效性进行了怀疑论的探究。因此，应用和教化（paideia）的问题被掩埋了，在某些方面，甚至被完全排除在道德理论之外。赫勒虽然赞同麦金太尔对当代道德理论的许多方面所做的诊断，但对他认为现代状况是混乱和衰落的观点提出了异议。对她来说，道德的第二次结构革命的故事充满了辩证的可能性，而且仍是不完整的。结果是"更崇高、更少压抑"，还是会瓦解以前所有的道德成就，仍然是一个悬而未决的问题。②

在没有确定的解决方案的情况下，赫勒试图为道德理论的不同问题提供一个现代反思的答案。她既拒绝夸大任何一个单一的方面，也拒绝在某个单一的理论观点中将这三个方面统一起来。③ 当代大多数道德理论要么顺应分化的趋向，要么奉行黑格尔式的策略，将"是"与"应该"重新统一起来。例如，哈贝马斯采取的就是后一种方案，但赫勒认为，由于他认为应该关注解释的问题，结果是，实践和教育的问题受到了影响。④ 她独特的替代性策略既保留了古典道德理论的**全面性**，又保持了古典道德理论的**平衡性**。

在不牺牲差异性的前提下实现这一点，需要对每一个道德问题给予应有的重视，同时观察它们之间复杂的相互联系。这就是为什么会有三部曲的原因。每本书都代表了对每个问题的完整回答：什么是道德？我

---

① A. Heller, *General Ethics*, Oxford: Blackwell, 1988, p. 1.

② Ibid., p. 9.

③ Ibid., pp. 5-6.

④ Ibid., p. 4. 在她看来，科尔伯格（Kohlberg）的道德进化论是这一方案的错误实现，因为它的纯粹的自然主义相当于哲学的原始主义（philosophical primitivism）。

们应该怎么做？我们如何才能过上好的生活？她把这三个问题统一起来，将这三个问题看作同一问题的不同方面，这个基本问题是：好人存在-他们何以可能？这是道德理论的基本问题。“好人”的存在既是日常道德经验的**永恒真理**，也是道**德理论的预设**。如果没有一些好人，伦理探究将没有任何意义。① 赫勒想要为这种存在的现实给出理论的、实践的和存在论-教育的答案。② 但是，这一问题从根本上来说所具有的连续性和永恒性不应掩盖**道德的历史性**，人们需要在现代性的具体条件下重新提出这一问题。

现代性前所未有的特征使我们又回到了赫勒所讲的**第二次**道德结构革命。道德的多元化、普遍化和个体化趋势代表了一个重大的变化，它 【180】
使道德的天平决定性地转向了内部权威。虽然道德的内容总是在历史中变化，但传统中的价值和美德却在总体上保持着连续性。在现代道德境况中，最突出的是传统、共同体和道德共识的力量被削弱。前现代哲学家无一例外地分享了他的听众的道德宇宙。但是，这种联系再也不能被视为理所当然。道德哲学要想既全面又具体，就必须从它的听众那里获得权威。哲学家和听众共享某种东西。然而，在现代性中，听众的接受能力既不是由文化的同质性，也不是由价值共识来保证的。多元化和个体化的趋势不仅意味着对伦理提出了真正的挑战，也意味着对道德理论的接受提出了真正的挑战。我们不能再指望在特定共同体的全体成员中找到这种难以捉摸的共同的“东西”。赫勒认为，在关于人的境况的现代意识的某个方面，可能会找到这种“东西”的替代物。

这是一种历史上前所未有的经验，人们不仅感觉到他或她的出生环境是偶然的，而且感觉到他或她的社会地位和职业都是偶然的。由于社会没有预定的**目的**，人们认识到，个体存在完全是偶然的，而且这种认识得到了强化。不是任何特定共同体的成员资格，而是这种**双重偶然性**为所有现代个体的相互理解提供了普遍的基础，这显然是一种对称的互

---

① A. Heller, *General Ethics*, Oxford: Blackwell, 1988, p. 7.

② Ibid.

惠关系。① 我们共同的困境既是一种祝福，也是一种诅咒，同时又是一种完全的不确定和无限的可能性。然而，对共同境况的认识目前是如此抽象，以至于当代哲学家也必须警惕它的滥用。如果赫勒没有自觉放弃历史哲学的信条，就无法知道整个世界是否会变成现代的，也无法知道道德哲学是否可以在事实上向每个人讲话。② 有了这一重要条件，她就可以与现代性的这种存在论-本体论境况做斗争。她的愿望是，在一个意识到自身偶然性的世界中解决善的问题。

二、伦理学的工具

赫勒三部曲的第一部，即《一般伦理学》，专门讨论了解释的问题：什么是伦理？在阐明和界定伦理学的基本范畴时，她所有的历史和文化
【181】方面的学识都得到了体现。诸如人的境况、伦理、道德自主、责任、后果和判断这样的关键概念都得到了重新审视，并在她的范畴库中获得一席之地。这种分析既受到了伦理史的影响，又受到了日常现代性的棱镜的折射。随着她对人的境况的讨论，这种视角会很快发挥作用。如前所见，在 20 世纪 60 年代末她的马克思主义作品的焦点是哲学人类学。我们在第一部分中所概述的关于价值、本能、情感、需要和历史的作品都是致力于这个未完成的计划。现在她终于放弃了这个计划。在阿伦特的帮助下，她为她的伦理学选择了一个新的概念基础。人的境况这个概念不仅仅是人性（human nature）的同义词，而且是它的明确的批判。

众所周知，人性的概念极为宽泛。它不仅被其他哲学体系以各种不同的、有时是完全矛盾的方式解释，而且它在隐喻上的特殊意义也包含了完全不同的解读。然而，隐喻的混乱和模糊只是问题的一部分。③ 人性的概念引发了被动性的想象，根据本质生活的想象，或在与本质相冲

---

① A. Heller, *A Philosophy of Morals*, Oxford: Blackwell, 1990, p. 7.

② Ibid., p. 8. 当然，这种主张与认为某些现代价值理念（如自由和平等的生命机会）具有经验普遍性的观点存在一定的矛盾。然而，在这里，赫勒强调的显然是这项事业的长期的历史可持续性问题。关于这个问题，她并不知道。

③ A. Heller, *General Ethics*, Oxford: Blackwell, 1988, p. 17.

突的状况下生活的想象。对“人性”的研究转移了人们对**道德行为**的关注。尽管“人的境况”这个概念也是隐喻，但赫勒坚持认为，她自己将其解读为对善的**可能性**进行考察的本体论背景，因而使其成为更可靠的隐喻。①

赫勒认为，新生婴儿既非“自然的”，也非“社会的”，而凭借自身成为一个独立的“系统”。仿佛是为了强调与马克思的决裂，她强调人性化与历史无关。② 作为社会存在，我们一出生就是人；从一开始，社会规范便已存在，本能只是剩余。婴儿是为社会而被程序化的，其实现条件是在社会中并通过社会而被创造出来的。这就实现了先天的遗传之物与社会之物的结合，构成了个人的独特历史。赫勒将这种先天的“联结”称为历史性，它标志着独特的生命叙事的构成，孕育和“被抛”的双重偶然性转化为个人历史。历史性克服了无限多的社会可能性和个人先天基因的不可言说的独特性之间所潜在的裂缝。③

“联结”的过程必然涉及冲突。然而，缺乏和谐性的结合并不是悲剧，而是人类生活的内容。当这种张力在世界观中被调动和发挥出来的时候，它就成了文化创造的能量。④ 对赫勒来说，人的境况由如下要素构成。

（1）社会规范替代本能。【182】

（2）历史性被构想为决定和自决。

（3）历史性也意味着“在张力中生活”。⑤

在一般的人性理论中，自我的地图是规范性的，个人可以据此而做出改变。与此不同的是，这种替代模式允许个人在张力的质、量和特征方面有所不同。后者在不同的社会中有所不同，正如为吸收它而构建的机制一样。有趣的是，赫勒所认为的现代动力机制的钟摆运动似乎不过

① A. Heller, *General Ethics*, Oxford: Blackwell, 1988, p. 17.
② Ibid., p. 18.
③ Ibid., p. 20.
④ Ibid., pp. 21-22.
⑤ Ibid., p. 22.

是这种更深层次的存在张力的放大的表现形式。①

人的经验是自我与社会规范之间的钟摆运动所表现出来的张力的产物。这两个方面不是截然对立的，而是共同构成的两极。自我是一种无法还原的自我性（ipseity），生来便有自我感知（self-awareness）和获取特权，这使我们确信我们比任何人都更了解自己。然而，事实是，别人比我们更了解我们自己，他们在行动和社会关系中看到了我们。需要对自我关于特权的感知做出纠正的是，知道它是由其他自我以承认和共同评价的形式一起创造的。用于理解我们自己的内在感知的技术是社会地构建起来的一般工具。② 这一点通过**自我感知**和**自我意识**（self-consciousness）的区分得到了澄清。我们已经对赫勒早期在特性和个性之间做出的区分有所了解。自我感知是人类个体生命的常量，而**自我意识**则与**双重**性质的自我反思形式相联系。这就把自我变成了考察对象，并创造了一种作为价值观的指导功能的深度。每个社会都存在着特定的"选择容忍"，它们将这种内在深度的探索看作"常态"。在复杂的现代社会中，这方面要更为自由，但即使是这种容忍也是有限度的，越界会导致认识的丧失和意义的缺失。③

三、意义、规范和规则

与其早先对主体性的辩护一样，社会规范在赫勒关于人的境况的观点中居于中心地位表明，一个没有伦理的世界是不可能的。"拥有一个世界"的前提是规范和规则。④ 我们的行动之所以有意义，是因为它们表达了规范和规则的层次体系，并受其支配。这种层次体系体现在为行
【183】动授权并为行动辩护的世界观中。赫勒称这些世界观为"历史意识"：

① A. Heller, *General Ethics*, Oxford: Blackwell, 1988, p. 22.
② Ibid., pp. 25-26.
③ Ibid., p. 30.
④ Ibid., p. 31.

它们使事物的特定秩序变得有意义，并具有合法性。①

这个框架使赫勒能够将道德变迁置于她的道德理论的中心。原则上，规范是可解释的，但实际上，规范体现了构成特定世界的道德习俗的**伦理**。② 较抽象的规范与其具体化的规则之间的张力**隐含**在动态的社会实践中。在特定的历史条件下，它能够变得**明晰**。赫勒承认，全面批判会彻底摧毁特定的**伦理**。然而，这并不能掩盖道德习俗也是统治工具的事实。在所有前现代社会中，道德习俗皆意味着社会分层。人们只是根据个体所在的社会等级的规范来判断它。相比之下，在现代性中，规范变得抽象，像正义这样的一般规范在形式上适用于社会的所有成员。虽然跨群（trans-clusteral）的美德常常存在，但只有在现代性中，最高的道德规范和美德才与最高的社会阶级脱离了关系。普遍规范的倾向不可避免地将所有实质内容剥离出来，导致极端的形式主义。这种从具体伦理抽象出来的分化过程，是我们在理论上批判地考察道德的前提条件。它也是伦理实质演变史上仅存的无矛盾的道德进步。③ 它为传统的一般规范引入了一种潜在的批判视角，使克服极端的民族中心主义成为可能。它使一般规范的普遍化得以可能，同时又在道德多样性中发现了经验上的普遍性。④ 现代主张要使某些一般规范普遍化，而这种主张至少预设了某些伦理常量的存在。⑤

《一般伦理学》中的许多分析所围绕的中心主题是，现代性中不断

---

① A. Heller, *General Ethics*, Oxford: Blackwell, 1988, p. 36. 从第四章我们已经了解了价值取向的基本类型。在规范和规则的层级体系背后，是这些最初的价值取向，它们是“拥有一个世界”的条件。人们普遍会在“好”和“坏”之间做出区分，而这就允许进一步在其他层级的范畴中做出区分，如圣洁/虔诚、正确/错误、真实/虚假和有用/无用。这些也形成了一个包含所有规范和规则的层级体系。规则是一种制约，因为它们规定了相对灵活的运用和实现条件。与此相反，规范是只在一定程度上被执行的规定，并为解释留有余地。虽然越过一定的界限就会违反这些规范，但这些规范也提供了解释空间，使行动者可以在其中发展出一种与规则重要的关系。

② A. Heller, *General Ethics*, Oxford: Blackwell, 1988, p. 37.

③ 似乎很难说这就是“无失之得”，因为对传统伦理的抛弃已经造成了个体难以言表的痛苦，即使我们最终根据一些更一般的历史进步标准来判定它是值得的。

④ A. Heller, *General Ethics*, Oxford: Blackwell, 1988, p. 42.

⑤ Ibid. , p. 43.

强化的分化过程所引发的问题及其对传统伦理结构和语言的影响。一个突出的例子是，现代对道德自律和个体责任的强调。在传统社会中，个体甚至可能被要求为亲属的行为负责。只有当规范和规则不再被视为理所当然，而是可以进行道德审议时，才会出现道德自由。同样，道德自律是这种不透明的传统世界有所缓和的另一个产物。赫勒区分了自由选择的问题和道德自律的问题。这两个问题都涉及自由选择或决定的问题；然而，前者涉及行为，后者则指向性格。自律问题是随着一种独特
【184】的道德观的诞生而出现的。道德自律的个体的典型特征是，能进行“双重性质”的自我反思。① 无论从具体规范的视角来看，还是从抽象规范和理念的先验视角来看，个体都对自己的行为实施着监控。先验的视角凌驾于一切单纯是外在的决定因素之上。②

道德自律在历史上的产生并不能证明存在着**绝对**的道德自律。赫勒主张一种相对的道德自律观念。她将如下两个方面调和起来：一方面是她受马克思启发而获得的关于历史制约性的认识；另一方面是他自己一生所做的工作，即把对个体选择和责任的需要恢复起来。从日常的道德生活经验出发，她断定决定论对道德的说明在理论上是错误的，在道德上也是错误的。因为在日常的道德生活中，对于人们在特定的限度内采取不同的行动方案和改变个体性格这一事情，我们会进行劝服，做出评判，给予鼓励。③忽视实践选择的有限性的自由选择理论也是如此。理性选择理论犯了两个错误。它使所有的选择相**等同**，就好像它们具有相同的结构，拥有同样的权重一样，而且，它**不考虑**个体做出选择的性格。④对赫勒来说，个体选择仍然是道德的基石。之所以会有选择，不是因为特定情境下没有限制，而是因为**我们**对这些限制的态度。

这种对**相对**道德自律的辩护承认，个体可以屈服于情境的制约，在此情境的制约下，他会展开道德行动。然而，道德的存在本身就预设了

---

① A. Heller, *General Ethics*, Oxford: Blackwell, 1988, p. 52.

② Ibid.

③ Ibid., p. 55.

④ Ibid., pp. 58–59.

某种程度的自律。它的地盘不是合理性话语（哈贝马斯），而是个体与规范、规则的实践关系，是将规范性承诺持续不断地转化为行动。**相对**道德自律的观念预设了一个道德他律的环境，在此环境中，道德选择产生于社会的、实际的限定领域。虽然这些限定并不等同于决定，但它们同时塑造了性格和行动。① 然而，正是在这个领域中，我们要求自律的道德行为和本真的性格。赫勒坚持认为，这样的善是可能的。日常生活中好人的存在证明了抵制那种偏离社会制约之行为的努力的实践性质。

如果说选择是道德的基石，那么这也意味着个体对所选择的行动路线负责。行动具有不可逆的后果。对赫勒来说，承担责任只是对这一事实的承认。在一个**相对**道德责任的道德宇宙中，**责任的程度**会随着一系列因素的变化而变化，这些因素包括与行动相关的位置、知识等。这种 【185】
责任在行动方面通常是**回溯性的**（retrospective），但当行动者承担了与某一位置相伴随的义务时，这种责任也可以是**预期的**（prospective）。② 在传统社会中，某个特定社会群体中的每个成员都被赋予了一些基本的美德。虽然共识仍然是伦理反思的共同点，但现代性已经看到它对基本的美德与恶行的侵蚀。现代性领域的日益分化使大多数一般美德被分解为特定领域的亚美德，并将前者限制在日常生活中。③

四、分化、道德与责任

抽象规范与具体规范在现代的分离，使因道德理由而违反规范的人的责任问题凸显出来。事实上，正是抽象的价值理念与具体规范之间的这种距离，需要从历时性的视角来看。正如我们所看到的，对赫勒来说，这种变化的可能性是道德进步的基石。她认为，在处理这一困境方面，韦伯关于“责任伦理学”的思考堪称典范。④ 对韦伯来说，决定性

---

① A. Heller, *General Ethics*, Oxford: Blackwell, 1988, p. 64.

② Ibid., pp. 68-69.

③ Ibid., p. 74.

④ Ibid., p. 77.

的问题是价值选择的后果。如果选择没有导致“更高的”、比传统规范更普遍的准则，它只能被视为道德上有问题的。如果选择导致了“更高的”、比传统规范更普遍的准则，随后的行动就标志着道德革命的开始。① 尽管她承认这种回溯性澄清的可能性，但作为一个前马克思主义者，她觉得有必要强调相关的艰巨责任。它要求对个体所选择的价值要极为确定。虽然这种对个体确定性的强调并不能保证不犯罪，但如果传统要受到挑战，这样的打赌就是不可避免的。她最同情的是被边缘化的个体，他们维护着被各种革命政权践踏的善，承担着“世界-历史责任”。②

允许个体自由地对道德行为进行解释强调了个体的责任，并迫使人们更加重视后果，但它并不能解决所有问题。当注意力转向后果时，现代可能对具体规范提出质疑这一情况所带来的风险也同样普遍存在。现代性的多元性和复杂性加剧了对后果进行评估的难度。在古典社会，亚里士多德能够解决后果问题。在一个特定的共同体中，人们想当然地对
【186】最高的善有一个共识。现代人缺乏对最高价值的共识，这影响到对后果的评估：评估变得主观和有问题。这正是促使康德试图通过普遍化的准则和回避道德选择的语境来净化道德的问题。③ 然而，他的尝试最终也未能解决赫勒所说的“道德困境”。道德选择的复杂性意味着行动总是处于具体情境中的。有些选择接受行动准则的普遍性，但这不是对行动本身而言的；情境可以使某个准则最适合于某一种情况，但并不适合于另一种情况。这意味着，具体的审议总是必不可少的，后果应始终是考虑的因素之一。④ 在现实中，后果会继续引发连锁反应，引起永远也无法预见的结果。这种连锁反应的复杂性因现代性而更加明显。准自律的

① A. Heller, *General Ethics*, Oxford: Blackwell, 1988, p. 77.

② Ibid., p. 81. 集体罪行的最大责任在于领导层，因为他们更有能力来发起行动和做出真正的选择。但是，一些责任延伸到行政管理系统，甚至延伸到那些没有参与罪行但默许了犯下罪行的拥有政权的人。

③ A. Heller, *General Ethics*, Oxford: Blackwell, 1988, pp. 87–88.

④ Ibid., p. 92.

子系统和发展逻辑的交织大大增加了无法预见与不可预见的风险。① 现代性的动力机制本身就增加了所有社会行动的不确定性，往往使具体的规范变得难以胜任。

因为认识到有必要与社会规范进行抗争，赫勒不再天真地崇拜黑格尔所构想的世界历史的个体。甚至连个体信念的确定性都不足以成为安置道德希望的牢固基础。实践的评估需要原则的协助。只有民主原则才能担此重任。当后果必须由千百万人在他们的具体生活中来承担时，赫勒放弃了思辨的幻想。②

五、道德权威的危机

对赫勒来说，需要加强实践判断，不仅是对历史哲学的所谓罪恶及其自命不凡的愿望的回应。历史哲学本身就是现代道德权威危机的产物。外在权威日益向内在权威的转变，使道德越来越**多元化**、**普遍化**和**主观化**。③ 与麦金太尔相反，她拒绝将这一长期的历史趋势视为衰退，她认为它具有实现更大的道德进步的潜能。然而，这并不是一个单向的过程，而且，道德进步也不能得到保证。④ 道德权威被内在的良心所削弱，这种良心寻求的不是替代性的具体规范，而是更高层次的更抽象的规范。这些抽象的规范既不能以理性为基础，也不能以历史动力为基础。黑格尔试图在理论上将伦理重新纳入道德的尝试失败了，因为它最终将道德立场暴露在历史的偶然性之下。

正如赫勒所看到的，当代道德被固定在一种主观主义的模式之中，【187】
但却因矛盾而不安。这不是价值矛盾的辩证法，也不是抽象规范与具体规范之间的辩证法，而是内在于主观主义道德结构中的两种可能的发展逻辑之间的矛盾。⑤ 赫勒区分了作为**唯一的主体**和作为**终极**裁决者的**实**

① A. Heller, *General Ethics*, Oxford: Blackwell, 1988, pp. 94–95.

② Ibid., p. 97.

③ Ibid., p. 106.

④ Ibid., p. 107.

⑤ Ibid., p. 106.

践理性。只有后者才是道德进步的表现。在这里，主体采用了以预设的普遍价值的立场为导向的“**双重性质**”的反思。需要花大力气来阐释这些价值，即使它们已经被具体化为民主-法律的制度结构。无论是独白式的选择还是对话式的选择，它们都必须得到可供检验和争论的论据的合理支持。① 作为唯一裁决者的主体，代表着超验视角的完全消失，并允许个人主义的肆无忌惮。没有外在的道德权威，就没有具有约束力的道德规范，一切都被许可。早期现代良心在解构主义和建构主义之间形成的微妙平衡，让位于虚无主义的自我肯定。从这些考虑中，我们看到了她后来对反思的后现代主义和天真的后现代主义的区分。像黑格尔一样，赫勒知道唯一的裁决者可以采取各种不同的形式。② 虽然她认为道德进步是可能的，但这些具有威胁的主体性形式的留存使她不愿意简单地将主体仲裁者与科尔伯格（Kohlberg）、哈贝马斯所讲的道德发展的下一个革命阶段等同起来。这只能由现代行动者的承诺来决定。③

这种承诺是否存在、能否被利用，是一个困扰着越来越具有怀疑精神的现代性的问题。道德哲学的传统基础认为美德是可教的。根据主要的价值取向范畴进行辨别的能力被认为是作为社会化过程的固有结果而出现的。④ 在过去，人们诉诸于解释了规范性秩序的合法性的起源叙事来证明道德判断是否是“正确”的。在这种结构中，理性和信仰不是对立的，而是相互支持的。传统和理性是合法信念的两个支柱。随着传统被侵蚀和对理性的日益依赖，这一切都发生了变化。当道德规范仅靠理性来证明时，理性的态度也发生了巨大的变化。起决定作用的不再是对现存规范和规则的遵守，而是制定新的法律。众所周知，赫勒区分了两种不同类型的合理性：**理性合理性**关注的是对毋庸置疑的现存规范和规则的认同和应用，而**理智合理性**则使一种批判的实践理性和这种实践理

① A. Heller, *General Ethics*, Oxford: Blackwell, 1988, p. 107.

② Ibid., pp. 111-112. 自恋型的良心（narcissistic conscience）意味着个体完全专注于非道德的经验主义的自我反思；善于算计的良心（calculating conscience）将善/恶与成功/失败或有用/有害结合起来；而善的良心（calculating conscience）意味着自我神化的最终动力，因为在既没有神也没有规范的情况下，自我变成了一个超人。

③ A. Heller, *General Ethics*, Oxford: Blackwell, 1988, p. 113.

④ Ibid., p. 132.

性的善的主要取向发生作用。① 这后一种更高形式的理性使思维既能证 【188】实也能证伪规范和规则。显然，在现代性中，随着重心从对道德规范的观察转移到新道德规范的生成，理智合理性变得越来越重要。在对传统的道德生命力失去信心之后，关于道德的起源，早期现代的哲学家们产生了分歧，有的认为道德起源于理性或情感，而有的认为道德起源于二者的结合。② 赫勒拒绝了所有沿着这些思路提出的解决方案。区分思维和情感，就像忽视理性和信仰之间的联系一样武断。

赫勒拾起了她早期论情感的著作中已经很明显的一个主题，她认为，如果没有批判性推理的支撑，无论是私人的情感还是公共的激情都必须被看作在道德上是矛盾的。提高道德情感质量的努力很容易转变为为了情感而颂扬情感。认为某些情感被赋予了产生道德规范的力量，这是一种心理学的观点，它把道德降低为一种单纯的副现象。③ 把道德作为心理学的范畴，就是否定个体的道德自律，把违法行为视为一种由待用科学话语来处理的疾患。现代多元主义的进步及其真正多样的“好的生活方式”不应掩盖这样一个事实，即必须有人人可共享的道德规范。尽管人们越来越在理论上认识到理性与情感是相接近的，但这种认识并没有被转化为一般文化。从目前的情况看，观点出现了两极分化：一是强调科学话语的主导地位，把主体当作副现象；二是强调情感的主导地位，否定一切的主体间规范。这关系到未来能否将最充分意义上的自我发展理念与对话和争论中合理性地构成规范的理念统一起来。④

因现代性中的其他离心力，如更复杂的分工和扩展的文化分化，观点的这种两极化趋势加重了。现代社会分层的消解，使道德文化从美德导向转向命令导向，**实践理性**应运而生。然而，正义、自由、民主等具有跨功能（transfunctional）的价值理念的传播，并不妨碍现代性生成自己的不同道德领域。韦伯对“战神”的解释为这一发展做了典范式的说

① A. Heller, *General Ethics*, Oxford: Blackwell, 1988, p. 134.

② Ibid., p. 137.

③ Ibid., p. 143.

④ Ibid., p. 144.

明。他的解释既考虑到了处于相互联系中的各领域自身的相对自主性，也考虑到了行为者根据不同领域的规范采取不同态度的自主性。①

【189】今天，对于文化分化过程的意义，人们莫衷一是。一种较强的论点认为，除宗教外，所有现代领域都已没有了道德内容；另一种较弱的论点则强调各领域的自主性不断增强，并在其中发展出特定的伦理环境。赫勒探讨了这种领域分化过程对个体与道德的关系的影响。文化分化是可能解放的承载者。然而，她的模式将日常生活隔离开来，并将道德视为一种跨领域的现象。她认为，科学已经成为占据支配地位的世界观，但这并没有促成任何共同的民族精神。② 文化现代性的特点是，由普遍的自由价值理念维系的“弱”民族精神。现代性的民主传统鼓励跨功能的行为和一种并不妨碍领域相对自主的民族精神。③ 因此，她不愿意将现代性完全等同于不同领域的伦理。

赫勒接受了韦伯关于文化分化的解释，但并没有进一步相信他的预测。在现代科学构建的无意义的世界中，韦伯所选择的是个体做出激进的职业选择，这种选择既决定了其生命的中心意义，也决定了其期望据以行事的规范。赫勒断言，韦伯的策略建立在一些困惑之上。韦伯从克尔恺郭尔（Kierkegaard）那里接过来的存在的选择的观念，不是价值领域的选择，而是日常生活中的意义构成态度的选择。这种生活方式的选择并不妨碍一系列领域中的活动。④ 这也不需要在日常生活和追求更高的文化成就之间进行选择。韦伯错误地将这两者与不同文化价值领域的选择联系起来。他的错误在于忽视了日常生活，把一般道德本身视为价值领域。赫勒认为，**最重要的**存在的选择是成为道德存在者的选择。这不是单纯的领域的选择，而是这样一种选择，它包含了所有领域并监控领域内的所有个人活动。这并没有消除领域的区分，而是允许个体以道德的立场来检验内在领域的规范和规则。⑤ 虽然承认文化价值领域确实

---

① A. Heller, *General Ethics*, Oxford: Blackwell, 1988, p. 153.

② Ibid., p. 155.

③ Ibid., p. 156.

④ Ibid., p. 159.

⑤ Ibid., p. 161.

有自己的规范和规则，但她对现代个体被谴责为一神教这样的主张表示质疑。全面发展的个性不应该被要求重新塑造自己。此外，她还有力地否定了职业选择比日常生活中伦理方式的选择在存在论方面更为根本的观点。韦伯把选择的观念美化了，真正的道德问题是履行它所要求的承诺。①只要一般命令的抽象程度足够高，道德的这两个层面就可以兼容。【190】
更大的危险是领域固有的规范对日常生活的影响，因为这种影响会使其丧失道德内容。唯一的解决方法是维持多元主义，重新思考对于特定的生活方式而言积极的生活方式重新中心化的可能性。②

在其以“善”开始的地方，赫勒结束了她对伦理的一般条件和道德理论的基本概念的思考。这并不是为了回顾她的论证，而是为了抓住恶这个概念。虽然她从来没有让大屠杀（纳粹德国）经历支配自己的思想，但不足为奇的是，她认为任何将大屠杀（纳粹德国）排除在外的伦理学理论都是不充分的。尽管如此，她对恶的问题的态度和对“善”的态度一样，都是实事求是的。正如善以好人的形式经验地存在一样，恶也是如此。与“善”一样，她既无法解释恶的存在，也不想为它辩解。恶通常与那些以这种或那种方式攻击社会结构的做法联系在一起。然而，她认为，只有那些旨在破坏道德的行动和计划才真正算作绝对的恶。③ 随着科学作为主导性世界观的兴起，恶不再被视为事物秩序的一部分。这尤其符合这样一种观点，即恶将因最优人类制度的存在而被降到最低限度。④ 这种关于恶可以通过制度来进行调整的洞见使现代人将大恶与权力联系起来，特别是理性主义的信念，在这种信念中，一切都可以在知识迅速积累的基础上实现。她认为这种极端的恶是罕见的。更常见的是“好人”和“坏人”，他们所持的观点对立于苏格拉底的准则“宁愿遭受不公，也不作恶”。她区分了**道德天赋**和**日常的善**，前者超越了形式的准则而拥抱了善，后者则不要求极端的利他主义。它只要求我

① A. Heller, *General Ethics*, Oxford: Blackwell, 1988, p. 163.

② Ibid., p. 164.

③ Ibid., p. 170.

④ Ibid., p. 174.

们按照“宁愿遭受不公，也不作恶”的准则生活。[①] 然而，即使是这样，对于日常的善而言，这也是一个高标准。它不仅要求我们自觉地摒弃不道德的行为，而且还要求我们具有在胁迫下忍耐的能力。

赫勒的“好人”既不能证明这种选择是“合理性的”，也不需要这种证明。赫勒认为，从柏拉图到康德，哲学对“善”的宣扬最终都落败了。这就把对道德训诫的坚持还原为对信仰的承认。[②] 她认为对行为负责的道德态度是本真性的关键。这样，个体就把她的规范自我和经验自
【191】我统一起来了。对于行动的目的来说，她走出了历史，呈现出短暂的不朽。[③] 但这种瞬间的超越并不否认道德的历史性。尽管如此，对她来说，“好的”人们的存在经验仍然具有跨历史的普遍性，这种普遍性既使我们相信，道德在实践上是必要的，也向我们许诺，一个更好的世界是可能的。[④]

六、规范问题和存在的选择

赫勒道德理论的核心是，她希望扭转 20 世纪将伦理问题简化为仅仅是**解释**善这种状况。她仍钟情于提供了**规范性**和**教育学**维度的古典的观点。她的策略是在一个“好”人的日常生活中与这个人共在。赫勒伦理学的规范作用既不是创造道德规范，也不是以某种方式使坏蛋奇迹般地摆脱违法的生活。道德理论是一项**反思性的事业**，其资源和范围都受到严重限制。规范是社会互动的产物，不可能按照哲学家的意愿被召唤出来。而且，只有那些本来就珍视向“善”之渴望的人才能理解道德理论。道德信息并不具有排他性，但有些个体对它的劝告却是充耳不闻。然而，伦理规定的消亡和道德理论作用的改变，并没有消除其**实践功能**。现代的向善者更需要伦理的澄清和道德的忠告。当代的日常不断地

---

① A. Heller, *General Ethics*, Oxford: Blackwell, 1988, pp. 175-176.

② Ibid., p. 175.

③ Ibid., p. 178.

④ Ibid., p. 179.

产生着伦理的困境和伦理的质询。现代个体面对着一个复杂的社会环境，这里没有一个安全的框架，也没有永远知道应该做什么的保证。固定不变的美德的衰落和抽象的普遍价值的兴起，在应用的问题上产生了不断扩大的深渊，越来越使人困惑。在这种情况下，赫勒认为，道德反思提供了“拐杖”，使现代的向善者走在正确的轨道上。

前现代个体的性格和行为选择主要是由出身和传统的社会理想决定的，与此不同，现代个体必须通过对命运的选择来寻找自己的性格。正如我们在第七章中所看到的，这种选择被描述为**存在的**选择。之所以如此，是因为对于一个具有不可逆转的、不可更改的自我选择命运的自我来说，存在的选择**构成**了他。从定义上看，这种选择是不可更改的，因为取消就意味着自我的丧失，并陷入偶然性。① 存在的选择是隐喻性的时刻，意味着生命不断变化地展现自身，而不会总是表现在某个单一的 【192】
姿态中。它是一系列促使道德合理性增强的有意识的行为的结果。② 然而，存在的选择这种观念并不就是艺术上的自我创造，即将原料塑造成预先设计的形状的行为。个体行为者已经被无限地决定了，她无须为之负责。这种选择也不能被混同为合理性选择的模式，即按照预定的目标或生活策略来合理性地选择步骤。③ 虽然从心理学、个人史和道德推理方面来看这种选择似乎是合理的，但实际的选择本身却不能被归结为合理性的解释。④ 赫勒倾向于把“认识你自己”的古典范式作为自我选择的样板。被选择为个人命运的性格不是单纯内省的产物，而是行动的结果。这是一种“证明”或“成为”，自我据此去寻找适合于自我选择的性格和命运的那种行动。这就是选择“成为你所是的那个人”的意义。这个框架使得个体持续做出不间断的选择，尽管这些选择受制于最初存在的选择的目标。在这个意义上，**存在**先于**本质**。⑤ 个体已经是先验基

① A. Heller, *General Ethics*, Oxford: Blackwell, 1988, p. 179.

② Ibid., p. 291.

③ Ibid., p. 9.

④ Ibid., p. 292.

⑤ 关于这一点更有价值的解释，参见 Heller's unpublished paper “Ethics of Personality, the Other and the Question of Responsibility”, 1997, p. 18。

因和先验社会的共同承载者。然而，只有在选择了所有这些决定之后，个体才表现出充分的自主性，并追求一种超越了偶然性和外部决定的个人命运。这一解释揭示了赫勒不满于后现代对现代主体性观念的批判而为它进行辩护的关键。有一种观点强调遗忘、试验和解构形式，认为身份是被重写的，与这种观点不同，她选择了这样一种模式，即在这种模式中，渐进的或改变生活的学习构成了个人真正的连续性。① 对于鲍曼的反诘，即只有少数人在有机会的情况下不会改变自己的生活，她肯定会回答说，她对偶然性作为命运的肯定，并不意味着对每一个细节的接受，而是对最好的可能性的实现。② 这种选择是一次向本真性的**跳跃**，既不受任何外在规则或规范的决定，也不受任何外在规则或规范的指引。本真性意味着使自我的经验存在与这些被选择的最好的可能性相一致。③ 虽然偶然性仍然是这一语境下不可避免的因素，但对行为者来说，这一选择具有不可抗拒的吸引力，它使之前的一切都变得疏远。④

赫勒的存在的选择观念带来了一种自我选择的命运，这种命运不得不在一系列的挑战和随后对个体性格的选择中来实现自身。但是，正如我们在第七章中所看到的，这种自我选择是多方面的。在某个方面，它涉及将个人禀赋发展为才能。这就是根据**差异**做出的存在的选择。在这
【193】种选择中，选择者将自己与他人区分开来，而不是与他人联合起来。在这场就差异展开的赌博中，个体特别容易受到外在的吉凶力量的影响。如果没有道德界限这个防御盔甲，差异的选择就很容易中毒。⑤ 或许，个体是绝对专心地寻求自己选择的命运，但违反了道德。在外部观察者看来，这种对存在一致性的专注看起来可能是非理性的或不道德的。

虽然差异的存在的选择强调反思和个体责任的要素，但其会促成道德失范行为却是一个严重的弱点。主要是这种道德关切促使赫勒阐述了以**普遍**范畴为导向的存在的选择的另一个方面，这就是**善**的选择。差异

---

① Z. Bauman, *The Individualized Society*, Cambridge: Polity, 2001, p. 87.

② A. Heller, *A Philosophy of Morals*, Oxford: Blackwell, 1990, p. 77.

③ Ibid., p. 20.

④ Ibid., p. 27.

⑤ Ibid., p. 12.

的存在的选择意味着不是每个人都会做出同样的选择，也不是每个人都拥有同样程度的禀赋，而普遍范畴下的存在的选择则是向**所有**个体开放的。[①] 这是道德的选择。在这里，与选择独特性相关的道德诱惑从源头上被消灭了。好人自觉地选择善而不是选择恶，并采用对所有人同样有效的个人行为准则。虽然个体存在地选择差异的命运受制于运气的无常，但好人永远不会因运气的起伏而为自己的选择感到后悔。向善的习惯是对抗命运之毒的良药。

赫勒的策略是，通过使存在的选择的观念与日常经验相兼容，将此观念去激进化（de-radicalise）。她坚持认为，这是一种**已经存在的**好人做出的选择。虽然这种选择无疑是变化的，但它是对所有确定性的选择，这一事实强化了个人历史的独特性，同时也不允许任何外在的决定来冲击好人的自由和个人责任。[②] “存在的选择”不是一种形而上学的状况，而是历史地形成于现代性之中。它预先假定了现代的**偶然性**状况和给定生活方式的不存在。此外，它还取决于主体道德反思的具体历史成就和文化价值领域的日益增加的自主性，这些使现代人能够区分卓越和善良。[③] 这些文化成就使现代个体能够将这两种选择结合起来，尽管它们最终是不可调和的。赫勒对道德的关注不在道德绝对主义。在一个诸神斗争的文化宇宙中，没有一种选择能够带来终结。然而，选择的等级化至少为个体的自主性和才能留出了空间。她坚持认为，只要保持**绝对** 【194】
的选择和**根本的**选择之间的区别，两种存在的选择模式就可以结合起来。这种区分使得在存在的选择发生冲突的情况下，**根本的**选择将从属于**绝对的**选择。[④] 即使在伦理的选择保持为**绝对的**选择时，当本真性受到威胁时，个体仍然能够放弃选择的对象。然而，绝对优先于差异把个体的发展从伦理的防备中解脱出来，而且有可能面对个性消解的危险。[⑤]

对善的存在的选择仍然是激进自主性的活动。就这种选择需要道德

① A. Heller, *A Philosophy of Morals*, Oxford: Blackwell, 1990, p. 15.

② Ibid., p. 14.

③ Ibid., p. 18.

④ Ibid., pp. 19-20.

⑤ Ibid., p. 21.

范畴而言，它利用的是作为一种潜能已经存在于人的内心深处的善。然而，由于良心的建议总是可以被拒绝，因此这不是决定。在这里，自主和道德处于一种不稳定的平衡中，这与现代性的矛盾特征相适应。“双重偶然性”的状况使现代个体在决定做什么时没有扶手。道德对于本真的性格来说是不可或缺的，然而这种选择最终还是被掌握在个体手中。这就解释了为什么赫勒偏爱克尔恺郭尔而非康德。对后者来说，在充斥着危险的、欺骗性的选择的世界里，道德律令仍是一根确定的拐杖。但这种约束与现代的自由和主观化是相悖的。存在的伦理学的优越性就在于，它在伦理拐杖这个问题上具有理论的开放性。个性伦理学并没有将任何伦理选择为确定的拐杖，而是允许好人以自己的方式这样做。① 现代性已经见证了以前所有**本原**（arche）的消亡。唯一保留下来的伦理确定性是正直的人的善良。② 作为浪漫地批判理性抽象的产物，存在的伦理学主张在具体的人身上实现了个体和普遍、个体与他的全部决定因素的统一。然而，这种对道德自律的强调与认可和伦理传统是相当吻合的。现代的伦理行为者仍然依赖于她的道德拐杖的性质。这意味着，存在的伦理学本质上也是对话式的，邀请人们展开真正的道德讨论。③

七、新的伦理

提供有意义的道德建议的前提是将真正的道德讨论的条件再生产出来。在现代性中，无论是旧的共和主义的共同**伦理**模式还是对话伦理的乌托邦的条件都是站不住脚的。④ 当代的好人越来越居于制度的子系统
【195】中，面对着不断扩大的伦理冲突事件，面临着在偶然性意识的支配下维

---

① See Heller's, unpublished paper "Ethics of Personality, the Other and the Question of Responsibility", 1997, p. 20.

② Ibid.

③ A. Heller, *A Philosophy of Morals*, Oxford: Blackwell, 1990, p. 31.

④ Ibid. 我们无须拘泥于这一点来考察这种观点对哈贝马斯是否完全公平。当时，这是对他的观点的一般批判。此后，他坚持认为，交往共识理想全然是反事实的。

持善的挑战。[1] 在一个价值和美德相互冲突，规范性契约互为不同、相互联系和后果越发不透明的世界，对话和行动的可能性取决于能否发现一个共同的价值或规范。当代整合的完全多样化，以及由此产生的忠诚和承诺的碎片化，暗淡了达成共识的前景。在没有确定的忠诚等级的情况下，每当日常的规范和规则受到质疑时，赫勒就会推荐绝对命令作为普遍的道德拐杖。她承认，好人通常是好的，无须求教于普遍的公式。深受犹太-基督教传统的影响，她是为了做好事而做好事的。[2] 然而，道德理论必须预见到正直的人对建议的需求。虽然不再能为每个个体提供定制的建议，理论至少应该在所有的情况下提供一般的道德建议。[3]

针对现代将道德还原为正义问题的倾向，赫勒认为现代性是一种新的**伦理**形式的承载者。现代人与人之间关系的日益原子化，松动了以往规范、价值和美德之间的有机联系，但却强化了人们对他人的持续的需要。[4] 对赫勒来说，照顾他人是现代道德的**普遍的引导性原则**。然而，这种原则并不是诫命，必须根据特定的照顾者来对此原则进行灵活的解释。现在，古老的**实践智慧**（phronesis）艺术在一个需要不断调整的相互照顾的动态过程中获得显现。[5] 所有这些原则看似传统而简单，其实不然。而赫勒坚持认为，引导性原则应保持抽象，避免提及具体的规范、规则，甚至是美德规范。[6] 抽象的功能是**扩大**和**缩小**被允许的领域。它允许在不接受任何具体规范的情况下进行指导，同时禁止任何违反原则本身的做法。正是由于这个原因，许多传统实践在今天是不被允许的。[7]

互惠是最基本的道德规范之一。没有对称的互惠，社会存在就不可能。只有现代社会才将这一规范从社会等级的限制中解放出来。[8] 赫勒

---

① A. Heller, *A Philosophy of Morals*, Oxford: Blackwell, 1990, p. 31.

② Ibid., p. 36.

③ Ibid., p. 39.

④ Ibid., p. 42.

⑤ Ibid., p. 43.

⑥ Ibid., p. 50.

⑦ Ibid., p. 52.

⑧ Ibid., p. 53.

认为，动态正义的出现，自由选择的社会互动的出现，都加强了对称互惠的作用。可以说，这是对正义是现代性道德的全部剩余这种观点的驳斥。毕竟，当代大多数互惠行为与正义关系不大，而更多的是与文明、慷慨和友善有关。[①] 尽管制度在现代生活中的作用有所扩大，但情况确
【196】实如此。典型的是，现代制度是建立在非对称关系之上的。赫勒断言，好人应该在制度之外的所有关系中恪守自然的平等，除非道德准则另有规定，否则不应建立服务与援助的关系。然而，现代互惠模式的多样性决定了互惠的具体细节要由个人来判断。[②] 只有智慧和求教于日常习惯才有助于处理这些微妙的事情。

虽然现代人确实不能再接受预定的生活形式这种观念，但赫勒认为，可以通过一种经过修订的方式来有意义地谈论美德。[③] 美德不再是指好的生活形式的某些方面，而是指使个体倾向于实现某些价值的**性格品质**。社会的**目的**已经消失，但美德可以被**重新分配**，以适应更加动态和灵活的现代社会秩序。虽然道德理论仍然关注的是形成（forming），但人不能再被视为**原料**，也不能再被视为**现成的**模式。[④] 个体并不创造生活形式，而是要对自己的行为负责。“行为”这个概念也更好地反映了现代生活的动态性：它的开放性和反思的作用。[⑤] 美德与个体选择的生活方式之间没有直接关系，因为这恰恰是现代人自己所声称的不可言说的个体性和偶然性之所在。

八、本真性、机构的存在和公民的勇气

20世纪，随着传统美德的消亡和偶然性意识的增强，本真性观念成为讨论的中心主题。本真性乃是个性术语，而非道德美德。[⑥]我们已经看

① A. Heller, *A Philosophy of Morals*, Oxford: Blackwell, 1990, p. 57.
② Ibid., p. 61.
③ Ibid., p. 63.
④ Ibid.
⑤ Ibid., p. 68.
⑥ Ibid., p. 76.

到，本真的人的特点是存在与本质的统一。如果存在的选择涉及选择所有已有的确定性，那么这种统一性如何实现呢？赫勒借用了“死亡”和“复活”的隐喻。存在的选择本身就是一个**永恒的**孤立的时刻，在这个时刻之后，一切既是同一的，又是不同的。矛盾的是，所有确定性的选择都是摆脱过去，因为从这时起，个体要为自己的所有行为承担全部责任。然而，正如前面已经提到的，这并不意味着她的个性和过去的一切都被视为一种价值。① 老人的很多东西都已消亡，因为存在的选择只是要培养她最好的特性和能力。一切都不同了，因为她现在从所选择的特质及其从属的价值这个角度来评价和行动。面对无限的可能性，本真的 【197】
人通过揪住“自己的小辫子”来提升自己。相比之下，非本真的人则逃避选择，停留在“假的”而不是“真的”状态中。赫勒不想将本真性观念的内涵做亚里士多德式的理解。因为需要将普遍的存在的选择视为绝对的选择，所以她对自由这个现代普遍价值理念的信奉有所缓和。当然，这种存在的选择的形式是向所有人开放的。②

对于那些希望践行美德的公共政治人物来说，这是他们的社会选择。这里的本真性既与孤立无关，也与“自我的技艺”无关。本真的自我知识是社会关系的产物，是对其他人的坦露。自我知识需要与他人互动，也需要对他人的了解。别人有时会比我们更了解我们自己。坦率、真实和值得信任的美德是互惠的。③ 这种相互的坦露是一种不需要共识的实践的解释学。赫勒对公共舆论的压力很警惕。然而，至关重要的是关心他人，并且有能力理解人与人之间复杂的心理和差异。④

现代个体不仅对偶然性有着强烈的意识，她还居住在一个机构和子系统日益功能化的世界中。这些是“第二栖居地”，它们按照自己的规则和居住的义务进行运作。⑤ 当功能性的规范和规则与对称互惠的伦理发生冲突时，道德困境就会出现。功能性机构通常有等级，而正直的人

① A. Heller, *A Philosophy of Morals*, Oxford: Blackwell, 1990, p. 73.

② Ibid., p. 77.

③ Ibid., pp. 78-79.

④ Ibid., p. 83

⑤ Ibid., p. 89.

并不总是能使自己的互动不受非对称命令的影响。赫勒承认，在有冲突的情况下，机构的规范和规则在现代具有优先性，但有一个重要的限定条件，即人不能被还原为功能。[①] 机构的制约并没有取消引导性的道德原则，也没有阻碍个体遵守、实践美德。但它确实影响了对它们的解释和运用，也影响了某些价值实现的强度。[②] 与哈贝马斯相反，赫勒并没有简单地将制度与交往理性的消亡相提并论。机构生活仍然需要主体经常进行协商。她把默默听从于一般的导向性的道德规范称为“礼貌”。[③] 然而，机构秩序的约束意味着，某些互惠行为与制度秩序会发生直接冲突。

赫勒对存在的选择所做的解释的一个重要结论是，个体对其所有确定性的选择不仅意味着选择了自己的生活条件，而且间接地意味着也选择了其他人的生活条件。[④] 这一点在她为多元主义和民主进行的努力中
【198】变得明显起来。这就直接提出了好人与道德顾虑较少的人之间的互动问题。这些互动是不可避免的，不应导致好人放弃对普遍道德准则的遵守。[⑤] 在这种背景下，好人的态度值得关注。对于减轻可补救的痛苦来说，她必须做好准备，既要给予理解，也要给予帮助。当然，如何以及在多大程度上能够将这种关心落实到行动上，仍然是一个**实践智慧**的问题。然而，好人和那些自私的人会一起参与到社会行动中。为了保持自己的正直，好人必须有所准备，以便在与道德相关的情况下做出道德判断。当这些判断涉及相关者的公开表现时，它可以是公开的。[⑥]

可以理解的是，在“黑暗时代”，良心才显示出其全部价值。然而，赫勒只对它做了部分辩护。在现代极权社会中，个体自主的理念本身受到抨击，良心是唯一的解药，是防止屈服的堡垒。然而，这种态度有其内在的局限性，不能一概而论。只问良心，不考虑功利和“现实情况”，

① A. Heller, *A Philosophy of Morals*, Oxford: Blackwell, 1990, p. 91.

② Ibid., p. 92.

③ Ibid., p. 93.

④ Ibid., p. 127.

⑤ Ibid., p. 129.

⑥ Ibid., p. 131.

也可能是无知和自欺的胜利。[①] 然而，在极权主义的情况下，善良有时可以表现出政治意义，并与“关心”暂时统一起来。虽然在这里，良心起着至关重要的作用，但它本身并不充分。恐惧只能通过赫勒最喜欢的公民美德——勇气——来克服。这是一种无所不包的美德，是所有其他能力的基础。[②] 在普遍怀疑、信任不在的情况下，即使是遵守像互惠这样的基本美德也需要真正的坚韧。只有勇气才能使人勇敢起来，以克服恐惧并积极反抗。这种投入实际上在时间、精力、利益和金钱方面都是有成本的。好公民的身份可以与好的生活的其他方面进行竞争。如今，人们对积极的公民身份似乎越来越冷漠。在这种氛围下，作为抵制传统权力、维护珍贵价值所必需的重要美德，公民的勇气再次崭露头角。

好人与好公民的区分不是功能失调的结果，而是现代性固有动力的结果。现代分化的成果之一是，放任个体可以不参与政治生活。在这个社会中，作为一种从特定的命运中抽象出来的客观价值，正义受到了争论。然而，这种理想的完美实现对于现代偶然的人来说是没有吸引力的，也是不可取的。这种现代性的内在矛盾是赫勒道德理论中另一条新路径的灵感来源。在过去，道德理论从地方或普遍的群体的成员资格中 【199】
获取权威。[③] 结果是，道德理论要么专注于特定的地方习俗，要么专注于纯粹的形式抽象。赫勒的思路是追随根据普遍性来选择自己的偶然的人，这种普遍性产生的是非纯粹形式的、提供了具体指导的、一般性的原则和规范及美德。[④] 普遍的存在的选择并不使选择者成为普遍的。她保留了她的具体性和独特性的全部规定性。在这种情况下，一般的原则、规范和美德并不是纯粹的形式，它们确实提供了道德指导。[⑤] 同时，这种道德指导的内容仍然是一般性的，需要进一步的具体化。将“一般”与“具体”并置，完全符合现代多元主义的存在及其各种好的生活

① A. Heller, *A Philosophy of Morals*, Oxford: Blackwell, 1990, p. 139.
② Ibid. , p. 142.
③ Ibid. , p. 151.
④ Ibid.
⑤ Ibid.

形式。[1] 由于每一种生活方式都拥有不同的衡量尺度，所以一般原则和规范应该具有足够的普遍性，使相互宽容得以可能，使正直的人以自己的方式成为“好的”得以可能。[2]

九、实践智慧和日常

经过再造的**实践智慧**概念是赫勒伦理思想的核心。这一概念是向善的存在的选择所固有的：好人总会提前对行为做一设想，以避免违反道德规范。[3] 然而，道德评价在现代语境中面临着特殊困难。传统的丧失和共同民族精神的消亡似乎抑制了道德理论处理实际生活问题的能力。道德变化的活跃度及情境的异质性和复杂性都加大了道德反思所需的时间，同时也削弱了以往“自然顾问”的能力。这些动力使道德进一步主观化，有助于道德对话的内在化。另一方面，由于规范和规则的密度的减少及形式化的增多，道德风险也在降低。[4] 总之，现代性提供了一幅不连贯的道德经验图景，在这幅图景中，个体只有成功越过一系列不同的环境，并在通过崎岖不平的地形时保持道德连续性，才能获得智慧。[5]

有人指责说，赫勒的道德评价概念是僵化的、不自然的，因为它集中在关键的战略时刻和决定上，赫勒对此做了解释。[6] 在她看来，聚焦于生命形成的危急时刻和紧要关头是有意义的。在这些时刻，各种可能性被缩小，情境不是简单地被给定，而是动态的，这提供了真正的选择
【200】和新的选项。她承认人们总是在某些限制中做出选择，但她认为从道德的角度来看这些限制并没有什么不同。[7] 好人不仅评价目标，而且评价手段及其可能的后果。善良不再是简单的性格问题，它还包括表达了个

---

① A. Heller, *A Philosophy of Morals*, Oxford: Blackwell, 1990, p. 152.

② Ibid.

③ Ibid., p. 73.

④ Ibid., p. 176.

⑤ Ibid., p. 177.

⑥ Ibid., pp. 180–181.

⑦ Ibid., p. 181.

体优先性的价值、决心、义务和承诺。现代多元主义使个体以自己的方式成为一个好人得以可能。因此，我们无权在道德上批评另一个对优先权有不同评价的人：只要不会导致道德失范行为，另一个人的目标和偏好就不能受到批评。然而，宽容不是要容忍道德失范行为。虽然宽恕能力是好人的武器之一，但这并不允许赦免侵犯第三方的行为。相反，善良要求为他人采取行动，只要不侵犯他们的自主性，不打断他们实现自己目标的可能性。① 虽然这一切听起来很简单，但事实上，在现实生活中，利益和价值相关的行动在错综复杂的网络中是共存的。在这些网络中，道德后果是难以理解的。赫勒坚持认为，如果没有充分的知识和与相关方的对话的支持，人们是无法使用**实践智慧**的。②

在现实的行动中保持个体的自主性是她首要关注的一个问题，也是赫勒本人的“现实社会主义”经验留下的持久遗产。现代将价值提升为抽象的价值理念意味着，好人往往被要求追求据称是为了实现终极价值的特定目标。这里所涉及的危险使得区分抽象的热情和具体的热情成为必要。只要不放弃自主性，对观念的情感投入是被允许的。有了这个条件，对理想事业的奉献就可以称为具体的热情。③ 然而，要求丢弃道德自主性或牺牲他人自由的事业则完全不同。抽象的热情和具体的热情有着共同的目标和价值，但在手段上却有很大的不同。赫勒对过于普遍的目标也很警惕。具体的热心者将作为调节性理念的准普遍性和具体的目标区分开来。她满足于为启蒙过程做贡献。④ 唯一具有真正普遍性的基本理念是作为自决制度的民主。好的公民甚至会反对多数人对民主原则的违反。

20 世纪，道德哲学发展了这样一种偏好，即对于那些潜在地是悲剧性的“道德困境”的临界状况做出详细阐述。卢卡奇在社会主义和野蛮之间的选择就是一个典型的案例。赫勒对这种转向感到遗憾。尽管她欣 【201】
然承认可以从对存在的危急时刻的分析中获得启迪，但她还是赞成将道

① A. Heller, *A Philosophy of Morals*, Oxford: Blackwell, 1990, p. 186.

② Ibid., p. 188.

③ Ibid., pp. 190–191.

④ Ibid., p. 193.

德评价重新置于日常生活的一般环境中。① 生活几乎总是能让事情得到妥善解决。无论如何，对赫勒来说，危急时刻只是一般生活的隐喻。个体对成为她之所是的追求会持续一生。这也是为什么这种追求最好由一种保持对普通人的关注的道德哲学来阐述的原因。②

如我们所见，在赫勒看来，哲学的合理性在于日常生活的愿望。实践哲学是一种将调节性理念组织起来的乌托邦，它与日常生活并置，但同时又借助于日常生活的动力。与绝对精神的剩余部分一样，这是一个规范性的领域，让我们面对更高的东西，并通过这一标准使我们自己的特定关切、利益和目标相对化来提供意义。③ 然而，这种哲学乌托邦不仅是规范性的，而且是真实的。它作为自身转化的代理人来运作。它要求把理想的愿望融入日常的制度结构中。“好”人的存在恰恰适合于这一愿景，即作为对最可能的道德世界的乌托邦承诺。世界中作为典范的善存在这一事实，使哲学所表达的理念有了内容。虽然世界并不是公正的，但善的存在的选择却将对美德和幸福相统一的追求摆在了我们面前。虽然政治和社会的巅峰体验时刻预示着这样一个实现的乌托邦，但它们很快就退居到日常生活的常规之中。然而，道德生活的善使乌托邦永存于日常生活之中。④ 在巅峰体验中产生的经验自我与规范自我之间的不一致被一种使常规行为和性格相吻合的本真性所缩小。

赫勒尝试综合所遇到的困难并没有被忽视。其中最明显的是关于从日常中生成乌托邦和普遍性的愿望。关于这一点，哈贝马斯讲得很有说服力。哲学家如果从专家的角色中退出，将很快面临他们自己所处历史境况的局限性。⑤ 与哈贝马斯不同，赫勒心甘情愿地摒弃了基础主义，驻足于后现代日常的偶然的地域之中。她所呼吁的哲学观矗立其上的价值，以及她所呼吁的善，都明确来自当代日常生活的形象和生活形式。

---

① A. Heller, *A Philosophy of Morals*, Oxford: Blackwell, 1990, p. 207.

② Ibid., p. 217.

③ Ibid., p. 222.

④ Ibid., p. 223.

⑤ J. Habermas, Morality, Society and Ethics: An Interview with Torben Hviid Nielsen, in *Acta Sociologica*, vol. 33, no. 2, 1990, p. 113.

然而，这并不妨碍她断言这些价值的普遍性。它们在经验上的普遍性受到质疑这一事实恰恰表明她的文化背景的局限性，而她还没有完全承认这种局限性。当然，同样的情况也适用于赫勒，她不愿意让哲学放弃为【202】个体的行动方向提供道德“拐杖”的角色。赫勒对当代“好人”的观察显然是对另一种“好人”的反思。然而，这种道德建议却常常带有“知心大姐”的意味。这种指责与道德忠告的质量无关，而是来自人们认为的文体混杂，以及健全的传统“共识”被提升到了哲学的高度。① 显然，自助和其他“生活指南”文学的流行表明了当代人对道德拐杖的需求和权威真空的存在。然而，事实表明，哲学是无法填补这一真空的。现代道德的困境在很大程度上是传统道德权威危机的产物。哲学本身也不能幸免于这一危机，众所周知，它不再坚守为每个人说话（原文如此）的启蒙宣言，而且，正如赫勒花了大笔墨所说明的，它从自己的历史主体化的过程中退出了。然而，她却相当尴尬地陷于这种危机的境地。由于崇尚现代自由，她放弃了所有的基础主义。同时，她紧紧地抓住了普遍的愿望。她想要在她的道德理论中调和这两方面，至于这种设想如何，还有待观察。这种权威的危机无疑导致了人们最初对赫勒的道德计划产生了一些误解，而且错误地认为她是在提供道德建议。正如我们将看到的，这种反应迫使她调整自己的理论，并在当代后现代语境中找到一种更合适的形式来阐明古典道德议题。

① P. Harrison, *Radical Philosophy and the Theory of Modernity*, in J. Burnheim eds., *The Social Philosophy of Agnes Heller*, Amsterdam: Rodopi, 1994, pp. 161-162.

第三部分 反思的后现代主义

第十章　我们社团的精神

不久，赫勒就认识到了她首次提出的后马克思主义哲学的缺点。在回顾性的自我批判中，她承认，自己根据哲学理想对激进计划的重述代表着对某种绝对的捍卫，也代表着对封闭的捍卫。她对古代哲学范式的求助是最后一次迟到的、“跳入后现代怀抱前对信仰的采集”。这是对宏大哲学的怀念，这种宏大哲学出现在新左派大声宣告哲学再临的言辞中。显然，这与后现代时代的反乌托邦气质是背道而驰的，而且，它留给赫勒的除了传统的、空洞的哲学乌托邦之外，几乎没有什么其他东西了。① 然而，尽管它是残存的幻想，有言辞上的夸大，最初阐述的后马克思主义激进哲学还是包含了她成熟立场的主要思想。与古典历史哲学的决裂源于对西方发展过程中历史偶然性的意识。这种意识滋养了现代历史意识所特有的高度的自我反思性。对偶然性的意识是通过对多元性的认识所补充的。由于没有享有特权的宏大叙事，剩下的就是多元的社会视角，产生了多种相互竞争的哲学乌托邦来争相为当代社会行动者效劳。现在，这些要素不得不结成一个新的哲学星丛。

在20世纪80年代，赫勒重新思考了这一立场的基本原则。所需要的是一种与时代精神同步而又不相当危险地被过激化的哲学。这个重新思考的过程在《超越正义》中已经很明显。在那里，她关于不完备的伦理政治的正义概念的思想与狄德罗的精神联系在一起，也与这样一种哲学观联系在一起：它拒绝简单的解决方案，它提出问题并探讨现实问题，但仍满足于与矛盾共存。这种现代经验的崭新特点表现在《碎片化的历史哲学》②中。

---

① A. Heller, *A Reply To My Critics*, in J. Burnheim eds., *The Social Philosophy of Agnes Heller*, Amsterdam: Rodopi, 1994, p. 284.

② A. Heller, *A Philosophy of History: In Fragments*, Oxford: Blackwell, 1993.

【206】

一、哲学的主观化

现代个体“生而自由”，因为他们的生活被认为是一本打开的书，里面有各种机会，他们将从中选择自己的命运。这种理解表达了关于偶然性的高度意识。旧的前现代意义上的宇宙偶然性被新的现代意义上的社会偶然性即“被抛性”所增强。社会命运现在是一种可以创造的东西。但是，尽管我们付出高昂的代价赢得了“形式的”自由，但我们仍然被禁锢在历史性的监牢里，以及与之相伴的反思的文化意识中。这种关于我们自身历史性的意识现在已经成为绝对的。对于赫勒来说，将这种偶然性意识及其局限性充分整合到当代哲学的理解中是至关重要的。

后现代意识明显区别于黑格尔的意识。黑格尔曾把哲学设想为一个在它的多种形态中展开并通过它的多种形态展开的统一体。对他来说，差异只是身份的确定。然而，他的后继者们却不能认同这一观点。黑格尔之后的哲学史是一个持续革命的故事，一个不断否定以往支配形式的故事。每一个新的具有独创性的哲学家都引入了一系列全新的范畴，并对剩下的那些范畴的内容和角色做了彻底的重置。这是一场真正的革命。作为一种文化类型，传统哲学显著的特征之一就是它的范畴被认为具有永恒性。而且，之前哲学家们总是从一个共同的概念水池中抽取他们的范畴。然而，特别是在上个世纪，哲学的个人化程度越来越高，许多新的范畴被创造出来，而这些范畴的寿命却很少能超过创造它们的哲学家的寿命。鉴于这种反思的激进主观化，赫勒思考的问题是，如果没有哲学共有的角色的水池，哲学是否能幸存。

她的回答是极为肯定的，这种肯定态度渗透在她的反思的后现代主义之中。这一点在她对此公共水池的主要范畴——理性、意志和真理——的沉思中表现明显。只有对这些范畴彻底进行再思考，才能使当代哲学迎接新的历史精神所带来的挑战。

正如我们在前面所看到的，哲学最初被设想为防止欺骗的堡垒。哲学家是可以被欺骗的人。通过正确使用理性可以避免欺骗。① 理性是一个哲学想象的制度，整个哲学事业都可以无条件地依靠它。它具有多种形式，但始终代表着确定性。它是一种了解真相的勇气，使人们越过深渊，走向确定性。反过来，这依赖于使我们能够与他人共享一个世界的共同**理性**（ratio）。虽然人既生活在私人世界又生活在公共世界，然而，只有当这两个世界通过创造性的想象交融在一起时，人才会成为完全的【207】人。只有哲学理性及其对**意见**（doxa）和**知识**（epistheme）的区分，才使它的受众超越了令人愉悦的、欺骗性的、主观的梦想。它避免了主观性的肆无忌惮。然而，这一珍贵的东西是否会被同一性逻辑的要求所累？面对现代人对另一个极端——同一性思维的同质化——的攻击，赫勒提出了一个问题："共同的事物"怎样才不得不是共同的？②大肆宣扬的诸如"理性的终结"这样的启示性口号忽视了一个事实，即在没有替代品的情况下理性是不能被抛弃的。这类口号背后的意义是，呼吁我们放弃对无法实现的确定性的追求。如此这般，我们就可以与人类的有限性和平共处了。不管我们是把以前被理性占据的位置空出来，还是用不那么严格的东西来替代它，关键是这个空缺的位置是一个疗伤的位置。我们希望它加入我们，但不是对我们所有人都一样。③

当代重新思考理性范畴所付出的艰辛，与破坏意志范畴的晃动的地基相比，根本不值一提。奥古斯丁（Augustine）将意志作为一个主要的哲学范畴，以证明对故意行为的惩罚是合理的，自此以后，意志在基督教文化中一直是核心的存在。而在基督教文化中，罪是关于道德的核心的想象的建构。④ 然而，对于现代偶然的人来说，违反道德不是对上帝犯下的罪，而是对自己的无礼。但罪的残余却继续存在于道德哲学就自由和决定所展开的讨论中。赫勒将这些作为旧范式的残余予以否定。伦理学中的决定性问题是确定作者的资格。当然，以前的争论仍会出现，因为不得不承认的是，每个个体的人都是复杂的。然而，在承认制约因

① A. Heller, *A Philosophy of History: In Fragments*, Oxford: Blackwell, 1993, p. 93.

② Ibid., p. 98.

③ Ibid., p. 106.

④ Ibid., pp. 108–109.

素的同时，赫勒认为，我们仍然可以有意义地谈论作者资格。

即使哲学越来越偏向于主观主义，但也没有取代伦理学在赫勒哲学个性中的核心地位。个体可以用各种方式来构建自己的哲学戏剧。然而，她坚持认为，一种哲学只有在坚持实践理性、道德和责任的核心地位时，才会对她产生吸引力。① 这就是为什么她把作者资格问题看作现代伦理学的关键。这个问题与责任的程度或对行为的认同不尽相同。有些行为有多个责任程度不同的作者，而且个体也确实经历了道德的转变。然而，赫勒认为作者资格问题不在于解释，而在于本真性的态度。
【208】本真的人将道德的重要性归于她自己的行动和这种行为之间的联系。②
对她来说，这种自我归因是在行使道德自主权。她正是从这个角度来理解自己的存在的选择概念的。自我的存在的选择是向自主性跳跃的最清晰的表现。这种选择废止了以前所有的决定；所有昔日的决定现在都被选择了，因为个体成为她自己行为的完全作者。本真性范畴是现代的核心，它在罪的力量下幸存下来，而且将会被淘汰。好人的本真性是现代的乌托邦—— 颂扬伦理经久不衰的生命力及生活是值得的。③

哲学主观化的历史趋势与后现代时代支配性的真理概念的消失密切相关。这种文化容许多元的话语，每种话语都有自己的真理标准。真理仍然存在于绝对精神之中，但后者已被私有化。传统的权威被抛弃，转为个人的解释。然而，这并不意味着公共精神的消失。今天，我们甚至更加意识到自己深陷于一个特定的历史环境中。赫勒所说的“我们社团（congregation）的精神”就是解释学和历史意识意义上的精神。不断累积的研究为同时代的人提供了一个包含过去和现在的一切的真理。这也许是一个**大**圆，但赫勒坚持认为它仍然是一个圆。在这里，真理是内在的、主观的。说真理既是整体的又是主观的并不矛盾，因为整体和主观是相互包含的。被“抛”在历史性牢笼里的主体被赋予了无限可能的解释。现代性的居民是有缺陷的黑格尔派哲学家。他们强烈地意识到自己

---

① A. Heller, *A Philosophy of History: In Fragments*, Oxford: Blackwell, 1993, p. 113.

② Ibid.

③ Ibid.

的历史困顿，因此干脆否定了一切认识必然性的主张。即使是整体的真理也不是绝对主义的宣示。它只是一个**为我们**的真理。我们不能合法地把它归于其他文化。为了追求个人的救赎，现代个体搜刮整个过去，寻求新奇的意义。然而，这种大规模的搜索只会使绝对精神变弱。在这种主观化的基础上，哲学加入了所有文化形式中一般的“反讽的转向”。这是赫勒将在现代经验的核心之处看到的“双重束缚”的另一个例子。现代个体必须同时忠诚于历史的想象和技术的想象，并对过去和未来表示应有的尊重。试图逃避这种时代精神是自欺欺人的。哲学家能做的，无非是一头撞向历史性的牢笼，探索历史性在何种意义上已经成为新的绝对。

这种双重束缚的根本**难题**是现代哲学的自我反思的产物。一切真理 【209】
都是在时间中出现的，因此是历史的。然而，只有在现代性中，这一点才获得充分的自我意识。只有现代哲学家才敢于超越传统的怀疑论，探索真理的难题。克尔恺郭尔摒弃了黑格尔把历史与永恒等同起来的看法。他把永恒真理历史地表现出的**难题**展现在人们面前。哲学是一项辩证的事业，利用的是通过否定而诞生的真理。然而，启蒙运动关于绝对真理的理想似乎最终排除了否定。① 作为对这一**难题**的回应，后现代哲学家放弃了对绝对性和普遍性的追求，他们寻找一种没有强制性的真理。赫勒认为，早期现代对绝对确定性的追求相关于社会政治议题：扫除传统的非对称的封建社会制度残余。然而，除了这种历史条件下的选择之外，对确定性的追求是没有根据的。后来现代科学哲学的发展已经放弃了符合论，认为不会有任何最终确定的真理标准。作为意识形态的科学的统治力量在许多方面都依然保持着它的统治地位，但后现代的居民并不相信任何绝对的世界图景。现在，赫勒暗示了一种经过改进的人道主义，这种学说特别意识到了人的境况的局限性和脆弱性。

虽然赫勒并不否认做出关于一般真理断言的可能性，但这些并没有引起她的兴趣。② 一个被还原为正确推理的、具有强制性的真理，取消

① A. Heller, *A Philosophy of History: In Fragments*, Oxford: Blackwell, 1993, p. 117.

② Ibid. , p. 126.

了其他选项。人们有能力同时居住在一个以上的现实中。每一个现实都有自己独特的规范、规则和真理概念。① 这些不同的现实有不同的真理标准。考虑到这些不同类型的真理，她认为，真正的知识必须被务实地理解为一种“知道-怎样”和“知道-为什么”，以便于我们在世界中不会迷失方向。真理的概念可以通过不同的方式被改变、被遮蔽，也可以在伦理学上被激活。可靠性的标准将随着领域的变化而发生变化。② 同时参与多种现实和语言游戏的能力使我们能够从他人的立场上批评一些规范和规则。这意味着真理的内容和标准是不断变化的。正如我们在制度生活方面已经看到的那样，我们不一定要接受特定领域的所有标准才能在其中游刃有余；③ 这也不意味着我们已经放弃了真理问题。所需要的只是一种后认识论的真理概念，这种概念摒弃了任何对绝对性、确定性或总体性的渴望。

【210】 赫勒将此概括为真理理念的冒险，它是真理概念及其否定的辩证的扬弃。这种真理理念提供了知识，并告诉我们对你和对他人而言这是否是真理。真理理念命令我们承认彼此的真理，这是承认他者的最高形式。④ 对赫勒来说，说真理是主观的，并不是向唯我论的让步。它只是在一个被客观性所迷惑的时代之后，将注意力重新转向真理的主观方面。真理的主观性意味着赌注是不可避免的。个体在一个对她来说是真理的真理上押下赌注。然而，正如赫勒所强调的，“对我而言的真理”并不等同于“我的真理”。没有人拥有真理。个人的赌注并没有定义任何单一真理的来源，也没有定义它的内容是偶然的还是永恒的。⑤ 对赫勒来说，真理的主观性蕴含在它的陶冶教化的潜能中。这就是真理真正存在的意义。一个具有陶冶教化功能的真理是与个体的整个存在相联系的。现代主体身处于不断变化的真理等级制的流动之中。但真理理念是有意义的生活行为的调节性理念。个体生活的真理作为一个整体产生于

---

① A. Heller, *A Philosophy of History: In Fragments*, Oxford: Blackwell, 1993, p. 117.

② Ibid., p. 127.

③ Ibid., p. 132.

④ Ibid., p. 133.

⑤ Ibid.

形成有意义生活的主观综合。在这里，真理对应的不是什么“事实”，而是个体化叙事中的真理事件，是塑造有意义生活的综合。古代公民确信好的生活和有意义的生活是等同的，与古代公民不同，现代个体则必须与关于自身偶然性的充分意识进行斗争。赫勒认为，这不只是表明了真理的历史性，真理的文化嵌入性。她希望这预示着一种新的后现代文化的诞生，这种文化与偶然性相和解，而且颂扬偶然性。这将是一种没有支配性的真理概念的文化。①

二、在火车站

毋庸置疑，赫勒决心在后现代多元主义的谱系中阐述她个人的观点。她不厌其烦地将自己独特的反思的后现代主义与许多在后现代主义名义下提出的观点区分开来。她拒绝后现代相对主义，认为它不过是天真地延续着它所拒斥的宏大叙事。这是犬儒主义和基要主义的残余。正确的理解是，后现代性并不是现代之后的新阶段或新时代，而是启蒙的另外一个版本，是对现代性本身的自我反思意识。② 历史性意识最终被强化到这样的程度，即它摧毁了所有关于“进步”的天真叙事，取而代之，我们获得关于人的境况的有限性、脆弱性和偶然性的崭新意识。尽 【211】
管赫勒承认在对最终以反思的后现代主义终结的一系列历史意识形式的描述和现在名誉扫地的 19 世纪现代主义的宏大叙事之间存在着家族相似性，但她直接否认了历史评价，因而也否认了天真的进步主义。③ 即使被解释为完全的偶然，现代性的居民也无法逃避当下。这种偶然性必须被选择为一种命运和实践责任。当代人掌管着这个现存的世界，而这个现存世界的重要性就在于对我们而言它作为命运的绝对性。掌管意味着不能逃避责任；间接评价是在实践中应对这种偶然性背景的重要部分。试图通过深邃的过去或遥远的未来为当下赋予合法性的做法都是骗

① A. Heller, *A Philosophy of History: In Fragments*, Oxford: Blackwell, 1993, p. 135.

② A. Heller, *A Theory of Modernity*, Oxford: Blackwell, 1999, p. 4.

③ Ibid. , p. 3.

人的，仅仅是对“绝对当下”的实践责任的逃避。

赫勒回顾了《历史理论》概述的历史意识的各种形式，用“经过反思的一般性之意识”这一抽象标签来说明这种责任意识。现代性经济和技术的触手创造了一个单一的世界，在其中，对共同命运的意识至少可以潜在地转换为历史不均衡的意识。[①] 然而，天真的进步主义同历史的规律性一起奔溃，破坏了这种共命运意识对特权视角的依附。相反，反思的后现代意识把怀疑的目光投向了一切文明的幻想，从而强调了这种命运的偶然性。不仅没有历史规律和目标，就连早期启蒙运动对合理性的信仰，作为治疗宇宙偶然性伤口的良药，也被揭开了意识形态的面纱。[②] 正如我们所看到的，这并不意味着对理性的贬低，而是对不经怀疑和自我意识便运用理性的天真做法的再思考和拒绝。第一个真正知道历史是怎么回事的现代主义幻想连同其在科学上的自命不凡都已消散。19 世纪各种虚假的进步主义叙事导致了 20 世纪的罪行——大屠杀（纳粹德国）。这可怕的教训表明需要理论的谦逊。哲学家不再确信，他们登上了某辆飞速驶向指定目的地的快车。因而，赫勒建议人们居住在现在的火车站上。这意味着哲学必须应对偶然性、脆弱性、见识的去特权化和目的地的不确定性。现代主义幸存下来了，但却是作为后现代自我反思中的一个被超越的时刻而幸存下来的。[③] 然而，后现代意识在当代
【212】取得支配地位并不是最终的胜利。支持进步主义叙事的“事实”依然存在。

赫勒不甘心接受这种长期在路途奔波的艰苦生活，她在很大程度上依旧没有放弃乌托邦的可能性。如果我们不能知道未来，我们就不可能知道救世主将永远不会出现。对赫勒来说，这种恢复宗教语言的做法是经过考虑的，也是恰当的。救世主的椅子必须留着。我们无法知道，但可以希望。一直空着的椅子仍然是一种乌托邦的可能性。[④] 她早先对乌托邦在后马克思主义激进哲学中的中心地位持强硬立场，而她关于乌托

① A. Heller, *A Theory of Modernity*, Oxford: Blackwell, 1999, pp. 3–4.

② Ibid., pp. 5–6.

③ Ibid., p. 5.

④ Ibid., pp. 11–12.

邦地位的观点的这种新表述表明，这种强硬立场变弱了。虽然不能否定所有乌托邦思想这一点很重要，但很明显，她新的反思的后现代立场所固有的怀疑态度要求乌托邦的地位是从属性的，要从属于守护现代性平衡的主要哲学任务。

赫勒与火车站上的现代生活的和解，不应被简单地视为对革命希望破灭的回应。当然，现实的政治经验已经产生了审慎和理论的谦逊。然而，更有意义的是对她所认为的现代性事业的主要悖论的更深刻的洞察。正如我们所看到的，她认为，自由是现代性最高的普遍价值。自由既是最高价值，又是基础。以前的社会可以依靠传统和在形而上层面自明的真理，而在现代性中，这两者都屈服于一种不受约束的消极理性。自由成为这个世界的**始因**：在理论层面上是纯粹理性，在实践层面上是意志自律。她并不满足于承认自由对现代理论和实践的霸权，而是在这里找到了它高歌猛进的根源，也找到了它深陷困境的根源。现代性的居民身处悖论之上。自由根本无法完成奠基的任务。对传统和形而上学的批判的意义就在于对基础的否定。现代世界建立在否定基础的原则之上。① 这意味着一切仍然没有基础，而且必然如此。真正的任务是不断地重新寻找基础。这就是现代性事业的激进的解放意义。现代性的所有悖论都源于这个悖论。

反思的后现代意识的主要任务是通过这个悖论来思考。② 虽然**天真的**后现代意识和**自我反思的**后现代意识都扎根于自由之中，但只有后者不断展开的自我反思才是对自由悖论的**彻底思考**。然而，没有确定性的生活是很难的。③ 虽然黑格尔是第一个将悖论暂时化的人，但他最终还是向绝对低下了头。天真的后现代意识的怀疑态度并不等于完全的自我意识，它要么自以为是，要么走向犬儒主义。为了避免这种风险，一个**自我反思的**后现代意识必须认清现代人对确定性的追求的存在基础。这不是对技术知识的渴望，而是对意义的渴望。对意义的探求既不能被证 【213】

① A. Heller, *A Theory of Modernity*, Oxford: Blackwell, 1999, p. 15.

② Ibid.

③ Ibid., p. 17.

明，也不能被根除。现代人对真理的渴望是对他们涉身其中的有限存在的渴望，是存在的渴望。① 因为在现代性中，涉身其中的主观真理不再有一个共同的基础，每个人都提出了她自己的历史真理。这就产生了克尔恺郭尔首先认识到的困境。仅仅是主观的真理还不能解决真理的问题。没有绝对的意义，存在性的介入就失去了意义。② 每个人都可以绝对确信地说出她自己的真理，而不必担心它被证明是假的。超越这个悖论的唯一途径是“跳跃”到真理中，即个体做出存在的选择并由此对她的真理负责。最终，赫勒断言，若要满足悖论的现代性及在自由中寻找不成为基础的基础所提出的要求，唯一的途径就是这种实践的选择并承担起相应的责任。

三、连续性与反思

当这种反思的后现代表述与赫勒目前的后马克思主义哲学范式相比较时，她对哲学事业理解的基本连续性变得明显起来。对于反思的后现代的赫勒来说，哲学仍然是合理性的自我反思，与去神秘化、批判和自我定位有关。然而，其他基本细节已经发生了变化。这不只是细微的差别，也不仅是术语的不同，而是心境的改变，使她对哲学激进主义的理解出现了转变。赫勒关于激进哲学的著作打破了马克思主义的宏大叙事，颂扬了多元主义。后现代的赫勒继续探查这种多元主义的后果及其对切实可行的当代哲学的影响。我们已经注意到，她将现代哲学史重建为不断趋向于主观化的过程。哲学流派的支配让位于个体的革命，而这些革命的存续时间往往都不会超过发起人的生存时间。赫勒注意到了这种变化对哲学的乌托邦要素的影响。在以传统美德和静态的需要结构为特征的前现代时代，个体的乌托邦被当作是灵丹妙药。③ 这在个体化的
【214】时代不再可能。随着需要结构和幸福的梦想变得更加个体化，关于可能

① A. Heller, *A Theory of Modernity*, Oxford: Blackwell, 1999, p. 17.

② Ibid., pp. 17-18.

③ A. Heller, *A Philosophy of History: In Fragments*, Oxford: Blackwell, 1993, p. 57.

实现它们的社会和政治条件的想象也变得更为独特。古典乌托邦是对整体的想象，在其中，善和幸福是统一的。然而，不断加剧的个体化使其变得如此独特，以至于没有一个当代思想家能够承诺这样一个完美的整体。结果是，当代乌托邦的现实变成了**碎片化**。①

赫勒关于哲学日益个体化的观念所导致的另一个最具决定性的后果是，在她对哲学界限的理解中，理性主义的偏见减少了。《激进哲学》将哲学从宗教领域中划分出来，将其限定在那些仅仅使我们“眩晕”的有限性、死亡和虚无的问题上。在她的批评者看来，这种划分在建构哲学的领域时似乎是相当武断的，给出的规定似乎也是狭隘的。② 尽管如此，一旦赫勒如此明确地把哲学归属于被解放的个体的想象力，这种划分对她自己来说也就变得站不住脚了。为了避免哲学与主观想象力未经中介的同一所带来的伦理-政治灾难，她提出了一个整合了两个要素的策略。它强调的是人的境况的受限性：历史的制约性、人的有限性、救赎范式的脆弱性和危险性。她还断言，思辨哲学和实践哲学之间的分离是必然的。前者被视同为一种与众不同的、更个人化的、更主观化的创造力。较少依赖于传统的水池，哲学家就能发展出自己独有的哲学特征。这种激进的自由甚至延伸到那些“眩晕的”主题，而这些主题是她以前从合理性哲学的思考中排除出去的主题。然而，在实践哲学领域中，同样的独特性是不允许出现的。在这个领域里，主观想象力受到限制，我们需要应付那些共同的事物，即我们所共享的东西：**共同事务**（res publica）。这种限制会妨碍思辨哲学所允许的纯粹主观主义。思辨哲学和实践哲学之间的这道难以逾越的障碍最终是否可以持存，还有待商榷。虽然这不是康德意义上的形而上学的二元论，但它似乎以一种完全人为的、最终不可持续的方式限制了主观想象和社会规范之间的动力机制和相互作用。例如，即使有可能不受限制地传播，也很难看到激进需要可以从边缘地带迁移到大众中。尽管如此，当我们思考赫勒的反思

---

① A. Heller, *A Philosophy of History: In Fragments*, Oxford: Blackwell, 1993, p. 60.

② 例如，参见 R. Bernstein, *Agnes Heller: Philosophy, Rational Utopia and Praxis*, in J. Burnheim eds., *The Social Philosophy of Agnes Heller*, Amsterdam: Rodopi, 1994。

的后现代激进主义时，支撑她在此处所提出的策略的动机变得更加清晰。

在《激进哲学》中，赫勒还将激进主义与对社会的总体批判联系起
【215】来，与马克思对事物根本的渴望联系起来。① 虽然批判仍然是赫勒关于哲学的理解中不可或缺的、居于核心地位的要素，但她的反思的后现代转向使她对激进主义的理解在细微之处发生了更多的变化，也使其变得更为复杂。像马克思一样，她拒绝对任何以完美和绝对超越为追求的主张使用“激进的”名号。对她来说，激进主义意味着内在性，不是对某种抽象的超越的探索，而是对动态现代性中现存可能性的探索。② 对赫勒来说，这种探索总是乌托邦的，而且她把激进的乌托邦理解为那些探索现代性中可能性的、做出对称互惠承诺的乌托邦。然而，由于这种世界的数量几乎和哲学家的数量一样多，因此区分它们需要标准。在这里，赫勒重申了她所谓的“稀薄的理性主义”（thin rationalism）。在思辨哲学的领域内解放了主观想象之后，合理性的标准仍然留在实践的领域内。为了避免欺骗，她一直坚持认为哲学的基本核心是对理性的正确使用。即使在哲学的现代构形中，它已经放弃了确定性和同一性逻辑，合理性也必须被理解为防止欺骗和混乱的最佳补救措施。激进主义有两种选择，它们都是从启蒙运动中得到启发的。在这里，我们回到了天真的后现代主义和反思的后现代主义两个选项。遭到解构的后现代形式中的理性是对所有规范和禁忌的破坏性否定。在天真的后现代主义中，它缺乏反讽的距离和自我反思，因而无法终止这种破坏性的螺旋，消除对独特性的独裁式的自以为是的态度。另一方面，反思的后现代主义已经充分吸取了19世纪的宏大叙事失败的教训。它将人的境况的偶然性、历史性和不可靠性作为理性主义愿望的内在限制。质疑，不仅要质疑所有的偶像，而且要自我质疑。③

正是这种不断的质疑使反思的后现代主义者能够理解现代的悖论特

① A. Heller, *A Radical Philosophy*, Oxford: Blackwell, 1984, p. 134.

② A. Heller, *A Reply To My Critics*, in J. Burnheim eds., *The Social Philosophy of Agnes Heller*, Amsterdam: Rodopi, 1994, p. 289.

③ A. Heller, *A Theory of Modernity*, Oxford: Blackwell, 1999, pp. 1–2.

征和赫勒称之为“双重束缚”的双重承诺。虽然悖论在现代性中呈现出各种形式，但她发现悖论主要表现为现代性既忠诚于技术意识，也忠诚于历史意识。前者与行动和问题的解决有关。对它来说，世界不过是潜在工具化的常设保留地。另一方面，后者是华丽的回忆，它从实用性中抽象出来，将意义作为目的本身来追求。当激进的哲学为这两者之间的平衡做出贡献时，它就是“合理性的”。在某种程度上，必须在对普遍性的追求和对特殊性的关注之间找到一种可持存的平衡。只有这样才能 【216】
避免自我毁灭的否定的批判所带来的混乱，以及对现存事物的单向度的崇拜。赫勒不再将激进的哲学与总体的批判相提并论。如果一种哲学致力于在一个追求对称互惠理想的动态世界中维系平衡，那么它就是激进的。[①] 随后，后马克思主义者赫勒阐述了与马克思所做的社会政治强调具有一致性的激进主义概念。相比之下，**反思的后现代**的赫勒已经完全理解了总体的批判在实践中失败的全部意义。始终引导她工作的伦理关切现在成为激进主义概念本身的核心。激进意味着把人当作目的而不仅是手段。[②] 把这一伦理准则纳入对对称互惠的乌托邦理念的追求，会使哲学变得激进。[③]

赫勒承认自己的实践理性主义是脆弱的，而且她比哈贝马斯更加颂扬人的偶然性。她决心不把自己的立场固定在语言的准超验领域，而是固定在更为易变的历史领域。由于现代性缺乏确定性的前景，如果不接受至少一种价值作为起点，合理性的讨论就无法开始。赫勒将赌注押在作为现代性的主要价值理想的自由身上。这个价值是对称互惠的现代社会安排所固有的规范的体现，也是据说被现代共识视为最高的实质性价

① A. Heller, *A Reply To My Critics*, in J. Burnheim eds. , *The Social Philosophy of Agnes Heller*, Amsterdam: Rodopi, 1994, p. 289.

② Ibid. , p. 290.

③ 贝尔哈兹将此描述为从“行动社会学”到“经验哲学”的转变。P. Beilharz, Budapest Central: Agnes Heller's Theory of Modernity, in *Thesis Eleven*, vol. 75, 2003, p. 110. 虽然这种表述很好地体现了赫勒远离实践哲学的动向，但不应由此认为她已经返回到一种沉思的哲学观。她的新的激进主义只预设了文化与社会行动之间更多的中介关系。

值的价值。[①] 有人反驳说，自由的价值本身太抽象了，需要更多的补充性定义才能成为她所暗示的那种价值协商，对此，赫勒的回答是，这样做会“破坏整个论证”，而且会“讲述一个完全不同的故事”。[②] 这可以被理解为，当代社会生活正是围绕这一价值才展开的价值讨论。以任何更为精确的方式来说明它，都取消了争论，并在理论上压制了现代多元主义的充分表现。然而，她的回答引出的问题是，这种价值讨论的可能性是否以围绕这一价值而形成的普遍共识为前提。在对自由已经在经验上是普遍的进行论证时，赫勒假定了这种共识，它应该是持续争论开展的条件。然而，正如科恩和其他人所提到的，许多个人和群体对现代性提出质疑，拒绝自由的价值。赫勒对这个明显事实的忽视表明，她对经验普遍性的理解甚至是规范性的。她对普遍性的呼吁是针对“现代人”
【217】的，而不是针对各色的现代基要主义的。然而，承认相反的趋势和反对意见是完全符合赫勒的不可知论的。与杰出的前辈们不同，她拒绝预测未来，甚至拒绝预测现代性的幸存。

四、偶然性时代的哲学

一方面，赫勒奋力捍卫经验上普遍的价值理念，另一方面，她必须面对那种认为她向后现代主义让步过多的指责。马尔库什认为，她对偶然性的让步恰恰威胁到作为自主的文化对象化的哲学事业。虽然他与赫勒一样希望削弱传统哲学对确定性的坚守，并根据现代文化对导向的需要重新思考哲学的合理性，但他坚定地认为需要一个规范的真理概念。[③] 对马尔库什来说，哲学作为一项文化事业的统一性本身依赖于真理主张制定的共同标准。除了哲学过去的纷争和现在的规范的多元主义，他认为对规范的真理概念的忠诚维持了哲学脆弱的统一性和它作为一个类型

---

① A. Heller, *A Reply To My Critics*, in J. Burnheim eds., *The Social Philosophy of Agnes Heller*, Amsterdam: Rodopi, 1994, p. 290.

② Ibid., p. 219.

③ G. Márkus, Interpretations of, and Interpretations in Philosophy, in *Critical Philosophy*, vol. 1, no. 1, 1984, p. 82.

的存在。其他文化对象化提供了导向和反思，但只有哲学将自己的存在建立在**知识**和**意见**的区别上，建立在对其中所隐含的论证方法的信奉上。哲学不能沦为“咖啡馆”的闲谈。① 若要实现最低限度的合理性，特别是，若要追求真理，就必须通过论证来支撑主张，并且模糊地运用共同标准来实行定位。

我们已经看到，赫勒并未放弃真理概念，但是她建议要从更多的维度来理解这个概念，要对类型的转变抱一个更放松的态度。她站出来为“咖啡馆”模式辩护。② 对她来说，马尔库什的立场意味着未能完全理解现代偶然性的所有后果。她认为，有些哲学家公开参与有教益的对话，阐明问题并提出问题，而不是假装知道问题的答案，这没有错。他们可以追求他们的“真理”，只要他们不否认其他人可以选择建立更令人印象深刻的真理。对赫勒来说，这完全符合主观化的历史趋势，即对抗虚假客观主义的暴政，部分地承认偶然性和文化多元化。她也决定不会将全部促进主观取向和意义的实践及形式排除在外。

赫勒主张的要点是，对规范的真理的否定并不必然意味着堕入非理性的境地。即使是那些悬置了其真理主张的“文学的”哲学也并不反对 【218】
哲学论证，而且很乐意用传统的手段为自己辩护。人们甚至可以基于历史的理由来质疑马尔库什将哲学的文化统一性归结为规范性的主张。毕竟，他承认争论是各哲学流派的正常状况。更为重要的是，他注意到，当代领域内的其他方案能屈尊来相互交谈实属罕见，如若是，双方更多的是相互诽谤或自说自话。③ 然而他坚持认为，哲学作为一项文化事业的独特性并不取决于这种经验上的困难，而是取决于“教条的”真理论断所隐含的在规范层面的统一性力量。此外，还可以补充说，为后现代主义者常常诉诸于传统论证留下空间，是对他的立场的一种让步。当

---

① G. Márkus, Do Ideas Have Bodies? Philosophical Content and Literary Form in Descartes, in *Literature and Aesthetics*, vol. 14, no. 1, 2004; quoting from manuscript version, 1998, p. 24.

② A. Heller, *Questioning the Normative Skepticism of György Márkus*, in J. Grumley, P. Crittenden and P. Johnson eds., *Culture and Enlightenment: Essays for György Márkus*, London: Ashgate, 2002, p. 9.

③ G. Márkus, *Ten Marginalia on the Responsibility of the Philosopher*, in A. Kardas et al. eds., *Diotima Agnes Heller: Festschrift For Her Seventieth Birthday*, Budapest: Osiris-Gond, 1998, pp. 343-359.

然，这表明他们的践言冲突（performative contradiction）和处于争论中的真理观念的不可替代性。

赫勒并不认为可以将她的做法解释为向相对主义的让步。她坚持认为，对于那些玩哲学游戏的人来说，坚持真理仍然是一项严肃的、高风险的事业。然而，还有一个问题是关于游戏玩家的本真性。**反思的后现代主义**表明了一种变化的哲学心境。对赫勒来说，它表达了这样一个事实，即一些哲学家已经没有兴趣来取消游戏，而是乐于在没有虚假共识的情况下继续玩耍。① 偶然性必然会被允许对哲学本身的规范性地位产生影响。对她来说，首要的问题不再是，以前被认为是哲学的文化机构是否会或应该在文化地位下降和沦为“咖啡馆”的闲谈所带来的贬值中幸存下来。她打赌，在现代偶然的个体所面对的愈发动态的条件下，人们对方向的需要将是持久的。即使类型的转变确实模糊了长久建立起来的类型的完整性，但这似乎也能确保像哲学这样的文化事业能持续散发活力。赫勒从未被狭隘的学科界限或传统的类型形式所限制，她相信哲学的不可或缺的文化功能将使它在自身形式的无常变幻中保持活力。对赫勒来说，这是一个偶然的文化事业的命运，也是完成表达“时代精神”这一定位任务所必须付出的代价。正如我们所看到的，赫勒认为哲学的主要任务是使社会存在的偶然之流具有意义。哲学必须介入当代。然而，哲学的激进主义要求这种“意义”既是批判性的又是合理性的。哲学的功能不正是取决于迫使讨论者在同一平台上碰面的规范性要求
【219】吗？否则，像哲学这样的活动如何能将自己与其他文化形式区分开来，并使一种不可靠的解决方法得到保证？赫勒可能想让更多的声音参与到闲谈中，但似乎最终还是需要规则和标准，以便闲谈不会陷入混乱之中。

赫勒在后马克思主义激进的阶段和反思的后现代阶段之间的发展，使她对合理性批判理解的重点发生了变化。对“总体批判”“天真的”解构的过去和潜在的政治与伦理代价的反思，使她对哲学激进主义的理解要更为微妙。在这种表述中，激进主义不再与政治或文化革命相关

① A. Heller, *A Reply To My Critics*, in J. Burnheim eds., *The Social Philosophy of Agnes Heller*, Amsterdam: Rodopi, 1994, p. 292.

联，这一事实可能会引起一些政治和哲学先锋派的指责，认为这是妥协。然而，这大多是一些可预见的和肤浅的回应。赫勒的哲学激进主义的真正复杂性在于它继续与现代性的所有悖论打交道，而不背弃理想、批判的锋芒或反思的能力。

【220】

第十一章 现代性的钟摆

在第八章中对赫勒的现代性理论的初步考察结束时，显而易见的是，她的一些中心思想已经开始发生改变。1986 年，赫勒和费赫尔都在纽约新学院的研究生院任职。这次向当代现代性的象征中心的移民，随后“对需要的专政”的戏剧性的解体，1989 年冷战的结束，以及重新关注自由民主社会的现实的需要，都使赫勒对自己的理论重点和理论观点做了重新思考。这次重新评估使我们看到了这样的转变：从最初的捍卫民主逻辑，反对其他逻辑的殖民化，到对民主精神进行更为独立的探索。她现在主要关注的是，维持动态的和内在冲突的现代星丛的平衡。这一转变在 1992 年的文章《现代性的钟摆》① 中首次显露出来，并在 1999 年出版的对现代性做全面阐述的《一种现代性理论》② 中取得了成果。在本章中，我们将研究这些新的思想，并分析它们对制定成熟理论大纲的影响。

赫勒在《现代性的钟摆》中提出的观点并不是一个全新的出发点。③ 她对现代性的命运及其幸存前景的后马克思主义反思始终围绕着现代性的多样要素和多重维度问题，以及使这些不稳定的星丛保持平衡的必要性问题。然而，在早期对这些不变主题的处理中，她主要关注的是那些最终来说互不兼容的、相互破坏的逻辑，这些逻辑威胁着现代性

---

① A. Heller, Modernity's Pendulum, in *Thesis Eleven*, vol. 31, 1992.

② A. Heller, *A Theory of Modernity*, Oxford: Blackwell, 1999. 严格来说，此书应译为《一种现代性理论》而不是《现代性理论》。因为，赫勒所持的反思的后现代主义立场只能允许她在自己的经验内提出一种理论，而不是在最终的意义上提出某种普遍的理论。如果译为后者，无法更好地凸显赫勒此时的后现代立场。——译者注

③ 我首次对赫勒的思想发展做的初步评论是错误的。See J. Grumley, Watching the Pendulum Swing, in *Thesis Eleven*, vol. 37, 1994, pp. 127–140. 后来，我看到她开始关注现代性的“动态”和“社会安排”问题，便以为她放弃了多种逻辑模式，转向了一个新的更简化的框架。尽管这是一个草率的判断，但下面的内容解释了为什么它并不像最初看起来那样离谱。

居民的自然生存。在20世纪80年代初新的军备竞赛展开的背景下，这些担忧似乎并不是空穴来风。但在冷战后的历史背景下，这些逻辑被重新解释，并转移到了背景之中。赫勒的注意力转向了现代社会的内部结构及其平衡问题。

这种兴趣的改变在“钟摆”的形象中表现得最为明显，这个隐喻现在强占了以前由“多种逻辑”的观念所占据的优先位置。事实上，《现代性的钟摆》甚至没有提到“逻辑”。以前谈论的“互不相容”和“相 【221】
互冲突”的逻辑被钟摆统一和同步摆动的形象所取代，也就是说，被钟摆在限定的范围内保持其统一运动的形象所取代。只有通过这种方式的约束，现代性才能避免因一种或多种“逻辑”的压力而在某个单一的方向上走向灾难性的失衡状态。现在赫勒也较少关注现代性的潜在轨迹，而是更多地关注它的基本的结构性要素。这些要素现在被称为现代的“动力”和“社会安排”（social arrangement）。前者是现代性的精神：动态正义的辩证法，作为一种不断批判的精神渗透到生活世界中。与这种“动力”相互补充的是一种“社会安排”，它基本的现代性表现为，功能表现和对称互惠的规范取代了社会等级制，成为分配的基本规范。这种对现代性“构成要素”的关注意味着赫勒批判地洞察到，这两种要素对于动态但平衡的现代性的活力和平衡的维持来说都至关重要。对赫勒来说，批判的动力是所有版本的现代性的一个组成要素。只有它与现代社会安排的规范相协调，才能确保现代性的星丛保持长期活力，实现再生产。

《一种现代性理论》提出了一种综合，在其中，这些新的洞见和变化的视角与她最初的多种逻辑模式及其批判意图中的当代内容保持一致。赫勒一开始就对她的基本立场进行了方法论的反思。《一种现代性理论》中的“一种”非常关键，因为它强调了这种对现代性本质的看法使赫勒能够理解她自己的经验。与她的反思的后现代立场相一致，她摒弃了对现代性做最终解释的想法。她的现代性只是**众多可能的**“现代性”中的**一个**。虽然这种理论一定是独特的，但她也从未忽视社会现实的共同特征这一事实。她的观点将是“正确”的，因为它不仅抓住了她自己的经验，而且抓住了共同的经验。在这样做的时候，它在理论上要求融合各种视角，上升到本质。然而，这个从根本上来说是实践的理论不可能上升到意见的层面：这个本质既不能被证实，也不能被确凿地证伪。它能使某种独特的视角变得合理，从而引发人们的共鸣，因为后者是关于永不枯竭的现代性的可能真实的观点之一。

【222】

一、现代性的构成要素

现代性的本质是作为现代性的两个构成要素的现代“动力”和“社会安排”之间的关联。这种关联使现代性处于一种相对稳定的状态，即便它的内部永远是流变不定的。尽管被理解为社会地位的功能性分配的现代“社会安排”对现代性至关重要，但如果没有“动力”作为补充，它本身是不稳定的。这包含着赫勒就“对需要的专政”的崩溃给出的解释。① 然而，虽然这种“动力”对于现代性的相对稳定来说是不可缺少的，但它并不是现代的产物。它出现在雅典的生活中，那时表现为苏格拉底提问的文学形式，后来在几个关键的历史时期再次出现，并影响到欧洲启蒙运动的所有叙述，然后才以“非辩证的辩证法”的贪婪的、破坏的形式出现。②

这种质疑的“非辩证的”特征在于它不允许有内部限制。用黑格尔的话说，这就是“恶的无限性”的逻辑。当理性的解构发现没有任何可以依赖的东西是理所当然的，它就会产生腐蚀作用。③ 这种批判对于传统合法性的丧失和现代社会安排的出现至关重要。在当时，它有助于使形而上学的新语言游戏合法化。然而，如果没有开创一个新社会世界的前景，这种批判就变成了破坏性的。④ 这种辩证法和现代社会经验之间的密切关系是显而易见的。质疑、异议、不满和挑战是其本质。现代的“动力”为一个接受正义要求的世界提供了补充。它允许人们根据理智

① A. Heller, *A Theory of Modernity*, Oxford: Blackwell, 1999, p. 40.

② Ibid.

③ Ibid., p. 41.

④ Ibid., p. 84.

合理性对这些要求进行争论。[1] 这种动力甚至走得更远，它对正义概念本身提出了挑战。难道正义本身不是建立在形而上学的偏见之上的吗？缺乏批判的限制这种情况使赫勒提出这样一个问题：人是否能够在没有坚实东西的情况下生活。

当没有什么可以解构的时候，解构就达到了它的极限。[2] 现代的动力陶醉于普遍化的过程。差异的世界被新造的人类、艺术和文化的普遍范畴所取代。现代主体被认为是被赋予了无限的主观自由，但和所有的存在一样，它是受限的：有限的、有条件的和偶然的。在这里，启蒙运动的浪漫主义宣布了它的存在。生命不能被还原为一个技术问题。从浪漫主义的角度来看，认为效率是主要评价标准的观点是简化论的观点，也是险恶的观点。启蒙运动本身就表现出了悖论，它既要破坏，又要保 【223】
存差异。这里所涉及的不仅仅是一个逻辑问题。在打败了所有的差异之后，现代性的动力——以普遍化进程的形式——变成了虚无主义，反过来反对先前所称赞的普遍性，试图确立新的“差异”。[3] 对赫勒来说，当代基要主义是这种虚无主义逻辑的自然产物。“非辩证的辩证法”的危险在于它可能转过头来反对批判的话语和现代社会安排。面对普遍与差异的悖论，天真地投入任何一方的怀抱都是非辩证意识及其无力维持此种张力的表现。对赫勒来说，这在现代民主对普遍平等的追求中的明显程度与它在尼采对特殊性本身的颂扬中一样。只有反思的后现代意识才能面对并思考现代性中所固有的多种悖论。

“现代的动力”零星地出现在前现代时期，但它结出的果实从未长久过。然而，与“现代社会安排”相配合，它已经征服了世界。尽管这种社会安排在历史舞台上出现得较晚，但它在欧洲起飞之后便进行无情的扩张，全然不顾与当地的密切关系。然而，如果没有现代的动力，现代社会安排是不稳定的，并很快会僵化。[4] 与惊人的增长相伴随的是相

① A. Heller, *A Theory of Modernity*, Oxford: Blackwell, 1999, p. 43.

② Ibid., p. 46.

③ Ibid., p. 47.

④ Ibid., p. 51.

应的、潜在地具有破坏性的虚无主义，关于这种虚无主义，前面已有所提及。赫勒坚称，现代性的本质是不能被肢解的。[①] 社会安排和动力的统一也不是完美发展的规范性指标。每个从前现代社会安排转向现代社会安排（功能分配）的社会都是通过自己的方式成为现代的。尽管是前所未有的，但现代性不是天堂。对进步的赞美和对过去的怀念都不合适。现代是唯一能够维持当前地球人口的社会安排。[②]

现代性标志着根据一出生便进入的社会阶层而组建的社会的结束。在“人人生而自由”的假定下，现代性打着“机会平等”的口号来发展自己。这个口号的意识形态特征并不重要，重要的是在现代社会安排中，非对称互惠是功能表现的**结果**。由于功能和存在不再是同一的，“机会平等”的蹦床给了每个人改变功能的机会。[③] 这种区别表明，在建立现代社会安排的等级制的过程中，机构具有重要的作用。我们已经看到，现代性已经提高了机构的地位。日常生活被缩减到家庭中，而人
【224】们只有在家庭以外的某个机构中承担一个功能性的角色后才会开始其成人生活。机构网络在建立和维系社会等级制方面起着主要作用。这种转变是与现代性的动力及其平等和正义的福音一起出现的。

“机会平等”的意识形态激发了现代性的动力。规范性的概念和经验性的现实之间的差异，“生而自由”和“社会奴隶制”之间的差异，打开了一个广阔的领域，在这个领域中，不满产生了批判。赫勒坚定地认为，理性和平等的价值不是乌托邦的理念，而是一种事实上的现实。现代性的动力通过不断努力接近这些规范来扩展现实。[④] 然而，长期的差异意味着，动态正义从来不会出现没有原因的状况，也从来不会出现所提议的补偿缺失的状况。

---

① A. Heller, *A Theory of Modernity*, Oxford: Blackwell, 1999, p. 52.

② Ibid., p. 55.

③ Ibid., p. 58.

④ Ibid., p. 62.

二、多种“逻辑”

如前所提，年轻的赫勒渴望一种“让一切都运作协调”的哲学。理解她成熟的现代性理论的关键点之一是她对这种早期哲学理想的有意否定。无论这种倾向的所有痕迹是否已不复存在,① 迄今为止出现的现代性的肖像是悖论的、紧张和动态的。现代的动力和现代社会安排之间的关系呈现出各种不同的形态，在这些形态中，“没有什么是完全适合的”。这被视为一种优势，因为它表明，现代性并不是一个没有潜能和选择的无缝总体，而是既是有好的一面也有坏的一面。

接受不完美可以部分地解释赫勒为什么会提出多种逻辑的观念。现在赫勒认为，“逻辑”是制度、社会结构和行动类型的现代网络所固有的**发展趋势或潜能**：它们是社会-本体论的具体化过程。只要某个制度具有维持自己同一性的能力，它就会发展其可能性。②“逻辑”意味着发展的自我推进。然而，这种**动力**并不决定可能性的实现。制度/行动的潜能仍然会受到竞争的逻辑的影响。历史内在性并不意味着历史目的论。虽然理论上可以回溯性地构建一个目的论的序列，但这不应该被误解为内在的展开。

多种逻辑的观念驳斥了将历史视为唯一的、固有的故事的观点，也驳斥了将社会视为同质化总体的观点。取而代之的是，我们有真正的历史选择，我们面对的是一个碎片化的、去中心化的总体，其中没有任何一种逻辑处于首要地位。这种模型显示出了不透明性、异质性、不确定性、多元的社会选择和个体选择。威胁和危险是难以识别的，因为它们 【225】

① 尽管她极力否认，但即使是米哈伊·瓦伊达这样亲密的同事也注意到了驱动她展开工作的体系化的渴望。M. Vajda, *A Lover of Philosophy: A Lover of Europe*, in J. Burnheim eds., *The Social Philosophy of Agnes Heller*, Amsterdam: Rodopi, 1994. 即使赫勒的后现代转向也没有完全压制她的体系化的渴望。她的美学（*A Philosophy of the Beautiful*, London: Routledge, forthcoming 2004）继承了德国的悠久传统，即体系最后终结于美学。然而，体系化和“有意建构体系”并不一定是同一件事。

② A. Heller, *A Theory of Modernity*, Oxford: Blackwell, 1999, p. 64.

没有单一的来源。同样，在每一个发展阶段都可能有不止一种结果，因为逻辑并不完全独立，方向也不是内在地被决定的。①然而，这种明显的异质性、潜能的冲突与合流，并不意味着完全的开放或无限的可能性。可能性受到界限的约束。19 世纪对无限进步、无限资源的信念在今天看来是非常幼稚的。我们对限制的意识由于现代性逻辑的不断碰撞而更加强烈，现代性的三种逻辑是技术的逻辑、经济的逻辑和政治的逻辑。在经历了人们过于追求由占支配地位的单一逻辑所促进和延续的幻想的一个世纪之后，对限制的认识是一个安全阀，也是对可能的毁灭的警告。此外，它还强化了赫勒人类学思想中的一个重要因素：人的境况的脆弱性。

三种逻辑仍然被认为是现代性中所固有的发展潜能。然而，这些逻辑的内容已经发生了重大变化。这是重新思考过程的具体化。新的内容是技术、社会地位的功能性分配和政治权力，它们被理解为统治和支配的构造。②

在早期的文章中，赫勒通常将这些逻辑描述为工业化的逻辑、资本主义的逻辑和民主的逻辑。新的说明更好地反映了她与马克思主义传统的距离，以及她对保持一种批判的、怀疑的视角的渴望。马克思强调资本主义在共产主义实现过程中起着重要作用，而赫勒现在认为不存在资本主义社会。从一开始，她就将资本主义视为市场机制和市民社会的承载者。这种内部的异质性，以及不由资本主义决定的其他逻辑的影响，使重新思考马克思的经典观点成为可能。赫勒还继承韦伯的洞见，即在马克思所指认的商品化（commodification）这个罪犯背后，存在的是更抽象、更模糊、定量化的计算。根据功能主义来阐明第二种逻辑，使她能够抛开资本主义作为一种抽象的社会形式的内涵，而集中于量化这种更普遍的市场逻辑。这现在变成了社会地位的功能性分配。

用技术逻辑取代工业化逻辑的动机既相似又不同。早期对工业化逻

① A. Heller, *A Theory of Modernity*, Oxford: Blackwell, 1999, p. 65.

② Ibid., p. 64.

辑的强调已经标志着对马克思的背离。赫勒希望将“对需要的专政”理论化，并警告说它有可能成为现代性的一种新的独特形式，这就使工业化从一开始便被提升到与资本主义相对等的逻辑地位。尽管她有时会谈 【226】
论技术，但在她对工业化逻辑的描述中，重点更多是放在集中化和国家控制上。“对需要的专政”的危险的消退，促进了从具体历史情境中的进一步抽象，并使她专注于假定的超历史发展趋势。显然，赫勒希望深入到制度形式或行动形式的具体表现背后，对据称是更深层次的、这些形式在其中有其根源的想象力进行分析。

第三种逻辑的表述从民主到政治权力的变化，更清楚地展示了赫勒的理论动机。在走向现代性理论而尝试性地迈出第一步的过程中，她投身于民主事业，并特别赋予此事业以与资本主义逻辑和工业化逻辑同等的现代性逻辑的地位——即使她仍然不确定其是否能最终胜利。正如时间和理论发展使她不再根据诸如资本主义和工业化这样具体的社会可选方案来命名逻辑一样，她也不用民主来命名逻辑了。早期的赫勒把民主看作现代性威胁的唯一解药，而在更近一步的了解中，她意识到需要不断地对民主本身进行批判性的审查。这种对“现存的”民主的日益怀疑，也与她超越马克思时对历史预测的拒斥相一致。从民主的逻辑到政治权力的逻辑的转变意味着，即使间接地看，她对现代政治的分析也不是针对某种特定政治形式的。“民主的逻辑”这一概念本身会让人想到至少是弱的历史目的论观念。尽管赫勒从来没有自欺地认为可以价值中立地进行社会批判，但她对民主价值的信奉与她的分析对象（政治权力）的明确分离，更好地维持了她之前所说的“有限的怀疑主义”的观点，并使现代性的政治状况成为完全开放的。这特别适合于她对这些逻辑的一般理解，因为这种理解特别强调由历史行动者推动的学习过程。

三、技术的“逻辑”

具有多种发展可能性的、异质的现代性并不意味着多元的技术。这种逻辑的独特之处在于没有多元化的线性发展。在政治和社会的逻辑那

【227】里存在着张力，也存在着发展的可选择项，与之形成对比，现代技术的发展直到现在还没有显示出多元化的迹象。① 技术发展的独特性不能被解释为这样的事实，即在技术中认识被简化为单纯的解决问题。虽然这可能对说明常规科学来说足够了，但它无法解释革命性的科学，在这种科学中，创新思维不能被简化为技术问题。赫勒同意海德格尔的观点，即在最根本的层面上，技术的本质存在于一种特殊的思维方式中，这种思维方式将人变成一种长期储备，或将人工具化以备使用。这种想象迫使人们从主体/客体的角度进行思考，世界变成了供人类使用的工具库。然而，在赫勒看来，海德格尔不应把形而上学描述为这种想象的原因，也不应认为这种思维方式完全支配了现代性。② 她坚持认为，在现代性中不只存在一种想象机制，技术想象总是会有竞争者。这强化了她关于现代性的多元性和异质性的论点，它不是由一个想象机制而是由两个不相干的想象机制框定（enframe）的：技术想象和历史想象。③ 政治的逻辑和社会地位的功能性分配的逻辑并不完全由技术想象支配。

这两种想象都对现代性的诞生有所助力，而且它们在一种持续不断的相互作用中共存。④ 赫勒将技术与行动联系起来，将历史与回忆联系起来。前者优先考虑解决问题，后者优先考虑解释和观看者的创造力。历史意识从功用性中抽身而出，产生一种本身就是目的的意义。它是一种与过去的对话，使其在脆弱性、有限性和限制中不断存在。⑤ 尽管如此，在阐明这些区别的同时，我们不应忽视它们融合的状况。对新奇的不断追求表明技术逻辑入侵了解释学实践，而对特定发现的关注则将历史的特殊性时刻带入技术意识的连续统一体中。⑥ 同时效忠于两种根本上相互冲突的想象会形成困境，赫勒将此描述为现代性的双重束缚。

现代性对两种不同想象的信奉并没有妨碍赫勒承认科学已经成为支

---

① A. Heller, *A Theory of Modernity*, Oxford: Blackwell, 1999, p. 67.
② Ibid., p. 70.
③ Ibid., pp. 71-72.
④ Ibid., p. 72.
⑤ Ibid.
⑥ Ibid., p. 74.

配性的世界解释。以往传统和宗教的权威现在已经转移到了科学手中，并允许技术想象成为支配性的。建立在自由探索的基础上的科学在具有根本意义的问题上宣称它是中立的。它与现代精神的密切关系及由此产生的权威，使科学解释渗透到现代生活的所有方面。① 科学被等同于真 【228】理，而一个由机构、认证制度、期刊和话语组成的网络使这种身份合法化。赫勒接受了福柯的论点，即科学制度的权威也涉及权力的行使。当没有外部的平衡力量，当它可以把自然科学的方法强加给人类主体时，它就会成为一种压迫性的力量。② 这种事实上的权力行使揭示了技术的逻辑和功能的逻辑之间相互作用的可能性。虽然科学的权威与功能的权威通常是相辅相成的，但赫勒明确指出，密切关系可以很快就变成对抗关系。③ 科学的权威还握着批判的潜能这张王牌。

四、分配的"逻辑"

赫勒认为第二种逻辑是现代性的"核心"。④ 这种逻辑承载着现代社会安排的主要制度：市场、私有财产、私法和人权。显然，这使得它成为前现代和现代性之间本质区别的载体。它塑造了独特的现代社会秩序，能够将形式上的平等和功能上的等级制融合在一起。然而平等的理想是难以达到的，因为社会分配的机制也必须调和初始的平等与不平等的结果；这种综合仍然是不完美的。从更高的动态正义的角度来看，功能正义常被指责为不正义。这种对理想的综合的追求使这种逻辑成为现代性的"核心"。专注于对正义和效率的要求提供了赫勒视为现代性活力之核心的异质性。⑤ 正确的自我批判由如下事实所保证，即这种逻辑的制度是在不同方向上被推进的。

如果说关于正义的争论是第二种逻辑的一种发展趋势，那么其他的

---

① A. Heller, *A Theory of Modernity*, Oxford: Blackwell, 1999, p. 76.

② Ibid., p. 78.

③ Ibid., p. 79.

④ Ibid., p. 82.

⑤ Ibid.

发展趋势则是围绕着市场展开的。[①] 市场将诸个体分配到一种等级制结构的功能部门中。即使是在平等和自由的理想市场条件下，结果也是越来越多地出现了基于不同功能的社会等级制。在实践中，这种分化大致是与控制和管理主要制度的机会的不同层次相一致的。[②] 然而，动态正义将异质性引入到纯粹的功能分配逻辑中。正义话语和功能分配之间的斗争使现代的运动呈钟摆状。只有通过平衡这两种趋势，才能保持社会
【229】的平衡。这就是为什么赫勒认为，一个纯粹的资本主义已不存在，但现代性却继续存在。她并不是突然变得对剥削和社会压迫视而不见。她意识到，社会底层并不是反常的表现，而是现代国家运作所必需的，但仍然承受着最大的不公正和剥削的重担。[③] 越来越多地出现的情况是，只有通过教育领域的竞争才能有机会占据社会等级制中的一个更高的位置。随着权力的行使越来越被技术想象所框定，例外情况也变得越来越少了。

第二种逻辑表现出几种与市场相关的直线发展趋势。赫勒提到了量化、新的需要的出现和专业化。[④]

在这第二种逻辑中，经济的货币化和由此产生的对前现代社会安排所建基其上的自然差异的解构使量化得到了自由的表现。货币将差异还原为数量，它是伟大的平衡装置，将社会的差别从出身转移给了价值。个体被从个人的依赖性中解放出来，而这种更大的自由激发了投机和冒险。[⑤] 但浪漫派批评货币，他们强调由此产生的社会同质化和对差异的压制。赫勒认为这种批评被夸大了。货币化可能倾向于完全的量化，但现代性的钟摆以历史意识和文化话语的形式阻止这种趋势，尽管结果永远不确定。[⑥]

---

① A. Heller, *A Theory of Modernity*, Oxford: Blackwell, 1999, p. 84.

② Ibid., p. 85.

③ Ibid., p. 93.

④ Ibid., p. 91.

⑤ 这种观点忽视了韦伯的论点，即将资本主义精神与新教的召唤、禁欲主义的常规化联系起来。

⑥ A. Heller, *A Theory of Modernity*, Oxford: Blackwell, 1999, pp. 87-88.

在现代性中，货币作为一种同质的、定量的致满足物的引入，使个体越来越多地构建自己的个人需要，而不被传统的社会群体所决定和限制。在货币化和技术的推动下，这种趋势将第二种逻辑推向了无限的扩张。① 尽管如此，个体消费者日益获得的自主性与需要的强制性是不相容的。现代个体成了技术想象的俘虏。新的东西被赋予了优先性，而且技术越来越被要求去设计特定的“生活方式”。② 正因如此，赫勒说，异化需要的观念是有价值的。需要的结构是为个体制造的，也是被强加给个体的。作为纯粹的量，货币确实使需要结构同质化。此外，这表达了现代性的悖论性特征。有限的个体追求表现为无穷的量序列的无限。③

第二种逻辑的第三个直线趋势是专业化。在这方面，第二种逻辑为技术逻辑已经释放出来的力量提供了补充。我们曾指出，现代社会的安排如何使功能性地位在社会等级制的决定中起决定性的作用。这些位置 【230】
由谁来占有是根据价值来确定的。随着技能的日益具体化，普通教育让位于专业教育。④ 长远地看，这种专业化是否于人有益常是受质疑的。赫勒将文化在历史上的同时出现视为与这个在其中专业化放逐了无用者的世界进行对抗的手段。⑤

在这一点上，受阿伦特的启发，赫勒做出了一个区分：生活和世界之间的现代缺口。生活意味着生产和再生产，侧重于实用主义的生存。这种仅以有用为目的的活动与美好生活是有区别的。后者超越了单纯的生存和实用主义，进入了没有直接目的的想象和理念的世界。⑥ 这种区分为赫勒的文化和现代主体性理论引入了规范性的维度。主体的反思能力是现代性的第二种逻辑的一个重要方面。这就等于说，历史性对于现代主体的概念和现代性的第二种逻辑都是至关重要的。历史性既是一般的，也深深扎根于现代性之中。然而，赫勒对这种解释进行了限定，认

① A. Heller, *A Theory of Modernity*, Oxford: Blackwell, 1999, p. 90.

② Ibid., p. 89.

③ Ibid., p. 90.

④ Ibid., p. 91.

⑤ Ibid., p. 92.

⑥ Ibid., p. 84.

为没有历史性，生活也是可能的。历史性使作为好的生活核心的反思充满活力，但并不是生活的必然前提。① 单纯的物质再生产需要的是技能，而不必是一种形成认同的文化叙事或“世界”。② 现代主体的非凡之处在于提出问题并创造距离。然而，显然不是所有的现代主体都能做到这一点。只有一些人达到了反思的历史意识的水平。反思的水平被视为个人个性的组成部分和现代社会的批判的动力，但它并不像某些表述所显示的那样一般化或根深蒂固。事实上，“生活”和“世界”之间的区别对应于现代主体性的两个质的层次。反思的历史意识这个概念不仅仅是对纯粹自我性的叙述，它与文化的经验中介和批判距离有关。它打开了个体变为“个性”的可能性。这个概念在赫勒的早期作品中已很常见，即对她的特性和世界保持着批判的反思关系的典范人物。这个概念曾经被嵌入与客观历史、类的发展相联系的马克思主义框架中，现在则被关于悖论的意识所限定。技术意识和历史意识都在争相占领现代个体的想象。只有那些完全意识到这种限定的人，才会体验到赫勒所说的现代性的“双重束缚”。典范主体拥有一个“世界”；他或她已经超越了单纯再生产的生活，开始追寻“好的生活”，这种生活是关于想象、“无用”之物和批判的自我理解的生活。

【231】 “拥有一个世界”并不意味着这个世界是完全透明的。它需要的是这样一个主体，即她并不是被某种排他的现代性想象机制所囚禁。这个反思的主体接受技术意识和历史意识的约束，并欣然接受了这些矛盾的力量之间的竞争。她的身份是在由“双重束缚”引发的、进行斗争的力量所构成的力场中形成的。③

五、政治权力和统治的“逻辑”

在赫勒后期的作品中，一个不变的主题是提升政治的形象。马克思

---

① A. Heller, *A Theory of Modernity*, Oxford: Blackwell, 1999, p. 84.

② Ibid., p. 92.

③ Ibid., p. 95.

主义一直将政治归入最终由经济力量决定的总体的历史运动中。矛盾的是，即使是社会主义的革命目标也没有明确地将政治主题化。现代性的多种逻辑模式通过两种方式修正了这种疏忽。首先，它把民主提升到一个独立逻辑的地位，认为其有相对独立的因果关系，并强调了为民主而斗争的实际需要。其次，正如我们所看到的，它提请人们注意一种现代性形式的威胁，即赋予工业化的逻辑以绝对优先性，并压制民主的逻辑。赫勒警告说，“对需要的专政”并不仅仅是历史上的反常现象，而可能是现代性的一种构造。如果赫勒现在已经发现由于民主逻辑潜在的目的论解读而有理由放弃这个术语，并且发现有理由来谈论政治权力的逻辑，那么这既不意味着对政治的暗自贬低，也不意味着对民主的感情和渴望的减弱。她对“政治的逻辑”的讨论反映了后共产主义世界的历史环境的变化。随着苏联制度及其卫星国的解体，“对需要的专政”的威胁已然消退。然而，即使在自由民主的社会中，对政治自主性的威胁仍然存在于对技术想象的渴望中，即渴望在解决问题的框架下来处理政治问题。① 但奇怪的是，赫勒在此并不怎么关心最小化（minimal）国家的意识形态驱动力。她认为这只是现代性钟摆的另一种表达。这种运动可以被看作最小化国家和进行干预的国家之间持续斗争的结果。

在赫勒的解读中，自由民主福利国家的妥协反映了一种进退两难之境遇，一方是社会动荡期的最小化国家，另一方是经济和社会停滞期进行干预的国家。第二种（社会的/经济的）逻辑和第三种（政治的）逻辑的相互作用对于现代性的动态平衡是不可或缺的。然而，赫勒认为这种相互作用受到专家解释的威胁，因为这种解释试图将所有政治问题还 【232】
原为技术问题。这种还原意味着消灭了双重束缚，而这种束缚产生了对现代性的幸存至关重要的自由和创造的动力。②

赫勒认为，历史意识对政治非常重要。政治不能被还原为生活的技术效用，它还涉及“好的生活”和拥有一个世界，因此，历史意识是相当必要的。宪法从来都不是只在技术层面被起草出来的，还揭示了民族

① A. Heller, *A Theory of Modernity*, Oxford: Blackwell, 1999, pp. 97-98.

② Ibid.

传统的历史基础。它们不能像汽车、电视和其他技术那样出口。① 采纳宪法的某些方面仍然是可能的，但这需要认真地做出调整，使新的东西与当地的东西融合起来。当然，历史想象的分量可以有很大不同。现代人贫乏的政治创新使历史想象的分量变得更大：这种回忆保存着世界。② 人们曾以“虚假意识”和“意识形态”等标签来诋毁“世界化”(worlding) 的活动。然而，后马克思主义的赫勒现在为意识形态辩护，认为它是历史意识不可缺少的产物。启蒙运动曾经打着普遍性的旗号来攻击意识形态。一切特殊的东西都被带有敌意和居高临下地看待，被视为接受普遍性的障碍。③ 然而在政治中，唯一普遍存在的是一个没有故事的抽象的“人性”。集体的故事是以家庭、市民社会和国家的伦理力量为中心的历史意识的产物。这并不意味着赫勒已经放弃了对意识形态的批判。她认识到，就像意识形态本身一样，它对现代世界也是不可或缺的。在科索沃和其他地方发生的事件提醒我们，历史想象可以切断与“现实”和“合理性”的所有关系，而且可以不受其他逻辑的影响。④ 尽管如此，赫勒坚持认为，没有意识形态就没有现代的世界。一个有意义的政治概念无法由科学化的（scienticised）批判提供。合理性和普遍性的价值不能弥补意识形态所拥有的巨大动员力。这种持续的诱惑是“双重束缚”的另一种表现形式。现代个体仍然依赖历史想象的运作，即使他们必须同时要谨慎地对现实进行检查，并创造性地与特殊和普遍之间的张力做斗争。⑤

赫勒挑出极权主义、自由主义和民主作为现代性的三个主要政治发明。当然，这些与她的个人经历特别相关。在处理这些问题时，新的概念库发挥了真正的理论优势。在赫勒最早提出的现代性理论中，对极权
【233】主义的阐述是很难令人信服的。由于欧洲政治不仅产生了民主，而且产生了20世纪的极权主义灾难，因此将政治视为民主的逻辑似乎是片面

① A. Heller, *A Theory of Modernity*, Oxford: Blackwell, 1999, p. 100.

② Ibid., p. 101.

③ Ibid., p. 102.

④ Ibid., p. 103.

⑤ Ibid., p. 104.

的。此外，试图根据资本主义和工业化逻辑的统治与民主逻辑的受压制来解释极权主义，似乎是一种简单的做法。毕竟，极权主义政权的最独特的方面是它对意识形态的坚定信念。①

赫勒将现代性的第三种逻辑重新归类为政治权力的逻辑而非民主的逻辑，便立即克服了第一个困难。把政治的逻辑看作通过技术想象和历史想象之间的斗争来运作的，还有一个好处。意识形态现在发挥着更重要的作用。极权主义是现代性的双重束缚的最极端形式。最大的技术成就和想象与历史想象的最过分的神秘化结合起来。纳粹不仅利用一切技术手段为大规模谋杀服务，而且他们甚至直接将技术想象用于种族灭绝，将其看作解决问题的方案。② 然而，灭绝的任务显然不是由技术想象设定的，而是从意识形态方面解释的历史意识世界中转化过来的。在为未经现实核验的意识形态服务的过程中，历史意识变成了谋杀。为了理解这种令人不安的结合，赫勒认为，在极权主义的情况下，“双重束缚”的两极都朝着同一个方向用力。技术想象和历史想象共同作用，破坏了现代性的钟摆运动，催生了一场灾难。当“双重束缚”不是真正的双重时，当这两种想象没有将现代人限制在相互竞争的评价、活动和历史视角上进而使它们自己处于斗争之中时，极权主义的危险就会出现。③

据称，自由民主是这种平衡的堡垒。赫勒承认，这种观点有很好的历史根据。几个世纪以来，它的宪法制衡和权力分立机制有效地维持了多种逻辑之间具有创造性的张力。④ 在赫勒看来，民主的本质是人民对自己所创造的、促进了积极的政治参与的法律服从。⑤ 现代民主中的多数人统治、代表制和权力分立的结合，将个体自由的积极自由与消极自由统一起来。与其说赫勒是在赞扬这一历史上了不起的结合，不如说她 【234】

① 在费伦茨·费赫尔去世后才发表的一篇文章中，他承认，种族优越的神话和劳动营的建立是纳粹计划的两个最关键因素。然而，他却没有将这一洞见具体化到对极权主义的一般解释中，而极权主义恰恰就是依靠现代性的这两种逻辑才走向极端野蛮之地的。F. Fehér, Imagining the West, in *Thesis Eleven*, vol. 42, 1995, p. 63.

② A. Heller, *A Theory of Modernity*, Oxford: Blackwell, 1999, p. 106.

③ Ibid., p. 107.

④ Ibid., p. 67.

⑤ Ibid., p. 107.

更强调民主制度和自由主义制度之间的张力，它们之间经常出现的背离和冲突。①

这种倾向在1986年赫勒移居美国后不久便显示出来。从这个时候开始，托克维尔的主题在她的思考中日益占据了重要的位置。在当代的自由民主中，民主被简单地等同为自由，公民自由通常被认为是理所当然的。然而，赫勒坚持认为，民主的目标是实质平等，而这并不总是对自由有利。对赫勒来说，现代的自由故事揭示了从形式平等到实质平等的逐渐转变。尽管她赞同提高与机会平等相关的福利权，但她拒绝接受所有人都具有同样的优点和价值的观点。然而，赫勒承认，所有制度都有丑陋的一面，现代政治的目的不是消除它们，而是在它们之间达成周期性的平衡。② 在生活的器用之物与好的生活的“无用”之物之间来回摇摆的**政治结果**是，自由主义和民主之间的钟摆运动。最理想的状态是，自由主义的形式和实质特征与民主的形式和实质特征相互制衡，在运动中保持一种平衡。③

若要保持公共领域与形式性的制度结构的脆弱但至关重要的结合，维持自由这个现代最高的价值理念，这种平衡是唯一的希望。对赫勒来说，“政治”指“在公共领域中与自由的确定相关的每一种行为、讨论、决定”。④ 根据阿伦特的观点，她围绕自由问题的政治化重塑了她的共和主义信条。这种共和主义既不是“自由的”也不是“民主的”，而是“**机会主义的**”，它利用了这两个竞争方所提供的一切机会。⑤ 因为放弃了以前在政治模式方面提供新内容的所有尝试，⑥ 赫勒的新“共和主义”被还原为一个**时刻**和一种**态度**。在社群主义和自由主义之间建立一

---

① A. Heller, *A Theory of Modernity*, Oxford: Blackwell, 1999, p. 108.

② Ibid., p. 110.

③ Ibid.

④ Ibid., p. 113.

⑤ Ibid., pp. 113-114.

⑥ 参见赫勒20世纪80年代初写的早期文章《伟大的共和国》。A. Heller, *The Great Republic*, in A. Heller, F. Fehér, *Eastern Left, Western Left: Totalitarianism, Freedom and Democracy*, Cambridge: Polity, 1987.

个**第三条道路**（tertium datur）[①] 的梦想，现在已经让位于对传统政治的某种程度的怀疑了。就像哈贝马斯强调“危机”一直是民主从功能性的子系统及其权力的束缚中解放出来并获得新生的时刻,[②] 赫勒的最小的共和主义是“缔造自由”之前的一个解放时刻。她意识到，这个刚刚开始的时刻是难得一见的，而且永远不会持久：它很快就会被日常政治吞没，而日常政治是政治阶级的事务。[③] 然而，尽管被还原为一个时刻，这种共和主义的机会却是**无所不在的**。在涉及一切与自由的确定有关的问题时，它永远是一个可选项。它不能取代现代的日常政治，因为现代 【235】
政治已经变得琐碎；但这种琐碎却潜在着不确定的威胁，也可以表现出伟大。[④] 对赫勒来说，共和主义意味着敏锐且迅捷地认识和把握这些历史时刻。

六、“激进需要”的质

从超越性的革命视角，经过社群主义/普遍主义的**第三条道路**，逐步退回到“共和主义怀疑论”，需要赫勒重新思考她的激进需要理论。因为现在已经过时的革命观恰恰是从马克思对资产阶级社会的批判发展而来的，所以对前者的放弃也就意味着对后者的修正。赫勒相信，她和费赫尔在20世纪80年代发展的理论包含关于当代现代性动力的新见解。显然，这一理论也直接影响了需要批判的先前意义。马克思把矛头直接指向了资本主义和由商品化造成的需要结构的扭曲，而赫勒则将她的批判目光重新聚焦于现代性和更加难以捉摸的、更加矛盾的量化特征。她认为，马克思对量化的批判需要有更全面的理解。必须在浪漫派的彻底敌意和自由派对量化过程的自满的辩护之间保持一种微妙的平衡。这些

---

① tertium datur为拉丁文，直译为第三者、中间物或中介，此中间物在某种程度上与两个已知的或确定的东西有关，但与两者都不同。据此，此处可意译为“第三条道路”。——译者注

② See J. Habermas, *Between Facts and Forms*, Cambridge, Mass.: MIT Press, 1996, chapters 8 and 9.

③ A. Heller, *A Theory of Modernity*, Oxford: Blackwell, 1999, p. 114.

④ Ibid.

过程不仅渗透在现代社会制度和经验中，而且渗透在我们的自然观中。赫勒欣然承认，我们仍然没有完全理解它。[①] 她接受了浪漫主义批判的实质，即使它的建议忽视了现代困境的主要根源。在她看来，现代意义上的共同体和团结既不可能产生于社群的恢复，也不可能产生于对自由的批判。另一方面，自由主义对自我调节效率的赞美不能掩盖有效市场信号与现实个体的真实需要结构之间的鸿沟。然而，与马克思不同的是，赫勒支持市场和对现代性至关重要的量化。这些量化机制促进了社会自由和个体的自主性。这相当于肯定了现代性的基本动力机制，这一点在第八章首次关于“不满”的论述中得到了最为清晰的表达。在赫勒
【236】看来，“不满”只是否定超越性的必然结果，是在精巧的现代性钟摆所规定的限度内调和不连续性与连续性的心理机制。

这种对现代性动力的新认识需要更有区别性地对量化进行批判。市场对质和量进行转化的潜能越来越多地使个体的需要与政治和社会的需要区别开来。正如我们所提到的，赫勒并没有假装知道量化过程的最终结果是什么。她把赌注押在个体需要和需要的社会-政治分配之间长期存在的差别上，同时承认现代性面临的一个最深刻的问题是，在一个除了个体选择之外不再承认质的世界中对质的衡量问题。这个问题不只是在个体生活世界的那个点上将量转化为质。无论如何，为了维系生活，这必须出现。相反，它指出了需要体系和它们相对的质，所有的需要都来自此，并且必须被重新插入。[②] 显然，在一个主要由诸如经济和官僚制这样的量化子系统驱动的现代性中，如何调和质与量，是保持现代性钟摆平稳摆动所要面对的巨大挑战之一。在即将到来的极限的时代，这个问题可能会更为紧迫。由于被猖獗的历史哲学给人所带来的灾难性后果所震慑，可以理解的是，她不愿意预测未来。然而，她仍然致力于对现代需要结构进行质的变革，以应对这一挑战，扩大自由的、多元的和民主的社会的成就，而不破坏现代性钟摆的稳定。

即使在她谴责“对需要的专政”之后，她仍然顽强地坚持社会主义

---

① A. Heller, *A Theory of Modernity*, Oxford: Blackwell, 1999, p. 114.

② Ibid., p. 24.

的理念，认为它是一个共同、民主地自治的世俗乌托邦。这种观点在1993年她对需要理论的重新审视中消失了。虽然她继续认为激进需要是存在的，但她现在坚持认为它们不能在一个宏大的叙事中被时间化。① 20世纪的革命事业都是十足的灾难。它们的前提是与自由主义共享的救赎性的政治概念和无限增长的预设，而现在必须放弃这些前提。因此，在赫勒对"激进需要"的描述中，重点发生了微妙的变化。虽然赫勒接受了她以前对激进需要所下的定义，即在现存的资产阶级社会框架内的结构性的不满，但她对超越这个问题采用了一个不那么具体和更规范的表述。现在，激进需要是那些"在一个基于从属和统属（subordination and superordination）的世界中无法被满足的"需要。然而，赫勒现在也【237】认为，"一个没有社会等级、社会冲突……的社会"是无法通过"在实践中否定现阶段的现代社会安排"来达到的，这表明，关于激进需要的想法发生了变化。它更具有传统规范的特性，旨在对现存的需要结构进行质的提升。因此，在将超越的问题变得不那么内在和具体的同时，她也将重点转移到激进需要的质的方面。激进需要主要是那些不能通过量化的方式被满足的需要。

赫勒对极限幽灵的承认成为超越马克思历史哲学的另一个充分理由。它要求人们特别强调根本的质的需要和所有其他需要的质的方面。② 事实上，极限的观点引发了一系列问题，这些问题涉及现代动力机制的核心。自然资源和人类资源的过度使用及使用不当的问题是潜在的不稳定方面。甚至科学的语言游戏的可能耗尽也被严肃地视为现代性地平线上的另一个可能的威胁。③ 对极限问题的关注加强了对"激进需要"的质的维度的强调，除此之外，革命前景的消失也要求突出此维度。赫勒现在不是从"未异化的需要"的角度，而是从自由民主的核心和陷入困境的福利国家的角度来构建她的理论。现代社会安排的主要特征是，在需要的再分配方面市场和其他社会-政治力量的混合，比如运动和游说

① A. Heller, *A Theory of Modernity*, Oxford: Blackwell, 1999, p. 33.

② A. Heller, A Theory of Needs Revisited, in *Thesis Eleven*, vol. 35, 1993, p. 35.

③ Ibid., p. 32.

的混合。现代市民社会是各种自我所归属的客户之间的公开竞争，这些客户呼吁国家提供满足的物品，实施再分配。在赫勒看来，这种现代市民社会是正义的伟大载体，因为货币和权力的不平等可以被组织与个体的要求者的绝对数量所抵消。① 她相信它是一种具有普遍意义的模式。虽然只有少数社会采用了这种模式，而且它可能会遭遇四面楚歌，而且可能会被内部问题所困扰，但在全世界范围内效仿这种模式将会是巨大的进步。② 在到达了历史发展的这一阶段，充分吸取了惨痛的历史教训，否定了激进的超越性的观点之后，赫勒认为，现在必须把注意力集中在缩小被认为的需要和提供满足的物品的供应之间的差距之上。③

然而，很明显，这种策略似乎摧毁了激进需要的中心地位。从聚焦于分配正义问题和不平等的缩小问题的社会民主主义的观点来看，激进
【238】需要的概念似乎被还原成了一个无情的量化过程已经枯竭了所有替代性文化想象源泉的社会中的乌托邦式的想象。赫勒拒绝认为这种乌托邦式的想象是真正的乌托邦。对她来说，这种乌托邦范畴并没有被交付给某个不确定的未来；它作为一个事实上的实在存在于小型共同体的价值偏好和生活形式中。她把这样的共同体理解为这样一群人，他们选择"在共同的精神和文化价值的激励下采取一种共同的生活方式"。④ 这样的共同体是乌托邦式的，因为在它们内部，从属和统属的关系已经被解除，并且它们已经成为替代性的、质的需要结构的承载者。对她来说，这样的共同体形成了既非禁欲主义的也非社会经济上享有特权的精英阶层。她把这种共同体与市民社会的压力集团区分开来。相反，他们是无限增长模式的反模式。⑤

这种区分引发了这种概念的社会学价值和经验支撑的问题。赫勒声称，她的乌托邦想象已经存在于替代性的共同体中。这是一个实质性的主张，但缺乏经验上的支持。在现存的福利国家内部或边缘地区，这种

---

① A. Heller, A Theory of Needs Revisited, in *Thesis Eleven*, vol. 35, 1993, p. 26.
② Ibid., p. 28.
③ Ibid., p. 33.
④ Ibid., p. 35.
⑤ Ibid.

共同体的重要性体现在某些方面时，比如具有社会学意义的数字上，远没有赫勒最初构建其理论时那么显著。在新左派和反文化运动的 30 年后，这可能只是一厢情愿的想法。几乎是在默认的情况下，这强调了激进需要的概念向一种完全规范性的角色的转换，而付出的代价是仍然对内在的批判理论的至关重要的社会学的强调。

七、真正的需要和乌托邦激进主义

赫勒的激进需要思想中的张力表明，要处理好她的理论发展中的两个强烈动机并不容易。我们已经看到她是如何从马克思那里引申出这个概念，并把它作为当代人道主义马克思主义重建的基础。它预示着一场不是建立在历史客观规律的确定性之上，而是建立在个体的真正的质的需要之上的革命运动。然而，它暗含着资产阶级社会所固有的辩证法。对该理论的修正都是因为她想要恪守对现代性内在动力的信念。“现实社会主义”的政治和历史的变质迫使她缓慢而痛苦地从马克思的思想体系中提取她的激进需要概念。我们已经注意到这种重塑的两个阶段。它起初涉及对马克思最初构想的理论的替代性政治含义的批判，并转而否【239】
定其背后的历史哲学。结果是，激进需要的理念无法得到保障以保证自己就是实现革命性超越的内在动力，而沦为与现代性相互冲突的逻辑相关的众多潜能中的一种。在不失去其内在资格的情况下，它表现为一个更加规范的角色。新的重点在于激进需要的质的维度，而不是在资产阶级社会框架内的不满足性。一方面，她对自己的需要理论做了裁剪，以适应对现代性的更少意识形态的、更复杂的理解；另一方面，尽管她希望跟上现代性的步伐并保持对真正需要的关注，但人们不禁感到，激进需要的理念是她从理论中获得的革命灵感的最后残余。只是现在，在没有革命许可的情况下，它沦为一种解放潜能，一种乌托邦式的形象，但其社会学的分量却被大大削弱了。即使我们认可她对小型替代性的、她将激进需要归于共同体的需要的解读，但它们在多大程度上真正代表了一种重要的社会力量是值得怀疑的。

尽管存在着向纯粹的规范性偏移，但赫勒坚持认为，激进需要仍然具有客观的社会意义。她对乌托邦的描述不是对某个不明确的未来的呼吁，而是对当下真实的、但只是少数人具有的意识的呼吁。她仍然致力于从“是”中推出“应该”的辩证法，尽管她在马克思的构想中揭露了全部意识形态的危险和目的论残余。这里的情况似乎是，她终生都想介入社会并理解现代性内在动力的意愿，诱使她在辩证法的路上一直走下去。最终，赫勒对激进需要理念的承诺似乎代表了一种被抛弃的历史哲学的最后残余，这与她更加怀疑的反思的后现代精神有些不协调。①

八、幸存的现代性

虽然“激进需要”代表着现代性的解放潜能，但赫勒对“共和政治”的倡导表明她相信现代性是脆弱的。面对没有牢固基础的、无休无止的流动性和不确定性，对这种脆弱的、微妙的平衡保持怀疑性的审视仍然是至关重要的。这是她对自己的反问，即她的 1990 年作品集的标
【240】题名《现代性能够幸存吗?》，所提供的唯一答案。在否定了所有形式的历史目的论之后，我们已经看到，她拒绝预测未来。然而，这种形式上的不置可否只是强调了一点，她认为现代性的命运掌握在它自己居民的手中。只有他们才能维持现代性的活力，维持制度功能性与政治、技术想象与历史想象、进一步解放与灾难之间的脆弱的平衡。

为了维持这种动态平衡，需要在现代动力和作为现代动力补充的社会安排之间建立适当的关联，在这种关联中，任何一方都不具有优先性。相反，现代性的本质就在于这种不稳定的结合。不间断的质疑和试验不得侵犯对称互惠的原则，即使它可以质询这种原则的全部成就。然而，这种动力的核心是一种批判性的质疑，它没有内在的限制，并不停

① 正如我们将看到的，她关于现代性文化枯竭的一些思想似乎正好也包含着黑格尔哲学的环。虽然她明确地拒绝了所有的历史哲学，但在我看来，她关于“文化枯竭”的想法也可能有着早期框架的一些残余。

地进行着去合法化的工作。① 限制来自多种逻辑的碰撞，这些逻辑不仅相互**补充**，而且相互**制约**。动力与社会安排之间的关系在每种逻辑中都有不同的表现。② 然而，现代动力必须存在于所有的逻辑中，以避免功能有缺陷。虽然赫勒没有详细阐述这个重要的评论，但大概是想说，动力的内在否定在技术逻辑中的运作方式与在其他逻辑中的运作方式不同。③ 正如小政府和干预主义之间的较量帮助现代性政治捱过了社会动荡和经济停滞，同样的动力机制也存在于技术逻辑中。然而，在这个领域，这种动力不是对历史意识的否定，而是对解决问题的否定。由逐步累积起来的解决问题所产生的持续不断的技术创新过程对现代社会安排（比如说对失业）的影响，与动态正义的运作是不同的，后者质疑并否定了所有未能满足对称互惠要求的制度（立法改革）。

现代性逻辑在内容上的这种差异意味着，每种逻辑展开了自己独有的内在潜能。就技术逻辑而言，这种潜能是一种基于解决问题考虑的、不断累积的合理化。赫勒强调，这种逻辑是直线的。技术在经验上是普遍的，而且历史想象对这种逻辑的影响远远小于技术想象对其他逻辑的影响。④ 相反，功能性的逻辑是某种竞争性的机构的承载者。因此，它的动力被拉向不同的方向。这种逻辑的内容是动态正义与市场之间的斗争。这产生了多元化、不满和活力，就此而言，此异质性使它成为现代【241】
性的核心。赫勒认为，第三种逻辑，即政治统治的逻辑，不是自我推进的，而是由第二种逻辑的那些制度中的历史行动者来推进的。⑤

这一坦承使人们注意到从最初提出时就一直困扰着赫勒的现代性"多种逻辑"思想的难题。我们已经详细讨论了最初就这些"逻辑"的

① A. Heller, The Three Logics of Modernity and the Double Bind of Imagination, in *Graduate Faculty Journal*, vol. 21, no. 2, 1999, pp. 177–193. Unpublished version, p. 3.

② A. Heller, *A Theory of Modernity*, Oxford: Blackwell, 1999, p. 63.

③ Ibid., p. 66.

④ A. Heller, The Three Logics of Modernity and the Double Bind of Imagination, in *Graduate Faculty Journal*, vol. 21, no. 2, 1999, p. 11.

⑤ A. Heller, *A Theory of Modernity*, Oxford: Blackwell, 1999, p. 82.

自主性及民主“逻辑”的想法本身提出的问题。[①] 赫勒坚持认为，她所说的“逻辑”不过是指一种已经存在于事物中的潜能的**动力机制**，它不指定内容，因此允许政治的特殊性。然而，即使是这种最低限度的逻辑定义也暗示了**内部发展潜能**的存在，而当她断言政治统治的逻辑不是自我推进的时候，她似乎否认了这一点。关于政治“逻辑”的观念最初表达了她对提高政治地位的渴望。她想强调它的相对自主性，并提高民主社会力量的能力，以形成他们自己的“共和”政治。这些目标是否要求赋予政治以某种“逻辑”的地位？当赫勒认为政治以不同的方式表达了它的普遍性时，她便指出了政治的特殊性。[②] 技术的逻辑以直线发展和经验的普遍性明确地表达了它的普遍性，而功能分配的逻辑则向全世界提供了消费主义，与此相反，政治普遍性只能在向特殊性的转变过程中实现。政治的逻辑如果不能被转变为与所在国家的政治相关，就无法幸存。虽然这些制度总是有自己的内在潜能，但这种特殊性与一般的“政治统治的逻辑”没有关系。无疑，由于这些及其他原因，政治值得赫勒如此来描述它，并如此重视它。然而，人们可以承认这一点，而不需要把任何种类的逻辑归于政治。而且，如果认为现代性真正建立在偶然与自由之中，那么这似乎更符合这种现代性观念。

从一开始就很清楚，赫勒把她的理论作为无限多的现代性理论中的一种。超越历史哲学意味着，她仅仅将自己的理论主张押在了在现代性的当代居民中可获得的共鸣程度上。同时，她就现代性提出了一个规范性的构想，旨在与普遍的价值理念相协调，并推动其发展。在前几章中，我对这些认为经验上的一般概念的所谓普遍地位提出了反对意见。
【242】我们也可以对赫勒关于现代性的一般构想的规范性地位提出类似的问题。我们可以通过考察全球化议题来概述这个问题。[③]

尽管赫勒从未明确使用过全球化概念，但她将现代性视为一种潜在

① 关于这些问题的概述，可参考我早期的文章《不满的社会》。See J. Grumley, The Dissatisfied Society, in *New German Critique*, vol. 58, 1993.

② A. Heller, *A Theory of Modernity*, Oxford: Blackwell, 1999, p. 99.

③ 早先的一篇文章明确将全球化问题和关于现代性理论的争论联系在了一起，参见 J. P. Arnason, Nationalism, Globalisation and Modernity, in *Theory, Culture and Society*, vol. 7, no. 2–3, 1990。

地具有普遍意义的精神和社会安排，这种观点本身就使此概念隐含在她的分析中。在技术、功能性和政治领域的发展逻辑的观点只是强化了这种可能性。赫勒甚至说：“无论有没有重大损失，只有现代性在全球范围内存在时，它才能够幸存。”① 由于这一判断尚未得到详细的阐释，因此只能推测它的意义。虽然赫勒坚持认为资本主义社会是理论上的虚构，但她仍然断言，现代性是一辆渴望扩张的、渴望普遍化的、碾压一切的压路机。② 虽然这些承诺了巨大的物质利益，但她更担心的是它们的同质化和压迫性的后果。她的钟摆模式表明，现代性幸存的最佳前景取决于“对称互惠”精神的传播。只有这样，才能根据自由、平等和生命的普遍价值理念，真正承认差异。然而她承认，汽车和其他消费品的出口远比自由民主价值的出口更容易。自由民主很快成为现代性的普遍模式的可能性似乎很小。

赫勒希望以对称互惠的形式使被强化的自由民主价值普遍化，这反映了她几乎不会否认的西方偏见。然而，这种被强调的规范性因素使她难以将随着全球化而在现实经验中表现出来的多样性和可变性考虑在内。J. P. 安纳森指出，全球化使各种文化复合体相互接触，显示出差异，并引起了不同的反映。虽然新的整合模式不断被叠加起来，但它们永远无法同化全部的各种分歧。他的结论是，全球化迫使我们认真思考不同版本的现代性的可能性，比如苏联和日本的现代性，它们都是由自己的传统和历史背景共同决定的。③ 虽然赫勒称她的现代性逻辑具有全球意义，但这种模式似乎有点儿过于狭隘，无法容纳西方以外的文化传统。虽然她肯定认真考察了文化，并承认文化渗透到所有领域和逻辑中，但她的规范性模式是如此强调西方，以至于它很难公正地对待多种【243】现代性的历史多样性。最初的现代性逻辑的模式意在表明各种现代性的可能性。这方面仍然存在，但自从“对需要的专政”消亡以来，它所起的作用已经大不如前。

---

① A. Heller, *A Theory of Modernity*, Oxford: Blackwell, 1999, p. 53.

② Ibid.

③ J. P. Arnason, *The Future that Failed*, London: Routledge, 1993, p. 12.

类似的狭隘性在她对政治统治逻辑的讨论中也很明显。在她对政治权力的讨论中，最主要的部分涉及围绕国家权力的地位而展开的斗争及自由主义和干预主义之间的辩证关系。赫勒将目前的新自由主义阶段解释为只是钟摆的又一次摆动。然而，这也可能标志着由全球化所带来的更根本的质变。这里似乎没有对民族国家在全球化时代的前景做一些探讨。这也是哈贝马斯和其他人越来越关注的问题。赫勒几乎只关注现代自由民主国家的内在动力，但由于经济、环境和政治问题在全球范围内的出现，她这么做似乎是不行了。①越来越多的证据表明，全球货币市场、全球通信系统和国际政治制度将在规避风险与确保幸存方面发挥更大的作用，当代的现代性理论必须能够从理论上阐明被提升到全球范围的问题。赫勒的模式显然有能力根据发展的多种逻辑来解释这个问题。然而，她几乎只关注民族国家的政治统治，这使得这样的考察变得不可能，而且，她也忽略了现在变得更加紧迫的一系列新问题。作为开脱的理由也罢，应该记住，赫勒确实强调了她自己的现代性概念具有历史性，并表示她不愿意重蹈历史哲学的覆辙，冒险预测未来。

① 早期的一篇论述提出了全球化问题，认为这个问题是社会学在将现代性理论化时所忽视的一个维度。See A. Giddens, *The Consequences of Modernity*, Cambridge: Polity, 1990.

第十二章 悖论的文化现代性 【244】

高级文化的持久价值是赫勒作品中反复出现的主题之一。在《文艺复兴的人》中，她描绘了文化现代性的早期演变过程。在《日常生活》中，她首次提出了自己独特的哲学框架，并开始将反抗“对需要的专政”的资料整列起来，在这种语境下，高级文化领域被视为社会分化的第一朵花，被视为个性和批判视角的首要条件。然而，理论上对马克思主义生产范式的信奉迫使她争辩说，这个领域并不是所有文化中社会化的一个必要组成部分。只有在与传统历史哲学分离之后，她才放弃了这一观点，并在《羞愧的力量》中论证了对象化（最初的社会化）和高级文化这两个领域的**共同的**创造性。如果真有什么，当她开始接受后现代偶然性的挑战时，文化就会变得更重要。她对当代现代化进程有可能损害文化提供意义和方向的传统功能的担忧，使这种重要性愈发突出。在现代世界中，在那些即使是最高的价值理念——自由——也无法照亮的地方，文化充当了一个不可或缺的、永恒的人类意义的蓄水池。赫勒关注的问题直指现代性的核心，触及价值、本真性、意义、我们的时空感、完美，甚至幸福等基本问题。

在赫勒看来，文化是一个日益技术化和同质化的现代世界的主要对抗力量。换句话说，文化是对“无用”之物迅速边缘化的功用、量化和工具主义的主要对抗手段。对赫勒来说，文化不是现代性的一个独特领域或逻辑，它渗透到所有的领域和逻辑中。正如我们所看到的，现代性的核心是一系列的悖论及与之伴随的双重束缚，它们似乎阻碍了所有致力于实现一致性和清晰性的尝试。关于趣味和民主平等主义、普遍性和差异性、批判和辩护、解放和奴役的主张，都只是一些贯穿于现代经验中的、反复出现的**悖论**。赫勒劝告说，这种悖论性的经验是不能被拂去 【245】
的。它不过是对偶然的现代人构成挑战的、发挥着基础性作用的“双重束缚”的一种表现：现代人深感需要在可以说是**无根**的条件下寻求**根基**。在这种情况下，她对文化概念做了三种表述。这一理论旨在解决因传统文化概念的严重两极化而产生的悖论。①

一、三种文化概念

传统的“高级”与“低级”文化、“流行”与“大众”文化之间的区别是历史的产物。首先我们来看一下“高级文化”的概念。希腊人没有这种现代意义上的“文化”，因为他们的创造性活动只是以一种无差别的方式从属于生活。文化的观念是一种**事后的**理论建构，对孰优孰劣做出比较和判断，并指明了典范。② 文化的任务是同化。“没有文化”是一种缺陷，可以通过成就来克服。进入文化世界意味着提升，上升到日常生活之上更高的、更真的、虚拟的、形而上的现实。③ 这种提升的条件是一种不同的生活方式，它对同化的可能性保持了相对的开放性。“高级”与“低级”之间的区别曾经和社会地位的高低有关，而且不允许同化。然而，由于文化发生了转折，前者指的是高雅和后天习得的判断力。相对的开放性、不同的“他者”和判断力这些前提条件表明，现代性的动力是“高级文化”存在的必要条件。

具有讽刺意味的是，这种趣味的观念将原是流动的和变化的批判判断力解放出来。最终，在我们的时代，这种批判的辩证法将反过来质疑这种区分的意义。④ 这种辩证法的滑坡始于**共通感**被侵蚀，并以对有无客观的趣味标准的怀疑而结束。以前，文化精英们不会追问他们自己的趣味判断是否是有根据这样尴尬的问题。然而，最后，民主化的普遍影响将文化精英主义的问题提上日程。如前所述，赫勒将“实质平等”视为民主逻辑的最终目标。没有客观的趣味标准，“高级”和“低级”文

---

① A. Heller, *A Theory of Modernity*, Oxford: Blackwell, 1999, p. 115.

② Ibid. , p. 117.

③ Ibid. , p. 116.

④ Ibid. , pp. 119-120.

化之间在理论上的区分就会失效。这种发展的逻辑似乎是文化精英的消失。赫勒指出，这并不是故事的结束，而是另一轮悖论的开始。摧毁文 【246】化精英不意味着文化等级制的实际解体，但有利于形成一种平等主义，在其中，所有的趣味都同等重要。虽然市场的量化逻辑在当代世界发挥着主要作用，但它还没有消除文化权威。即使当代的文化精英对客观标准的破坏负有部分责任，他们的声音仍然比典型的“平民百姓”更有分量。① 残留在这些精英身上的权威表明如下情况是一种幻觉：“高级文化”观念的消亡主要是由文化精英中的一些派别促成的。那些大声宣布“高级文化”已死的人已经继承了这种观念，并作为它的承载者发挥作用。②

这种对文化的第一种理解所产生的悖论是无法解决的。然而，赫勒确实提出了一种规避策略。这需要放弃现代艺术哲学的两个决定性革新。第一个要求是，将区分“好”与“坏”的趣味的概念替换为“有”或“没有”趣味的观念。这保持了一个标准，但不再是“精英主义”。这个标准将由技巧或对技能的判断决定，与对不同类型内的完美/不完美的评价密切相关。因此，判断将由纯粹的技巧上的考虑来指导，而不是由对作品精神的主观解释来指导。③ 虽然这似乎恢复了关于客观标准的观念，但它没有解决的问题是，解释向来就是构成类型的重要部分。

这一策略的第二项建议是，在不求助于无法持续的客观标准的情况下规避趣味的相对性问题。这里的关键是，既要运用现代性的功能主义特征，又要注入作为技术判断的对立面的历史想象。通过表现为解释学意识的形式，这将恢复双重束缚的另一条纽带。从文艺复兴时期开始，知识分子的职能便是提供趣味的标准。这种职能是一种提供意义的解释学意义上的职能。伟大的作品在产生意义方面的能力几乎是用之不竭的。它们的不断解释会产生更多的意义，因为它会增加作品的气韵，唤

① A. Heller, *A Theory of Modernity*, Oxford: Blackwell, 1999, p. 122.

② Ibid.

③ Ibid. , p. 123.

起人们怀旧和认知的情感。[①] 赫勒认为，行使产生意义的功能可以成为区分伟大作品和普通作品的基础。作品的地位将不是由美来决定的，而是由提供意义来决定的。使伟大作品出类拔萃的是作者想要阐发的意义，以及所创作的作品对意义的实现。在现代性中，即使是伟大的作品
【247】也会在市场上传播，但市场并不是它们的灵感来源。相比之下，大众文化的主要功能是娱乐。这些产品需要作者/创作者、生产者和发行者的通力合作，却是从快速吸收和容易消费的角度来设计的。这并不意味着大众文化是没有标准的；相反，它也有具体的标准。然而，这些标准并不是意义的创造，而是与消费的具体功能相联系的。[②] 赫勒认为，必须保持现代性的双重束缚。这种功能性和解释之间的紧密结合恢复了平衡，与之伴随的是历史意识和市场各自找到了自己的合适位置。

目前，我将略过赫勒的第二个文化概念，此概念是她进行传统二元论解读中反复出现的悖论的理论关键。从她对文化的第三种理解及其固有的张力入手，我们可以充分地理解她所做的调解的努力。如果说她的第一种文化概念是高高在上的，代表着我们可以努力达到的“更高的”价值和现实，那么她的第三种概念则明确是经验性的，指的是所有人类社会都是文化这一事实。[③]

人类学的文化概念主要是从文化的经验普遍性来理解文化的，将不同生活方式视为“不同文化”凸显的政治意义。它意味着一种规范，从这种规范来看，每一种文化都必须得到平等的承认，而且文化不可以相互比较。每一种文化都必须凭它自己的权利获得理解，没有任何一种文化比另一种文化更好。[④] 那些试图分出高低的要求是从外部考察的结果，因为它不承认生活方式内在的“合理性”，而是试图把自己的外在标准

---

① A. Heller, *A Theory of Modernity*, Oxford: Blackwell, 1999, p. 125.

② Ibid., pp. 125–126.

③ 这三种文化概念是赫勒从乔治·马尔库什那里继承下来的，参见 G. Márkus, Antinomies of Culture, in *Discussion Papers*, vol. 38, 1997；关于她如何使用这些概念的分析，参见 J. Grumley, Exploring the Options in No Man's Land: Heller and Márkus on the Antinomies of Modern Culture, in *Thesis Eleven*, vol. 75, 2003, pp. 25–38。

④ A. Heller, *A Theory of Modernity*, Oxford: Blackwell, 1999, p. 134.

强加给它们。然而，即使是这种人类学的文化概念，其本身也包含了在高级文化的规范性概念中已经注意到的张力。我们知道，这种悖论集中在趣味的观念中，它被赋予了“高级”与“低级”之间的仲裁者的角色。虽然简单地将这种趣味与某一文化精英等同起来变得越来越有问题，但沉到文化相对主义之中并将趣味观念废黜似乎也同样有问题。在人类学的文化概念中，这种悖论以两极对立的别样形式表现出来：普遍/差异。① 我们已经看到，人类学概念的普遍性要求意味着平等承认的规范。这里要求承认的是一种整体的生活方式的独特性。然而，承认每一种文化具有价值，并不意味着它们都具有**同等的**价值。② 后者意味着既要有量化的标准，也要有基于价值标准的价值定向。虽然在不可比较的生活方式之间并不存在衡量的标准，但这并不意味着我们不能根据某些 【248】
方面——例如它的道德或它的信念的真实性——来选择其中的一种。如果不这样想，就会放弃在主张或批判性判断之间进行仲裁的可能性。赫勒坚持认为，我们必须在如下两种主张之间做出区分：一方面是关于异质的规范的主张（认为没有衡量标准）；另一方面是关于规范性与事实性的主张（认为它们都有价值并认为这种主张是真实的）。③

这之间的张力在人类学文化概念的每一次运用中都表现得很明显。在人类学的概念中，不存在外部或外在的视角，差异必须被理解为无差别的多元主义。这种文化概念标志着想象的跳跃，超越了诋毁“异己者”和“他者”的传统。此外，它向经验普遍性的扩展，代表了对所有社会的尊严的承认。然而，它也通过限制其他文化概念的运用而缩小了文化的概念。从它的角度来看，不可能有“高级”和“低级”的说法，也不可能有关于趣味的判断。所有关于文化价值的讨论都被武断地排除了。④ 具有讽刺意味的是，任何前现代文化都不可能接受所有文化具有同等价值的观点：它们都是种族中心主义，都以自己的文化确信为基

---

① A. Heller, *A Theory of Modernity*, Oxford: Blackwell, 1999, p. 135.

② Ibid., p. 136.

③ Ibid., pp. 136-137.

④ Ibid., p. 137.

础。伴随着自我反思性的增强，现代性已经失去了它自己的自我确定性，并将自己相对化。这种高度的自我反思的怀疑暂时被西方通过“进步”与它的技术和市场在经验上普遍化而实现的自我合法化所掩盖。然而，这种物质上的自我辩护在后殖民时代随着“进步”遭到彻底质疑而变得成问题了。

赫勒看到了西方对这种挑战的双重反应。作为现代性全球化的进步仍在继续，但这也使西方文化出现了浪漫主义相对化的复兴。① 虽然这种策略会让前殖民者的良心好受点儿，但无助于悖论的解决。对那些宣称文化具有优越性的主张所进行的指责，为重申有机的种族中心主义提供了可能。每个社会都大声宣称自己的文化是最好的，至少对它来说是最好的。② 显然，这种主张偷偷地依赖于第一种文化概念，而这第一种文化概念是无法与人类学概念相协调的。③ 然而，这些理论上的悖论也有真正实际的意义。专制政权依靠相对主义的论点来为压制政治多元化辩护，并以文化特殊性的名义否定人权。赫勒坚持认为，人类学概念的规范显然侵害了现代性的基本价值（人权、多元主义、公开性和政治自
【249】由），如果它无法约束普遍的价值理念，就必须受到限制。她承认，启蒙运动的规范遗产并不允许我们将西方的一套规范强加给另一种文化。其他文化的居民有权选择**不自由**，如果他们真的希望这样的话。人们也没有绝对的理由来拒绝或承认基要主义的文化。然而，在实践中，我们都需要做出决定性的选择。对赫勒来说，这只不过是作为**现代性的无根基的根基**的自由的另一个要求，也不过是对我们必须进行一次跳跃的领悟。这种跳跃并没有理论上的依据，而是视情境而定的。归根结底，这是一个伦理-政治的选择，每个人都必须为此承担全部责任。④

① A. Heller, *A Theory of Modernity*, Oxford: Blackwell, 1999, p. 138.

② Ibid.

③ Ibid., p. 139.

④ Ibid., p. 140.

二、文化对话和规范性文化

这一重建中最激进的创新是赫勒引入了另一种**文化概念**。与文化的规范性概念和经验性概念一样，这种文化概念也是一个普遍的概念。按照她的讲法，这是一个“选择性”概念，因为它提供了平等参与的机会。① 引入被她称为“文化对话”的第二种概念是为了解决第一种概念和第三种概念的极端主张所产生的悖论。文化对话是一场除了自身没有其他目的的交谈，它既不以社会资格和职业资格为前提，也不受话题和目的的限制，只以对话的乐趣、珍视且追求交谈的热情的个人为前提。然而，它确实需要一定的历史条件。伴随着历史上的启蒙运动，批判性话语深深地嵌入到日常生活中，并承担起批判的功能。由于这种交谈渗透到从日常生活到高级文化的整个领域，许多事物都间接源自它：它成了现代性动力的主要载体。②

虽然文化对话从根本上来说是一种难以控制的活动，但它还是受到明确的程序性规则的制约。这种**规范性要素**集中体现在“漠不关心”这种观念中。对话的伦理要求悬置利益、公开偏见、富有同情心地倾听，并接受他们的诚意。这些条件相当于对话的道德准则，体现了机会平等的规范。讨论者的不平等贡献并不违反这一准则。文化对话的领域是一个利益悬置的领域，是一个文化上构建的自由空间。事实上的不平等参与不会产生有害的后果。由于它避免了两极对立、商业化和商品化，文【250】
化对话避免了其他文化概念所产生的悖论。③ 以赫勒的现代性主要价值理念——自由——为例：这个概念是悖论性的，它是基础性的概念，但它没有提供文化基础，因为它没有确定性和自明性。不受权力或利益制约的自由讨论产生了一种弱气质（weak ethos），而这种弱气质根本不要求有一个基础。关于趣味的辩证法也是如此，它有可能破坏高级文化概

① A. Heller, *A Theory of Modernity*, Oxford: Blackwell, 1999, p. 134.

② Ibid., p. 129.

③ Ibid., p. 132.

念本身。在一个真理已经蜕变为主观的、历史的真理，并且已经失去了绝对资格的时代，通过对话形成的趣味判断尽管受到争议，但仍然可以声称具有普遍性。康德关于趣味判断的讨论为所有的文化对话提供了一般的模式。结果是关于社会性的乌托邦式的虚构，在那里，所有的利益——实用的、理论的和实践的——都仅仅因为要保存文化的活力而被悬置了。这样的讨论从来都不是价值中立的；但是利益和偏见，只要是人们知道的，就应该被公开宣布。虽然这是社会构建的、被隔离的自由空间，但许多事物都源自它。确定性被热情地拥抱和破坏，信仰被质疑和检验。[①] 然而，这种豁免也有其令人沮丧的一面：同样的交谈可能是毫无意义和不负责任的。由于认识到这些可能性，为了那些最高的利益，赫勒准备为它们冒险。[②]

赫勒也不愿意把这个乌托邦限定在**虚拟的**领域中。文化对话不是一个无效的理想，而是在餐桌上和朋友间分享的虚构。需要对这种不情愿做一些讨论。赫勒反思的后现代主义要求她要经受住黑格尔关于现实和真实的辩证法的诱惑。这在她对传统历史哲学的拒斥中表现得最为明显。然而，正如我们在“激进需要”的理论中所看到的，这说起来容易做起来难。对她来说，社会内在动力的阐明对哲学的自我理解至关重要。当她的思想转向文化对话领域时，她再次屈服于这种诱人的旋律。对话现在成了一个被真实化的乌托邦，是虚拟性和真实性的结合。[③] 预料之中的是，她渴望在经验上来证实她的乌托邦希望。但是，当这种希望在经验上难以渗透到相关领域之外，只能在“餐桌上和朋友间”找到它的真实性时，赫勒关于虚拟和真实相结合的说法似乎有些牵强。这也可以合理地被描述为“分离”。很难说，文化样板在私人空间的实现便意味着它对现代文化和现代现存的文化制度产生了影响。

① A. Heller, *A Theory of Modernity*, Oxford: Blackwell, 1999, p. 130.
② Ibid., pp. 133-134.
③ Ibid., p. 133.

三、杂食性文化的威胁

【251】

赫勒认为，每一种文化概念都是普遍的，但只是在一种有限的意义上是普遍的。经验概念是普遍的，因为它**包括了一切**这一点很明显；高级文化是普遍的，因为它**设定了标准**，而文化对话也是普遍的，因为它要求**机会平等**。① 正如我们所看到的，文化对话的普遍性对赫勒的论述特别关键。对她来说，文化是精神食粮的源泉。虽然没有文化对话也可以生活，但没有它就不可能过上“良善的”现代生活。后者的一个重要组成部分是一种“高雅的生活”，它产生于日常事务的悬置，以及对以超感的、有意义的作品形式出现的自我超越的屈服。通过有选择地获取精神食粮，居于支配地位的文化制度创造了支撑现代个体的意义。然而，赫勒认为，随着现代性的多种动力所导致的**杂食性文化**的出现，这种文化功能受到了威胁。当它出现时，趣味的文化权威的合法性被取消了，市场越来越占据支配地位。这导致了文化产品的同质化，对所有质的区别形成了挑战。其结果是所有文本的解释学民主。对于谁在选择和哪些文本被选择这些基本问题，唯一给出的是一个大杂烩式的答案。随着文化精英的消失，市场填补了这个空白。这种作品和解释的大杂烩得到了现代（历史的和技术的）想象的很大帮助，因为后者非常愿意搜罗外来的传统，掠夺过去和未来，以满足对创新和新的精神食粮的无尽之需。

在赫勒看来，现代文化的杂食性倾向产生了它的危机。首先，解释学的盛宴预示了**文化的枯竭**。这在现代文化的许多特征中已经表现出来了。例如，人们对现代艺术并不抱太大的希望。现代作品不再被视为想象的创造物，而仅仅被视为私人想象的不确定的刺激物。② 与对创造性的期望值下降相伴随的是对原作和仿制品的区分在解释学上的模糊化。原创性让位于对个人意义的提取。然而这还不是全部。更为严重的是，

① A. Heller, *A Theory of Modernity*, Oxford: Blackwell, 1999, p. 134.

② Ibid., p. 144.

文化合理化和专业化带来了文化对话的**碎片化**。在一个文化日益自主化和职业专业化的环境中，文化对话的参与者的圈子被缩小成了那些为了
【252】谋生而进行解释的人。因此，文化对话变得碎片化，成为孤立的、偶然的和流动的小型对话。对赫勒来说，当代文化环境代表了一个超越先锋派的新阶段。不仅没有任何一个解释者的群体来制定标准，而且也没有共同的**厚重**的文化经验。而这种经验曾经提供了一个共同的家园，既是熟悉的、令人回味的也是新奇的家园。① 文化共同体的消失使个体的解释者变成了唯一的中介。在一个被还原为个体中介的文化世界中，语言和解释学的范式在历史上已经过时了：没有任何文化视野的表现性冲突，个体在不断改变着文化语言。②解释的力量现在落入了个体解释者的手中。她终于有权利以自己不可言喻的方式表达自己的独特观点。然而，这只是一个**赤裸的“我”**的力量。因为这个意义是不断变化的，随着每一次情绪的变化和突然的变化而发生变化，它没有权威性，而且无法传达真正的信息。由于缺乏稳定性和权威性，赤裸的主体没有能力承担起文化选择的任务。现代人对政治自由的追求总是受制于共同事务，而现代人对意义的渴求却有可能是不可遏制的。不确定主体的闲谈并不能提供所需的精神食粮。③

不难看出，文化对话的概念是如何融入这幅图景的。在文化共同体的观念不可避免地衰落和文化对话碎片化为专家的小型会议的地方，赫勒的“现实的乌托邦”变成了机会平等的规范性模式。抛开现代功能性和现代市场的限制，它既恢复了对现代高级文化的最初渴望，又成了它的当代危机的晴雨表。此外，正如我们所看到的，赫勒不愿意将她的文化对话模式简单地看成是主观的想象或调节性的理念。她坚持一种辩证的观点，认为这个诱人的“现实的”乌托邦就像我们的友好谈话一样接近我们，但又足够理想，仍可发挥规范的作用。

① A. Heller, *A Theory of Modernity*, Oxford: Blackwell, 1999, p. 144.

② Ibid.

③ Ibid.

四、文化与技术

现代性的悖论性和“双重束缚”显然超越了现代文化的范畴。现代性“逻辑”内部和相互之间的张力渗透到社会整体的所有方面，包括日常生活。赫勒在讨论作为日常生活的现代特定形式的“文明”时探讨了这些张力。对她来说，“文明”是一个规范性的概念，指与“不文明” 【253】
或“野蛮”相对立的一极。① 文明既是一种可以实现的（行为）规范，也是利用了技术渴望和道德渴望的当下所追求的进步主义和乐观主义的方向。“文明”的概念在欧洲社会出现得很晚。当最高的社会阶层不再将自己的行为视为自然的、规范的，而是作为受过训练而养成的习惯的红利时，它就出现了。正如“文明”和“礼仪”这两个词所暗示的那样，这些习惯是现代早期城镇的产物，在那里，密切的、快速的和平等的社会交往需要有更灵活性的和更具情境性的调节。这需要一定程度的非人格化，而这种非人格化与一种更复杂的、其中功能发挥着更大作用的社会环境相一致。②

正因为个体不能被还原为功能，所以形成了非正式的规则，使他们能够紧密地生活在一起。人们居住和交流的异质空间必须不仅要在功能上适合居住，而且要让个体的个性得以彰显，还不会给人的印象是表面的或熟悉的。文明的规则将技术的和道德的洞察应用于对日常生活中甚至是最小之事的管理之上。一定情境中的“好的举止”不仅促进了一般的社会化，而且还通过掩盖出身甚至是尴尬的个性，将新的社会阶层注入社会中。③

在这些文明进程中，技术想象甚是卖力，甚至身体也被还原为一种“长期储备”。然而这种想象并没有完全占据这个领域。历史想象与规训

① A. Heller, *A Theory of Modernity*, Oxford: Blackwell, 1999, p. 153.

② Ibid. , p. 154.

③ Ibid. , p. 55.

的要求相对抗，捍卫着现代的个性观念。① 现代主体努力地、艰难地扮演着双重角色。一方面，她对一个沦为单纯对象的身体进行规训；另一方面，她又要争取从这种物化的处境中解放出来。这种内部分裂的现代个体的形象表现了处于现代性动力核心处的“双重束缚”。在社会的顺从和解放的混乱之间所进行的摆动只是现代性钟摆的另一种表现，而且对其幸存至关重要。②

同样的张力也明显地表现在技术文明中。这个概念建立在将世界描述为**自然/社会的**二元论基础之上。技术文明的神话认为这两者之间存在着永恒的斗争，在这场斗争中，自然成为社会为获得最后的**技术**胜利而做出努力的“长期储备”。③ 然而，可以预见的是，在这场斗争中有反抗和失败。在赫勒看来，当代生态学的新思想认为，文明的武器能够成为自然对抗社会的武器。④ 它颠覆了认为科学将通过夺取自然中沉睡
【254】的力量来征服自然这样一种更古老的观点。虽然文明和规训在某种程度上是由技术想象引导的，但它们并不是对象和产品。这强调的是又一种客观主义的理解，即将文明理解为技术的对象和产品。这种客观主义的描述将文明视为一种与目的无关的手段。技术的作用是以一种超越伦理的、功能化的和非人格化的方式来调解人与自然、人与人之间的关系。⑤ 尽管这里将技术强调为单纯的“手段”，但文明也是**有效率的**和**合理性的**。**能干的人**和**节约的人**的那些价值便典型地体现了为技术文明提供现代动力的“工作伦理”。文明的个体根据合理性、可预测性和可靠性来掌控本能和行为。这赋予了技术文明以合法性，而不仅仅是作为单纯的手段/目的的合理性。⑥ 具有讽刺意味的是，同样的价值系统也有可能使**能干的人**变得多余。那些关于效率和经济的权威典籍对人道主义的请求是无动于衷的。正如我们所看到的，赫勒认为技术被某种独立的进程支

① A. Heller, *A Theory of Modernity*, Oxford: Blackwell, 1999, p. 57.
② Ibid., p. 160.
③ Ibid., pp. 162-163.
④ Ibid., p. 163.
⑤ Ibid., pp. 164-165.
⑥ Ibid., p. 165.

配，这几乎证实了技术只是手段而非目的的说法。然而，技术中真正涉及的是两种合理性形式的**融合**：解决问题和实现目的。在前者中，目的是**与手段黏在一起的**，而在后者中，它们是**不同的**。典型的情况是，在现代性中，创新变得司空见惯，并沦为单纯的手段。然而，如果得出结论说技术文明缺乏创造力或合理性缺乏想象力，那将是一个错误。在现代性中，文明总是与科学和理所当然的"进步"联系在一起的。然而，这种简单地将二者等同起来的做法现在越来越变得有问题。正如赫勒所说，"革命"和"进步"远不是通向同一方向的直线。① 在这里，赫勒又回到了早先对粗陋的理性主义及其与人类情感的分离的批判。这也为讨论带来了一种新的复杂性，而这种复杂性在她对技术逻辑的描述中是没有的。

几乎不可避免的是，对这一问题的探索也导致了悖论。在评估时，对技术文明能成为人与自然交换过程中的一个价值中立的调解工具的希望便会动摇起来。技术往往涉及对立面：解除/异化、解放/奴役和丰富/贫乏。这里，在无法通过"事实"来回答的关于认同和方向的迫切问题之前，价值自由和中立也不复存在。技术文明和它的批评者都收集了证据来支持他们所特有的立场。显然，技术文明有得有失：它把我们从繁重的劳动中解放出来，同时也使我们处于持续的时间压力值下。不仅 【255】
没有简单的方法来比较这些立场，而且即使是这种两极化的和片面的主张，也不过是现代性动力的一个要素。②

这个结论有助于赫勒理解上述所有的悖论。对技术文明合理性的质疑，在很大程度上是由于人们越来越怀疑，现代文明引以为豪的客观性品质——可靠性、可预测性、效率与合理性——只在微观视域内和短时段内才有效。从长时段的角度看，事情就不那么确定了，生态末日的景象也不是不可能发生。西方宣称的基于可预测性和控制的高级合理性似乎更有问题，更值得怀疑。现代文化可能比其他文化更具有**自我反思性**，但这是否意味着它更是**合理性**的呢？所有的文化都是合理性的，因

① A. Heller, *A Theory of Modernity*, Oxford: Blackwell, 1999, p. 166.

② Ibid., pp. 168-169.

为它们提供了规则、规范和意义，使参与者能够发挥作用并再生产一种生活方式。正如我们所看到的，赫勒将现代性所特有的合理性归结为**文化对话的辩证法**。宽容的品质、好的论证和开放性凸显了除道德真理之外的其他所有真理的脆弱性。① 虽然她赞同哈贝马斯的程序合理性的方案，强调所有基础的暂时性，但她坚持一种牢记它始终是在和别人谈话的“温暖的理性”，而不仅仅是程序性的。②

认为所有文化都是合理性的并不意味着我们要接受所有传统的规范和规则。现代理性的特征在于它持续进行检验和质疑。这是赫勒在“理性合理性”与“理智合理性”之间做出区分的基础。这表达的想法是，既要根据既定的规则来进行游戏，同时又要质疑这些规则本身。③ 虽然“理智合理性”是现代性动力所固有的，但她并没有忽视保守主义的重要性，认为它是真正认识到某种限度的观点的关键要素。纯粹否定的辩证法的批判潜能必须受到致力于某种规则和经验确定性的理性的制衡。在“没有讨论余地”的旧有意义上，这些也不再是确定的。但是，它们提供了某种刚性，保持了日常生活的稳定状态。显然，两种形式的合理性对于维系现代性平衡的钟摆运动来说是根本的。④

在我们对合理性等基础性哲学范畴的理解中，所考察的文化现代性
【256】的问题和悖论在日常的现代经验中也有其必然性。产生高级文化悖论的双重束缚也同样体现在日常经验中更为人熟悉却较少受关注的方面。伴随着现代世界的诞生，最深刻的变化之一是人的世界在同时收缩和扩张。这种收缩源于机械论革命和**无限空间**的科学观念取代了希腊-基督教的**地点**范畴。同时，欧洲对新大陆的探索扩大了人的世界。康德在“了解世界”和“拥有世界”之间所做的区分表现了这一彻底的转变。⑤“拥有”和“了解”在程度上的差别是显而易见的。交通和技术的快速发展使我们能够征服空间，而不知疲倦的历史意识则使我们瞥见了更遥

---

① A. Heller, *A Theory of Modernity*, Oxford: Blackwell, 1999, p. 170.

② Ibid.

③ Ibid., p. 172.

④ Ibid.

⑤ Ibid., p. 186.

远的过去。从这个角度来看，环球旅游可以被视为一种弥合这条看似无法跨越的鸿沟的勇敢尝试。19 世纪，像巴黎和伦敦这样有代表性的地点允许人们在了解和拥有之间做出某种调和。感觉经验的强度与代表地的距离融合在一起。今天，即使这些享有特权的地方也失去了它们的代表性地位。现代性无处不在，所有的地方都包含了一些有趣的东西。然而，环球旅游者的“虚拟经验”很难说是“拥有一个世界”。[1] 这需要的不仅仅是短暂的访问权：它意味着为自己和他人改变这个世界的能力。环球旅游者占据了一个悬浮在地点和时间之中的独立的现实。构成“家”的特权的传统和历史想象的具体纽带是不存在的。“家”是一个默契的理解的世界，是表现了不同层次的亲近关系的简短交流的世界。赫勒认为，没有这些，人们就失去了双重束缚，而这种束缚表达了历史想象和技术想象的矛盾。[2]

现代性的悖论性再次抬头。随着现代性的社会和空间的流动性日益增强，熟悉与和解的可能性成为问题。思乡因而渴望回家的经验变得司空见惯。更大的流动性意味着现代人被永久地流放了，无力实现随着对熟悉事物的认识而产生的救赎。“思乡病”是赫勒对现代性中这种普遍存在的**矛盾心理**的隐喻，表达了人们对相反的渴望和愿望的节奏性拥抱。[3] 我们身处于这样一种状态之中，即我们既不能拥有像原来一样的
世界，同时又要忍受它的匮乏。最终，这种矛盾心理存在于已经讨论过【257】
的关于**现代偶然性**的强烈的新体验中。从出生的那一刻起，现代人就成了注定要流落他乡的**异乡人**。由于被剥夺了宗教信念并习惯了流动，他们更清楚地意识到有限性和短暂性。由于生命短暂，他们渴望探索新的地方，同时也觊觎游客所没有的熟悉感。[4] 虽然生活和健康标准逐步提

---

① A. Heller, *A Theory of Modernity*, Oxford: Blackwell, 1999, p. 189.

② Ibid., p. 191.

③ Ibid., p. 193.

④ Ibid., pp. 194-195.

高，但对于那些希望四海为家的人来说，现代生活仍然过于短暂。① 那些希望实现所有潜能并真正熟悉他们所居住的世界的人必然会落败。这种缺陷是无法完全被克服的，真正的现代个体必须学会与它共处，作为与偶然性的最后和解。

五、诊断上的困难和理论上的张力

虽然赫勒对现代经验的悖论方面的描述是令人信服的，但她的诊断和文化对话的概念在她的理论解决方案中所扮演的角色都值得商榷。虽然没有人可以怀疑市场的侵蚀作用和文化日益自主所产生的问题，但她的杂食文化论倾向于将这些趋势总体化。其他后现代主义者对所谓的将文化对话分割成小型对话的做法称赞有加，在这里，碎片不是作为限制而是作为**差异**表现的，而这种差异允许人们接纳许多新的、以前未曾听过的声音，使主流文化丰富化和问题化。传统的扩展意味着艺术自由和创造可能性的增加。仅仅是一系列小型对话的存在本身也不违背文化对话的规范性理想。只有当小型对话意味着赫勒所讲的平等机会意义上的文化对话被中断了，才会如此。然而，我们也可以很容易地认为，小型对话现象只是体现了一个更复杂的**文化过滤**系统，这个系统是由一整套半自主的、工具性的子系统组成的更复杂的社会所需要的。在这种结构中，功能性的子系统是必不可少的，而且它们必须有灵活的机制，能够为有关的听众选择和划分主题。

对于赫勒诊断的一致性，也可以提出反对意见。在赫勒看来，当代文化标志着一次质的飞跃，在这里，市场占主导地位，文化精英已然消失；她同样强调，后现代作者仍然在利用他们自己的权威和他们所解释的
【258】的经典权威。这两种观点似乎有所冲突。她明确认为，矛盾在于一种天真的后现代主义，它既会运用也会滥用文化权威提出的要求。然而，人

① 赫勒关于生活水平逐步提高的说法似乎也是成问题的，至少根据一些重要的指数来看是如此。这再次表明，她可能没有充分考虑近来全球化福利国家和西方自由民主国家的生活水平的影响。

们同样可以批判“杂食性文化”的概念，它使对当代文化动力的这种同质化的描述得以延续。

赫勒对明确表示是规范性的文化模式的辩护似乎也与她的文化演化理论的其他方面处于张力之中。我们已经知道她的观点是，“杂食性文化”只是现代偶然性的另一面。用她的话说，这就是“同一枚硬币的两面”。显然，现代文化的许多特征都是以现代的偶然性意识为基础的。个体从既定的传统和社会地位中解放出来，增强了他/她的不确定感、自由和自主性。这提升了个体在文化调节过程中的形象。虽然我们已经注意到了赫勒分析中的相反趋势，比如功能性和专家在文化生活中的作用越来越大，但主观化的趋势仍然是现代文化演化中最明显、最根深蒂固的趋势之一。然而，在这一点上，赫勒将自己与其他大多数打着后现代主义旗号的理论区分开来。她的“反思的后现代主义”接受了偶然性，但不能为个体解除责任和随偶然性而来的所有不确定性。她不能被动地承认主观化的增强，因为它似乎只导致文化的枯竭，由此产生的结果不过是被剥夺了权威的赤裸的说话者和对精神食粮的饥渴。

奇怪的是，所有这一切也与赫勒最喜欢的关于现代性脆弱平衡的钟摆隐喻不一致。对文化枯竭的诊断似乎也与她更全面的、认为功能在其中日益重要的现代性理论有些矛盾。如果现代性的“核心”是**分配的逻辑**，那么功能性原则就会越来越多地渗透到所有的现代制度系统中，包括文化的制度。问题是，很难将她关于无限定、无利害、开放式的对话的规范性想法与这种直接承载着利益的功能性日益被强化的经验趋势相协调。在赫勒看来，内行的消失及现代向制度化和有偿文化精英发展的趋势表明，真正的文化对话的可能性和完整性受到了阻碍。显而易见的是，文化自主性在不断增加，商业以各种方式对文化对话产生了有力影响，尽管如此，我们并不一定要将它们全部推断为危机的明确表征。经验调查表明，这些压力并没有使高级文化的受众减少。文化制度仍然坚 【259】
持卓越的要求（即使标准备受争议），而且，根据赫勒自己的解读，仍然有一些人要求拥有评判它的权威。

将赫勒对文化的诊断放在她关于现代性的一般理论的演变中来考察

也是一件很有意思的事情。她对现代性“多种逻辑”的理论化表明从规范性向描述性立场的决定性发展。她对“政治权力的逻辑”而非早期的“民主的逻辑”的观念的偏爱，恰恰就是一个非常重要的例子。因为她并不认同最坏的、僭越了“实质平等”的行为，而且她关注的是在她对当代社会动力的分析中避免出现任何目的论的内涵，所以她有意识地与民主事业保持距离。她仍然是一个坚定的民主人士，但她对当代自由民主的丑陋面貌有所怀疑地做了端详。有鉴于此，她对作为规范性模式的、理想化的19世纪欧洲文化的坚定信奉，似乎与这种一般理论的许多关键方面所表现出来的日益怀疑的、经验化的趋势不一致。

第十三章　自主性、反讽和伦理 【260】

赫勒意识到，现代性的居民很抵触的情况是，他们被告知如何去过自己的生活。对她三部曲的第二部的批判性反应表明，她对哲学可能想要提供哪怕是以最一般的术语表达的道德建议的主张感到不安。① 在《道德哲学》的出版和《个性伦理学》的出版之间的6年重要间隔期是一次暂停，使她能够重新审视自己的方法。她在《个性伦理学》的导言中明确指出，自己开始感觉到“时代精神”不是对建议而是对哲学的道德权威实施抵制。为了传递她的基本信息，赫勒决定放弃强烈的教育学的表述方式，虽然这种表述从未为行动立法，也没有规定美德，但具有对善做出判断的权威，偶尔也会容许自己去劝人行善。主观主义的、民主的“现代精神”对哲学作者享有权威这一假设形成了挑战。在赫勒看来，多元化和个体化是后现代时代的主要趋势。因此，道德审美必须考虑到好的生活的各种形态，以及各种日益增长的要求，即根据现代个体的特定需要和他们的自主意识来定制好的生活。② 为了完全适应这种精神，赫勒采用了一种新的形式，表现出一种新的作者叙述特点。她的个性伦理学是通过讲座、对话和信件中的众多“人物角色”表达出来的。这些片段提供了大量相互竞争的伦理观点和伦理选择，并且它们以教条的天真被呈现给明智的、但较少受到教导的观察员和通信者。通过这种形式，与反思的后现代主义的观点相一致，赫勒在她的陈述中注入了一点儿苏格拉底式的反讽。这表明，需要保持距离，并承认这些交流不能为他人决定议题或结束争论。虽然知道自己一无所知，但哲学家仍然被允许以绝对的诚意对她的知识下注。然而，归根结底，只有个体自己才

---

① P. Harrison, *Radical Philosophy and the Theory of Modernity*, in J. Burnheim eds., *The Social Philosophy of Agnes Heller*, Amsterdam: Rodopi, 1994.

② A. Heller, *An Ethics of Personality*, Oxford: Blackwell, 1996, p. 2.

能理解如何成为一个好人。在赫勒看来，这种形式的变化并没有破坏三部曲的统一性。正如我们看到的那样，这一点仍然值得商榷。当然，这
【261】前几卷既是通往个性伦理学的一个平台，也是通往个性伦理学的梯子。然而，归根结底，重要的问题是，赫勒为现代性居民提供道德拐杖的愿望是否与她对他们的道德自主性同样强烈的尊重相一致。

赫勒对个性伦理学的传统并非没有批判。第三卷的大部分内容是她与这一传统的辩论。对她来说，这一传统相信人是偶然性的存在，并冒险将个体作为伦理唯一和完整的载体。① 从这种共同的假设出发，传统碎裂为许多相互竞争的版本。古典主义的版本选择了个性伦理学的普遍可行性。在没有外部约束的情况下，所有的个体都会以自己道德观独有的方式，能够参与到他们个性的全面发展中。与这种文化的乐观主义相对立的是一种精英主义的倾向，它向特殊的个人让步。第三种更现代的方式既拒斥精英主义也拒斥伦理传统，只关心完全面对偶然性的困境并承担起自我责任的个体。② 赫勒将这种立场描述为“没有拐杖的伦理学”。一种真正的个性伦理学必须不依赖于外部的要求，而是依赖于个体的自我责任。虽然赫勒赞同这些一般的观点，但她对抛弃伦理学“拐杖”的做法深感失望。正如我们所看到的，她认为这些是典型的现代个体的道德生活不可或缺的帮助，因为他们已经失去了权威传统的帮助。所有现代的伦理决定都涉及优先权、自我责任和风险的问题，这些问题没有绝对的答案。虽然知识在我们的决定中起着基础的作用，但定向的道德原则和伦理反思也有很大的帮助。赫勒坚称，道德理论对这些拐杖进行理论分析是非常重要的。③

对个性伦理学的分析有三个部分：讲座涉及**命运**、对话涉及**真理**、信件涉及**智慧**。讲座论述了尼采对瓦格纳（Wagner）的《帕西法尔》（Parsifal）的回应。由于个性伦理学抵制抽象的话语分析，她提供了一个进行说明的典型案例；尼采的个性伦理学是与赫勒自己的怀疑和问题

① A. Heller, *An Ethics of Personality*, Oxford: Blackwell, 1996, p. 3.

② Ibid.

③ Ibid., pp. 3-4.

相伴而行的。①

一、作为命运的个性伦理学

这些讲座生动地呈现了尼采的哲学生活。他与瓦格纳的关系被再现为一种不断增长的痴迷。《道德的谱系》被解释为尼采伟大的反-帕西法尔。尼采主要被看作具有存在命运的人，被视为将其哲学推进到疯狂地【262】步的哲学家。在他精神崩溃的时候，他已经完全形成了一种个性伦理学，旨在超越瓦格纳的选择，从而消灭了对当代欧洲文化的病态负责的基督教的世界观和价值观。

赫勒认为，与瓦格纳的决裂是因为尼采需要追随自己的哲学之星。瓦格纳的歌剧塑造了一个个性伦理学意义上的天生的英雄：颓废文化的"好人"原型。然而，帕西法尔通过拯救圣杯的救赎行为战胜了颓废。这是对帕西法尔的同情之美德的肯定性解读。瓦格纳通过帕西法尔的形象使禁欲主义的理想获得了新的生命和光泽。② 对他来说，决定性的问题是自由，而最终帕西法尔不是一个自由的人。他的同情不是被选择的，而是被感受的；他不做承诺，只是重复超然之音的承诺；在致力于恢复圣杯的时候，他在上帝面前倒下了。瓦格纳解释说，帕西法尔和他的同类人将救赎旧的价值。③ 而这是与尼采意义上的英雄形象格格不入的，因为对尼采来说，强大且健康的英雄的决心和承诺是他自己的本能意志和自我责任的产物。

根据这一批判，对瓦格纳的价值进行重新评估的必要性是显而易见的，但是如何做却不是那么的显而易见。尼采面临的难题是，在不宣布新的真理、一套新的禁欲主义理想的情况下取代旧的、像同情这样的、基督教的价值。这就是为什么赫勒得出结论说，《道德的谱系》的反-帕西法尔意图无法完全实现。虽然尼采谴责瓦格纳的英雄是他自己通过虚

---

① M. Vajda, Is Moral Philosophy Possible at All?, in *Thesis Eleven*, vol. 59, 1999, p. 77.

② A. Heller, *An Ethics of Personality*, Oxford: Blackwell, 1996, p. 69.

③ Ibid., p. 48.

构的方式对旧价值的恢复，但他不能颂扬新的意义。唯一剩下的选择是将赌注押在未来和可能的新价值身上。[①] 这就形成了尼采的视角主义，根据这种观点，没有绝对的视角或真理：只有主观的真理，个人必须对其承担全部责任。虽然不可能有总体性，但至少可以总体地参与到个人完全为之而活的真理中去。[②] 尽管这种将形而上学的真理弃置一旁的做法支持实践的参与和对未来的希望，但它产生了一些人们所熟悉的问题。尼采对诸如"人性"之类的哲学抽象概念及其与"进步"理念的联系的意识形态性所进行的怀疑是值得称赞的，但当他个人的想法濒于险境时，他似乎完全放弃了这种怀疑。不把历史与抽象联系起来，而是与他自己的主观梦想联系起来，同样是一种疯狂的逻辑。[③]

【263】 这一失误表明，尼采的个性伦理学中存在着深刻的不一致。他激进的反-历史主义和同样激进的历史主义之间的张力展示的是他的个性伦理学的形式和内容、他永恒的个性伦理学和它的历史使命之间的裂痕。[④] 若要考察这种不一致就必须从查看尼采理论大厦中的裂缝开始。

尼采哲学的英雄们是"骰子的幸运一掷"。他们代表自己，因为他们是本能与理性的独特融合体。由情感引导的理性构成了一个真正美丽的统一体。高贵的人从不追随他人，因为这是反应性的。不言而喻，这种有机的高贵只在很少情况下出现，而且不能被意志所左右。被意志左右的不可能是"幸运一掷"。这意味着个性伦理学与历史完全无关。[⑤] 然而，虽然自然的高贵的出现是偶然的，因此从根本上来说是永恒的，但尼采仍然关注促进它的条件的构建。帕西法尔的颓废价值会阻碍"排列顺序"的提升及这种"幸运一掷"的可能性。然而，当我们转向他自己的"排列顺序"时，尼采的个性伦理学中的矛盾就会立即显现出来。赫勒提出了一个显而易见的问题。尼采是否对他的"诸幸运投掷"加以区别对待？是所有这样的人都是个性伦理学的高贵体现，还是只有一些

---

① A. Heller, *An Ethics of Personality*, Oxford: Blackwell, 1996, p. 71.

② Ibid., p. 72.

③ Ibid., p. 74.

④ Ibid., pp. 75-78.

⑤ Ibid., p. 74.

人？他的标准性的策略之一是对标志进行颠倒，对犬儒主义、残酷、耽于声色和自我主义等品质进行重估，将它们从恶习变成美德。然而，因为他也鄙视一些当代的恶习，所以他不能平等地对待所有的恶习。他倾向于把自己的排列顺序强加于自我-创造类型的品质上。他对纯形式的个性伦理学深恶痛绝。他难以接受的是这样一个想法，即认为不同谱系的高贵性质表现为类似于个体艺术作品的多样性。尼采在一种过于狭隘的、带有自己个人价值的实质的伦理学和一种过于宽泛的、不加区分的高贵性质的伦理形式主义之间摇摆不定。① 通过将“幸运一掷”与他强有力的、历史性的价值联系起来，他将超人还原为一座桥梁，而超人就是那些代表着一般承诺的个体。或者说，他审美地运用额外的形式标准，如代表、姿态和独特性，来多元决定他的纯形式的个性伦理学模式。② 但是，甚至两种立场的综合也无法克服形式的个性伦理学所遇到的全部问题。一个主要由审美标准构成的“排列顺序”所表达的不是伦理趣味而是审美趣味。③

赫勒提出的基本问题是，尼采的伦理标准是否可靠，是否具有伦理的资质。④ 她认为，如果不引入至少一个纯粹的伦理标准，他就会陷入 【264】
纯粹的形式主义之中。虽然她渴望使作为他自己的伦理计划的一个关键部分的道德审美获得新生，但她认识到，它必须排在道德概念本身之后。尼采的美德无法提供伦理内容，因为它们缺乏一个道德中心，就像康德的非-工具化的公式一样。⑤ 英雄们带有蔑视地瞧不起他人，但不是因为道德谴责。他们没有道德。他们只为自己的完善而规划，他们是独立自主的良知。⑥ 这是一种放任，相信“一切皆可”。对赫勒来说，这是一种傲慢：如果没有某种矗立于所有单个的人之上的东西，无论是神圣的事物还是先验的自由，就不可能有道德。这种限定显然会危害到尼

① A. Heller, *An Ethics of Personality*, Oxford: Blackwell, 1996, p. 76.

② Ibid., p. 82.

③ Ibid., p. 83.

④ Ibid.

⑤ Ibid., p. 85.

⑥ Ibid., p. 88.

采对自主性的理解，但赫勒质疑这般“完全”自主的人是否还是人。① 这再次表明，她从虚幻梦想的极端境地中后退了。对于尼采来说，帕西法尔对禁欲主义理想的复活是一种虚无的意志。然而，这也是别人意欲的虚无。禁欲主义理想继续为人类的苦难提供意义。而尼采想要的是不-存在的虚无，不同于禁欲主义理想的那种形式的和空洞的虚无。② 它与瓦格纳的形而上学的总体性并不相称，因为他的替代性方案并没有对真理提出要求。它仅仅是尼采自己的个人真理。

赫勒的结论是，尼采至少忠实于他的哲学命运。通过对《帕西法尔》的痴迷，他成了自己的样子。他的思考将历史悲观主义推到了极端，说出了一切可以说的东西。在这样做的过程中，他设置了谜题和问题，而这些谜题和问题仍困扰着现代性中所有偶然的孩子们。

二、个性伦理学的真理

《个性伦理学》的第一部分是通过个人哲学生活的命运的棱镜来阐述个性伦理学的，而第二部分则是以三个对话的形式，从真理的角度来审视同一个问题的。每个对话都是松散的，分别涉及这种伦理学的可能性、描述和实践问题。赫勒笔下的人物角色探讨了个性伦理学真理的理论、实践和存在维度。③ 然而，她巧妙地将她的年轻对话者的天真热情与反讽的距离及对性政治的有趣探讨调和起来。

第一场对话是两个哲学学生约阿希姆（Joachim）和劳伦斯（Lawrence）在参加完关于尼采的课程后展开的一场对话；后来一个女性朋友维拉（Vera）加入到他们的谈话之中。她体现了非专业的女人的
【265】智慧。针对个性伦理学的观点本身，约阿希姆提出了对康德的反对意见，而针对这些反对意见，劳伦斯则以尼采的辩护做出了反驳。维拉通

① A. Heller, *An Ethics of Personality*, Oxford: Blackwell, 1996, p. 91.

② Ibid., p. 90.

③ 赫勒欣然承认，女性角色菲菲（Fifi）是她在被20世纪欧洲历史上的巨大悲剧所触动之前的自画像。而这位祖母是以她自己心爱的祖母为原型的。A. Heller, *Der Affe auf dem Fahrrad*, Berlin: Philo, 1999, p. 478.

过克尔恺郭尔的综合将普遍性和独特性的要素调和起来。

康德立场的核心是，伦理学完全无关于独特的个性。就其本质是规范性的规则而言，它对所有人都施加了相同的标准。① 这是一种不会造成束缚的平等。② 个性化的伦理学将会放弃它。必须保持伦理学体系与它作者的生活之间的分离。哲学应该为自己说话，而不应屈服于对普遍性的批判：个人回忆录绝不应该获得哲学伦理学的地位。③ 伦理学要求个体与普遍规则相同；确实，个体的自主性在于同普遍规则的这种同一性。当然，道德总是被嵌入历史背景和发现的条件中。然而这并不意味着它的永恒存在被侵蚀了。④ 这种永恒不是在哲学抽象中虚构的事物，而是正直的人的实践理想化。在实践理性中，日常的语言和永恒性的语言是交织在一起的。⑤ 康德认为，人是弯曲的木材。他们是不可信任的，因此必须将人们个人的、现象的方面从伦理学中排除。⑥ 行为必须接受表达了绝对命令的准则的检验。这是我们自己内部的拐杖，也是个体自主权的保证，确保非-工具化的道德中心始终被靠近。⑦

针对这一观点，劳伦斯提出了一连串人们熟知的反对意见，为另一种打破了旧的禁欲主义理想的伦理学进行辩护。他认为在成就伟大事业时需要强制力，但坚持认为这种强制力必须来自内心。⑧ 传统哲学对普遍主义的渴望建立在一种关于绝对权威的形而上学态度之上，但这种哲学的自命不凡在上帝去世后也无法幸存。康德对普遍主义的探索原来不过是自我主义。对他者多样性的尊重必须服从于特殊和普遍的同一性。后-形而上学世界越来越承认，哲学一直是与我们自己的方方面面展开的对话。通过拥抱尼采的视角主义，后现代人终于放弃了所有的天真。⑨

---

① A. Heller, *An Ethics of Personality*, Oxford: Blackwell, 1996, p. 95.

② Ibid., p. 114.

③ Ibid., p. 97.

④ Ibid., p. 106.

⑤ Ibid., p. 102.

⑥ Ibid.

⑦ Ibid., pp. 109-110.

⑧ Ibid., p. 96.

⑨ Ibid., p. 97.

劳伦斯否认了与视角主义的和解必然会导致相对主义和虚无主义的指控。这种指控是从绝对的形而上学的高处发起的。然而，在一个后-形
【266】而上学的环境中，这种相对主义的指控在源头上被驳倒了。绝对仍然存在，但不是知识的绝对。劳伦斯声称自己是一个致力于绝对的视角主义者，因为他绝对地致力于他自己的真理。①

在做了初步的交流之后，这两位朋友似乎唯一同意的是“幸运一掷”的存在。两人都承认，由于相互竞争对社会分化的需要，历史发展的条件已经使人们“幸运一掷”的可能性降低了。然而对约阿希姆来说，分歧点仍然在于，即使存在自然得到偏爱的个人，也不能确保他们在道德上的可接受性。这意味着个性伦理学的概念本身就处于危险之中。② 通过为正直的人的“善”提供哲学说明，维拉的参与进一步推动了对话。维拉认为，她的策略可以使人们从康德准则的一般性中逃脱出来，进入到偶然的独特经验和普遍性的综合中。③ 好人存在是存在的选择的证明。这个想法在赫勒的《道德哲学》中已经为人们所熟知。一些为了正直而非跳跃本身做出存在的选择的个体需要一根拐杖，而这不是一个理性知识的问题。然而，在危急时刻，当个体寻求道德难题的解决方案时，拐杖可能是不可或缺的。在这里，维拉将康德整合到她的克尔恺郭尔式的个性伦理学中了。

第二场对话的大部分内容都是在阐明存在的选择这一观点的各种细节和反对意见。维拉认为，运用存在的选择的语言在理论上和实践上都有优势。决定论的语言意味着完整的因果解释；然而，个体永远不会完全是自我透明或可预测的。④ 个体不可能对自己采取理论上的态度。创造性的个体通过行动来实现自己，但行动者不可能事先知道她在决定时的所有决定因素。因此，存在的选择不是自我认识的问题，而是跳入一

---

① A. Heller, *An Ethics of Personality*, Oxford: Blackwell, 1996, p. 113.

② Ibid., p. 122.

③ Ibid., pp. 128-129. 考虑到我最初对赫勒与女性主义关系的评论，很有意思的情况是，她选择了一位女性来介绍她自己对康德和个性伦理学的综合。

④ A. Heller, *An Ethics of Personality*, Oxford: Blackwell, 1996, p. 146.

种召唤，跳入一种命运。①

我们已经知道，普遍范畴下的存在的选择与差异范畴下的另一种存在的选择是有区别的，因为吸引它的是一种道德命令，而不是一种具体的活动。② 在这两种情况下，都有一种强烈的牵引力，但在前者，“善”在各个领域都有优先性。后者是“幸运一掷”的领域，是那些冒风险赌上本真的自我实现个体的领域。这主要是那些具有特殊创造力的个体的选择，但这个问题还有一个超越特殊才能的层面。存在的选择涉及总体的人。现有的才能在某些情况下会把个体推向某个方向。但这种“推” 【267】
必须与“拉”区分开来，后者来自个人对她所选择的命运的完全献身。维拉解释说，存在的跳跃与职业的选择毫无关系。有可能在没有做出存在的选择的情况下从事一些职业。差异的存在的选择的特殊性在于个人对其才能的完全认同。生活围绕着一个单一的目的运动起来，以至于所有次要的附属物和关系都变得微不足道。赫勒向哲学的存在的跳跃是一个引人注目的例子。维拉解释说，这样的选择并不排除其他活动，但这些活动并不具有自我实现的强迫性，而是起到拉的作用。③ 充满激情的献身永远面临着巨大的风险。这些风险包含了从失望到恶魔的一系列风险：有些才能无法满足包括牺牲他人在内的道德僭越的渴望，但它们可能是被要求的。失败的原因有很多，而不仅仅是缺乏自然禀赋。然而，当她丧失了最深处的存在的脉动时，她的绝望是一样的。维拉坚持认为，存在的实现不应该由外在的成功这种标准来衡量。这些标准总是受制于运气，而存在的实现应由通过与活动本身相关的内在标准来衡量。④

本真性是存在的跳跃的主要美德。若要做真实的自我，保持自己的最佳才能，需要将诚实和忠诚两种美德融合起来。或许，它也涉及巨大的个人痛苦和深刻的孤独。走捷径，受金钱、权力和名声的吸引而放弃中心的自我，这样的诱惑永远存在。对于差异的存在的选择来说，什么

---

① A. Heller, *An Ethics of Personality*, Oxford: Blackwell, 1996, p. 147.

② Ibid., p. 148.

③ Ibid., p. 152. 在近期的采访中，当问及她的生活时，她回答道：“我的研究就是我的全部生活。” See Interview with Casba Polony, in *Left Curve*, vol. 22, no. 6, 1998.

④ A. Heller, *An Ethics of Personality*, Oxford: Blackwell, 1996, p. 153.

意味着诚实仍然是一个有争议的问题。维拉将它的意义与自我认识联系起来。然而，所有就自我认识做出的努力都必须是近似的。因为自己不是完全透明的，自我缺乏完全照亮它所有动机的力量。① 我们也不能从狭隘的认识论的角度来解读存在的诚实的意义。在这种情况下，真理意味着迎难而上，而不是避难就易；意味着对中心的追求，而不是因诱惑而偏离中心。② 有人怀疑这种坚定的忠诚在现代性的条件下也许是一种不合时宜的观念，对此，劳伦斯用一种可以说是赫勒的观点进行反驳，即富有激情地参与到个人命运之中是文化存在的条件。③ 约阿希姆将这种对个性的强调解读为“神秘的”，认为它是与伦理学的民主、平等主义的性质相对立的。他把劳伦斯对神秘的个性“事实”的依赖视为向阶
【268】级特性的退缩，而阶级特性从来不是简单的“事实”，而是历史演变的产物。④ 虽然劳伦斯承认阶级和文化条件可以培育个性，但他还是坚持认为它们并不创造个性。

尽管人们对个性伦理学作为现代性中唯一可能的伦理学模式的共识日益增强，但约阿希姆对差异的存在的选择仍有道德疑虑。⑤ 当某个人充满激情地献身于自我实现时，忠诚与诚实的融合究竟意味什么呢？在追逐激情的过程中会有多少痛苦？⑥当它与个体对自我-生成的追求相一致时，忠诚的传统意义也就被抽空了。然而，约阿希姆认为，充满激情地献身于差异所面临的最大困难来自对道德法则的潜在违背和施加于他人之上的痛苦。如果诚实要求存在者信守她的内在承诺，那么对他人做出承诺和保证又该如何处理？在对话结束时，约阿希姆已经承认了个性伦理学的存在。然而，他保留的疑虑和日益增长的恐惧是，当他同意个性伦理学时，他已经背叛了自己的个性，这构成了进入最后对话的桥梁。

---

① A. Heller, *An Ethics of Personality*, Oxford: Blackwell, 1996, p. 164.

② Ibid.

③ Ibid., p. 165.

④ Ibid., p. 181.

⑤ Ibid., p. 168.

⑥ Ibid., p. 165.

这便转向了这种伦理学的主观“真理”和意义的问题。重心开始从主要的理论问题转向主体如何实际过上“好生活”的智慧。从理论向实践逐渐转变的标志是，约阿希姆要求把智慧的维拉当作知己。他觉得他的康德哲学的解释框架最适合他自己的感觉，他感觉到他是两个人的合体：作为“拐杖”为他的道德病身提供了支持的准则和对内部分裂的意识。① 维拉认为，在那些没有传统的帮助而走自己的道德道路的现代偶然性的人之中，依赖道德“拐杖”是很常见的。此外，她坚持认为，依赖一个有启发作用的个人拐杖并不是对相对主义的屈服。她主要关心的是调和约阿希姆关于普遍性和独特性的强烈对立的经验。为此，她讲述了她的“人的境况”理论，试图减轻约阿希姆的担忧，并阐明现代人对偶然性的自觉意识。

对现代人的境况的描述与赫勒早期著作所做的描述有着惊人的相似。道德不应该被构想为一顶被扔在现代人生活所固有的张力之上的、具有压制性的帽子。维拉描述了善、恶和真理的多元性，以此来调和普遍性和特殊性，即使任何独特的一掷总是超出了解释。② 通过“投掷”概念对现代偶然性的说明并不是要提供道德真理。相反，这种叙述假设了我们对真理的开放性。处于中心地位的道德真理（宁愿遭受不公，也 【269】
不作恶）是无法被证明的。剩下的只是以个人的、无法言明的方式拥抱这一道德核心的姿态。③

最后的对话一直在阐明，即使个体对自己命运的追求也不一定就是献身于自我实现的孤独守望。劳伦斯认为，没有依赖的友谊并不仅仅是可以作为自我-承诺的牺牲品而被抛弃的习惯。④ 绝对真理的消亡掩盖了关于某种平等共同体的想法，在这种共同体中，人们以自己的方式思考，因为不再有任何牢固的形而上学基础。今天，人们关注的焦点是表现出革新精神的具有独创性的思想。劳伦斯驳斥了那种认为对共同体的拥抱是不合逻辑的观点。他的平等不是毒害自由民主的文化核心的实质

① A. Heller, *An Ethics of Personality*, Oxford: Blackwell, 1996, p. 195.

② Ibid.

③ Ibid., p. 210.

④ Ibid., p. 214.

平等，而是少数人的自我选择的平等。这是一种消极的平等，它并不迷恋于平等化，只关心没有统治。劳伦斯的理想是斯多葛-伊壁鸠鲁式的，也就是说，与少数被选择的朋友一起享受精神愉悦的生活。① 赫勒对这种求助于古代模式来表达后现代的友谊理想的做法并不感到惊讶。② 这里的核心不是教义，而是态度；这是对存在的选择的补充，因为它使所有其他关切服从于被选中的命运。只有从他律中撤退才能保持好的生活，并使那些选择了生存的人能够追求自己的命运。③ 约阿希姆在这里只看到了对他人的不经意的漠视，这与道德是不一致的。每个对话者都从斯多葛-伊壁鸠鲁主义的视角对这种命运和幸福的含义给出了自己的解释。④ 这只是加强了对话所传递的一般信息：个性伦理学是可能的，且可与多种个人的伦理“拐杖”相共存，而所有这些“拐杖”都可以帮助它们的持有者追求善和自我实现。

三、道德审美的智慧

从一开始我们已经看到，赫勒着手恢复古典道德理论的全部愿望。她选择的不只是解决“什么是伦理学”这个问题，而且，还有“我们应该做什么”及“我们应该如何过好的生活”这两个问题。《个性伦理
【270】学》探讨了最后一个问题。只有第三场对话，即“关于道德审美的信件：论美的和崇高的人物，论幸福和爱”，才开始讨论实践美好生活的问题。为了强化实践的视角，赫勒给她的人物角色注入了更多的生命，让他们承担自己的生命，并面对由此产生的存在的选择。我们现在知道，之前的对话是劳伦斯的哲学创作，他是受尼采哲学启发的年轻哲学

① A. Heller, *An Ethics of Personality*, Oxford: Blackwell, 1996, p. 215.

② 安纳森评论说，赫勒对斯多葛-伊壁鸠鲁伦理学的偏爱与以个人自由为最高价值的世界观并置一处是很奇怪的。J. P. Arnason, *The Human Condition and the Modern Predicament*, in J. Burnheim eds., *The Social Philosophy of Agnes Heller*, Amsterdam: Rodopi, 1994, p. 74. 然而，从赫勒自己的发展历程来看，她在道德综合方面的努力并不是新鲜事；它们也只是在福柯、新亚里士多德主义者和其他学者那里趋势日益明显的另一例表现。

③ A. Heller, *An Ethics of Personality*, Oxford: Blackwell, 1996, p. 217.

④ Ibid., pp. 218-219.

学生。这些信件也是年轻的人文学科的学生菲菲和她的祖母之间的交流。基本的话题是菲菲的道德审美教育和她对劳伦斯不断发展的浪漫兴趣。劳伦斯是尼采的个性伦理学的典范，菲菲是美丽的人，而祖母则体现了年龄所带来的智慧。

在信件中，菲菲就她对劳伦斯的浪漫兴趣向祖母征求存在的建议。书信内容涉及浪漫、智慧、本真的自我实现等问题，尤其是一个美的人和一个崇高的人之间产生爱情的可能性。①

劳伦斯令人难忘：年轻、聪明、富有激情地献身于作为哲学家的自我实现。菲菲意识到，他的命令的个性需要服从，无法回报以真正的爱。② 祖母对此表示同意。虽然劳伦斯并不自恋，但他认为每个人都爱他，而且不承认有任何的虚荣和嫉妒，因为他相信所有人都像他一样。这就是闭塞和迟钝。劳伦斯是崇高之人，他的承诺是伟大的。然而，生活在非本真性占支配地位的、没有人欣赏“伟大”的、乏味的时代，那崇高的人物很容易忧郁起来。由于没有适当任务来释放其内部张力，灾难或个人的绝望出现了。尽管如此，祖母还是更喜爱真正的悲剧性的伟大，而不是平庸。在一个真正的悲剧已经消失的时代，这是悲剧的潜能。这样的崇高是无法用爱来拯救的，而爱人则面临着在追求中失去自我的严重风险。③

祖母的智慧使赫勒澄清了存在的选择这个观念，并使她提出了一些她先前对此想法的纯理论表述没有涉及的反对意见。对祖母来说，存在的选择的观念是一个美丽的比喻。然而，她要提防它变成衡量所有独特的个人历史的标准。关于单一的、改变生命的承诺的想法，在基本生活和常规生活之间伪造了经验上的连续统一体。祖母确信我们确实在选择我们自己，但不完全是这样。将本真的选择和非本真的犹豫不决鲜明地对立起来的人没有认识到二者中间还有一个包含了犹豫不决和部分选择

① A. Heller, *An Ethics of Personality*, Oxford: Blackwell, 1996, p. 225.
② Ibid.
③ Ibid., p. 277.

的坡道。① 存在的选择的观念实际上象征着一个只能接近而不能完全实
【271】现的理想。具有启发意义的是，劳伦斯没有将接近的经验付诸语言。差异范畴下的存在的选择允许对成功和失败做出明确的区分，但在对正直的判断中往往缺少这样的清晰性。“好人”的存在不能掩盖大多数人存于善与恶之间的事实。我们也不想认为任何人都没有恢复自我的可能。②祖母还把她的世俗智慧带到了“把偶然性转化为命运”的想法中。没有谁的命运能够取消所有的偶然性。丰富的生活意味着，充分参与到事物和他人之中。这意味着我们自己失去自我的可能性是不可改变的偶然性的一个标志。③

这些关于存在的选择的观念的限制条件使祖母提出了另一个概念。她既反对差异的存在的选择的强烈同质性，也反对古典和谐的个性。她认识到，古典理想与现代的自由价值理想的优先性是不可调和的。它依赖于命令和服从的等级制，就像柏拉图的理性对灵魂的异质元素的支配一样。④ 她的替代方案不是优先考虑某个理想或计划，而是优先考虑不同的开放性的共存。她把它比作现代管弦乐队的和谐，在其中，所有的乐器共同演奏着和谐，而每个乐器都可以轮流承担起领导角色。⑤ 个体的和谐取决于她是否遵循自己的良好判断。她接受自我确定性的“拉”，但这必须对强烈的、异质的情感保持开放。赫勒把她自己的一些英雄，即简·奥斯汀（Jane Austen）、乔治·桑（George Sand）、卢森堡（Rosa Luxemburg）和阿伦特，作为这种自由平衡的典范，因为他们能将个人的高贵、自我引导与丰富的情感、友谊的培养结合起来。⑥ 这些例子表明，即使是美也不能被选择，但它能被培育。⑦ 在传统意义上，这些女性没有一个是幸福的。尽管以各种方式被放逐，但她们还是在艰难的环

① A. Heller, *An Ethics of Personality*, Oxford: Blackwell, 1996, p. 233.

② Ibid., p. 267.

③ Ibid., p. 254.

④ Ibid., p. 255.

⑤ Ibid., p. 256.

⑥ Ibid., p. 275.

⑦ Ibid., p. 272.

境中培育了情感强度、趣味、友谊，以及从她们个性和工作中散发出的生活乐趣。

劳伦斯并不相信祖母针对古典和谐提出的替代方案。对他来说，视和谐为自由的平衡的观念有古典主义传统的味道，并倾向于将美与自由混淆。尽管被关于自由的单一解释所支配，但个体仍然可以是自由的和可爱的。让她投身于一个方向只会把所有其他的自由推到后台。在祖母那里所残留的古典主义是对个体独特性的恐怖攻击，误解了存在的选择的意义。对于现代个体来说，跳跃本身就是基本的自由，也是所有其他【272】自由的基础。在所有决定中做出自我选择意味着，只是在很少的情况下，成为一个美的人是一个没有非本真性的选择。[1] 正直和伟大常常不是居住在同一个灵魂中，并且和谐的问题必须从属于自由的问题。不和谐的人必须与和谐的人一样自由。从劳伦斯的角度来看，祖母想通过指定她的选择，在跳跃的个体和她的自由之间做出调解。[2]

赫勒对存在的差异的批判性辩护所做的回应很有意思。祖母拒绝正面回应这一反击。虽然她坚持认为有必要对生命筹划进行审美和道德判断，但**实践智慧**现在决定暂时采用一种纯粹观察的视角。判断和建议（或可能由此产生的帮助）具有严重的道德后果，因为它们使判断者在观察者和行动者的立场之间摇摆不定。[3] 她也承认，劳伦斯关于对自我完善的没有模式的存在的选择是一件艺术作品，其他人可以从中获得巨大的喜悦。[4] 然而，她为自己美丽女性的原型辩护。毕竟，哲学包含着一种不可还原的自传的要素。这一让步非常符合赫勒的后现代转向，也符合她对现代哲学的日益主观化的信念。她充分意识到，她自己的古典主义偏好在历史上已经过时了。我们已经知道，赫勒在很大程度上赞同劳伦斯对美国民主及其向实质平等转变的批判。这些都是单向度的条件，在这种条件下，主体性被缩小了，个体变成以他人引导的、肤浅的

---

① A. Heller, *An Ethics of Personality*, Oxford: Blackwell, 1996, p. 260.

② Ibid., p. 259.

③ Ibid., p. 268.

④ Ibid., p. 269.

和模仿的、没有道德上的考虑。① 这可能意味着她的古典主义意义上的美的人物的消失。当老妇人从现存伟大的哲学和音乐作品的丰富性中获取安慰时，她想知道有趣味的、高雅的、美丽的人的消失是否也伴随着高级文化的消失。② 如果不假装知道未来，那么她仍然不能满腔热情地考察这种前景。

在最后的信件中，祖母概述了她关于爱和幸福的理论。然而，当最后问及菲菲是否应该向劳伦斯示爱时，她拒绝给出一个明确的答案。因为预见到崇高的男人和美丽的女人之间是不相容的，他们的个性和渴望是相对立的，所以可能提出建议的人没有办法预见她的决定所产生的后果和所面临的障碍。③ 存在的决定永远包含着风险，对此，只有存在的
【273】跳跃者才能承担责任。然而，祖母至少准备将赌注押在美丽的人的性格上：不论她如何选择，她都将无怨无悔。④ 最后，赫勒站出来为自己的一种全面的道德理论做了结论性的辩护。祖母拒绝了理论不能说明道德的结论。将智慧、美和爱理论化可能是一种“爱的徒劳”；然而，不是每个哲学家都能立即接受“没有拐杖”的个性伦理学。道德理论正是这样一根“拐杖”，它在任何时候都可以为所有觉得需要使用它的人所用。

四、一种存在的个性伦理学可行吗？

在对《个性伦理学》展开分析的一开始，我们就注意到社团的后现代精神与传统上依附于为好的生活和如何过好的生活提供智慧的哲学家所扮演的道德权威角色之间的矛盾。赫勒通过改变体裁来令自己满意地解决了这一矛盾。她相信，对于哲学家负有道德导师权威的想法的抵制是一个形式的问题，而不是她的哲学理念的问题。⑤ 这种变化使对话和

---

① A. Heller, *An Ethics of Personality*, Oxford: Blackwell, 1996, p. 273.

② Ibid. , p. 260.

③ Ibid. , p. 294.

④ Ibid. , p. 295.

⑤ Ibid. , p. 2.

多元的视角变得可能，并推进了行动者按照自己的方式选择成为好人这种理念。祖母并没有直面劳伦斯的批评，篡夺道德法官的位置，而是暂时扮演了观察者的角色，让读者自己做出独立的判断。同样，针对孙女请求她给出爱情的建议，祖母也没有直接回答，以防篡夺现在只能属于菲菲的道德责任。这种策略旨在维持当代道德主体的自主性，让她们追随自己的光来选择好的生活，同时，为越来越多的当代人保留道德“拐杖”，因为她们觉得需要它。

在瓦伊达看来，赫勒的体裁所发生的转变表明她的伦理学方案中存在着一个更深层的问题。① 首先，他认为在《道德哲学》和《个性伦理学》之间所发生的体裁的变化实际上是三部曲计划中的一个根本性中断。在早期的一些表述中，赫勒认为第三卷将是一个关于恰当行为的理论。在《一般伦理学》中，她以如下方式构想了道德哲学的第三方面即教育-教化的任务。它必须回答两个问题：一是“如何塑造人固有的习性以便人们达至道德期望”；二是“如何确保与善的标准相一致的生活 【274】
方式不遭受苦难和不幸的威胁”。② 在瓦伊达看来，首先，这个表现为在不同个性、不同行为中显露出的不同伦理观之间的对话的方案，与这个以“道德期望”和“善的标准”来制定的最初方案没有任何相似之处。换句话说，瓦伊达认为，赫勒最初的哲学观点需要一种关于恰当行为的最终理论，而在她的三部曲的第三卷中，赫勒实际上放弃了她这种观点，以便提出一种极为不同的理论：一种个性伦理学。其次，他认为前者和后者从未发生过联系，因为它们占据着完全不同的领域。③ 对瓦伊达来说，个性伦理学只在个体的动机和行为的领域中存在：人们最终无法用理论术语来解释它。因为不可能有像**这种**个性伦理学这样的东西，只有它在本身具体化的独特个体的个人行为中表现了这一点，所以个性伦理学完全超出了道德哲学的领域。

瓦伊达对赫勒关于三部曲的构想中存在的断裂所做的论证是令人信

---

① M. Vajda, Is Moral Philosophy Possible at All?, in *Thesis Eleven*, vol. 59, 1999, p. 78.

② A. Heller, *A General Ethics*, Oxford: Blackwell, 1988, p. 1.

③ M. Vajda, Is Moral Philosophy Possible at All?, in *Thesis Eleven*, vol. 59, 1999, pp. 79-80.

服的。她在实现最初的构想所遇到的困难远不是体裁问题，而是指向她构想的实质。在最初的构想中，关于达至期望的道德教育的想法似乎是明确的。约阿希姆提出的康德式论证的力量被深深地嵌入赫勒自己的道德观念中。在她自己的思想越来越转向后现代的情况下，她花了一些时间才接受了个性伦理学的思想。约阿希姆对这一让步仍有很大的疑虑，这一事实表明了赫勒自己对此仍有担忧。

在约阿希姆对康德立场的有力辩护中，瓦伊达反驳个性伦理学的论证已经被反复排练过了。即便如此，赫勒还是会否定这样的主张，即在她选择个性伦理学的时候，她正在深入研究“个体的动机和行为”这一非理论的领域。从一开始，她就把个体心理学排除在伦理学领域之外。请记住，对她来说，不可能说服另一个人去相信苏格拉底的准则，即“宁愿忍受也不愿制造痛苦”。个人对普遍事物的选择永远不会完全透明。这是一次存在的跳跃，是对合理性还原的挑战。然而对她来说，这并不是故事的结束，而是它的开始。在放弃了形而上学的绝对之后，存在的伦理学不得不与一种永恒之物做斗争，而此永恒之物不过是日常生活中“好”人的实践的理想化。赫勒不仅承认日常生活确实展现了个体
【275】的“幸运一掷”，即仅仅出于内在的冲动而确认了善，而且承诺将她的可能性理论化。维拉对此所做的描述，以及随之而来的差异的不同选择，意味着人们有很多种可能性栖居在后现代的伦理世界中。

对赫勒来说，对个人命运的激情参与是崇高的。它将个体自由的价值和人类丰富性的价值统一起来，而这些价值是赫勒毕生追求的价值。当我们认识到这种参与是今天面临着杂食性市场所形成的压力的高级文化存在的条件时，这种价值便更明显。然而，尽管我们理解赫勒与个性伦理学和解的缘由，但这并不能消除所有的疑虑，也不能完全回应瓦伊达的反对意见。

我们已经看到，自我完善的方案可以是一个许可证，由此“一切都被许可”。对赫勒来说，这意味着，道德始终要求有某种要么是神圣的要么是超验的东西悬于所有独特的人类个体之上。[①] 然而，在构成第二

① A. Heller, *An Ethics of Personality*, Oxford: Blackwell, 1996, p. 91.

部分的对话中，约阿希姆的疑虑，即个体对自我生成的热情献身恰恰使道德失范和他人受苦成为可能，并没有得到直接的或令人信服的回答。这呼应于瓦伊达的主张，即个性完全超出了道德理论的范畴。虽然赫勒对它不属于道德理论的说法提出异议，但她不会否认差异范畴下的存在的选择包含一定的道德风险。这明显地体现在她对存在的绝望的考察中，而这种绝望源自人们在热情地追逐自我生成的过程中受到了挫折。然而，虽然这样的选择会使个体超出道德要求的范围，但这并不是道德本身的解体。这种道德标准仍然是“好”人的日常行为的理想化。在这一点上，赫勒和祖母一样，似乎暂时摒弃了哲学法官的角色，而采取了传统观察者的立场。但这也并不令人惊讶。赫勒的存在的伦理学非常强调“赌注”这个概念。这是一种声称完全接受了现代人的偶然性境况的哲学的一部分。在这个时代，没有历史**目的**，没有道德确定性，没有可避开的生命风险和道德失范，有的只是以最高程度的自我反思和责任意识来做出选择的前景。

【276】

第十四章　结　　论

评价一位仍然健在的哲学家一生的工作总会令人尴尬。狄尔泰(Wilhelm Dilthey)提出了一般解释学观点，认为直到死亡的那一刻，解释的圆圈才算完成，解释者才有资格谈论意义的问题。① 长期以来，赫勒一直是一位有活力的和多产的思想家。她总是有可能带来大的惊喜。然而，至少有一些理由使她尝试对自己的作品进行初步的评估。在《骑脚踏车的猴子》的结尾，她坚称，在历史哲学和伦理学领域，她已经完成了她力所能及的一切。②

有趣的是，赫勒将她的哲学成就理解为对责任的履行，这种责任源自她对现代世界受害者的责任意识，这些人包括她的父亲、她的朋友及在大屠杀（纳粹德国）中被杀害的无数无辜者。临近晚年，赫勒将她毕生的哲学事业视为一种存在上的迂回，尽管此迂回是令人满意的，但它是由源自她生存的历史旋涡和诸多义务的强制力量促成的。在 15 岁之前，她唯一的兴趣是书籍、诗歌、美和天国的神秘。然而，从那时起，随着她同致命的生存——20 世纪巨大历史灾难的接近，她童年的好奇心被理解那些使她的世界发生颠倒的事件和力量的更迫切的需要所取代。卢卡奇为她提供了开始这项任务的机会，而她牢牢地抓住了它。从那时起，她开始构建自己的理论世界，使她能够理解这些灾难，并与他人分享她的知识。③ 这是一个以伦理和历史为中心的世界，并且正如我们所看到的，赫勒在她的一生中不断地回到这些主题上，在历史事件和思想达到的每个新阶段，不断深化自己的见解，革新自己的哲学框架。

---

① W. Dilthey, *Selected Writings*, ed. H. P. Rickman, Cambridge: Cambridge University Press, 1976, p. 236. 当然，如果认为历史意义始终是开放的，那么即使死亡也无法终结解释的圆圈。

② A. Heller, *Der Affe auf dem Fahrrad*, Berlin: Philo, 1999, p. 476.

③ Ibid., p. 477.

一、伦理的重负和丢弃的幻觉 【277】

赫勒的自传式反思表明，她以《一种现代性理论》完成的系统哲学既完成了一种责任，也实现了一种解脱。现在，她获得了解放，可以回到她最早对美、形而上学和宗教的兴趣。新世纪里的莎士比亚、历史上的耶稣和喜剧理论的后续作品都使她很好地回到了最初关注的事物。同时，在履行历史责任方面，赫勒感到了真正的满足。她试图通过这个理论世界来照亮她那个世纪的“黑暗时代”，尽管这个理论世界是全面的、丰富的，但最终也无法回答基本的问题。她坦率地承认，尽管我们可以理解使这些悲剧事件成为可能的环境，但我们无法从整体上理解它们。①这个清醒的结论使我们又回到了引导她最初进行哲学质疑的终极神秘之物。然而，这种对理解的局限性的认识也是她在自己的哲学发展过程中上到的最难的一课。

在不同的时候，赫勒都谈到了支撑她早期作品的知识框架的幻觉。这些幻觉有两种形式。首先，赫勒和她的布达佩斯学派的同事们相信，“现实的社会主义”是可改革的，并且她可以为改革进程做出文化贡献。这种幻觉的最后残余随着 1968 年的布拉格之春而消失了。其次，与卢卡奇的“复兴马克思主义”方案有关的理论幻觉。这些幻觉在赫勒的哲学宣言，即已在第一章考察过的《哲学家的道德使命》一文中表现得最为明显。在这篇文章中，哲学家的做法和命运与她对历史进程的客观动力的理解联系在一起。在改革的希望破灭之后，没过多久，赫勒也摆脱了马克思历史哲学的限制。我们在第三章中看到，她对这种历史哲学的忠诚已经受到了对马克思的人道主义解读的挑战，这种解读强调阶级斗争、意识、需要和伦理选择。在她的马克思主义价值理论的结论中，作为历史**目的**的社会主义的实现，远不是一个历史必然性的问题，而被还原为一个脆弱的哲学信仰的问题。甚至在 1977 年之前，当她离开匈牙

① A. Heller, *Der Affe auf dem Fahrrad*, Berlin: Philo, 1999, p. 477.

利和她身后的异见者的生活时，她已经放弃了这种信仰，开始了在马克思之后重建她的哲学世界观的主要任务。

【278】 然而，这样来解读赫勒从其理论幻觉的逃离，只能捕捉她的哲学形象的一个方面。她有着强大的能力来学习和掌握语言游戏，探索它们的界限和复杂性，并着迷于它们之间的运动。同时，当这种纯粹哲学的敏锐洞察力介入当代社会经验时，它便能很好地表现出来。她有一种无与伦比的能力，从日常经验到哲学理论，再回到日常经验；将一个转化为另一个，都是为了使偶然的历史之流有意义。从这个角度来看，她从马克思历史哲学的退却可能是这些优点的自然结果。人们甚至会问，为什么这些优点只有到那时才会表现出来？为什么一个对当代文化的细微变化如此敏感，尽管是生活在卡达尔时期的匈牙利的狭隘文化范围内的哲学家，也没有更早地认识到她后来路线存在的必然性？为了回答这些问题，我们必须看看赫勒的另一面，并深入探究她的哲学个性。

回顾自己在21世纪之交的哲学生活，除了看到极为多样的成果和框架的变化之外，赫勒还看到了惊人的连续性。她指出，伦理与历史的中心地位一直是她工作的焦点。支持这种连续性感觉的是，起引导作用的基本价值所明显表现出来的稳定性。在赫勒那里有过存在的断裂，这个断裂使自由取代以前富裕在她的马克思的价值等级中所占据的最高位置。除此之外，赫勒主要的人道主义价值一直保持着显著的稳定性，从一开始到现在一直框定着她的哲学视野。无论是将她从布达佩斯流放并使她在其他两个大陆安家的存在命运，还是她为确保其哲学的时代性而自愿接受的变化，都无法扰乱她的世界观的核心价值。它们为她在当代历史、政治和文化的惊涛骇浪中航行指明了不变的方向。虽然她在寻找构建其理论世界的词汇方面变得越来越大胆，但人道主义的道德使命始终规定了探索的界限，也规定了它的最后轮廓的最终形态。

这种人道主义的世界观最初是随着她投身于受卢卡奇启发的马克思历史哲学而形成的。它标明这样一种历史观，在这种观点看来，人是自我创造的，并终将建立一个共同的世界，在其中，个体能正确做出道德判断和充分行使伦理自主权的潜能得到了体现。“历史之谜”在启蒙价

值和现代性的内在动力的巧妙融合中得到了解决。这种完美的综合对像【279】
年轻的赫勒这样的天然乐观主义者也有极大的吸引力，因为她偏爱“让一切都运作协调”的体系。虽然这种天真的乐观主义使她很容易受到20世纪整整一代左派知识分子所共有的易受攻击的幻觉的影响，但它也激励着她从事艰巨的理论劳动，从而建立起自己独有的哲学。然而，她追求体系的意愿有两个：一是下定决心重新审查失败的幻觉；二是下定决心来确保当代性。这种劳动涉及多种努力：批判性地与她过去的哲学意识保持距离，通过重新配置她的起引导作用的基本价值来充分吸取20世纪的教训，并在实践上对当前的启蒙做出有意义的贡献。

如前所见，这一理论历险在后来主要经历了两个阶段。在与马克思历史哲学分离之后的那段时间，初步形成一种独特的后马克思主义的激进主义。然而，在某些关键方面，这仍然带有她的马克思主义过去的残余，并对一种非极权主义、民主社会主义的第三条道路的可能性仍抱有幻想。随着历史事件的迅速变化和可选项变得越来越少，这些幻想也就消失了。它们最终屈服于反思的后现代主义精神，而这种反思的后现代主义也是十多年来赫勒的观点。除了这些我们已经详细考察过的阶段及其产生的理论修正和转变，还必须考察已经出现的更大的方面。如果赫勒工作的特点是引导性价值的深刻连续性，那么这种观点如何与视角和框架的变化相协调？身处自己的历史与20世纪最具决定性的事件的重要交叉口，她所获得的教训是什么？

二、批判的人道主义

赫勒与马克思历史哲学的分离产生的一个影响是，她对作为早期工作之重心的哲学人类学计划做了重估。这种批判性反思的结果是放弃了这个计划，而采用了阿伦特的人的境况这一概念。虽然这一举动无疑受到了新兴的后结构主义对人道主义的猛烈批判的影响，但她从来不认可
其对人道主义的全盘否定。她也有非常合理的独立的理由识别出将人类【280】
提升至自我创造者地位的计划所内含的极权主义幻想。阿伦特对人的条

件性的强调显然是一剂哲学解药。承认人的事务被社会关系网所制约的事实，对关于人的自我解放的所有幻想都不可避免地形成了限制。① 赫勒希望将注意力重新集中在道德行动上，而不希望注意力被与自然和谐相处的被动观念或将人性化和历史现实联系起来的活动家的梦想所转移，因为这种观念或梦想可能使当代或过去的罪行合法化。这些主要关切首次在《超越正义》中以纲领的形式获得了表达。在《超越正义》中，它们通过不完备的伦理政治的正义概念得到了阐释。在她对后现代社团精神和由此得出的反思的观点的描述中，它们以更大的确定性和更大的力量回归。从对人的境况的认识中得出的**世界观**并没有回答人的终极本质这个主要的问题。虽然这一世界观准备从经验和历史中得出暂定的推论，但它从人的自由中获得灵感，并保持开放性，满足于停留在矛盾和未解决的问题中。摆脱了上帝之手的人的命运仍有待创造。但人不是这个故事的作者：个人是演员，但他们对最终的结果没有明确的责任。现代人对自由价值的拥护必须始终以我们对偶然性的认识为条件，也必须始终以我们对人被抛入时间、地点和背景这一事实的认识为条件，因为这些认识将会始终抑制掌握绝对的渴望。

如果要寻找一个能描述赫勒的反思的后现代哲学中所表达的精神的术语，茨维坦·托多罗夫（Tzvetan Todorov）提出的批判的人道主义概念再合适不过了。赫勒和托多罗夫的生存经历有相似之处，这并不令人惊讶。作为另一个来自东欧但在西方找到新生活的知识分子，托多罗夫对历史中道德的反思主要源自对极权主义在20世纪历史上的中心地位的解释。② 他也想发掘出一种人道主义传统，这种传统不能被指控参与谋划了在我们这个时代变得如此普遍的种族灭绝和人权侵犯。人道主义的批评者经常把人道主义等同于启蒙运动，认为它是一种完美的、实施工具性统治的意识形态，而托多罗夫则希望明确区分科学主义和人道主

① H. Arendt, *The Human Condition*, Chicago: Chicago University Press, 1958, p. 185.

② T. Todorov, *Hope and Memory: Lessons from the Twentieth Century*, Princeton, N. J.: Princeton University Press, 2003.

义，认为它们是历史上启蒙运动的两个可分离的意识形态组成部分。[1]虽然前者源自科学实践，但它的超理性主义（ultra-rationalism）不是科学，而是一种其基本假设——实在是完全透明的——无法获得证实的世界观。[2] 人道主义不接受这一假设。它拒绝接受的正是这样一种观念，即有可能完全地认识宇宙。【281】

在托多罗夫的解读中，人是所有人类活动的出发点和参照点。与以前把宗教、传统或自然放在中心位置的世界观不同，人道主义是一种聚焦于人的事务的人类学学说。虽然是宇宙的一部分，但人的世界是一个独特的世界，因为人有自我意识，有能力采取与期望相反的行动。[3] 人道主义的人类学核心依赖于三个基本命题：所有的人都属于同一物种；人在其本质上是社会的（不仅在相互依赖的层面，而且在意识的层面）；以及人从根本上来说是不确定的。[4] 人道主义为这种未获规定的、贫乏的人类学核心加上了与它相适应的道德和政治。这便从根本上调和了自然与自由、既定与选择之间的关系。在这种人道主义道德的价值与人类学的基本假设之间存在着某种密切关系。所有人的尊严必须得到平等的承认，他人的提升是我的行动的最终目标，并且自由的行为比受限的行为更受欢迎。虽然认为人类学的核心与这种协商的要素具有兼容性很重要，但目标既不是要消除两者之间的冲突，也不是要贬低任何一方的主张。[5] 正如赫勒强调现代性多种“逻辑”的相辅相成和相互冲突一样，托多罗夫认为它的构成性价值之间的互补和冲突是人道主义学说的关键力量。人道主义的基本原理涉及三种人：**我**、**你**和**他们**。对**我**的自由的称赞受到**你**的不可改变性和**他们**的普遍性的制约。普遍性并不对承认他

---

① T. Todorov, *Hope and Memory: Lessons from the Twentieth Century*, Princeton, N. J. : Princeton University Press, 2003, pp. 19-26.

② Ibid. , p. 21.

③ Ibid. , p. 24.

④ T. Todorov, *Imperfect Garden: The Legacy of Humanism*, Princeton, N. J. : Princeton University Press, 2002, pp. 231-232.

⑤ Ibid. , p. 232.

者构成制约，而是为促进它提供条件。[①] 在这个体系中，社会性和共同价值进一步深化了对人的个性与自由的重要性及不可还原性的理解。

托多罗夫承认，在人道主义与政治之间存在的联系是模糊不清的。有时，这促成了一种行动主义、雄心勃勃的政治。相信个体的社会性是固有的可能意味着重新定义社会的目标，赋予个体自主性以优先权可能意味着对社会一致性的无情攻击。为了抵制这种倾向，托多罗夫告诫说，批判的人道主义者不相信人（原文如此）。[②] 相信人的能力并不等于相信人可以做任何事情。从宗教、传统及自然的许多最难克服的束缚中解放出来并不意味着没有了限制。托多罗夫重复了阿伦特的观点，提
【282】醒我们，因为人的欲望很少一致，所以多元性也是对人类所渴望的无限力量的限制。此外，人不能选择自己的身体、历史和文化。这一系列发挥着条件作用的因素和限制立刻让人想起了赫勒对后现代人的境况的偶然性的强调。和赫勒一样，托多罗夫也不相信人性中所固有的善。人有能力做到最好，也有能力做到最坏。但这不过是承认他们的自由及其不完善性而已。

我们已经探讨了赫勒对存在的打赌这一想法的钟爱。伦理生活的选择是一个谜，对于这个谜来说，最令人满意的解释不是任何原因，而只是意志的存在的跳跃。托多罗夫将这种关于打赌的想法置于人道主义的核心。当前的知识既不是绝对的，也不是确定的，换言之，相信是一种人道主义无法容忍的信仰行为。这意味着，人们要坚持预防原则，在理论与实践之间做出区分，同时，考虑到人的易错性，要保留一定的误差范围。这与赫勒自己在思辨的幻想和受共同之物制约的实践之间做出的区分在很大程度上是一致的。然而，由于人的最可辨识的属性是自我超越的能力，人道主义事业仍然是开放的。这意味着它不是一种信仰行为，而是一种对人的知识和意志的鞭策。

---

① T. Todorov, *Hope and Memory: Lessons from the Twentieth Century*, Princeton, N. J.: Princeton University Press, 2003, p. 39.

② T. Todorov, *Imperfect Garden: The Legacy of Humanism*, Princeton, N. J.: Princeton University Press, 2002, p. 232.

上述对批判的人道主义的解释概述了赫勒关于反思的后现代主义的阐述中所包含的训诫。年轻时的人类学的乐观主义并未消失，它支撑着她早期关于本能、需要和价值的马克思主义作品，并在“日常生活的总体革命”的观念中表现为对“对需要的专政”的革命的隐性批判，因为这种革命是变形的、专制的。以前她相信人充分行使其理性和自主权是可能的，而现在这种信心受到了制衡，因为她清楚地认识到，人是受制约的、有限的、偶然的，因而人需要与矛盾共存、不断探索真正的问题、拒绝任何封闭想法的诱惑。这种平衡中的张力在赫勒后来的作品中表现得越来越明显，但没有任何地方比《个性伦理学》表现得更突出了。在这里，如下两方面存在着斗争：一方面，她相信哲学在后现代环境中仍能提供道德拐杖；另一方面，她同样强调这样的命令，即哲学应尊重个体的个性，应考虑偶然性，而且应抛弃它能代表自主的道德主体做出决定这样的观念。

三、乌托邦的抱负和定向的哲学

同样的张力表现为赫勒对乌托邦理念的迷恋，也表现为她一直致力于将乌托邦理念置于哲学事业的中心位置。我们已经看到，这种信奉深【283】
植于赫勒对哲学本质的理解，即哲学就是要探究看似给定的东西与所谓根本的东西之间的张力。① 在与历史哲学分离之后，这种信奉得到了重申，以确保哲学仍然是超越性的保障者，尽管它被还原为一种调节性的理念。尽管如此，合理性的乌托邦仍然被认为是现代性内在动力的表达，无论这种动力是新的社会边缘群体的“激进需要”，还是在家庭和朋友中实现的“虚拟”对话的民主文化。在所有这些情况下，赫勒都坚守着现代性的解放潜能，防备着其同样可怕的威胁，而且既没有陷入虚无主义也没有陷入绝望。

这种内在批判和乌托邦想象的不稳定结合，有时会让赫勒尴尬地横

① R. J. Bernstein, Metaphysics: Critique and Utopia, in *Review of Metaphysics*, vol. 42 , 1988, pp. 256–257.

跨在规范性的理想和现实经验的动态之间，横跨在对价值连续性的主张和日益加强的后现代怀疑之间。她认为自由等现代价值理念具有普遍性，而这种主张必须面对的质疑是，这是一种受特定时代和西方文化传统制约的有选择的普遍性。在放弃了传统规范的保护之后，她的“合理性的乌托邦”特别容易受到指控，人们会认为它没有获得令人信服的经验证实。虽然赫勒有时甚至准备承认她的理论解决方案是一种“梦想”，但如果她关于普遍性的主张仅仅是独断的，或她的乌托邦想象没有与当代的渴望产生共鸣并在社会学证据中找到真正的支持，那么她作为一个内在批评家的立场就失去了可信性。一种日益主观的文化所产生的怀疑之一是，个体表达的仅仅是她自己的世界观，而根基已经从哲学的乌托邦权威的脚下滑走了。赫勒有权继续坚持一种内在的路径，以寻找现代性动力所带来的解放的可能性。然而，这种对乌托邦可能性的辩证的信奉有时以一种似乎与她的反思的后现代主义的怀疑论立场剧烈冲突的方式闪现出来。

在赫勒的反思的后现代阶段，现代的多元主义获得了更高的地位。在后现代的现实中，一种无法阻挡的主观化倾向得到了体现，就像莱布尼茨（Leibniz）的形而上学的没有窗户的单子一样，所有的单子都反映了整个世界，但它们中的每一个都以自己的方式从自己独特的角度进行反映。① 她很清楚，这种动态破坏了哲学的文化权威，但她更相信哲学的社会功能而非哲学的制度形式。她心甘情愿地接受哲学的咖啡馆模
【284】式，因为她注意到，这种模式与对偶然性的新认识相一致，并愿意将论点问题化，保持持续的对话而不是假装知道所有答案。她相信，为他人的思想插上翅膀的强大的主观愿景总是能找到受众，甚至可能成为它自己的范式。但毫无疑问的是，今天救世主的力量供应不足。正如哈贝马斯所认为的那样，这可能部分地与克服了19世纪的超验观念而出现的精疲力竭状有关，② 但它似乎也表达了一种使所有曾披着乌托邦外衣的

① A. Heller, *A Theory of Modernity*, Oxford: Blackwell, 1999, p. 149.

② J. Habermas, *The New Obscurity: The Crisis of the Welfare State and the Exhaustion of Utopian Energies*, in *The New Conservatism: Cultural Criticism and the Historians' Debate*, Cambridge Mass.: MIT Press, 1989.

冒充者失去资格的普遍怀疑。这种消亡的一个标志是，乌托邦在赫勒对其立场的最新表述中并不像以前那样居于高位。在《一种现代性理论》中，她并没有说反思的后现代主义的首要任务是考察合理性的乌托邦，而是满足于确保桌子边的位置仍然是为救世主空着的，如果他认为自己应该露面的话。语气上的变化是不会错的。然而，对赫勒来说仍重要的是乌托邦的位置不能被除去，即使她直觉到，对我们现代人来说“只有空虚才是充实”，因为没有其他“希望之外的希望”。① 即使在艰难时代，赫勒也固执地坚守着乌托邦，这让我们看到了她的思想的根本连续性。赫勒的成就在于，将她对伦理和历史的反思塑造成一个理论世界，为当下提供了方向和理解。在当代哲学界，这似乎是一项不合时宜甚至是已过时的课题，尽管并非没有先例和同路人。科拉科夫斯基和伯恩斯坦（Richard Bernstein）等人所做的更为乌托邦的思考提供了令人信服的例证，而这种思考所基于的理由是，对常识的质疑和心灵的追问之能力永不陷入沉睡，这对于文化来说是至关重要的：我们不仅需要医治者，而且需要挖掘者。② 尽管如此，这也打破了主流哲学范式所尊崇的各种禁忌。

在对当代哲学景观的勘察中，马尔库什看到了三种主要的方案。③ 反映了科学在当代社会和文化中的威望并居于支配地位的方案与哲学的科学化有关，同时支持科学实在主义或自然主义的方案。它以科学为对象，分析科学理论的结构及其内在逻辑和方法。它的关注点是认识论和形而上学。它所宣称的像以往一样远未实现的目标是，将哲学变成一门科学。

毫不奇怪，鉴于伴随着现代科学的成功及其对自然和人类环境逐步
扩大的技术影响而产生的越来越多的不安感与危险感，另一种方案便承 【285】
担起了因抵制合理性的分类而被排斥为“他者”的角色。后现代主义的各个分支是其最有力的代表。它通常采用一种消极的办法，解构据称决

① A. Heller, *A Theory of Modernity*, Oxford: Blackwell, 1999, p. 12.

② L. Kolakowski, *The Death of Utopia Reconsidered*, in L. Kolakowski, *Modernity on Endless Trial*, Chicago: Chicago University Press, 1990, pp. 131–145; R. J. Bernstein, Metaphysics: Critique and Utopia, in *Review of Metaphysics*, vol. 42, 1988, p. 257.

③ G. Márkus, *After the System: Philosophy in the Age of the Sciences*, in K. Gavroglu et al. eds., *Science, Politics and Social Practice*, Kluwer Academic Publishers, 1995.

定了西方知识传统的整个方向的深层结构，并试图完成几乎不可能完成的任务，即让受排斥者或我们无法支配的东西发出声音。这一立场的主要困难在于，它抹去了传统体裁的界限，使合法批评的标准变得不确定，并致力于使倡导者与传统的哲学手段形成一种反讽的关系。这种原则性强的形式主义在实践上的后果是令人不安的。它把现在看成是深受其形而上学承诺污染的现代性的最后阶段，它劝告人们要么不安地期望革命的“转向”，要么无条件地接受矛盾的现在，理由是这个传统就是我们之所是。①

关于第三种方案，马尔库什描述为定向的、叙事的方案，赫勒的哲学便属于这第三种模式。这一方案的倡导者，如查尔斯·泰勒（Charles Taylor）、哈贝马斯和麦金太尔等人，试图用一种更间接但也更具包容性的方法来确定哲学的身份。哲学身份的危机似乎是更为复杂的现代社会文化复合体的一个要素。今天，对于我们未来的目的地和如何到达那里，普遍存在着一种不确定性：我们的过去和未来似乎并不具有一种不间断的连续性。我们需要的是定向，而这种方案试图提供一种关于我们从哪里来及我们可能去哪里的智慧。②

居于支配地位的科学范式的支持者也是西方理性主义传统的捍卫者，但他们忽略了自己所特有的理性概念的严重问题。虽然他们很快就注意到了合理性标准中的不一致之处，但他们狭隘的文化和历史视角使他们无法意识到替代方案。③ 我们已经看到了赫勒是如何对合理性做出另一种解释的，也看到了她是如何试图在一个更广泛的社会历史框架中使它情境化的。她还非常渴望将其转移到其形式主义和科学的框架之外，并将其重置于日常生活的中心。从这种渴望来看，她与一些务实的自由主义者是一致的，因为这些自由主义者也想放弃哲学对理性有特权的观念，并重申日常的中心地位。在他们看来，现代性已经忘记了生活

① G. Márkus, *After the System: Philosophy in the Age of the Sciences*, in K. Gavrogly et al. eds., *Science, Politics and Social Practice*, Kluwer Academic Publishers, 1995.

② Ibid., p. 157.

③ G. Gutting, *Pragmatic Liberalism and the Critique of Modernity*, Cambridge: Cambridge University Press, 1999.

事业要先于哲学事业。① 他们的信念是，我们生而具有足够的认识论和形而上学，而如果哲学试图把这些作为它的主要活动的话，那么它就会【286】
出大问题。与那种否认人的世界特殊性、要求一个它无法提供的客观标准、更强调还原的自然主义不同，他们认为需要关注人的存在的规范核心。这也涉及一种与传统的更为微妙的关系。与启蒙科学主义的劝诱改宗的热情和天真的乐观主义形成对比，他们并不建议断然拒绝传统。与赫勒一样，他们认识到，如果不能明确地对历史的起源和我们厚重的传统进行反思，我们很容易忘记我们事业的特殊性，并允许许多不被承认的假设在不知不觉中发挥作用。②

赫勒的反思的后现代主义与她对实证主义和形式合理性的批判是一致的，都是为了坚定地捍卫哲学理性。然而，她与马尔库什的争论表明，这不能被解读为柏拉图对修辞术的拒斥。在这一点上，她同意罗蒂（Richard Rorty）的观点，并为哲学中的教化要素做有力辩护。虽然她并没有完全放弃真理的概念，但她需要的是一种更为不同的概念，它要考虑人同时栖居于多个世界的能力，也要承认确定性已经让位于可错论，以及探索真理游戏的渴望并不依赖于强制力。她接纳了克尔恺郭尔的存在主义的渴望，认为在发现真理的问题上保持对话具有优先性。在她看来，哲学作为一种文化对象化的特性所具有的价值不如它在日常生活的辩证法中所发挥的社会功能。在一个日益分化和文化专业化的时代，这种对哲学的社会效果的关注是有道理的。哲学的咖啡馆模式使许多新进入者能够表达哲学观点。它还要求在标准方面采取一种新的实用主义，放弃对确定性的寻求，支持动态性、灵活性和微差性。然而，如果没有某种允许讨论者相互评估其主张的标准，这种社会功能性真的可以持续吗？

自然，由于没有了之前马克思主义的幻觉，赫勒的社会承诺是有限定的。像其他人在定向的、叙事的范式中所做的一样，她对那些渴望总

---

① G. Gutting, *Pragmatic Liberalism and the Critique of Modernity*, Cambridge: Cambridge University Press, 1999. p. 176.

② Ibid., p. 184.

体性并为人的困境提供实质性图景的宏大叙事表示怀疑。然而，她同样相信，哲学在当代社会生活中仍有独特的定向作用。如前所述，她相信在现代道德生活中人们对伦理拐杖的普遍需求日益增加，也相信引人注目的现代性形象仍然可以发挥蹦床的作用，使个体在当代生活的悖论中设法找到方向和进行自我反思。她一生的工作便是构建这样一种世界
【287】观。然而，虽然她一直致力于内在的批判，但她不再对未来做出预测，也不再将其与具体的实践联系起来，哪怕这种具体的实践是以模糊的政治愿景的形式表现出来的。托米在赫勒的乌托邦主义中看到了对“反思和辩论，而非行动”的邀请。① 它是真实的，因为她的愿景不再与实践直接相连。因此，当贝尔哈兹说她从“行动的社会学”转移到了“经验的哲学”时，他是正确的。② 然而，正如我先前所说，她的立场不只是沉思的，也不是排除了行动的。她从 20 世纪的悲剧中吸取的教训之一是，由哲学推动的政治是危险的。赫勒对当代社会动力的考察表明她对人的世界及其命运的持续关注。她鼓励个体进行自我反思。对她来说，这是哲学的界限，越过了这个界限，就会有危险。然而，对于哲学家和其他公民来说，这也可以是合理行动不可或缺的前提。

马尔库什提请注意定向的、叙述的哲学模式的诊断功能。哲学必须分析和重构当前的传统。这就要阐明当代占支配地位的实践和特权的规范性前提与事实性前提。古廷（Gary Gutting）认为，一般的愿景是人类文化的基本要素，而不能提供这些愿景一定意味着某种文化处于危机之中。③ 对历史哲学进行批判所要承受的重负是，这种诊断不能再采取封闭的**总体**形式。已经变得重要的是，甚至在对人类困境的一般考察中建立起怀疑的态度。这就是赫勒转向人的境况理念的重负。然而，今天仍有可能的是，在某种特定的传统中从现存的潜能和所选择的价值的角度

---

① S. Tormey, *Agnes Heller: Socialism, Autonomy and the Postmodern*, Manchester: Manchester University Press, 2001, p. 205.

② P. Beilharz, Budapest Central: Agnes Heller's Theory of Modernity', in *Thesis Eleven*, vol. 75, 2003, p. 111.

③ G. Gutting, *Pragmatic Liberalism and the Critique of Modernity*, Cambridge: Cambridge University Press, 1999, p. 192.

来构建某种允许特定的实践与目前被认为是理所当然的认知假设相分离的**总体化**。[①] 因为哲学声称要处理普遍的问题，所以它必须把现在同涉及人与世界关系的一般范式联系起来，而这里所提到的世界是可以在当前的可能性的基础上被构想的。哲学的根本特征是这种重新描述的创造性行为，将现在与这个假定的、普遍的、存在的愿景联系起来。

哲学也需要概念分析和历史批判来维持它的愿景；愿景、概念分析和历史知识必须协同工作，以确保所创造的世界的可信性、力量和一致性。我们在赫勒自己的案例中看到，要保持这种协调并不容易，而由此产生的不一致会损害哲学的可信性。然而，即使是成功的综合，也不会【288】使创造的世界是确定的。在后现代世界中，赫勒已经指出的文化的普遍多元化和文化的主观化趋势，产生了各种相互竞争的范式，表明人们在实践和价值上所优先考虑的事是大为不同的。正如我们所看到的，哲学不再能够提供关于好的生活的单一愿景。它的文化功能在于，明示不同的社会文化选择，并以其所掌握的其他工具对它们进行批判，从而使反思的评价和选择过程成为可能。[②]

几乎没有另一位在世的哲学家能如此坚定不移地力图为这个世界给出她自己独有的、综合的愿景。由于认识到一种哲学的命运最终决定于存在的满足，赫勒从不害怕让她的哲学叙述的、思辨的要素自行其是。对她来说，哲学的定向性要素远不是仅仅就当前的碰撞和冲突形成评价性的态度。[③] 乌托邦要素仍然是哲学愿景的一个重要组成部分，即使当哲学家似乎并不比其他人更有资格执行这一任务的时候。这种思辨的语言经常使她陷入困境。回顾一下《激进哲学》中相当真诚的自我批评吧！然而，自我批评只是缓和了而不是熄灭了赫勒的乌托邦的渴望。即使在《一种现代性理论》中，当她阐释怀疑的反思的后现代核心要点

① G. Márkus, *After the System: Philosophy in the Age of the Sciences*, in K. Gavrogly et al. eds., *Science, Politics and Social Practice*, Kluwer Academic Publishers, 1995, p. 157.

② G. Gutting, *Pragmatic Liberalism and the Critique of Modernity*, Cambridge: Cambridge University Press, 1999.

③ J. Grumley, *A Family Quarrel: Márkus and Heller on Philosophy*, in J. Grumley, P. Crittenden and P. Johnson eds., *Culture and Enlightenment: Essays for György Márkus*, London: Ashgate, 2002, p. 66.

时，她也感到不得不构建她的文化对话的乌托邦模式，作为对抗现代文化的反常现象的理论手段。① 这种倾向的缺点是，思辨的具体的形象很容易与经验知识失去联系。正如我们所看到的，如果创造性的重新描述要产生极大的文化影响，哲学愿景必须受到概念分析和历史/经验知识的制约。然而，这种平衡本身就是一种哲学的乌托邦，并且在大多数时候，即使是最好的哲学也是其构成要素的诸神之间的永恒斗争。

赫勒的乌托邦抱负的过度延伸与它的固有力量形成了鲜明对照。乌托邦的抱负也是她的全景式愿景的根源。从她在伦理学和历史哲学方面的主要兴趣出发，她对从日常到高级文化、从个人到全球的当代人类世界进行了广泛的、细致的、皆可在从古典到后现代的哲学史中找到根据的分析。在探索这一成就的视角变化所体现的价值的基本连续性时，我已经强调了从丧失和幸存的存在经验的重负中产生的责任意识，以及使
【289】其具有意义的意志。然而，这样的解释是有风险的，有可能将赫勒毕生的事业看作存在的迂回。根据赫勒的叙述，她离开了最初对她来说最重要的东西，只是在最近几年她完成了责任后才得以返回到这些东西中。在这一点上，我认为赫勒在自欺。尽管我们可能会把幸存的重负看成是维系她成体系的意图的责任意识的来源，但正是对星空和美丽事物的惊奇和热爱，使赫勒的理论世界充满洞见、细致入微。阅读她的作品很大一部分乐趣在于，几乎在每一页上，全面的视野都伴随着微观层面的分析、洞见和智慧，照亮了未经审视的和已经熟知的东西。赫勒的每一部作品都与她对绝对精神的虔诚、对所有人类事物的迷恋产生了共鸣。使她置身于20世纪历史旋涡中的偶然的历史命运为她提供了机会，但她的作品和鲜活的精神一直是一个无缝的统一体。激发她最初的哲学兴趣的好奇、惊奇和敬畏并非后来才返回。它们渗透到她所有的作品中，并与道德命令和可感觉的需要协同作用，让混乱的日常以哲学的声音说话，并为身处于千变万化的现代性事件中的她的读者指引方向。

---

① J. Grumley, Exploring the Options in No Man's Land: Heller and Márkus on the Antinomies of Modern Culture, in *Thesis Eleven*, vol. 75, 2003.

参考文献

赫勒的著作

Heller, A., "Lukács' Aesthetics", *New Hungarian Quarterly*, 24/7(1966), pp. 84-94

——"Die Stellung der Ethik im Marxismus", *Praxis: Revue Philosophique Edition Internationale*, 2(Zagreb, 1967), pp. 244-252

—— "The Moral Mission of the Philosopher", *New Hungarian Quarterly*, 13/47(Autumn 1972)

—— "Towards a Marxist Theory of Values", *Kinesis*, Graduate Journal in Philosophy, 5/1(Carbondale: Southern Illinois University, Fall 1972)

—— "Individual and Community", *Social Praxis*, 1/1(The Hague, 1973)

—— "Marx's Theory of Revolution and the Revolution in Everyday Life", in *The Humanisation of Socialism: Writings of the Budapest School* (London: Allison & Busby, 1976)

——*The Theory of Needs in Marx* (London: Allison & Busby, 1976)

——"The Future of Relations Between the Sexes", in *The Humanisation of Socialism*: *Writings of the Budapest School* (London: Allison & Busby, 1976)

—— and Vajda, M., "Communism and the Family", in *The Humanisation of Socialism*: *Writings of the Budapest School* (London: Allison & Busby, 1976)

——*Renaissance Man*(London: Routledge & Kegan Paul, 1978)

——*A Theory of Feelings* (Assen: Van Gorcum, 1978)

—— "Past, Present and Future of Democracy", *Social Research*, 45/4 (New York: Winter 1978)

——*On Instincts* (Assen: Van Gorcum, 1979)

—— "The Philosophy of the Late Lukács", *Philosophy and Social Criticism*, 6/1(1980)

—— "The Emotional Division of Labour Between the Sexes: Perspectives on Feminism and Socialism", *Thesis Eleven*, 5-6(Clayton, Victoria: 1982)

—— "Habermas and Marxism", in *Habermas: Critical Debates* (Cambridge, Mass.: MIT Press, 1982)

——*A Theory of History*(London: Routledge & Kegan Paul, 1982)

—— and Fehér, F., *Hungary* 1956 *Revisited*(London: George Allen & Unwin, 1983)

Fehér, F. Heller, A. and Márkus, G., *Dictatorship OverNeeds* (Oxford: Blackwell, 1983)

Heller, A. *A Radical Philosophy* (Oxford: Blackwell, 1984)

——*Everyday Life*(London: Routledge & Kegan Paul, 1984)

——*The Power of Shame*(London: Routledge & Kegan Paul, 1985)

——"Can 'True' and 'False' Needs be Posited?" in Heller, *The Power of Shame* (London: Routledge & Kegan Paul, 1985)

—— "The Great Republic", in Heller and Fehér, *Eastern Left, Western Left: Totalitarianism, Freedom and Democracy* (Cambridge: Polity Press, 1987)

——*Beyond Justice* (Oxford: Blackwell, 1987)

——and Fehér, F., *Eastern Left, Western Left: Totalitarianism, Freedom and Democracy*(Cambridge: Polity Press, 1987)

——*General Ethics* (Oxford: Blackwell, 1988)

—— and Fehér, F., *The Postmodern Political Condition* (Cambridge: Polity Press, 1988)

—— ——"The Gorbachev Phenomenon", in F. Fehér and A. Arato (eds), *Gorbachev: The Debate* (Cambridge: Polity Press, 1989)

——*Can Modernity Survive?*(Cambridge: Polity Press, 1990)

——*A Philosophy of Morals* (Oxford: Blackwell, 1990)

—— and Fehér, F., *From Yalta to Glasnost: The Dismantling of Stalin's Empire* (Oxford: Blackwell, 1990)

——"Modernity's Penduluum", *Thesis Eleven*, 31(Melbourne: MIT, 1992)

——*A Philosophy of History: In Fragments*(Oxford: Blackwell, 1993)

—— "A ReplyTo My Critics", in John Burnheim(ed.), *The Social Philosophy of Agnes Heller* (Amsterdam: Rodopi, 1994)

—— and Fehér, F., *Biopolitics* (London: Avebury, 1994)

——*An Ethics of Personality*(Oxford: Blackwell, 1996)

——"Interview with Casba Polony", *Left Curve*, 22(30 June 1998)

—— "The Three Logics of Modernity and the Double Bind of the Modern Imagination", *Graduate Faculty Journal*, 21/2 (New York: New School, 1999), pp. 177-193.

——*Der Affe auf dem Fahrrad* (Berlin: Philo, 1999)

——*A Theory of Modernity* (Oxford: Blackwell, 1999)

—— "Questioning the Normative Skepticism of György Márkus", in J. Grumley, P. Crittenden and P. Johnson (eds), *Culture and Enlightenment: Essays for György Márkus* (London: Ashgate, 2002)

——*The Time is Out of Joint* (Maryland: Rowman & Littlefield, 2002)

——*Die Auferstehung des jüdische Jesu*(Berlin: Philo, 2002)

—— "9/11, or Modernity and Terror", *Constellations*, 9/1(Oxford: Blackwell, 2002)

——*A Philosophy of the Beautiful*(London: Routledge, forthcoming 2004)

引用的二手文献

Arnason J. P., "Nationalism, Globalisation and Modernity", *Theory, Culture and Society*, 7/2–3(Middlesbrough: TCS, June, 1990)

——*The Future that Failed* (London: Routledge, 1993)

—— "The Human Condition and the Modern Predicament", in J. Burnheim (ed.), *The Social Philosophy of Agnes Heller* (Amsterdam: Rodopi, 1994), pp. 57–78

Arato, A., "Introduction: Towards a Marxist Theory of Values", *Kinesis* , Graduate Journal in Philosophy, 5/1 (Carbondale: Southern Illinois University, Fall 1972)

——*From Neo-Marxism to Democratic Theory:* Essays in the Critical Theory of Soviet-Type Societies (Armonk, N. Y.: M. E. Sharpe, 1993) Arendt, H., "Ideology and Terror", in *Origins of Totalitarianism*(2nd edition, London: George Allen & Unwin, 1958)

——*The Human Condition*(Chicago: Chicago University Press, 1958)

——*Lectures on Kant's Political Philosophy*(Sussex: Harvester Press, 1982)

Bauman, Z., *The Individualized Society*(Cambridge: Polity Press, 2001)

Beccaria, C., *Of Crimes and Punishments* (New York: Marsilio Publishers, 1996)

Beilharz, P., "Budapest Central: Agnes Heller's Theory of Modernity", *Thesis Eleven* , 75(London: Sage, November 2003), pp. 108–113

Benhabib, S., "Review of *On Instincts* and *A Theory of Feelings*", *Telos*, 44(St Louis: Telos Press, Summer 1980)

Bernstein, R. J., "Metaphysics, Critique and Utopia", *Review of Metaphysics*, 42 (Washington, D. C.: Catholic University of America, December 1988), pp. 256–257

Brown, D. M., *Towards a Radical Democracy: The Political Economy of the*

Budapest School (London: Unwin & Hyman, 1988) Burnheim, J. (ed.), *The Social Philosophy of Agnes Heller* (Amsterdam: Rodopi, 1994)

Castoriadis, C., *The Imaginary Institution of Society* (Cambridge: Polity Press, 1987) Cohen, J., "Heller, Habermas and Justice", *Praxis International*, 8/4 (Oxford: Blackwell, January 1989), pp. 491–497

Constantinou, M., "Agnes Heller's Ecce Homo: A Neomodern Vision of Moral Anthropology", *Thesis Eleven*, 59 (London: Sage, 1999)

Dilthey, W., *Selected Writings*, ed. H. P. Rickman (Cambridge: Cambridge University Press, 1976)

Dworkin, R., *Taking Rights Seriously* (London: Duckworth, 1977)

Fehér, F., *The Frozen Revolution: An Essay on Jacobinism* (Cambridge: Cambridge University Press, 1987)

——"Imagining the West", *Thesis Eleven*, 42 (Cambridge, Mass.: MIT Press, 1995)

——(ed.), *The French Revolution and the Birth of Modernity* (Berkeley: University of California Press, 1990)

—— and Arato, A. (eds), *Gorbachev: The Debate* (Cambridge: Polity Press, 1989)

—— ——*Crisis and Reform in Eastern Europe* (New Brunswick: Transaction Books, 1990)

Giddens, A., *The Consequences of Modernity* (Cambridge: Polity Press, 1990)

Gouldner, A., *The Future of Intellectuals and the Rise of the New Class* (New York: Seabury Press, 1979)

Grumley, J., " The Dissatisfied Society", *New German Critique*, 58 (New York: Telos Press, Winter 1993)

—— "A Family Quarrel: Márkus and Heller on Philosophy", in J. Grumley, P. Crittenden and P. Johnson (eds), *Culture and Enlightenment: Essays for György Márkus* (London: Ashgate, 2002)

—— "Exploring the Options in NoMan's Land: Heller and Márkus on the

Antinomies of Modern Culture", *Thesis Eleven*, 75 (London: Sage, November 2003), pp. 25–38

Gutting, G., *Pragmatic Liberalism and the Critique of Modernity* (Cambridge: Cambridge University Press, 1999)

Habermas, J., *The Theory of Communication Action*, 2 vols, i: *Reason and the Rationalization of Society* (Boston: Beacon Press, 1984) and ii: *The Critique of Functionalist Reason* (Boston: Beacon Press, 1987)

—— "The New Obscurity: The Crisis of the Welfare State and the Exhaustion of Utopian Energies", in *The New Conservatism: Cultural Criticism and the Historians' Debate* (Cambridge, Mass.: MIT Press, 1989)

—— "Morality, Society and Ethics: An Interview with Torben Hviid Nielsen", *Acta Sociologica*, 33/2 (1990), pp. 93–114

——"Philosophyas Stand-in and Interpreter", in *Moral Consciousness and Communicative Action* (Cambridge, Mass.: MIT Press, 1990)

——*Between Facts and Forms* (Cambridge, Mass.: MIT Press, 1996)

——*The Postnational Constellation* (Cambridge: Polity Press, 2001)

Hadot, P., *Philosophy as a Way of Life* (Oxford: Blackwell, 1995)

Harrison, P., "Radical Philosophy and the Theory of Modernity", in J. Burnheim (ed.), *The Social Philosophy of Agnes Heller* (Amsterdam: Rodopi, 1994)

Hollis, M. and Lukes, S., *Rationality and Relativism* (Cambridge, Mass.: MIT Press, 1982)

Kolakowski, L., *Main Currents in Marxism*, iii: *The Breakdown* (Oxford: Clarendon Press, 1978)

——"The Death of Utopia Reconsidered", in *Modernity on Endless Trial* (Chicago: Chicago University Press, 1990), pp. 131–145

Lukács, G., *Die Eigenart des Äesthetischen Werke Banden*, vols (Luchterland, 1963)

——*History and Class Consciousness* (London: Merlin Press, 1971)

——*The Ontology of Social Being*, 3 vols, i: Hegel, ii: Marx and iii: Labour (Merlin Press, 1980)

Lemke, T., "The Birth of Bio-Politics: Michel Foucault's Lecture at the Collège de France on Neo-Liberal Governmentality", *Economy and Society*, 30/2 (London: Taylor & Francis, May 2001), pp. 190–207

Márkus, G., *Marxism and Anthropology* (Assen: Van Gorcum, 1978)

—— "Debates and Trends in Marxist Philosophy", *Communism and Eastern Europe: A Collection of Essays* (New York: Karz Publishers, 1979)

—— "Interpretations of, and Interpretations in Philosophy", 1/1 (Sydney: Fero Press, 1984)

—— "The Politics of Morals", in J. Burnheim (ed.), *The Social Philosophy of Agnes Heller* (Amsterdam: Rodopi, 1994)

——"After the System: Philosophy in the Age of the Sciences", in K. Gavrogly et al. (eds), *Science, Politics and Social Practice* (Kluwer Academic Publishers, 1995)

—— "Antinomies of Culture", *Discussion Papers*, 38, Academy of Sciences (Budapest: Collegium Budapest, 1997)

—— "Ten Marginalia on the Responsibility of the Philosopher", in A. Kardas et al. (eds), *Diotima Agnes Heller: Festschrift for Her Seventieth Birthday* (Budapest: Osiris-Gond, 1998), pp. 343–359

—— "Do Ideas Have Bodies? Philosophical Content and Literary Form in Descartes", *Literature and Aesthetics*, 14/1 (Sydney: Sydney University Society of Literature and Aesthetics, June 2004)

Murphy, P., "Agnes Heller's Great Society", *Thesis Eleven*, 75 (London: Sage, November 2003), pp. 98–107

Nozick, R., *Anarchy, State, Utopia* (New York: Basic Books, 1975)

Nussbaum, M., *Upheavals of Thought: The Intelligence of the Emotions* (Cambridge: Cambridge University Press, 2001)

Rawls, J., *A Theory of Justice* (Cambridge, Mass.: Harvard University Press,

1972)

Szelenyi, I., Luke, T. et al., "Review Symposium on Soviet-Type Societies", *Telos*, 6(New York: Telos Press, Summer 1984), pp. 155-192

Todorov, T., *Imperfect Garden: The Legacy of Humanism* (Princeton, N. J.: Princeton University Press, 2002)

——*Hope and Memory: Lessons from the Twentieth Century* (Princeton, N. J.: Princeton University Press, 2003)

Tormey, S., *Agnes Heller: Socialism, Autonomy and the Postmodern* (Manchester: Manchester University Press, 2001) Wolin. R., "Heller's Theory of Everyday Life", in J. Burnheim(ed.), *The Social Philosophy of Agnes Heller* (Amsterdam: Rodopi, 1994)

Vajda, M., *The State and Socialism* (London: Allison & Busby, 1981)

——"Agnes Heller: A Lover of Philosophy, A Lover of Europe", in J. Burnheim (ed.), *The Social Philosophy of Agnes Heller* (Amsterdam: Rodopi, 1994)

—— "Is Moral Philosophy Possible at All?" *Thesis Eleven*, 59(London: Sage, November 1999)

索　　引

（词条中的页码为原书页码，即本书边码）